高级微观经济学中的
数学方法

周华 著

Optimal Solution

首都经济贸易大学出版社
Capital University of Economics and Business Press
·北京·

图书在版编目(CIP)数据

高级微观经济学中的数学方法/周华著. --北京:首都经济贸易大学出版社,2018.9
ISBN 978-7-5638-2828-9

Ⅰ.①高… Ⅱ.①周… Ⅲ.①微观经济学—经济数学 Ⅳ.①F016 ②F224

中国版本图书馆 CIP 数据核字(2018)第 133244 号

高级微观经济学中的数学方法
周　华　著

责任编辑	田　学　晓　地
封面设计	周天逸
出版发行	首都经济贸易大学出版社
地　　址	北京市朝阳区红庙(邮编 100026)
电　　话	(010)65976483　65065761　65071505(传真)
网　　址	http://www.sjmcb.com
E-mail	publish@cueb.edu.cn
经　　销	全国新华书店
照　　排	北京砚祥志远激光照排技术有限公司
印　　刷	北京九州迅驰传媒文化有限公司
成品尺寸	170 毫米×240 毫米　1/16
字　　数	268 千字
印　　张	15.25
版　　次	2018 年 9 月第 1 版　2023 年 12 月第 1 版第 3 次印刷
书　　号	ISBN 978-7-5638-2828-9
定　　价	39.00 元

图书印装若有质量问题,本社负责调换
版权所有　侵权必究

序　言

高级微观经济学是以现代数学为基础研究经济个体的经济行为并揭示经济规律的经济学理论，是经济学的基础和最高境界。高级微观经济学力图通过现代数学使经济学成为真正的科学。一般来说，高级微观经济学的教材都有介绍该教材用到的数学预备知识或附录，如哈尔·R. 范里安著的《微观经济分析》(第三版)，安德鲁·马斯-克莱尔、迈克尔·D. 温斯顿和杰里·R. 格林著的《微观经济理论》，杰弗里·A. 杰里和菲利普·J. 瑞尼著的《高级微观经济理论》，戴维·M. 克雷普斯著的《高级微观经济学教程》和《高级微观经济学：选择与竞争性市场》，田国强著的《高级微观经济学》，蒋殿春编著的《高级微观经济学》等等。尽管如此，在使用这些教材的过程中，研究生(硕士研究生或博士研究生)在遇到相关的数学内容时，还是会遇到很多困难，特别是经济管理类研究生更是如此。原因如下：第一，对高级微观经济学用到的很多数学内容，如多元函数微分学，最优化理论等，很多研究生在本科学习期间都未涉及；第二，很难找到适合经济类院校研究生学习高级微观经济学时有关数学内容的参考书。因为已出版的经济数学著作大致可分为两类：一类是针对中初级微观经济学编写的经济数学，如迈克尔·霍伊等著的《经济数学》(第三版)等；另一类是龚六堂、蒋中一、王第海等编著出版的经济学中的优化方法，这些优化方法都是以向量函数微分学为基础介绍的，更适用于数学专业毕业的研究生阅读，一般经济类院校本科为背景的研究生选择这类著作作为参考书时会遇到更大的困难。

周华老师编著的《高级微观经济学中的数学方法》更适合非数学专业本科毕业的经济管理类研究生学习高级微观经济学时参考和使用。作者周华老师长期为首都经济贸易大学经济学实验班本科生讲授"数学分析"与"概率论与数理统计"，同时为数量经济专业研究生讲授"数理经济学"。他数学功底深厚，熟悉高级微观经济学，教学经验丰富，较好地将数学与经济学相结合，讲课深受学生欢迎。他将高级微观经济学中用到的数学知识归纳整理并系统化，使之构成比较完整的理论体系，根据经济类院校研究生的数学基础编著了这部《高级微观经济学中的数学方法》。对于一些定理或结论，作者给出了自己独特的证明，使阅读者更容易理解；同时作者通过大量经济问题实例介绍数学理论和方法在高级微观经济学中的应用。因此本书是经济管理类研究生学好高级微观经济学的一部非常好的数学理论方法参考书,期待该书能为研究生学好高级微观经济学提供帮助并受到他们的欢迎。

北京物资学院校长,二级教授
首都经济贸易大学数量经济学博士生导师
中国数量经济学会副理事长
全国数理经济学会理事长
教育部高等学校经济与贸易类专业教学指导委员会副主任委员
中国物流与采购联合会副会长

目 录

前言 ··· 1

1 函数的概念及经济问题举例 ·· 1

  1.1 n 维线性空间 R^n 的点集 ·· 1
      1.1.1 点集的概念 ··· 1
      1.1.2 内点、外点、界点和聚点 ·································· 2
      1.1.3 开集、闭集、开域、闭域和区域 ························ 2
      1.1.4 凸集、凸锥 ··· 2
      1.1.5 超平面、半空间、凸多胞体和单纯形 ················ 4
  1.2 n 元函数的概念 ·· 6
      1.2.1 n 元函数及其表示 ··· 6
      1.2.2 复合函数 ·· 7
      1.2.3 上轮廓集(上水平集)、水平集和隐函数 ············ 8
  1.3 经济问题举例 ·· 9
      1.3.1 生产函数 ·· 9
      1.3.2 要素需求函数、产品供给函数和利润函数 ······ 11
      1.3.3 成本函数、条件要素需求函数和平均成本函数 ······ 12
  本章经济问题总结 ··· 13

2 函数的性质及经济问题举例 ·· 14

  2.1 函数的基本性质 ··· 14
      2.1.1 单调函数、齐次函数和位似函数 ···················· 14
      2.1.2 凸函数与凹函数 ·· 15
      2.1.3 拟凸函数与拟凹函数 ······································· 20
  2.2 函数的连续性 ··· 21
      2.2.1 函数的极限 ·· 21
      2.2.2 函数的连续 ·· 22

- 2.3 经济问题举例(一) ······ 25
  - 2.3.1 效用函数 ······ 25
  - 2.3.2 商品需求函数和间接效用函数 ······ 26
  - 2.3.3 希克斯需求函数和支出函数 ······ 26
  - 2.3.4 优化问题等价性定理 ······ 27
- 2.4 经济问题举例(二) ······ 29
  - 2.4.1 单调性 ······ 29
  - 2.4.2 齐次性 ······ 32
  - 2.4.3 凸性和拟凸性 ······ 34
- 本章经济问题总结 ······ 38

3 导数和偏导数及经济问题实例 ······ 40

- 3.1 导数和偏导数 ······ 40
  - 3.1.1 一元函数的导数与微分 ······ 40
  - 3.1.2 多元函数的偏导数与全微分 ······ 42
  - 3.1.3 方向导数与梯度 ······ 45
  - 3.1.4 复合函数的导数与偏导数 ······ 47
- 3.2 微分中值定理及导数和偏导数的应用 ······ 49
  - 3.2.1 微分中值定理 ······ 49
  - 3.2.2 拉格朗日中值定理的应用 ······ 52
- 3.3 经济问题举例 ······ 57
  - 3.3.1 利润函数与成本函数凸性的几何解释 ······ 57
  - 3.3.2 边际 ······ 60
  - 3.3.3 技术替代率 ······ 60
  - 3.3.4 边际替代率的概念 ······ 65
  - 3.3.5 弹性 ······ 67
- 本章经济问题总结 ······ 70

4 高阶导数与偏导数、极值问题与经济问题实例 ······ 71

- 4.1 高阶导数和泰勒公式 ······ 71
  - 4.1.1 一元函数的高阶导数与高阶微分 ······ 71
  - 4.1.2 泰勒公式 ······ 73
  - 4.1.3 高阶导数与泰勒公式的应用 ······ 78

目 录

    4.2 高阶偏导数和泰勒公式 ·· 80
        4.2.1 高阶偏导数 ··· 80
        4.2.2 正定矩阵 ·· 81
        4.2.3 泰勒公式 ·· 82
        4.2.4 多元函数极值与最值 ··· 86
        4.2.5 包络 ··· 90
    4.3 经济问题实例 ·· 92
        4.3.1 利润最大化问题有解的条件 ································ 92
        4.3.2 要素需求函数的性质 ··· 94
        4.3.3 利润函数的比较静态分析 ···································· 97
    本章经济问题总结 ··· 98

5 等约束条件下的极值问题及经济问题实例 ······················· 99

    5.1 等约束条件下的极值问题 ·· 99
        5.1.1 等约束条件下的极值问题概述 ···························· 99
        5.1.2 等约束条件下的极值问题有解的必要和充分条件 ······ 103
        5.1.3 等约束条件下最值问题的包络定理 ···················· 115
    5.2 成本最小化问题 ·· 116
        5.2.1 成本最小化问题有解的条件 ······························· 117
        5.2.2 谢波德(Shephard)引理和比较静态分析 ············· 120
        5.2.3 位似技术和齐次技术的成本函数 ······················· 122
        5.2.4 成本的产量弹性 ·· 124
        5.2.5 长期与短期成本函数 ·· 125
    5.3 效用最大化问题 ·· 127
        5.3.1 效用最大化问题有解的条件 ······························· 128
        5.3.2 罗伊(Roy)等式 ··· 130
    5.4 支出最小化问题 ·· 130
        5.4.1 支出最小化问题有解的条件 ······························· 130
        5.4.2 支出函数的性质 ·· 133
    本章经济问题总结 ··· 134

6 不等约束条件下的极值问题及经济问题实例 ··············· 135

    6.1 不等约束条件下的最值问题 ·· 135

  6.1.1 一般约束条件下最值问题有解的必要条件 ……………… 135
  6.1.2 库恩—塔克定理 ……………………………………………… 141
  6.1.3 混合约束条件下的最值问题 ……………………………… 147
  6.1.4 不等与混合约束优化问题有解的充分条件 …………… 148
 6.2 经济问题实例 …………………………………………………………… 151
  6.2.1 利润最大化问题的边角解 ………………………………… 151
  6.2.2 效用最大化问题的边角解 ………………………………… 154
  6.2.3 关于拉格朗日乘数的说明 ………………………………… 157
 本章经济问题总结 …………………………………………………………… 159

7 对偶原理及经济问题实例 …………………………………………………… 160

 7.1 对偶问题 ………………………………………………………………… 160
  7.1.1 线性规划的对偶问题简介 ………………………………… 160
  7.1.2 非线性规划的对偶问题简介 ……………………………… 165
 7.2 经济问题实例 …………………………………………………………… 167
  7.2.1 效用最大化问题与支出最小化问题构成的对偶问题 …… 167
  7.2.2 斯鲁茨基(Slutsky)方程 …………………………………… 171
  7.2.3 直接效用函数最大化与间接效用函数最小化构成的
     对偶问题 ……………………………………………………… 177
 本章经济问题总结 …………………………………………………………… 180

8 定积分的概念和性质及经济问题实例 ………………………………… 182

 8.1 定积分的概念和性质 …………………………………………………… 182
  8.1.1 实际问题举例 ……………………………………………… 182
  8.1.2 定积分 ………………………………………………………… 184
  8.1.3 定积分存在的条件及性质 ………………………………… 185
 8.2 经济问题实例 …………………………………………………………… 189
  8.2.1 消费者剩余 …………………………………………………… 189
  8.2.2 生产者剩余 …………………………………………………… 193
  8.2.3 等值变化与补偿变化 ……………………………………… 195
  8.2.4 等值变化、补偿变化和消费者剩余之间的关系 ……… 198
  8.2.5 拟线性效用函数的等值变化、补偿变化与消费者剩余 …… 200
 本章经济问题总结 …………………………………………………………… 202

9 向量函数微分学简介及经济问题实例 … 204

9.1 向量函数极限及连续的概念 … 204
9.1.1 向量函数 … 204
9.1.2 向量函数的极限与连续 … 206

9.2 向量函数的微分 … 207
9.2.1 向量函数可微的概念 … 207
9.2.2 可微向量函数的性质 … 210
9.2.3 n 元函数的极值 … 213
9.2.4 库恩—塔克定理 … 215

9.3 经济问题实例 … 219
9.3.1 要素需求函数性质的证明 … 219
9.3.2 多元线性回归模型中未知参数(回归系数)的最大似然估计 … 220
9.3.3 均衡分析中有关定理的证明 … 224

本章经济问题总结 … 228

参考文献 … 229

前　言

随着我国经济的高速发展,我国经济管理专业的高等教育也得到了迅猛的发展。中级微观经济学或高级微观经济学已经成为各大学经管类专业研究生的必修课,甚至成为某些高校经济类专业本科生的选修课。与初级微观经济学不同的是,中高级微观经济学研究的是经济个体面对多种生产要素或多种产品的经济行为,即如何进行优化选择。因此学习中高级微观经济学需要多元函数微分学和多元函数优化理论的支持。我国高校为本科学生,特别是经管类专业的本科学生开设的高等数学课主要介绍一元或二元函数的微积分及其应用,多元函数微分学的一般理论和多元函数的优化理论介绍得很少,因此背景为经管类专业本科毕业的研究生在学习高级微观经济学时往往会遇到数学上的困难。已出版的大多数经济数学教材主要是针对中初级微观经济学编写的,不适合作为学习高级微观经济学的参考书。虽然龚六堂与王第海两位教授分别出版了经济学中的优化方法等著作,但这些著作都是以向量函数微分学为基础编著的,经管类专业本科毕业的学生阅读这些著作会遇到更大的困难。我在讲授高级微观经济学时,总是先介绍一些高级微观经济学用到的数学基础和方法,但这些介绍是零碎的,不可能构成体系,所以达不到预期的效果。基于上述原因和本人多年讲授高级微观经济学的教学之经验,我编写了这本《高级微观经济学中的数学方法》。该书结合多元函数微分学和多元函数的优化理论,将高级微观经济学中用到的数学内容进行归纳整理,使之构成比较完整的理论体系,并根据经管类专业硕士研究生的高等数学基础,将其由浅入深地展现出来,并在第九章介绍了向量函数微分学以便读者能够更好地理解高级微观经济学的内容。本书还通过大量的经济问题实例介绍了如何用现代数学研究高级微观经济学的理论;并对高级微观经济学中的一些结论或定理给出了严谨和比较独特的证明。因此,本书是对高级微观经济学中数学方法体系的比较完整的总结。

本书基于笔者完成的首都经济贸易大学的两个重点教改项目:《经济学专业高等数学问题导入型教学研究》(2015年)和《经济类专业高等数学教学内容优化研究与实践》(2017年)的一些理念和结果。从构思到完成历时两年多,期间遇到很多困难。比如,在高级微观经济学中用到的数学方法和经济实例的选择上,以及这些内容逻辑关系与体系的安排上都遇到了很大的困难。曾一度想过放弃,但又心有不甘,总觉得编写这样一本书是一件很有意义的事。最终在朋友和家人的支持和鼓励下还是完成了这本书的编写。

本书付印之际,我要感谢首都经济贸易大学教务处给予的支持与信任;感谢首都经济贸易大学经济学院数量经济学科给予的资助;感谢数量经济专业博士生导师王文举和田新民两位教授的帮助,他们对本书的写作提出了中肯的意见和建议。同时感谢经济学系的徐则荣教授、李雪教授、任光宇老师和赵娟老师给予的支持和鼓励。本书能够出版,还要感谢首都经济贸易大学出版社工作人员的辛勤工作,特别感谢社长杨玲和编辑薛捷,本书从选题策划、长时间写作过程到编审定稿,一直得到他们全力的和无私的关心、鼓励与支持,他们的工作热情和严谨的工作态度令我十分敬佩。最后,感谢女儿周天逸为本书精心设计的封面。

本书系统地介绍了无约束条件、等约束条件、不等约束条件和混合约束条件下n元函数优化问题有解的必要条件和充分条件以及高级微观经济学中的数学方法;通过大量经济问题实例介绍了数学方法的使用。本书的阅读对象是经管类专业高年级本科生,研究生,也可以作为讲授中高级微观经济学的教师的参考用书。数学专业的本科生如果想了解数学在经济学中有哪些应用,本书也是一本很好的参考书。如果本书能对学习中高级微观经济学的读者提供一些帮助,笔者会倍感欣慰。

由于作者水平有限,书中出现错误或不妥之处在所难免,恳请读者批评指正,本人邮箱是:zhouhua3000@sina.com。

1 函数的概念及经济问题举例

在高级微观经济学中遇到的函数,如生产函数、效用函数等,通常是定义在 n 维线性空间 R^n 的子集 R^n_+ 上的多元函数。本章介绍 R^n 中点集的概念,n 元函数的概念以及经济问题实例。

1.1 n 维线性空间 R^n 的点集

由于 n 元函数的定义域是 R^n 的子集,所以我们需要对 R^n 的子集有更多的了解。

1.1.1 点集的概念

定义 1.1.1 设 R^n 是 n 维(实)线性空间,R^n 中的点(或向量)记为 $P = (x_1, \cdots, x_n)$,或 $\vec{x} = (x_1, \cdots, x_n)$。$R^n$ 中满足某一条件的所有点构成的集合称作 n 维空间 R^n 的点集。

当 $n = 1$ 时,R^1 中的点集也称作数集,比如:区间 $[a, b] = \{x \mid a \leqslant x \leqslant b, x \in R\}$ 既可以称作数集,又可以称作点集。

当 $n = 2$ 时,R^2 中的点集也称为平面点集,比如:$E = \{(x_1, x_2) \mid x_1^2 + x_2^2 = 1, (x_1, x_2) \in R^2\}$ 是平面直角坐标系 Ox_1x_2 中的单位圆。

当 $n = 3$ 时,R^3 中的点集 $E = \{(x_1, x_2, x_3) \mid x_1^2 + x_2^2 + x_3^2 = 1, (x_1, x_2, x_3) \in R^3\}$ 是以原点 O 为圆心,半径为 1 的单位球面。

当 $n > 3$ 时,R^n 中的点集 $E = \{(x_1, \cdots, x_n) \mid x_1^2 + \cdots + x_n^2 = 1, (x_1, \cdots, x_3) \in R^3\}$ 称作以原点 O 为圆心,半径为 1 的超球面。

记 $\vec{x}^0 = (x_1^0, \cdots, x_2^0) \in R^n$,$\delta > 0$,称 R^n 中的点集 $\{(x_1, \cdots, x_n) \mid \sum_{i=1}^{n}(x_i - x_i^0)^2 < \delta^2\}$ 为 $\vec{x}^0$ 的 δ 圆形邻域;称 R^n 中的点集 $\{(x_1, \cdots, x_n) \mid |x_i - x_i^0| < \delta, 1 \leqslant i \leqslant n\}$ 为 $\vec{x}^0$ 的 δ 方形邻域。不论是圆形邻域还是方形邻域都记为 $U(\vec{x}^0, \delta)$,称 $U(\vec{x}^0, \delta)$ 为 $\vec{x}^0$ 的 δ 邻域。用 $U^\circ(\vec{x}^0, \delta)$ 表示从 $U(\vec{x}^0, \delta)$ 中去掉 $\vec{x}^0$ 点之后的点集,称 $U^\circ(\vec{x}^0, \delta)$ 为 $\vec{x}^0$ 的 δ 空心邻域。当 $n = 1$ 时,x^0 的 δ 邻域 $U(x^0, \delta) = (x^0 - \delta, x^0 + \delta)$。

1.1.2 内点、外点、界点和聚点

定义 1.1.2 设 $E \subset R^n$ 是一个点集,$P^0 \in R^n$。

如果存在 $\delta > 0$,使得 $U(P^0,\delta) \subset E$,则称 P^0 是 E 的内点。

如果存在 $\delta > 0$,使得 $U(P^0,\delta) \cap E$ 是空集,则称 P^0 是 E 的外点。

如果对任意给定的 $\delta > 0$,在 $U(P^0,\delta)$ 中既有属于 E 的点又有不属于 E 的点,则称 P^0 是 E 的界点;E 的所有界点构成的集合称为 E 的边界,记为 ∂E。

如果存在 $\delta > 0$,使得 $U(P^0,\delta) \cap E = \{P^0\}$,则称 P^0 是 E 的孤立点。

如果对任意给定的 $\delta > 0$,$U(P^0,\delta)$ 中都有属于 E 的无穷多个点,则称 P^0 是 E 的聚点。

由定义 1.1.2 我们看到,对任意给定的点集 $E \subset R^n$,都可以将 R^n 中的点分为三类:E 的内点、E 的外点和 E 的界点。

点集 E 的孤立点和聚点的概念在某种意义上描述了点集 E 的结构:E 中的点要么孤立的存在,要么集聚在聚点的附近。

1.1.3 开集、闭集、开域、闭域和区域

定义 1.1.3 设 $E \subset R^n$ 是一个点集。

如果 E 的每个点都是 E 的内点,则称 E 是 R^n 的一个开集。

如果 E 的每个聚点都属于 E,则称 E 是 R^n 的一个闭集。

规定:空集 ϕ 与 R^n 既是开集又是闭集。

如果 E 是 R^n 的一个开集,且 E 具有连通性,即,对 E 的任意两个点 P^1 和 P^2,都存在属于 E 的有限条线段将 P^1 和 P^2 连接起来,则称 E 是 R^n 的一个开区域;开区域与其界点构成的点集称为闭区域。

开区域、闭区域以及开区域与其部分界点构成的集合都称作区域。

1.1.4 凸集、凸锥

定义 1.1.4 设点集 $E \subset R^n$,如果对任意的 $P^1, P^2 \in E$,及 $t \in (0,1)$ 有
$$tP^1 + (1-t)P^2 \in E,$$
则称点集 E 是 R^n 的一个凸集。

由定义可以看出,点集 E 是 R^n 的一个凸集的充分必要条件是:E 中任意两点的连线属于 E。 比如,区间 $[a,b]$ 是 R^1 的一个凸集;在 R^2 中,单位圆 $\{(x_1, x_2) \mid x_1^2 + x_2^2 = 1, x_1, x_2 \in R^1\}$ 不是凸集,单位圆盘 $\{(x_1, x_2) \mid x_1^2 + x_2^2 \leq 1, x_1, x_2 \in R^1\}$ 是凸集;在 $R^n(n > 3)$ 中,超球体

$$\{(x_1,\cdots,x_n) \mid \sum_{i=1}^{n}(x_i - x_i^0)^2 < r^2\}$$

是凸集。

定理 1.1.1 点集 $E \subset R^n$ 是凸集的充分必要条件是:对任意给定的 $\vec{x}^1,\cdots,\vec{x}^m \in E$ 以及 $t_1,\cdots,t_m \in (0,1)$，且 $t_1 + \cdots + t_m = 1$，有

$$t_1\vec{x}^1 + \cdots + t_m\vec{x}^m \in E。$$

证明:

按凸集的定义,充分性显然。下面证明必要性。

假设 $E \subset R^n$ 是凸集,对 m 用归纳法。

当 $m = 2$ 时,由凸集的定义,结论成立；

假设结论对 $m \geq 2$ 时成立,即对任意给定的 $\vec{x}^1,\cdots,\vec{x}^m \in E$ 以及 $t_1,\cdots,t_m \in (0,1)$，且 $t_1 + \cdots + t_m = 1$，有

$$t_1\vec{x}^1 + \cdots + t_m\vec{x}^m \in E。$$

考察 $m + 1$ 的情形。设 $\vec{x}^1,\cdots,\vec{x}^m,\vec{x}^{m+1} \in E$，$t_1,\cdots,t_m,t_{m+1} \in (0,1)$，且 $t_1 + \cdots + t_m + t_{m+1} = 1$。由于 $t_{m+1} \in (0,1)$，所以 $1 - t_{m+1} > 0$。记 $\lambda_i = \dfrac{t_i}{1 - t_{m+1}} > 0$，$i = 1,\cdots,m$，由于 $t_1 + \cdots + t_m + t_{m+1} = 1$，所以

$$\lambda_1 + \cdots + \lambda_m = \frac{t_1}{1 - t_{m+1}} + \cdots + \frac{t_m}{1 - t_{m+1}} = 1。$$

由归纳法假设

$$\vec{x}^0 = \lambda_1\vec{x}^1 + \cdots + \lambda_m\vec{x}^m = \frac{t_1\vec{x}^1 + \cdots + t_m\vec{x}^m}{1 - t_{m+1}} \in E;$$

由凸集的定义

$$t_1\vec{x}^1 + \cdots + t_m\vec{x}^m + t_{m+1}\vec{x}^{m+1} = t_{m+1}\vec{x}^{m+1} + (1 - t_{m+1})\vec{x}^0 \in E,$$

所以必要性成立。

定理 1.1.2 设 $E, F \subset R^n$ 是两个凸集。记

E 与 F 的交集为: $E \cap F$；E 与 F 的笛卡尔积为: $E \times F = \{\vec{z} = (\vec{x},\vec{y}) \mid \vec{x} \in E, \vec{y} \in F\}$；$E + F = \{\vec{z} = \vec{x} + \vec{y} \mid \vec{x} \in E, \vec{y} \in F\}$。

则 $E \cap F, E + F$ 与 $E \times F$ 都是凸集。

证明:

(1) 设 $P^1, P^2 \in E \cap F$，$t \in (0,1)$，则 $P^1, P^2 \in E$ 且 $P^1, P^2 \in F$。因为 E 和 F 都是凸集,所以 $tP^1 + (1-t)P^2 \in E$ 且 $tP^1 + (1-t)P^2 \in F$，故

$$tP^1 + (1-t)P^2 \in E \cap F,$$

因此 $E \cap F$ 是凸集。

(2) 设 $\vec{z}^1, \vec{z}^2 \in E + F, t \in (0,1)$。由 $E + F$ 的定义，存在 $\vec{x}^1, \vec{x}^2 \in E$ 和 $\vec{y}^1, \vec{y}^2 \in F$，使得 $\vec{z}^1 = \vec{x}^1 + \vec{y}^1; \vec{z}^2 = \vec{x}^2 + \vec{y}^2$。因为 E 和 F 都是凸集，所以
$$t\vec{x}^1 + (1-t)\vec{x}^2 \in E; t\vec{y}^1 + (1-t)\vec{y}^2 \in F.$$
于是
$$t\vec{z}^1 + (1-t)\vec{z}^2 = t(\vec{x}^1 + \vec{y}^1) + (1-t)(\vec{x}^2 + \vec{y}^2)$$
$$= [t\vec{x}^1 + (1-t)\vec{x}^2] + [t\vec{y}^1 + (1-t)\vec{y}^2] \in E + F,$$
即，$E + F$ 是凸集。

(3) 设 $\vec{z}^1, \vec{z}^2 \in E \times F, t \in (0,1)$，由 $E \times F$ 的定义，存在 $\vec{x}^1, \vec{x}^2 \in E$ 和 $\vec{y}^1, \vec{y}^2 \in F$，使得 $\vec{z}^1 = (\vec{x}^1, \vec{y}^1), \vec{z}^2 = (\vec{x}^2, \vec{y}^2)$。因为 E 和 F 都是凸集，所以
$$t\vec{x}^1 + (1-t)\vec{x}^2 \in E; t\vec{y}^1 + (1-t)\vec{y}^2 \in F,$$
于是
$$t\vec{z}^1 + (1-t)\vec{z}^2 = (t\vec{x}^1 + (1-t)\vec{x}^2, t\vec{y}^1 + (1-t)\vec{y}^2) \in E \times F,$$
所以 $E \times F$ 是凸集。

注：如果 E, F 都是凸集，那么 E 与 F 的并集 $E \cup F$ 不一定是凸集。

定义 1.1.5 设 $E \subset R^n$，如果对任意的 $\vec{x} \in E$ 和任意的 $a(a \geq 0) \in R^1$，都有 $a\vec{x} \in E$，则称 E 是以原点 O 为顶点的 R^n 的锥；如果以原点 O 为顶点的 R^n 的锥 E 是凸集，则称 E 为（以原点为顶点的）R^n 的凸锥。

比如：R^n 中从原点出发的两条不同射线上的点构成的点集是锥，但不是凸锥；R^n 中以原点出发的两条不同射线之间（夹角为锐角）的平面区域是凸锥。

注：(1) R^n 是凸锥；

(2) 如果 $E^1, \cdots, E^m \subset R^n$ 都是 R^n 的凸锥，那么 $E^1, \cdots, E^m$ 的交集 $E^1 \cap \cdots \cap E^m$ 是 R^n 的凸锥；$E^1, \cdots, E^m$ 的笛卡尔乘积 $E^1 \times \cdots \times E^m$ 是 R^n 的凸锥。

1.1.5 超平面、半空间、凸多胞体和单纯形

定义 1.1.6（超平面） 设 $a_1, \cdots, a_n, b \in R$ 是任意给定的实数，则称 R^n 中满足如下方程
$$a_1 x_1 + \cdots + a_n x_n = b$$
的所有 $\vec{x} = (x_1, \cdots, x_n)$ 构成的点集为 R^n 中的一个超平面。R^n 中的超平面通常也用上述方程表示。比如：R^2 中的超平面 $a_1 x_1 + a_2 x_2 = b$ 是平面直角坐标系 $O x_1 x_2$ 中的一条直线；R^3 中的超平面 $a_1 x_1 + a_2 x_2 + a_3 x_3 = b$ 是空间直角坐标系 $O x_1 x_2 x_3$ 中的一个真实的平面。

注：(1) R^n 中的超平面是 R^n 中的凸集；R^n 中经过原点的超平面是 R^n 中的

凸锥。

(2) R^n 中的超平面 $\pi: a_1x_1 + \cdots + a_nx_n = b$ 将 R^n 分成三部分:

超平面 π, 点集 $\{(x_1,\cdots,x_n) \mid a_1x_1 + \cdots + a_nx_n < b\}$ 与点集 $\{(x_1,\cdots,x_n) \mid a_1x_1 + \cdots + a_nx_n > b\}$。

定义 1.1.7 (1)(半空间)称 R^n 中的点集: $\{(x_1,\cdots,x_n) \mid a_1x_1 + \cdots + a_nx_n \geqslant (\leqslant) b\}$ 为 R^n 的半空间。

(2)(凸多胞体) R^n 中有限个半空间的交集称为 R^n 的凸多胞体。

(3)(单纯形)设 $\vec{a}^0, \vec{a}^1, \cdots, \vec{a}^n \in R^n$, 且向量组 $\vec{a}^i - \vec{a}^0, 1 \leqslant i \leqslant n$ 线性无关, 则称点集

$$S^n: \{t_0\vec{a}^0 + t_1\vec{a}^1 + \cdots + t_n\vec{a}^n \mid t_0 + t_1 + \cdots + t_n = 1, t_i \in [0,1](0 \leqslant i \leqslant n)\}$$

即, $\{\vec{a}^0, \vec{a}^1, \cdots, \vec{a}^n\}$ 的凸包(多胞体)为一个 n-单纯形, 其表示 R^n 中以 $\vec{a}^0, \vec{a}^1, \cdots, \vec{a}^n$ 为顶点的 $n+1$ 面体。

例 1.1.1 设 $\vec{a}^0 = \vec{0}; \vec{a}^i = \vec{e}^i$ 表示第 i 个分量等于 1, 其他分量等于 0, 即作为向量, $\vec{a}^i = \vec{e}^i (1 \leqslant i \leqslant n)$ 是单位向量。由于 $t_0\vec{a}^0 + t_1\vec{a}^1 + \cdots + t_n\vec{a}^n = (t_1, \cdots, t_n)$, 其中 $t_1 + \cdots + t_n = 1 - t_0 \leqslant 1$。

所以此时单纯形可以表示为:

$$S^n: t_1 + \cdots + t_n \leqslant 1, t_i \geqslant 0, 1 \leqslant i \leqslant n,$$

称 S^n 为 n-标准单纯形, 记为 S_0^n。

当 $n = 2$ 时, S_0^2 表示 Ox_1x_2 平面上由直线: $x_1 = 0, x_2 = 0$ 和 $x_1 + x_2 = 1$ 围成的三角形区域, 如图 1.1.1(a) 所示。

当 $n = 3$ 时, S_0^3 表示 $Ox_1x_2x_3$ 空间中由平面: $x_1 = 0, x_2 = 0, x_3 = 0$ 和 $x_1 + x_2 + x_3 = 1$ 围成的四面体, 如图 1.1.1(b) 所示。

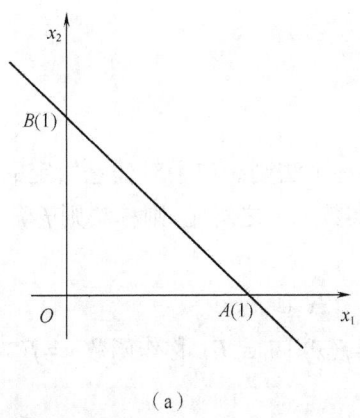
(a)

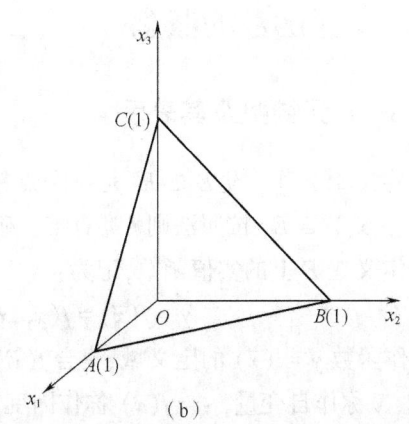
(b)

图 1.1.1

同理,设 $\vec{a}^0 = \vec{0}; \vec{a}^i$ 表示第 i 个分量等于 $a_i > 0$,其他分量等于 $0(1 \leq i \leq n)$,则由单纯形的定义知

$$S^n = \{t_0\vec{a}^0 + t_1\vec{a}^1 + \cdots + t_n\vec{a}^n \mid t_i \in [0,1], t_0 + t_1 + \cdots + t_n = 1\}$$
$$\{(t_1 a_1, \cdots, t_n a_n) \mid t_1 + \cdots + t_n = 1 - t_0, t_i \in [0,1]\}$$

令 $t_i a_i = x_i$,则 $t_i = \dfrac{x_i}{a_i}, i = 1, 2 \cdots n$。

又因 $t_1 + t_2 + \cdots + t_n = 1 - t_0 \leq 1$,所以单纯形 S^n 可以表示为

$$S^n : \frac{x_1}{a_1} + \frac{x_2}{a_2} + \cdots + \frac{x_n}{a_n} \leq 1, x_i \in [0, a_i], i = 1, 2, \cdots, n。$$

一般地,称单纯形 $S^n : b_1 x_1 + b_2 x_2 + \cdots + b_n x_n \leq 1, b_i > 0, x_i \geq 0, i = 1, 2, \cdots, n$ 为 n - 正单纯形,用 S_+^n 表示。

定义 1.1.8 设 $\pi : a_1 x_1 + \cdots + a_n x_n = b$ 是 R^n 的一个超平面,$E \subset R^n$ 是一个凸集。如果 $E \subset \{(x_1, \cdots, x_n) \mid a_1 x_1 + \cdots + a_n x_n \geq b\}$ 或 $E \subset \{(x_1, \cdots, x_n) \mid a_1 x_1 + \cdots + a_n x_n \leq b\}$,且 E 与 π 的交集非空,则称 π 是凸集 E 的一个支撑超平面。

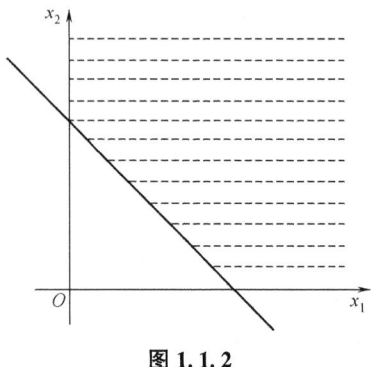

图 1.1.2

比如:在 R^3 中,S_0^3 是凸集,R^3 中的平面 $\pi : x_1 + x_2 + x_3 = 1$ 是凸集 S_0^3 的一个支撑超平面,如图 1.1.1(b)。

在 R^2 中,$E = \{(x_1, x_2) \mid a_1 x_1 + a_2 x_2 \geq b; x_1 \geq 0, x_2 \geq 0\}$ 是一个凸集,R^2 中的直线 $l : a_1 x_1 + a_2 x_2 = b$ ($a_1 > 0, a_2 > 0, b > 0$) 是凸集 E 的一个支撑超平面,如图 1.1.2。

1.2 n 元函数的概念

1.2.1 n 元函数及其表示

定义 1.2.1 设 $E \subset R^n$ 是一个点集,f 是一个法则。如果对任意给定的 $\vec{x} = (x_1, \cdots, x_n) \in E$,按照法则 f 都有唯一确定的实数 y 与之对应,则称法则 f 确定了一个定义在 E 上的实值函数,记为:

$$y = f(\vec{x}) = f(x_1, x_2, \cdots, x_n), \vec{x} \in E。$$

E 称作函数 $y = f(\vec{x})$ 的定义域,集合 $f(E) = \{y = f(\vec{x}) \mid \vec{x} \in E\}$ 称作函数 $y = f(\vec{x})$ 的值域,$\vec{x}$ 称作自变量,$y = f(\vec{x})$ 称作因变量。

注:(1) 当 $n = 1$ 时,称 $y = f(x), x \in E \subset R^1$ 为一元函数;当 $n \geq 2$ 时,称 $y =$

$f(\vec{x})$, $\vec{x} \in E \subset R^n$ 为多元函数。

(2) 确定函数 $y = f(\vec{x})$ 的要素是定义域 E 和法则 f, 定义域 E 不同, $y = f(\vec{x})$, $\vec{x} \in E$ 表示的函数不同;法则 f 不同, $y = f(\vec{x})$, $\vec{x} \in E$ 表示的函数也不同。当两个函数的定义域相同, 法则相同时, 不论自变量和因变量用什么符号表示, 这两个函数都是同一个函数。

n 元函数 $y = f(\vec{x})$, $\vec{x} \in E$ 有如下四种表示方法。

(1) 解析表示法:有些函数可以用一个数学解析式表示法则 f。比如:
$$y = f(x) = 2x + 3, x \in R^1,$$
与
$$y = f(x_1, \cdots, x_n) = \sum_{i=1}^{n} x_i^2, x_i \in R^1, i = 1, \cdots, n,$$
都是用数学解析式表示的函数。

当函数 $y = f(\vec{x})$, $\vec{x} \in E$ 用解析式表述的时候, 如果没有特别指出其定义域, 则默认其定义域是使得该解析式有意义的 R^n 中所有的 $\vec{x}$ 构成的集合。

(2) 图像表示法:对于给定的 $\vec{x} \in E$, $(x_1, \cdots, x_n, f(\vec{x}))$ 是 R^{n+1} 的一点, 当 $\vec{x}$ 在 E 变化时, $\{(x_1, \cdots, x_n, f(\vec{x})) \mid \vec{x} \in E\}$ 是 R^{n+1} 的一个点集, 通常用 $y = f(\vec{x})$, $\vec{x} \in E$ 表示这个点集。比如: $y = f(x) = 2x + 3$, $x \in R^1$ 表示 R^2 中的一条直线; $y = f(x_1, x_2) = x_1^2 + x_2^2$, $(x_1, x_2) \in R^2$ 表示 R^3 中的旋转抛物面;当 $n \geq 3$ 时, 虽然我们不知道 $y = f(\vec{x})$, $\vec{x} \in E \subset R^n$ 的物理性状, 但称其为 R^{n+1} 中的超曲面。

(3) 列表表示法:对有些函数 $y = f(\vec{x})$, $\vec{x} \in E$, 还可以用列表的形式表示。比如:设 E 为某大学经济学专业新生的学号构成的集合; $y = f(x)$, $\vec{x} \in E$ 表示学生入学的数学成绩, 那么 $y = f(x)$, $\vec{x} \in E$ 可以用列表的方式表示。

(4) 描述性表示法:有些函数只能用语言描述的方式表示。比如,黎曼函数、狄利克雷函数等。

黎曼函数: $R(x) = \begin{cases} \dfrac{1}{q} & x = \dfrac{p}{q} \text{ 是}(0,1) \text{ 中的有理数} \\ 0 & x = 0 \text{ 或 } 1, \text{或}(0,1) \text{ 中的无理数} \end{cases}$

狄利克雷函数: $D(x) = \begin{cases} 1 & x \text{ 是有理数} \\ 0 & x \text{ 是无理数} \end{cases}$

1.2.2 复合函数

定义 1.2.2 设 $y = f(\vec{u}) = f(u_1, \cdots, u_m)$, $\vec{u} \in D \subset R^m$, 和 $u_i = \varphi_i(\vec{x})$, $\vec{x} \in E^* \subset R^n$ ($i = 1, \cdots, m$) 是已知函数。记 $F(\varphi_i(\vec{x})) = \{(\varphi_1(\vec{x}), \cdots, \varphi_m(\vec{x})) \mid \vec{x} \in E^*\}$,

$D \cap F(\varphi_i(\vec{x})) \neq \phi$,记 $E = \{\vec{x} \in E^* | (\varphi_1(\vec{x}), \cdots, \varphi_m(\vec{x})) \in D\}$。规定法则 $f[\varphi_1(\cdot), \cdots, \varphi_m(\cdot)]$ 如下:对任意给定的 $\vec{x} \in E$,使 $\vec{x}$ 与实数 $y = f[\varphi_1(\vec{x}), \cdots, \varphi_m(\vec{x})]$ 相对应。显然法则 $f[\varphi_1(\cdot), \cdots, \varphi_m(\cdot)]$ 确定了一个定义在 $E \subset R^n$ 上的函数,称这个函数是由函数 $y = f(\vec{u}), \vec{u} \in D$ 和 $u_i = \varphi_i(\vec{x}), \vec{x} \in E^*$ ($i = 1, \cdots, m$) 构成的复合函数。函数 $y = f(\vec{u}), \vec{u} \in D$ 称作外函数;函数 $u_i = \varphi_i(\vec{x}), \vec{x} \in E^*$ ($i = 1, \cdots, m$) 称作内函数。

1.2.3 上轮廓集(上水平集)、水平集和隐函数

1.2.3.1 上轮廓集和水平集

定义 1.2.3 设 $y = f(\vec{x}), \vec{x} \in D \subset R^n$ 是一个函数,对给定的实数 a,称集合
$$V(a) = \{\vec{x} | f(\vec{x}) \geq a, \vec{x} \in D \subset R^n\}$$
为函数 $y = f(\vec{x}), \vec{x} \in D \subset R^n$ 的一个上轮廓集(或上水平集);称集合
$$A = \{\vec{x} | f(\vec{x}) = a, \vec{x} \in D \subset R^n\}$$
为函数 $y = f(\vec{x}), \vec{x} \in D \subset R^n$ 的一个水平集。

当 $n = 2$ 时,水平集 $A = \{\vec{x} | f(\vec{x}) = a, \vec{x} \in D \subset R^n\}$ 也称等高线,其表示定义域 D 中函数值等于 a 的所有点构成的点集,通常情况下,等高线是 Ox_1x_2 中的曲线。

当 $n = 3$,即 $f(\vec{x})$ 是一个三元函数时,水平集 $A = \{\vec{x} | f(\vec{x}) = a, \vec{x} \in D \subset R^n\}$ 也称等高面,其表示定义域 D 中函数值等于 a 的所有点构成的点集,通常情况下,等高面是 $Ox_1x_2x_3$ 中的一个曲面。

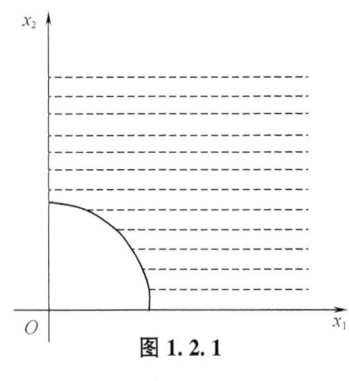

图 1.2.1

当 $n \geq 4$ 时,水平集 $A = \{\vec{x} | f(\vec{x}) = a, \vec{x} \in D \subset R^n\}$ 表示定义域 D 中函数值等于 a 的所有点构成的点集,这时,我们无法画出其几何图形,但通常情况下,我们也称其为线性空间 R^n 中的超曲面。

比如:设函数 $y = f(x_1, x_2) = x_1^2 + x_2^2 (x_1 \geq 0, x_2 \geq 0)$。对 $y > 0$,函数 $f(x_1, x_2)$ 的上水平集 $V(y) = \{(x_1, x_2) | x_1^2 + x_2^2 > y, x_1 \geq 0, x_2 \geq 0\}$,如图 1.2.1 所示。

1.2.3.2 隐函数

定义 1.2.4 设 $F(x_1, x_2, \cdots x_n, y)$ 是定义在 $D \subset R^{n+1}$ 上的函数,如果存在点集 $E \subset R^n$ 及 $J \subset R$,使得 $E \times J \subset D$,且对任意给定的 $(x_1, x_2, \cdots x_n) \in E$,都有唯一的 $y \in J$,使得 $(x_1, x_2, \cdots x_n)$ 与 y 满足如下方程:
$$F(x_1, x_2, \cdots x_n, y) = 0,$$

则称上述方程确定了一个定义在 E 上，取值于 J 的隐函数，记为 $y = y(x_1, x_2, \cdots x_n)$。

显然，
$$F(x_1, x_2, \cdots x_n, y(x_1, x_2, \cdots x_n)) \equiv 0, (x_1, x_2, \cdots x_n) \in E。$$

1.3 经济问题举例

经济学中用到的函数通常是用语言描述的方式定义的函数。

1.3.1 生产函数

1.3.1.1 生产可能集与生产函数

定义 1.3.1 设一个厂商投入 n 种不同的生产要素 $x_1, x_2, \cdots, x_n$（$x_i \geq 0, i = 1, \cdots, n$），可以得到的产量是 y。记 $\vec{x} = (x_1, x_2, \cdots, x_n)$，称 $\vec{z} = (y, -\vec{x})$ 为净产出向量，或一个可行的生产方案。所有可行的生产方案构成的集合称为生产可能集，记为 Z。

定义 1.3.2 假设对一个厂商而言，每一要素投入组合 $\vec{x} = (x_1, x_2, \cdots, x_n)$，（$x_i \geq 0, i = 1, \cdots, n$）都可以确定一个最大的产量 y，即
$$f(\vec{x}) = \max\{y \mid (y, -\vec{x}) \in Z, x_i \geq 0, i = 1, \cdots, n\} \quad (1.3.1)$$

其中，Z 为该厂的生产可能集。则称此函数 $y = f(\vec{x}), \vec{x} \geq \vec{0} \in R^n$ 为该厂商的生产函数。

注：(1) 由定义可以看出，生产函数描述了一个工厂的管理水平和技术水平。对不同的厂商，同样的要素组合，对应的最大产量可能是不同的，因此也称生产函数为生产技术。

(2) 生产函数符合一般函数的定义，因为对每一要素投入组合，最大产量是唯一确定的。当然，对每一家工厂而言，我们无法给出该工厂生产函数的具体表达式，我们只能假定对每一要素投入组合，该工厂都能根据其管理水平和技术水平实现其最大产量。因此，生产函数是用语言描述的形式给出的定义。

1.3.1.2 常见的生产函数举例

虽然我们无法知道一个厂商的生产函数的具体形式，但由第二章我们将会看到：一般而言，生产函数有一些共同的性质。因此在经济学中，把具有这些共性的具体的函数视为生产函数。下面给出三个常见的具体的生产函数。

例 1.3.1 ［里昂惕夫（Leontief）生产函数］我们称如下形式的函数：
$$y = f(\vec{x}) = f(x_1, x_2) = \min\left\{\frac{x_1}{a}, \frac{x_2}{b}\right\}, a > 0, b > 0, x_1 \geq 0, x_2 \geq 0$$

为里昂惕夫(Leontief)生产函数。其中,x_1 和 x_2 分别表示劳动和资本的投入量;常数 a 和 b 分别表示生产一个单位产品所需的固定劳动投入量和资本投入量。

例 1.3.2 [柯布—道格拉斯(Cobb—Daolas)生产函数] 我们称如下形式的生产函数

$$y = f(\vec{x}) = f(x_1, x_2) = A x_1^\alpha x_2^\beta$$

为柯布—道格拉斯(Cobb—Daolas)生产函数。其中,y 是产量,$x_1 \geq 0$ 和 $x_2 \geq 0$ 分别为劳动和资本的投入量;$A > 0$,α 和 β 为三个参数,$\alpha, \beta \in (0,1)$。

例 1.3.3 [不变替代弹性(CES)生产函数] 我们称如下形式的函数

$$f(\vec{x}) = f(x_1, x_2) = A\left(\delta_1 x_1^\alpha + \delta_2 x_2^\alpha\right)^{\frac{1}{\alpha}}, x_1 \geq 0, x_2 \geq 0$$

为不变替代弹性生产函数,其中 $\delta_1 + \delta_2 = 1$,$A > 0$,$\alpha > 0$。

1.3.1.3 必要投入集和等产量集

定义 1.3.3 设 $y = f(\vec{x})$,$\vec{x} \geq \vec{0} \in R^n$ 是生产函数,对任意给定的 $y^0 \geq 0$,称上轮廓集

$$V(y^0) = \{\vec{x} \geq \vec{0} \mid f(\vec{x}) \geq y^0, \vec{x} \in R^n\}$$

为必要投入集;称水平集

$$R(y^0) = \{\vec{x} \geq \vec{0} \mid f(\vec{x}) = y^0, \vec{x} \in R^n\}$$

为等产量集。请看一个具体例子。

例 1.3.4 讨论并画出里昂惕夫(Leontief)生产函数

$$y = f(\vec{x}) = f(x_1, x_2) = \min\left\{\frac{x_1}{a}, \frac{x_2}{b}\right\}, a > 0, b > 0, x_1 \geq 0, x_2 \geq 0$$

的等产量线。

解:设 $y = y' \geq 0$。产量水平等于 y' 的等产量线记为 $C(y'): f(\vec{x}) = y'$。由不等式 $x_2 \geq \frac{b}{a} x_1 \geq 0$ 与不等式 $0 \leq x_2 \leq \frac{b}{a} x_1$ 确定的平面点集分别记为 Π^1 与 Π^2。

由于 $f(x_1, x_2) = \min\left\{\frac{x_1}{a}, \frac{x_2}{b}\right\}$,所以,只要 $\frac{x_2}{b} \geq \frac{x_1}{a} \geq 0$,即点 (x_1, x_2) 属于 Π^1,就有 $f(x_1, x_2) = \frac{x_1}{a}$。令 $\frac{x_1}{a} = y'$,得 $x_1' = ay'$。

当 $(x_1, x_2) \in \Pi^1$,且 $x_1 > x_1' = ay'$ 时,有 $f(x_1, x_2) = \frac{x_1}{a} > \frac{x_1'}{a} = y'$,即 (x_1, x_2) 不在水平线上;当 $(x_1, x_2) \in \Pi^1$,且 $x_1 = x_1' = ay'$ 时,有 $f(x_1, x_2) = \frac{x_1}{a} = \frac{x_1'}{a} = y'$,即 $(x_1,$

x_2)在水平线上,此时 $x_2 \geq \dfrac{b}{a} x_1 = \dfrac{b}{a} x_1' = by'$。

因此,在 Π^1 中,只有当 $x_1 = x_1' = ay'$ 且 $x_2 \geq by' = x_2'$ 时,(x_1, x_2) 才属于水平集 $C(y')$。

同理,在 Π^2 中,只有当 $x_2 = x_2' = by'$ 且 $x_1 \geq x_1' = ay'$ 时,(x_1, x_2) 才属于水平集 $C(y')$。

基于上面的分析,水平集 $C(y') = \{(x_1, x_2) \mid x_1 = ay', x_2 \geq by'$ 或 $x_2 = by', x_1 \geq ay'\}$,即 $C(y')$ 是由射线 $L^1: x_1 = ay', x_2 \geq by'$ 与射线 $L^2: x_1 \geq ay', x_2 = by'$ 构成的折线,如图 1.3.1 所示。特别,当 $y' = 0$ 时,L^1 是坐标轴 Ox_1 的正半轴;L^2 是坐标轴 Ox_2 的正半轴。

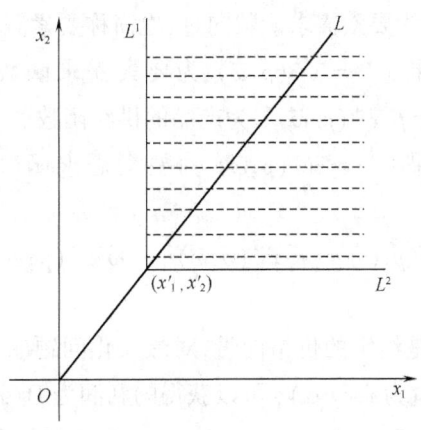

图 1.3.1

在图 1.3.1 中,$(x_1', x_2') = (ay', by')$,$L$ 是射线:$x_2 = \dfrac{b}{a} x_1$,$x_1 \geq 0$。

1.3.2 要素需求函数、产品供给函数和利润函数

1.3.2.1 利润最大化问题

假设厂商的生产函数为 $y = f(\vec{x})$,其中 $\vec{x} = (x_1, x_2, \cdots, x_n)$ 是要素投入向量,$y = f(\vec{x})$ 为产量。记要素价格向量为 $\vec{\omega} = (\omega_1, \omega_2, \cdots, \omega_n)$,产品价格为 p,由于厂商的动机和目标就是实现其利润最大化,所以厂商要解决的问题是求解如下的利润最大化问题:

$$\begin{cases} \max\limits_{\vec{x}} \{pf(\vec{x}) - \vec{\omega}\vec{x}\} \\ \text{s. t.} \quad \vec{x} \geq \vec{0} \end{cases} \tag{1.3.2}$$

其中，$\vec{\omega}\vec{x} = \omega_1 x_1 + \cdots + \omega_n x_n$。

注：按照数学规范，$\omega_1 x_1 + \cdots + \omega_n x_n$ 应该用 $\vec{\omega}\vec{x}^T$ 或 $\vec{x}\vec{\omega}^T$ 表示，但为了方便，这里用 $\vec{\omega}\vec{x}$ 表示。

1.3.2.2 要素需求函数、产品供给函数、利润函数的定义

定义 1.3.4 如果对每一产品价格 p 和每一价格向量 $\vec{\omega}$，上述最大化问题都有唯一确定的解 $\vec{x}^* = (x_1^*, x_2^*, \cdots, x_n^*)$，则称 x_i^*，$i = 1, 2, \cdots, n$ 为要素需求函数。显然，要素需求函数是产品价格 p 和要素价格向量 $\vec{\omega}$ 的函数，记 $x_i^* = x_i^*(p, \vec{\omega})$，$i = 1, \cdots, n$。

我们还看到，要素需求函数 $x_i^* = x_i^*(p, \vec{\omega})$（$i = 1, \cdots, n$）构成了一个向量函数

$$\vec{x}^* = \vec{x}^*(p, \vec{\omega}) = (x_1^*(p, \vec{\omega}), x_2^*(p, \vec{\omega}), \cdots, x_n^*(p, \vec{\omega}))。$$

我们称 $\vec{x}^* = \vec{x}^*(p, \vec{\omega})$ 为要素需求函数向量，也简称要素需求函数。

定义 1.3.5 如果 $\vec{x}^* = \vec{x}^*(p, \vec{\omega})$ 为要素需求函数，即利润最大化问题（1.3.2）的解。则称 $y = f[\vec{x}^*(p, \vec{\omega})]$ 为产品的供给函数。

定义 1.3.6 如果 $\vec{x}^* = \vec{x}^*(p, \vec{\omega})$ 为要素需求函数，即利润最大化问题（1.3.2）的解。则称

$$\pi(p, \omega) = pf[\vec{x}^*(p, \vec{\omega})] - \vec{\omega}\vec{x}^*(p, \vec{\omega})$$

为利润函数。

注：(1) 设 $(p, \vec{\omega})$ 是给定的价格向量，对最大化问题（1.3.2）中的每一个要素投入向量 $\vec{x}$，厂商的产量为 $y = f(\vec{x})$，可以获得的利润为 $\Pi(\vec{x}) = pf(\vec{x}) - \vec{\omega}\vec{x}$，但是，$y = f(\vec{x})$ 不是产品供给函数，$\Pi(\vec{x}) = pf(\vec{x}) - \vec{\omega}\vec{x}$ 也不是利润函数。只有当 $\vec{x} = \vec{x}^*(p, \vec{\omega})$ 时，厂商生产的产量 $y = f(x^*(p, \vec{\omega}))$ 才称为产品供给函数；同样，只有当 $\vec{x} = x^*(p, \vec{\omega})$ 时，厂商获得的利润 $\pi(p, \omega) = pf(\vec{x}) - \vec{\omega}\vec{x} = pf[x^*(p, \vec{\omega})] - \vec{\omega}x^*(p, \vec{\omega})$ 才称为厂商的利润函数。

(2) 厂商的产品供给函数和利润函数不是要素投入的函数，而是价格向量 $(p, \vec{\omega})$ 的函数。

1.3.3 成本函数、条件要素需求函数和平均成本函数

1.3.3.1 成本最小化问题

在现实生活中，厂商往往会遇到这样的情况，即先接到客户的订单，然后在一定的时间内生产出既定数量的产品。此时生产者的问题是：对既定的产量和要素价格如何使生产成本达到最小。设厂商的生产函数为 $f(\vec{x})$，要素价格为 $\vec{\omega}$，既定的产量水平为 y，于是厂商需要解决如下的成本最小化问题：

$$\begin{cases} \min \vec{\omega}\,\vec{x} \\ \text{s.t.}\ f(\vec{x}) \geqslant y, \vec{x} \geqslant \vec{0} \end{cases} \tag{1.3.3}$$

即,厂商需要在必要投入集 $V(y)$ 中选择成本最小的投入。因此

$$\begin{cases} \min \vec{\omega}\,\vec{x} \\ \text{s.t.}\ f(\vec{x}) \geqslant y, \vec{x} \geqslant \vec{0} \end{cases} = \begin{cases} \min \vec{\omega}\,\vec{x} \\ \text{s.t.}\ \vec{x} \in V(y) \end{cases}。$$

1.3.3.2 条件要素需求函数、成本函数、平均成本函数的定义

定义 1.3.7 如果对任意的既定产量水平 y 和要素价格 $\vec{\omega}$,成本最小化问题 (1.3.3) 都有唯一的解 $\vec{x}^*$,那么由函数定义可知,成本最小化问题 (1.3.3) 定义了一个产量水平 y 和要素价格向量 $\vec{\omega}$ 的函数向量,记为 $\vec{x}^* = \vec{x}^*(\vec{\omega}, y)$,称其为条件要素需求函数;称

$$c(\vec{\omega}, y) = \vec{\omega}\,\vec{x}(\vec{\omega}, y)$$

为厂商的成本函数;称

$$AC = \frac{c(\vec{\omega}, y)}{y}$$

为厂商的平均成本函数。

本章经济问题总结

在本章,我们讨论了利润最大化问题和成本最小化问题,用语言描述的方式定义了利润函数、产品供给函数、要素需求函数、成本函数和条件要素需求函数。

2 函数的性质及经济问题举例

本章介绍高级微观经济学中一些常用函数的性质,如单调性、齐次性、位似性、凸(凹)性和拟凸(凹)性;连续函数的局部性质以及有界闭区域(有界闭集)上连续函数的性质。另外,还介绍了效用最大化问题和支出最小化问题,以及马歇尔需求函数,希克斯需求函数等函数的各种性质。

2.1 函数的基本性质

2.1.1 单调函数、齐次函数和位似函数

2.1.1.1 单调函数

设 $\vec{x}^1 = (x_1^1, \cdots, x_n^1)$, $\vec{x}^2 = (x_1^2, \cdots, x_n^2) \in R^n$, 如果对每个 $i(1 \leq i \leq n)$ 都有 $x_i^1 \leq x_i^2$, 则记为 $\vec{x}^1 \leq \vec{x}^2$; 如果 $\vec{x}^1 \leq \vec{x}^2$, 且至少有一个 $i(1 \leq i \leq n)$ 使得不等式 $x_i^1 < x_i^2$ 成立, 则记为 $\vec{x}^1 < \vec{x}^2$。

定义2.1.1 设 $y = f(\vec{x}) = f(x_1, x_2, \cdots, x_n)$ 是定义在 $E \subset R^n$ 上的函数, 如果任意的 $\vec{x}^1 \leq \vec{x}^2 \in E$, 都有 $f(\vec{x}^1) \leq (\geq) f(\vec{x}^2)$, 则称 $y = f(\vec{x})$ 是 E 上的增(减)函数; 如果对任意的 $\vec{x}^1 < \vec{x}^2 \in E$, 有 $f(\vec{x}^1) < (>) f(\vec{x}^2)$, 则称 $y = f(\vec{x})$ 是 E 上的严格增(减)函数。增函数与减函数称作单调函数。

比如, 设 $f(\vec{x}) = x_1^2 + \cdots + x_n^2$ 是定义在 $D = \{\vec{x} | x_i \geq 0, 1 \leq i \leq n\}$ 上的函数, 则 $f(\vec{x})$ 是 D 上的严格增函数。

又如, $f(\vec{x}) = \ln x_1 + \cdots + \ln x_n$ 是定义在 $D = \{\vec{x} | x_i > 0, 1 \leq i \leq n\}$ 上的严格增函数。

2.1.1.2 齐次函数

定义2.1.2 $y = f(\vec{x}) = f(x_1, x_2, \cdots x_n)$ 是定义在 $E \subset R^n$ 上的函数, 如果对任意给定的 $t > 0$, 有 $f(t\vec{x}) = t^k f(\vec{x})$, 则称 $f(\vec{x})$ 是一个 k 次齐次函数, 特别, 当 $k = 1$ 时, 称为一次齐次函数。比如, $f(\vec{x}) = x_1^2 + \cdots + x_n^2, \vec{x} \in D = \{\vec{x} | x_i \geq 0, 1 \leq i \leq n\}$ 是二次齐次函数; 又比如, $f(\vec{x}) = x_1 \cdot \cdots \cdot x_n, \vec{x} \in D = \{\vec{x} | x_i > 0, 1 \leq i \leq n\}$ 是 n 次齐次函数。

2.1.1.3 位似函数

定义2.1.3 设 $v = f(\vec{x}) = f(x_1, x_2, \cdots x_n)$ 是定义在集合 $E \subset R^n$ 上的一次齐次

函数，$y = g(v)$ 是定义在区间 $D \subset R^1$ 上的一个正的单调函数，如果 $f(E) \cap D \neq \varphi$，则称复合函数 $y = g[f(\vec{x})]$ 是一个位似函数。

比如，$v = f(\vec{x}) = x_1 + \cdots + x_n$ 是定义在区域 $D = \{\vec{x} | x_1 + \cdots + x_n > 1\}$ 上的一次齐次函数，$y = g(v) = \ln v$ 是 $(1, +\infty)$ 上正的增函数，则复合函数 $y = g[f(\vec{x})] = \ln(x_1 + \cdots + x_n)$ 是位似函数。

2.1.2 凸函数与凹函数

2.1.2.1 凸函数与凹函数的定义

定义 2.1.4 设 $y = f(\vec{x}) = f(x_1, x_2, \cdots x_n)$ 是定义在凸区域 $E \subset R^n$ 上的函数，如果对任意给定的 $\vec{x}^1, \vec{x}^2 \in E$，及 $\lambda \in (0,1)$，都有

$$f[\lambda \vec{x}^1 + (1-\lambda)\vec{x}^2] \leq (<) \lambda f(\vec{x}^1) + (1-\lambda)f(\vec{x}^2)$$

或

$$f[\lambda \vec{x}^1 + (1-\lambda)\vec{x}^2] \geq (>) \lambda f(\vec{x}^1) + (1-\lambda)f(\vec{x}^2),$$

则称 $y = f(\vec{x})$ 是（严格）凸函数或（严格）凹函数。

由定义不难看出，如果 $f(\vec{x})$ 是凸函数，则 $-f(\vec{x})$ 就是凹函数，反之亦然。

2.1.2.2 凸（凹）函数的几何意义

设 $y = f(x)$ 是定义在区间 (a,b) 上的凸函数，则对任意的 $x_1 < x_2 \in (a,b)$，及 $\lambda \in (0,1)$，都有

$$f[\lambda x_1 + (1-\lambda)x_2] \leq \lambda f(x_1) + (1-\lambda)f(x_2)。$$

记 $\lambda x_1 + (1-\lambda)x_2 = x$，则 $x_1 < x < x_2$，且 $\lambda = \dfrac{x_2 - x}{x_2 - x_1}$。

由于

$$Y = \lambda f(x_1) + (1-\lambda)f(x_2) = f(x_1) + \frac{f(x_2) - f(x_1)}{x_2 - x_1}(x - x_1), (x_1 < x < x_2)$$

表示曲线 $y = f(x)$ 上的点 $P_1(x_1, f(x_1))$ 和点 $P_2(x_2, f(x_2))$ 的连线，且对任意给定的 $\lambda \in (0,1)$，即任意给定的 $x \in (x_1, x_2)$，有

$$f(x) = f[\lambda x_1 + (1-\lambda)x_2] \leq Y = f(x_1) + \frac{f(x_2) - f(x_1)}{x_2 - x_1}(x - x_1),$$

所以，函数 $y = f(x)$ 是区间 (a,b) 上的凸函数的几何意义是：曲线 $y = f(x)$ 上任意两点 $P_1(x_1, f(x_1))$ 和 $P_2(x_2, f(x_2))$ 的连线都位于曲线段 $y = f(x)$（$x_1 < x < x_2$）的上方，如图 2.1.1 所示。

同理，函数 $y = f(x)$ 是区间 (a,b) 上的凹函数的几何意义是：曲线 $y = f(x)$ 上任意两点 $P_1(x_1, f(x_1))$ 和 $P_2(x_2, f(x_2))$ 的连线都位于曲线段 $y = f(x)$（$x_1 < x < $

x_2)的下方,如图 2.1.2 所示。

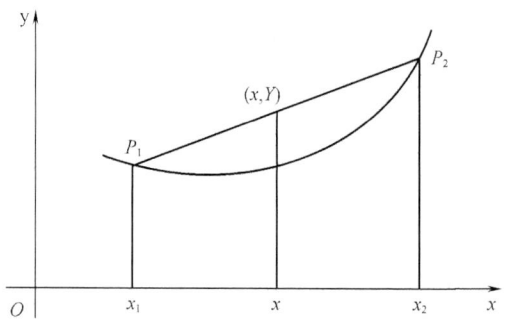

图 2.1.1

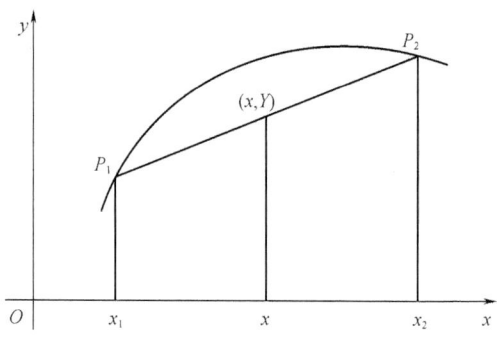

图 2.1.2

2.1.2.3 有关凸(凹)函数的结论

定理 2.1.1 函数 $y = f(x)$ 是区间 (a,b) 上的凸(凹)函数的充分必要条件是:对任意给定的区间 (a,b) 内的三点 $x_1 < x_2 < x_3$,有

$$\frac{f(x_2) - f(x_1)}{x_2 - x_1} \leqslant (\geqslant) \frac{f(x_3) - f(x_2)}{x_3 - x_2}. \tag{2.1.1}$$

证明(充分性) 假设对任意给定的区间 (a,b) 内的三点 $x_1 < x_2 < x_3$,(2.1.1)式成立。设 $x_1 < x_3$ 是 (a,b) 内的任意两点,$0 < \lambda < 1$。记 $x_2 = \lambda x_1 + (1-\lambda) x_3$,则 $x_1 < x_2 < x_3$,

且

$$\lambda = \frac{x_3 - x_2}{x_3 - x_1}, 1 - \lambda = \frac{x_2 - x_1}{x_3 - x_1}.$$

由假设,(2.1.1)式成立。于是

$$(x_3 - x_2)[f(x_2) - f(x_1)] \leq (x_2 - x_1)[f(x_3) - f(x_2)],$$

即

$$(x_3 - x_1)f(x_2) \leq (x_3 - x_2)f(x_1) + (x_2 - x_1)f(x_3),$$

于是

$$f(x_2) \leq \frac{x_3 - x_2}{x_3 - x_1}f(x_1) + \frac{x_2 - x_1}{x_3 - x_1}f(x_3),$$

即

$$f[\lambda x_1 + (1 - \lambda)x_3] \leq \lambda f(x_1) + (1 - \lambda)f(x_3)。 \tag{2.1.2}$$

所以函数 $y = f(x)$ 是区间 (a,b) 上的凸函数。

（必要性）假设函数 $y = f(x)$ 是区间 (a,b) 上的凸函数。设 $x_1 < x_2 < x_3$ 是区间 (a,b) 内任意给定的三点。记 $\lambda = \dfrac{x_3 - x_2}{x_3 - x_1}$，则 $1 - \lambda = \dfrac{x_2 - x_1}{x_3 - x_1}$，且 $x_2 = \lambda x_1 + (1 - \lambda)x_3$。

因为 $y = f(x)$ 是区间 (a,b) 上的凸函数，所以(2.1.2)式成立。按照上面的推导逆推则得到

$$(x_3 - x_2)[f(x_2) - f(x_1)] \leq (x_2 - x_1)[f(x_3) - f(x_2)],$$

于是有(2.1.1)是成立。

定理 2.1.1 的几何意义如图 2.1.3 所示。

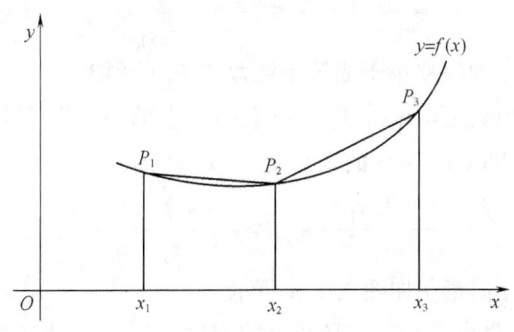

图 2.1.3

在图 2.1.3 中，曲线 $y = f(x)$ 是凸函数。对曲线 $y = f(x)$ 上的任意三点 $P_1(x_1, f(x_1))$，$P_2(x_2, f(x_2))$ 和 $P_3(x_3, f(x_3))$，当 $x_1 < x_2 < x_3$ 时，(2.1.1)式成立，即

$$\frac{f(x_2) - f(x_1)}{x_2 - x_1} \leq \frac{f(x_3) - f(x_2)}{x_3 - x_2}。$$

此式说明，线段 P_1P_2 的斜率小于或等于线段 P_2P_3 的斜率。

用类似的方法还可以证明下面的定理 2.1.2 和定理 2.1.3。

定理 2.1.2 函数 $y = f(x)$ 是区间 (a,b) 上的凸（凹）函数的充分必要条件是：对区间 (a,b) 内任意给定的三点 $x_1 < x_2 < x_3$，有

$$\frac{f(x_2) - f(x_1)}{x_2 - x_1} \leqslant (\geqslant) \frac{f(x_3) - f(x_1)}{x_3 - x_1}。$$

定理 2.1.2 的几何意义如图 2.1.4 所示。

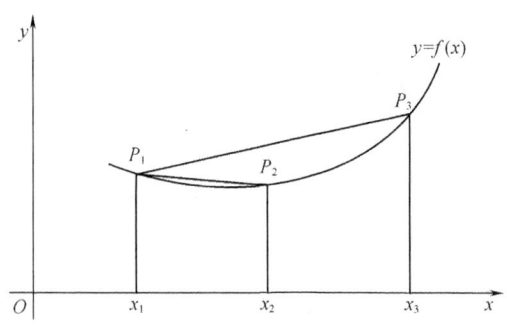

图 2.1.4

在图 2.1.4 中，曲线 $y = f(x)$ 是凸函数，对曲线 $y = f(x)$ 上的任意三点 $P_1(x_1, f(x_1))$，$P_2(x_2, f(x_2))$ 和 $P_3(x_3, f(x_3))$，当 $x_1 < x_2 < x_3$ 时，定理 2.1.2 成立，即

$$\frac{f(x_2) - f(x_1)}{x_2 - x_1} \leqslant \frac{f(x_3) - f(x_1)}{x_3 - x_1}。$$

此式说明，线段 P_1P_2 的斜率小于或等于线段 P_1P_3 的斜率。

定理 2.1.3 函数 $y = f(x)$ 是区间 (a,b) 上的凸（凹）函数的充分必要条件是：对任意给定的区间 (a,b) 内的三点 $x_1 < x_2 < x_3$，有

$$\frac{f(x_3) - f(x_1)}{x_3 - x_1} \leqslant (\geqslant) \frac{f(x_3) - f(x_2)}{x_3 - x_2}。$$

定理 2.1.3 的几何意义如图 2.1.5 所示。

在图 2.1.5 中，曲线 $y = f(x)$ 是凸函数，对曲线 $y = f(x)$ 上的任意三点 $P_1(x_1, f(x_1))$，$P_2(x_2, f(x_2))$ 和 $P_3(x_3, f(x_3))$，当 $x_1 < x_2 < x_3$ 时，定理 2.1.3 成立，即

$$\frac{f(x_3) - f(x_1)}{x_3 - x_1} \leqslant \frac{f(x_3) - f(x_2)}{x_3 - x_2}。$$

此式说明，线段 P_1P_3 的斜率小于或等于线段 P_2P_3 的斜率。

定理 2.1.4 ［詹森（Jensen）不等式］ 设 $y = f(x)$ 是区间 (a,b) 上的凸（凹）函数，则对任意给定的 $x_i \in (a,b)$，$\lambda_i \in (0,1)$（$i = 1, \cdots, n$），且 $\sum_{i=1}^{n} \lambda_i = 1$，有

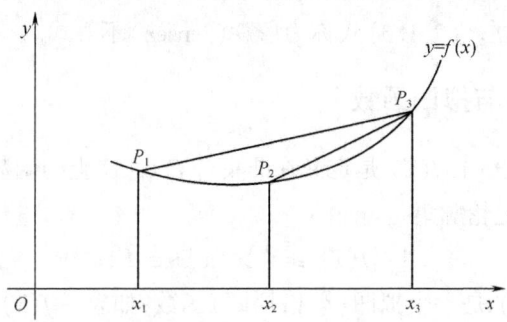

图 2.1.5

$$f(\sum_{i=1}^{n}\lambda_i x_i) \leq (\geq) \sum_{i=1}^{n}\lambda_i f(x_i)\text{。} \tag{2.1.3}$$

证明：(用归纳法)设 $y=f(x)$ 是区间 (a,b) 上的凸函数。

当 $k=2$ 时，由凸函数的定义知(2.1.3)成立。

假设 $k=n$ 时(2.1.3)式成立，下面考察 $k=n+1$ 的情形。设 $x_i \in (a,b)$，$\lambda_i \in (0,1)$，$i=1,\cdots,n+1$，且 $\sum_{i=1}^{n+1}\lambda_i = 1$。记 $\lambda_i' = \dfrac{\lambda_i}{1-\lambda_{n+1}}$（$i=1,\cdots,n$），由于 $\lambda_i \in (0,1)$（$i=1,\cdots,n+1$），且 $\sum_{i=1}^{n+1}\lambda_i = 1$，所以 $0 < \lambda_i' = \dfrac{\lambda_i}{1-\lambda_{n+1}} < 1$（$i=1,\cdots,n$），且 $\sum_{i=1}^{n}\lambda_i' = \dfrac{1}{1-\lambda_{n+1}}\sum_{i=1}^{n}\lambda_i = 1$。又因

$$\sum_{i=1}^{n+1}\lambda_i x_i = \lambda_{n+1}x_{n+1} + (1-\lambda_{n+1})\sum_{i=1}^{n}\dfrac{\lambda_i}{1-\lambda_{n+1}}x_i = \lambda_{n+1}x_{n+1} + (1-\lambda_{n+1})\sum_{i=1}^{n}\lambda_i' x_i,$$

且 $a < \sum_{i=1}^{n}\lambda_i' x_i < b$，所以由 $k=2$ 时(2.1.3)式成立，得

$$f(\sum_{i=1}^{n+1}\lambda_i x_i) = f[\lambda_{n+1}x_{n+1} + (1-\lambda_{n+1})\sum_{i=1}^{n}\lambda_i' x_i] \leq$$
$$\lambda_{n+1}f(x_{n+1}) + (1-\lambda_{n+1})f(\sum_{i=1}^{n}\lambda_i' x_i)\text{。}$$

又由归纳法假设，有

$$f(\sum_{i=1}^{n}\lambda_i' x_i) \leq \sum_{i=1}^{n}\lambda_i' f(x_i) = \dfrac{1}{1-\lambda_{n+1}}\sum_{i=1}^{n}\lambda_i f(x_i),$$

所以

$$f(\sum_{i=1}^{n+1}\lambda_i x_i) \leq \sum_{i=1}^{n+1}\lambda_i f(x_i),$$

即当 $k = n + 1$ 时(2.1.3)式也成立,因此定理 2.1.3 成立。用同样的方法可以证明对凹函数定理也成立。(2.1.3)式称为詹森(Jensen)不等式。

2.1.3 拟凸函数与拟凹函数

定义 2.1.5 设 $y = f(\vec{x})$ 是定义在凸集合 $E \subset R^n$ 上的函数,如果对任意给定的 $a \in R$,$f(\vec{x})$ 的上轮廓集

$$\{\vec{x} \mid f(\vec{x}) \geq (>) a, \vec{x} \in E\}$$

都是凸集,则称 $f(\vec{x})$ 是一个拟凹(严格拟凹)函数;如果 $-f(\vec{x})$ 是一个拟凹函数,则称 $f(\vec{x})$ 是一个拟凸函数。

定理 2.1.5 设 $f(\vec{x})$ 是定义在凸集 $E \subset R^n$ 上的函数,则 $f(\vec{x})$ 是拟凹(严格拟凹)函数的充分必要条件是:对任意的 $\vec{x}^1, \vec{x}^2 \in E$ 及 $t \in (0,1)$,都有

$$f(t\vec{x}^1 + (1-t)\vec{x}^2) \geq (>) \min\{f(\vec{x}^1), f(\vec{x}^2)\}。$$

证明:(必要性)设 $f(\vec{x})$ 是定义在凸集 $E \subset R^n$ 上的拟凹函数。对任意的 $\vec{x}^1, \vec{x}^2 \in E$,记 $y = \min\{f(\vec{x}^1), f(\vec{x}^2)\}$,$V(y) = \{\vec{x} \mid f(\vec{x}) \geq y, \vec{x} \in E\}$ 是上水平集。因为 $f(\vec{x})$ 是拟凹函数,所以 $V(y)$ 是凸集。显然 $\vec{x}^1, \vec{x}^2 \in V(y)$,所以对任意的 $t \in (0,1)$,有 $t\vec{x}^1 + (1-t)\vec{x}^2 \in V(y)$,所以 $f(t\vec{x}^1 + (1-t)\vec{x}^2) \geq y = \min\{f(\vec{x}^1), f(\vec{x}^2)\}$。

(充分性)设 $V(y) = \{\vec{x} \mid f(\vec{x}) \geq y, \vec{x} \in E\}$ 是非空的上水平集。任取 $\vec{x}^1, \vec{x}^2 \in V(y)$,$t \in (0,1)$,则 $f(\vec{x}^1) \geq y$,$f(\vec{x}^2) \geq y$。又因 E 是凸集,所以 $t\vec{x}^1 + (1-t)\vec{x}^2 \in E$。由条件知

$$f(t\vec{x}^1 + (1-t)\vec{x}^2) \geq \min\{f(\vec{x}^1), f(\vec{x}^2)\} \geq y,$$

所以 $V(y)$ 是凸集。

注:(1)用同样的方法可以证明严格拟凹函数定理成立;

(2)单调的一元函数既是拟凹函数也是拟凸函数。

例 2.1.1 考察下列函数的凹凸性。

(1) $f(x) = x^3$,$x \in R$;

(2) $f(x) = |x|$,$x \in R$;

(3) $f(x_1, x_2) = 1 - \sqrt{x_1^2 + x_2^2}$,$(x_1, x_2) \in R^2$。

解:(1)由于 $f(x) = x^3$,$x \in R$ 是严格增函数,所以其既是严格拟凹函数也是严格拟凸函数,如图 2.1.6(a)所示。

在区间 $[0,1]$ 上,对任意的 $t \in (0,1)$,有

$t \cdot 0 + (1-t) \cdot 1 = 1 - t$,$f(1-t) = (1-t)^2$,$t \cdot f(0) + (1-t) \cdot f(1) = 1 - t$,于是

$$f(t \cdot 0 + (1-t) \cdot 1) = (1-t)^2 < 1 - t = t \cdot f(0) + (1-t) \cdot f(1)。$$

因此 $f(x) = x^3$ 不是 R 上的凹函数；同样，在区间 $[-1,0]$ 可以验证 $f(x) = x^3$ 不是 R 上的凸函数。如图 2.1.6(a) 所示。

（2）容易验证 $f(x) = |x|$，$x \in R$ 是严格拟凸函数，也是凸函数，但不是严格凸函数，如图 2.1.6(b) 所示。

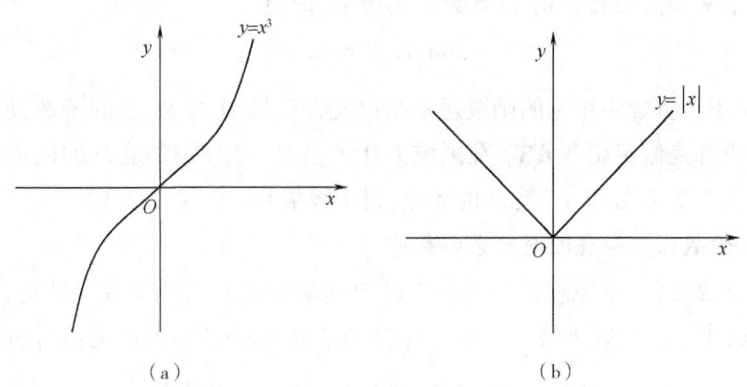

图 2.1.6

（3）当 $y > 1$ 时，上水平集 $V(y) = \{(x_1,x_2) \mid f(x_1,x_2) > y, (x_1,x_2) \in R^2\}$ 是空集，因而是凸集；

当 $y \leqslant 1$ 时，上水平集 $V(y) = \{(x_1,x_2) \mid x_1^2 + x_2^2 < (1-y)^2\}$ 是凸集。

所以 $f(x_1,x_2) = 1 - \sqrt{x_1^2 + x_2^2}$，$(x_1,x_2) \in R^2$ 是严格拟凹函数，也是严格凹函数。

2.2 函数的连续性

2.2.1 函数的极限

2.2.1.1 函数极限的概念

定义 2.2.1 设 $y = f(\vec{x})$ 是定义在点集 $E \subset R^n$ 上的函数，$\vec{x}^0$ 是 E 的聚点，A 是一个常数。如果对任意给定的 $\varepsilon > 0$，都存在 $\delta > 0$，使得当 $\vec{x} \in E \cap U^o(\vec{x}^0, \delta)$ 时，有

$$|f(\vec{x}) - A| < \varepsilon,$$

则称当 $\vec{x}$ 在点集 E 上趋于 $\vec{x}^0$ 时，函数 $f(\vec{x})$ 以常数 A 为极限，记为

$$\lim_{\vec{x} \to \vec{x}^0, \vec{x} \in E} f(\vec{x}) = A。$$

在这个定义中，强调了 $\vec{x}$ 在点集 E 上趋于 $\vec{x}^0$。如果 $f(\vec{x})$ 在 $\vec{x}^0$ 的某个空心邻

域 $U^o(\vec{x}^0,\delta_0)$ 上有意义，则可用如下定义。

定义 2.2.2 设 $f(\vec{x})$ 在 $\vec{x}^0$ 的某个空心邻域 $U^o(\vec{x}^0,\delta_0)$ 上有意义，A 是一个常数。如果对任意给定的 $\varepsilon > 0$，都存在 $\delta(0 < \delta < \delta_0)$，使得当 $\vec{x} \in U^o(\vec{x}^0,\delta)$ 时，有

$$|f(\vec{x}) - A| < \varepsilon,$$

则称 $\vec{x}$ 趋于 $\vec{x}^0$ 时，函数 $f(\vec{x})$ 以常数 A 为极限，记为

$$\lim_{\vec{x} \to \vec{x}^0} f(\vec{x}) = A。$$

注：由于经济学中用到的函数通常是定义在区域 $D \subset R^n$ 上的函数，所以后面章节的讨论都是假定函数 $f(\vec{x})$ 在区域 D 上有意义。如果 $\vec{x}^0$ 是 D 的内点，讨论极限时用定义 2.2.2；如果 $\vec{x}^0$ 是 D 的界点，讨论极限时用定义 2.2.1。

2.2.1.2 函数极限存在的充分必要条件

定理 2.2.1（归结原理） 设 $y = f(\vec{x})$ 在区域 $D \subset R^n$ 上有意义，$\vec{x}^0$ 是 D 的聚点（D 的内点或界点），则极限 $\lim_{\vec{x} \to \vec{x}^0, \vec{x} \in D} f(\vec{x})$ 存在的充分必要条件是：对任意一个点列 $\{\vec{x}^k\} \subset D$，当 $\lim_{k \to \infty} \vec{x}^k = \vec{x}^0$ 时，数列极限 $\lim_{k \to \infty} f(\vec{x}^k)$ 都存在。

定理 2.2.2（柯西准则） 设 $y = f(\vec{x})$ 在区域 $D \subset R^n$ 上有意义，$\vec{x}^0$ 是 D 的内点，则极限 $\lim_{\vec{x} \to \vec{x}^0} f(\vec{x})$ 存在的充分必要条件是：对任意给定的 $\varepsilon > 0$，都存在 $\vec{x}^0$ 的一个 $\delta > 0$ 空心邻域 $U^o(\vec{x}^0,\delta) \subset D$，使得当 $\vec{x}^1, \vec{x}^2 \in U^o(\vec{x}^0,\delta)$ 时，有

$$|f(\vec{x}^1) - f(\vec{x}^2)| < \varepsilon。$$

2.2.2 函数的连续

2.2.2.1 函数连续的概念

定义 2.2.3 设 $y = f(\vec{x})$ 在区域 $D \subset R^n$ 上有意义，$\vec{x}^0 \in D$，如果

$$\lim_{\vec{x} \to \vec{x}^0, \vec{x} \in D} f(\vec{x}) = f(\vec{x}^0),$$

则称函数 $f(\vec{x})$ 在 $\vec{x}^0$ 处连续。如果 $f(\vec{x})$ 在 D 的每一点都连续，则称 $f(\vec{x})$ 在 D 上连续。

记 $\Delta y = f(\vec{x}^0 + \Delta \vec{x}) - f(\vec{x}^0)$，其中 $\vec{x}^0 + \Delta \vec{x} \in D$，则称 $\Delta y = f(\vec{x}^0 + \Delta \vec{x}) - f(\vec{x}^0)$ 是函数 $f(\vec{x})$ 在 $\vec{x}^0$ 处的全增量。于是定义 2.2.3 可以表述为：如果

$$\lim_{\Delta \vec{x} \to 0, \vec{x}^0 + \Delta \vec{x} \in D} \Delta y = 0,$$

则称 $f(\vec{x})$ 在 $\vec{x}^0$ 处连续。

2.2.2.2 函数连续的局部性质

定理 2.2.3（局部有界性定理） 设 $f(\vec{x})$ 在区域 $D \subset R^n$ 上有意义，如果 $f(\vec{x})$ 在 $\vec{x}^0 \in D$ 处连续，则存在 $\vec{x}^0$ 的一个 $\delta_0(>0)$ 邻域 $U(\vec{x}^0,\delta_0)$ 及 $M > 0$，使得当 $\vec{x} \in U(\vec{x}^0,\delta) \cap D$ 时，有

$$|f(\vec{x})| \leq M。$$

证明：因为 $f(\vec{x})$ 在 $\vec{x}^0 \in D$ 处连续，所以对 $\varepsilon_0 = 1$，存在 $\vec{x}^0$ 的一个 $\delta_0(> 0)$ 邻域 $U(\vec{x}^0, \delta_0)$，使得当 $\vec{x} \in U(\vec{x}^0, \delta) \cap D$ 时，有

$$|f(\vec{x}) - f(\vec{x}^0)| < \varepsilon_0 = 1,$$

于是

$$|f(\vec{x})| - |f(\vec{x}^0)| \leq |f(\vec{x}) - f(\vec{x}^0)| < 1$$

所以当 $\vec{x} \in U(\vec{x}^0, \delta) \cap D$ 时，有

$$|f(\vec{x})| < |f(\vec{x}^0)| + 1。$$

定理 2.2.4（局部保号性定理） 设 $f(\vec{x})$ 在区域 $D \subset R^n$ 上有意义，如果 $f(\vec{x})$ 在 $\vec{x}^0 \in D$ 处连续，且 $f(\vec{x}^0) > 0$，则对任意给定的 $r \in (0, f(\vec{x}^0))$，存在 $\vec{x}^0$ 的一个 $\delta_0(> 0)$ 邻域 $U(\vec{x}^0, \delta_0)$，使得当 $\vec{x} \in U(\vec{x}^0, \delta) \cap D$ 时，有

$$f(\vec{x}) > r > 0。$$

证明：对任意给定的 $r \in (0, f(\vec{x}^0))$，因为 $f(\vec{x})$ 在 $\vec{x}^0 \in D$ 处连续，且 $f(\vec{x}^0) > 0$，所以对 $\varepsilon_0 = f(\vec{x}^0) - r > 0$，存在 $\vec{x}^0$ 的一个 $\delta_0(> 0)$ 邻域 $U(\vec{x}^0, \delta_0)$，使得当 $\vec{x} \in U(\vec{x}^0, \delta) \cap D$ 时，有

$$|f(\vec{x}) - f(\vec{x}^0)| < \varepsilon_0 = f(\vec{x}^0) - r,$$

于是

$$-f(\vec{x}^0) + r < f(\vec{x}) - f(\vec{x}^0) < f(\vec{x}^0) - r,$$

所以当 $\vec{x} \in U(\vec{x}^0, \delta) \cap D$ 时，有

$$f(\vec{x}) > r > 0。$$

定理 2.2.5（连续的四则运算） 设 $f(\vec{x})$ 与 $g(\vec{x})$ 在区域 $D \subset R^n$ 上有意义，如果 $f(\vec{x})$ 与 $g(\vec{x})$ 在 $\vec{x}^0 \in D$ 处连续，则 $f(\vec{x}) \pm g(\vec{x})$，$f(\vec{x})g(\vec{x})$ 与 $f(\vec{x})/g(\vec{x})$ （$g(\vec{x}^0) \neq 0$）均在 $\vec{x}^0$ 处连续。

证明：（略）。

定理 2.2.6（复合函数连续性定理） 设 $y = f(\vec{u})$ 在区域 $E \subset R^m$ 上有意义，$u_j = g^j(\vec{x})$ （$j = 1, \cdots, m$）在区域 $D \subset R^n$ 上有意义，$u_j^0 = g^j(\vec{x}^0)$ （$j = 1, \cdots, m$），$\vec{u}^0 = (u_1^0, \cdots, u_m^0)$，记 $\vec{u} = (u_1, \cdots, u_m) = (g^1(\vec{x}), \cdots, g^m(\vec{x})) = \vec{g}(\vec{x})$。如果 $f(\vec{u})$ 与 $u_j = g^j(\vec{x})$ （$j = 1, \cdots, m$）分别在 $\vec{u}^0 \in E$ 与 $\vec{x}^0 \in D$ 处连续，则复合函数 $y = f(\vec{u}) = f[\vec{g}(\vec{x})]$ 在 $\vec{x}^0$ 处连续。

证明：对任意给定的 $\varepsilon > 0$，因为函数 $f(\vec{u})$ 在 $\vec{u}^0$ 处连续，所以存在 $\vec{u}^0$ 的 $\delta'(\delta' > 0)$ 方形邻域 $U(\vec{u}^0, \delta') = (u_1^0 - \delta', u_1^0 + \delta') \times \cdots \times (u_m^0 - \delta', u_m^0 + \delta')$，使得当 $\vec{u} \in U(\vec{u}^0, \delta') \cap E$ 时，有

$$|f(\vec{u}) - f(\vec{u}^0)| < \varepsilon。$$

又因 $u_j = g^j(\vec{x})$ ($j=1,\cdots,m$) 都在 $\vec{x}^0 \in D$ 处连续,所以对 $\delta'(>0)$,存在一个共同的 $\delta(>0)$,使得当 $\vec{x} \in U(\vec{x}^0,\delta) \cap D$ 时,对任意的 j ($1 \leq j \leq m$),都有

$$|u_j - u_j^0| = |g^j(\vec{x}) - g^j(\vec{x}^0)| < \delta',$$

即 $\vec{u} = \vec{g}(\vec{x}) \in U(\vec{u}^0,\delta')$。

所以,当 $\vec{x} \in U(\vec{x}^0,\delta) \cap D$,且 $\vec{u} = \vec{g}(\vec{x}) \in U(\vec{u}^0,\delta') \cap E$ 时,有

$$|f[\vec{g}(\vec{x})] - f[\vec{g}(\vec{x}^0)]| = |f(\vec{u}) - f(\vec{u}^0)| < 0。$$

故复合函数 $f[\vec{g}(\vec{x})]$ 在 $\vec{x}^0$ 处连续。

2.2.2.3 有界闭区域上函数连续的性质

定理 2.2.7(有界性定理)   如果函数 $f(\vec{x})$ 在有界闭区域 $D \subset R^n$ 上连续,则 $f(\vec{x})$ 在有界闭区域 D 上有界。

证明:因为函数 $f(\vec{x})$ 在有界闭区域 $D \subset R^n$ 上连续,所以对任意的 $\vec{x}' \in D$,$f(\vec{x})$ 在 $\vec{x}'$ 处连续。由连续的局部保号性知,存在 $\delta'(>0)$ 及 $M_{\vec{x}'} > 0$,使得当 $\vec{x} \in U(\vec{x}',\delta') \cap D$ 时,有

$$|f(\vec{x})| \leq M_{\vec{x}'}。$$

记 $S = \{U(\vec{x}',\delta') | \vec{x}' \in D\}$,则 S 是一个开集族,且 $S \supset D$,于是存在有限个 $\vec{x}'^i \in D$ ($i=1,\cdots,k$) 使得 $\bigcup_{i=1}^{k} U(\vec{x}'^i,\delta'^i) \supset D$。取 $M = \max\{M_{\vec{x}'^1},\cdots,M_{\vec{x}'^k}\} > 0$,则对任意的 $\vec{x} \in D$,存在 i,使得 $\vec{x} \in U(\vec{x}'^i,\delta'^i)$,于是

$$|f(\vec{x})| \leq M_{\vec{x}'^i} \leq M,(1 \leq i \leq k),$$

所以 $f(\vec{x})$ 在有界闭区域 D 有界。

定理 2.2.8(最大值最小值定理)   如果函数 $f(\vec{x})$ 在有界闭区域 $D \subset R^n$ 上连续,则 $f(\vec{x})$ 在有界闭区域 D 上取得最大值和最小值。

证明:(略)。

定理 2.2.9(介值定理)   设函数 $f(\vec{x})$ 在有界闭区域 $D \subset R^n$ 上连续,m 与 M 分别为 $f(\vec{x})$ 在有界闭区域 D 上的最小值和最大值,则对任意给定的 $\mu \in (m,M)$,至少存在一点 $\vec{x}^\mu \in D$ 使得

$$f(\vec{x}^\mu) = \mu。$$

证明:(略)。

注:介值定理也可以表述为:如果函数 $f(\vec{x})$ 在有界闭区域 $D \subset R^n$ 上连续,$\vec{x}^1$,$\vec{x}^2$ 是 D 中的任意两点,且 $f(\vec{x}^1) < f(\vec{x}^2)$,则对任意给定的 $\mu \in (f(\vec{x}^1),f(\vec{x}^2))$,至少存在一点 $\vec{x}^\mu \in D$ 使得

$$f(\vec{x}^\mu) = \mu。$$

2.3 经济问题举例(一)

2.3.1 效用函数

2.3.1.1 序关系($\geq$)

假设某消费者面对 k 种商品,每一可选的商品组合称为一个消费束,所有消费束构成的集合称为消费集。消费束用 k 维空间向量 $\vec{x} = (x_1, x_2, \cdots, x_k)$ 表示,消费集用 R_+^k 表示。假设对消费集 R_+^n 中的任意两个消费束 $\vec{x}$ 和 $\vec{y}$,消费者都会有其"优劣"的判断。如果他认为 $\vec{x}$ 至少和 $\vec{y}$ 一样好,或 $\vec{x}$ 不比 $\vec{y}$ 差,就将这种判断表示为 $\vec{x} \geq \vec{y}$。显然,消费者在消费集上这种特定的排序方式"$\geq$"实际上是在消费集 R_+^n 上定义了一个序关系"$\geq$"。

2.3.1.2 消费者偏好

假设消费者在消费集 R_+^k 上建立了一个序关系"$\geq$"。如果这种序关系满足如下条件:

(1) 自反性:$\forall \vec{x} \in R_+^k$,有 $\vec{x} \geq \vec{x}$。

(2) 传递性:$\forall \vec{x}, \vec{y} \in R_+^k$,若 $\vec{x} \geq \vec{y}, \vec{y} \geq \vec{z}$,则 $\vec{x} \geq \vec{z}$。

(3) 反对称性:$\forall \vec{x}, \vec{y} \in R_+^k$,若 $\vec{x} \geq \vec{y}, \vec{y} \geq \vec{x}$,称 $\vec{x}$ 与 $\vec{y}$ 等价,记为 $\vec{x} \sim \vec{y}$。

(4) 完全性:$\forall \vec{x}, \vec{y} \in R_+^k$,$\vec{x} \geq \vec{y}$ 和 $\vec{y} \geq \vec{x}$ 至少有一个成立。

则称这个序关系"$\geq$"为消费者的偏好。

定理 2.3.1 假设"$\geq$"是消费者在消费集 R_+^n 上的偏好,如果该偏好满足如下条件:

(5) 连续性:$\forall \vec{y} \in R_+^k$,集合 $\{\vec{x} | \vec{x} > \vec{y}\}$ 是开集,则存在定义在 R_+^n 上的非负实值函数 $u = u(\vec{x})$ 与消费者偏好相对应,使得,$\forall \vec{x}, \vec{y} \in R_+^k$,有
$$\vec{x} \geq \vec{y} \Leftrightarrow u(\vec{x}) \geq u(\vec{y}).$$

也就是说,消费者的偏好"$\geq$"在消费集 R_+^n 上的序关系与非负实值函数 $u = u(\vec{x})$ 在消费集 R_+^n 上取值的大小关系是一致的,或者说是等价的。

2.3.1.3 效用函数的概念

定义 2.3.1 设"$\geq$"是消费者在消费集 R_+^n 上的偏好,如果定义在 R_+^n 上的非负实值函数 $u = u(\vec{x})$ 满足如下条件:$\forall \vec{x}, \vec{y} \in R_+^k$,有
$$\vec{x} \geq \vec{y} \Leftrightarrow u(\vec{x}) \geq u(\vec{y}),$$

则称 $u = u(\vec{x})$ 为消费者的效用函数。

注:(1) 由上面的定理我们看到,如果消费者的偏好"$\geq$"满足连续性,那么与偏好"$\geq$"等价的效用函数 $u = u(\vec{x})$ 必存在。

（2）由效用函数的定义看到，我们虽然可以通过效用函数在两个消费束 $\vec{x}$ 和 $\vec{y}$ 处取值的大小来判断消费者对商品束 $\vec{x}$ 和 $\vec{y}$ 的"优"和"劣"的情况，即消费者的"偏好"，但效用函数值 $u(\vec{x})$ 和 $u(\vec{y})$ 却没有什么实际意义。

（3）正是因为效用函数值没有什么实际意义，我们很容易看到，如果 $u(\vec{x})$ 是与消费者的偏好"$\geq$"等价的效用函数，$g(\cdot)$ 是一个正的单调变换，那么 $g[u(\vec{x})]$ 也是与消费者的偏好"$\geq$"等价的效用函数。

2.3.2 商品需求函数和间接效用函数

2.3.2.1 效用最大化问题

假设消费集为 R_+^k，消费者的效用函数为 $u = u(\vec{x})$，收入为 m。商品的价格向量为 $\vec{p} = (p_1, p_1, \cdots, p_n)$，商品价格不会因消费者购买量的变化而变化，即商品价格是外生的。消费者的愿望是，在满足预算约束 $\vec{p}\vec{x} = \sum_{i=1}^{k} p_i x_i \leq m$ 的条件下选择消费束，使消费者获得最大的满足。也就是说，消费者要解决如下的效用最大化问题：

$$\begin{cases} \max u(\vec{x}) \\ \text{s.t. } \vec{p}\vec{x} \leq m, \vec{x} \geq 0 \end{cases} \tag{2.3.1}$$

如果记 $B(\vec{p}, m) = \{\vec{x} | \vec{p}\vec{x} \leq m, \vec{x} \in R_+^k\}$，则称 $B(\vec{p}, m)$ 为可行消费集，此时效用最大化问题可表示为：

$$\begin{cases} \max u(\vec{x}) \\ \text{s.t. } \vec{p}\vec{x} \leq m, \vec{x} \geq 0 \end{cases} = \max_{\vec{x} \in B(\vec{p},m) \subseteq R_+^k} u(\vec{x})。 \tag{2.3.2}$$

2.3.2.2 商品需求函数与间接效用函数的概念

如果对每一价格 $\vec{p}$ 和收入 m，上述效用最大化问题都有唯一的解 $\vec{x}^*$，那么 $\vec{x}^*$ 就是价格 $\vec{p}$ 和收入 m 的函数，称其为商品需求函数，也称马歇尔需求函数，记为 $\vec{x}^* = \vec{x}^*(\vec{p}, m)$；如果 $\vec{x}^* = \vec{x}^*(\vec{p}, m)$ 是商品需求函数，则称 $u = u[\vec{x}^*(\vec{p}, m)]$ 为间接效用函数，记为 $v(\vec{p}, m)$，即 $v(\vec{p}, m) = u[\vec{x}^*(\vec{p}, m)]$。显然，间接效用函数是在 $(\vec{p}, m)$ 环境下消费者的最大效用。

2.3.3 希克斯需求函数和支出函数

2.3.3.1 支出最小化问题

在消费过程中，消费者会遇到如下问题：对给定的产品价格 $\vec{p}$ 和效用值 u，要想获得不低于效用值 u 的效用，选择什么样的消费束才能使得支出最小？也就是说，消费者需要解决如下的支出最小化问题：

$$\begin{cases} \min \vec{p}\vec{x} \\ \text{s.t. } u(\vec{x}) \geq u \end{cases} \tag{2.3.3}$$

其中，u 是给定的常数。

2.3.3.2 希克斯需求函数与支出函数的概念

如果对每一给定的产品价格 $\vec{p}$ 和效用值 u，上述支出最小化问题都有唯一解 $\vec{x}^*$，记为 $\vec{x}^* = \vec{h}(\vec{p}, u)$，则称 $\vec{x}^* = h(\vec{p}, u)$ 为希克斯需求函数，并称 $e(\vec{p}, u) = \vec{p}\vec{h}(\vec{p}, u)$ 为支出函数。

2.3.4 优化问题等价性定理

我们在 1.3 中讨论了厂商的成本最小化问题；在 2.3 中讨论了消费者的效用最大化问题和支出最小化问题。这些问题都是不等约束的优化问题。当生产函数或效用函数满足一定的条件时，这些不等约束的优化问题与等约束的优化问题是等价的。

定理 2.3.2 如果生产函数 $f(\vec{x})$ 是连续的严格递增函数，且对任意给定的 $\vec{\omega}$，不等约束优化问题：

$$\begin{cases} \min \vec{\omega}\vec{x} \\ \text{s.t.} \ f(\vec{x}) \geq y > 0, \vec{x} \geq \vec{0} \end{cases} \quad (2.3.4)$$

与等约束优化问题：

$$\begin{cases} \min \vec{\omega}\vec{x} \\ \text{s.t.} \ f(\vec{x}) = y > 0, \vec{x} \geq \vec{0} \end{cases} \quad (2.3.5)$$

的解都存在且唯一，那么这两个问题等价。

证明：设 $\vec{x}^1$ 与 $\vec{x}^2$ 分别为问题(2.3.4)与问题(2.3.5)的解，则

$$\vec{\omega}\vec{x}^1 \leq \vec{\omega}\vec{x}^2。 \quad (2.3.6)$$

假设 $f(\vec{x}^1) > y$，记 $F(t) = f(t\vec{x}^1)$（$0 \leq t \leq 1$），由 $f(\vec{x})$ 连续知，$F(t) = f(t\vec{x}^1)$ 在闭区间 $[0,1]$ 上连续，且 $F(0) = 0$，$F(1) = f(\vec{x}^1) > y > 0$，所以，由介值定理知，存在 $t_y \in (0,1)$，使得 $F(t_y) = f(t_y \vec{x}^1) = y$。于是 $\vec{x}^y = t_y \vec{x}^1$ 满足问题(2.3.5)的约束条件，所以

$$\vec{\omega}\vec{x}^y = t_y \vec{\omega}\vec{x}^1 \geq \vec{\omega}\vec{x}^2,$$

于是

$$\vec{\omega}\vec{x}^1 > t_y \vec{\omega}\vec{x}^1 \geq \vec{\omega}\vec{x}^2。$$

这与(2.3.6)式矛盾，因此 $f(\vec{x}^1) = y$。于是 $\vec{x}^1$ 满足问题(2.3.5)的约束条件，所以 $\vec{\omega}\vec{x}^1 \geq \vec{\omega}\vec{x}^2$。由(2.3.6)式知，$\vec{\omega}\vec{x}^1 = \vec{\omega}\vec{x}^2$，所以 $\vec{x}^1$ 也是问题(2.3.5)的解，再由解的唯一性知，$\vec{x}^1 = \vec{x}^2$，故问题(2.3.4)和问题(2.3.5)等价。

注：如果生产函数 $f(\vec{x})$ 是连续的严格递增函数，则等产量线（曲面或超曲面）不相交。

定理 2.3.3 如果效用函数 $U(\vec{x})$ 是连续的严格递增函数,且对任意给定的产品价格向量 $\vec{p}$,不等约束优化问题:

$$\begin{cases} \max\ U(\vec{x}) \\ \text{s.t.}\ \vec{p}\ \vec{x} \leq m, \vec{x} \geq \vec{0} \end{cases} \tag{2.3.7}$$

与等约束优化问题:

$$\begin{cases} \max\ U(\vec{x}) \\ \text{s.t.}\ \vec{p}\ \vec{x} = m, \vec{x} \geq \vec{0} \end{cases} \tag{2.3.8}$$

的解都存在且唯一,那么这两个问题等价。

证明:设 $\vec{x}^1$ 与 $\vec{x}^2$ 分别为问题(2.3.7)与问题(2.3.8)的解,则

$$U(\vec{x}^1) \geq U(\vec{x}^2)。 \tag{2.3.9}$$

假设 $\vec{p}\ \vec{x}^1 < m$,则存在 $t_0 = m/\vec{p}\ \vec{x}^1 > 1$(注意到 $\vec{p}\ \vec{x}^1 \neq 0$),使得 $\vec{p}(t_0 \vec{x}^1) = t_0(\vec{p}\ \vec{x}^1) = m$。于是 $\vec{x}^3 = t_0 \vec{x}^1$ 满足问题(2.3.8)的约束条件,所以

$$U(\vec{x}^3) = U(t_0 \vec{x}^1) \leq U(\vec{x}^2)。$$

又因 $U(\vec{x})$ 严格递增,且 $\vec{x}^1 < t_0 \vec{x}^1$,所以

$$U(\vec{x}^1) < U(t_0 \vec{x}^1) \leq U(\vec{x}^2)。$$

这与(2.3.9)式矛盾,故 $\vec{p}\ \vec{x}^1 = m$。于是 $\vec{x}^1$ 满足问题(2.3.8)的约束条件,所以 $U(\vec{x}^1) \leq U(\vec{x}^2)$。由(2.3.9)式知,$U(\vec{x}^1) = U(\vec{x}^2)$,所以 $\vec{x}^1$ 也是问题(2.3.8)的解,再由解的唯一性知,$\vec{x}^1 = \vec{x}^2$,故问题(2.3.7)和问题(2.3.8)等价。

注:由此证明可知,没有效用函数连续的条件结论也成立。

定理 2.3.4 如果效用函数 $U(\vec{x})$ 是连续的严格递增函数,且对任意给定的产品价格向量 $\vec{p}$ 和效用值 $u > U(\vec{0})$,不等约束优化问题:

$$\begin{cases} \min\ \vec{p}\ \vec{x} \\ \text{s.t.}\ U(\vec{x}) \geq u, \vec{x} \geq \vec{0} \end{cases} \tag{2.3.10}$$

与等约束优化问题:

$$\begin{cases} \min\ \vec{p}\ \vec{x} \\ \text{s.t.}\ U(\vec{x}) = u, \vec{x} \geq \vec{0} \end{cases} \tag{2.3.11}$$

的解都存在且唯一,那么这两个问题等价。

证明:设 $\vec{x}^1$ 与 $\vec{x}^2$ 分别为问题(2.3.10)与问题(2.3.11)的解,则

$$\vec{p}\ \vec{x}^1 \leq \vec{p}\ \vec{x}^2。 \tag{2.3.12}$$

假设 $U(\vec{x}^1) > u$,记 $F(t) = U(t\vec{x}^1)$($0 \leq t \leq 1$),由 $U(\vec{x})$ 连续知,$F(t) = U(t\vec{x}^1)$ 在闭区间 $[0,1]$ 上连续,且 $F(0) = U(\vec{0})$,$F(1) = U(\vec{x}^1) > u > U(\vec{0}) =$

$F(0)$，所以由介值定理知，存在 $t_u \in (0,1)$，使得 $F(t_u) = U(t_u\vec{x}^1) = u$。于是 $\vec{x}^u = t_u\vec{x}^1$ 满足问题(2.3.11)的约束条件，所以

$$\vec{p}\vec{x}^u = t_u\vec{p}\vec{x}^1 \geqslant \vec{p}\vec{x}^2,$$

于是

$$\vec{p}\vec{x}^1 > t_u\vec{p}\vec{x}^1 \geqslant \vec{p}\vec{x}^2。$$

这与(2.3.12)式矛盾，因此 $U(\vec{x}^1) = u$。于是 $\vec{x}^1$ 满足问题(2.3.11)的约束条件，所以 $\vec{p}\vec{x}^1 \geqslant \vec{p}\vec{x}^2$。由(2.3.12)式知，$\vec{p}\vec{x}^1 = \vec{p}\vec{x}^2$，所以 $\vec{x}^1$ 也是问题(2.3.11)的解，再由解的唯一性知，$\vec{x}^1 = \vec{x}^2$，故问题(2.3.10)和问题(2.3.11)等价。

注：如果效用函数是严格递增的连续函数，则无差异曲线(曲面或超曲面)不可能相交。

2.4 经济问题举例(二)

2.4.1 单调性

2.4.1.1 生产函数的单调性

设 $f(\vec{x})$，$\vec{x} \in R^n$，$\vec{x} \geqslant \vec{0}$ 是一生产函数，按定义，$f(\vec{x})$ 表示要素投入组合对应的最大产量。如果 $\vec{x} < \vec{y}$，一般而言，对要素投入组合 $\vec{y}$ 至少能生产 $f(\vec{x})$ 个产品，因此至少有 $f(\vec{x}) \leqslant f(\vec{y})$，所以，生产函数是增函数，如果厂商是有效率的，其生产函数是严格增函数。

2.4.1.2 利润函数的单调性

定理 2.4.1 设 $\pi(p, \vec{\omega})$ 是由利润最大化问题(1.3.2)确定的利润函数，则对任意给定的 $p^1, p^2, \omega_i^1, \omega_i^2$ 有：

(1) 如果 $p^1 \leqslant p^2$，则 $\pi(p^1, \vec{\omega}) \leqslant \pi(p^2, \vec{\omega})$。

(2) 如果 $\vec{\omega}^1 \leqslant \vec{\omega}^2$，则 $\pi(p, \vec{\omega}^1) \geqslant \pi(p, \vec{\omega}^2)$。特别当 $\omega_i^1 \leqslant \omega_i^2$，$\vec{\omega}^1 = (\omega_i^1, \vec{\omega}_{-i})$，$\vec{\omega}^2 = (\omega_i^2, \vec{\omega}_{-i})$ 时，有

$$\pi(p, \omega_i^1, \vec{\omega}_{-i}) \geqslant \pi(p, \omega_i^2, \vec{\omega}_{-i})。$$

证明： 因为 $\pi(p, \vec{\omega})$ 是由利润最大化问题(1.3.2)确定的利润函数，所以对任意给定的产品价格 p 和要素价格向量 $\vec{\omega}$，利润最大化问题：

$$\begin{cases} \max\limits_{\vec{x}}\{pf(\vec{x}) - \vec{\omega}\vec{x}\} \\ \text{s.t. } \vec{x} \geqslant \vec{0} \end{cases} \quad (2.4.1)$$

都有唯一解 $\vec{x}(p, \vec{\omega})$，于是，$\pi(p, \vec{\omega}) = pf[\vec{x}(p, \vec{\omega})] - \vec{\omega}\vec{x}(p, \vec{\omega})$。

(1) 设 $p^1 < p^2$，$\vec{x}(p^1, \vec{\omega})$ 与 $\vec{x}(p^2, \vec{\omega})$ 分别为利润最大化问题(2.4.1)当产品价

格 $p = p^1$ 与 $p = p^2$ 时的解,由于在价格环境 p^2 和 $\vec{\omega}$ 的条件下,最大化问题(2.4.1)的最优解是 $\vec{x}(p^2, \vec{\omega})$,不是 $\vec{x}(p^1, \vec{\omega})$,所以

$$\pi(p^2, \vec{\omega}) = p^2 f[\vec{x}(p^2, \vec{\omega})] - \vec{\omega}\vec{x}(p^2, \vec{\omega}) \geq p^2 f[\vec{x}(p^1, \vec{\omega})] - \vec{\omega}\vec{x}(p^1, \vec{\omega})$$
$$\geq p^1 f[\vec{x}(p^1, \vec{\omega})] - \vec{\omega}\vec{x}(p^1, \vec{\omega}) = \pi(p^1, \vec{\omega}),$$

(2)设 $\vec{\omega}^1 < \vec{\omega}^2$,$\vec{x}(p, \vec{\omega}^1)$ 与 $\vec{x}(p, \vec{\omega}^2)$ 分别为利润最大化问题(2.4.1)当要素价格向量 $\vec{\omega} = \vec{\omega}^1$ 与 $\vec{\omega} = \vec{\omega}^2$ 时的解,则 $\vec{\omega}^1 \vec{x}(p, \vec{\omega}^2) \leq \vec{\omega}^2 \vec{x}(p, \vec{\omega}^2)$,于是

$$\pi(p, \vec{\omega}^2) = pf[\vec{x}(p, \vec{\omega}^2)] - \vec{\omega}^2 \vec{x}(p, \vec{\omega}^2) \leq pf[\vec{x}(p, \vec{\omega}^2)] - \vec{\omega}^1 \vec{x}(p, \vec{\omega}^2)。$$

又因在产品价格为 p,要素价格为 $\vec{\omega}^1$ 的环境下,$\vec{x}(p, \vec{\omega}^1)$ 是函数 $pf(\vec{x}) - \vec{\omega}^1 \vec{x}$ 的最大值点,所以

$$pf[\vec{x}(p, \vec{\omega}^2)] - \vec{\omega}^1 \vec{x}(p, \vec{\omega}^2) \leq pf[\vec{x}(p, \vec{\omega}^1)] - \vec{\omega}^1 \vec{x}(p, \vec{\omega}^1) = \pi(p, \vec{\omega}^1),$$
$$\pi(p, \vec{\omega}^2) \leq \pi(p, \vec{\omega}^1)$$

因此,利润函数 $\pi(p, \vec{\omega})$ 是要素价格向量 $\vec{\omega}$ 的减函数。特别,当只有第 i 种要素价格 ω_i 发生变化时,利润函数 $\pi(p, \vec{\omega})$ 就是第 i 种要素价格 ω_i 的减函数 ($1 \leq i \leq n$)。

2.4.1.3 成本函数的单调性

定理 2.4.2 设厂商的生产函数 $f(\vec{x}), \vec{x} \in R^n, \vec{x} \geq \vec{0}$ 是递增函数,$c(\vec{\omega}, y)$ 是由成本最小化问题(1.3.3)确定的成本函数,则 $c(\vec{\omega}, y)$ 是要素价格向量的增函数,是产量的增函数。即:

(1) 如果 $\vec{\omega}^1 < \vec{\omega}^2$,则 $c(\vec{\omega}^1, y) \leq c(\vec{\omega}^2, y)$;

(2) 如果 $y_1 < y_2$,则 $c(\vec{\omega}, y_1) \leq c(\vec{\omega}, y_2)$。

证明:因为 $c(\vec{\omega}, y)$ 是由成本最小化问题(1.3.3)确定的成本函数,所以对任意给定的价格向量 $\vec{\omega}$ 和产量 $y > 0$,如下问题:

$$\begin{cases} \min \vec{\omega}^1 \vec{x} \\ f(\vec{x}) \geq y \end{cases} \tag{2.4.2}$$

都有唯一的解 $\vec{x}(\vec{\omega}, y)$,且 $c(\vec{\omega}, y) = \vec{\omega}\vec{x}(\vec{\omega}, y)$。

(1)设 $\vec{\omega}^1 < \vec{\omega}^2$,$\vec{x}(\vec{\omega}^1, y)$ 与 $\vec{x}(\vec{\omega}^2, y)$ 分别是 $\vec{\omega} = \vec{\omega}^1$ 与 $\vec{\omega} = \vec{\omega}^2$ 时最小化问题(2.4.2)的解,则

$$c(\vec{\omega}^2, y) = \vec{\omega}^2 \vec{x}(\vec{\omega}^2, y) \geq \vec{\omega}^1 \vec{x}(\vec{\omega}^2, y)。$$

又因对给定的价格向量 $\vec{\omega}^1$ 和产量 y,问题(2.4.2)的最优解是 $\vec{x}(\vec{\omega}^1, y)$,所以

$$\vec{\omega}^1 \vec{x}(\vec{\omega}^2, y) \geq \vec{\omega}^1 \vec{x}(\vec{\omega}^1, y) = c(\vec{\omega}^1, y),$$

因此

$$c(\vec{\omega}^1, y) \leq c(\vec{\omega}^2, y)。$$

(2)设 $y_1 < y_2$,记 $V(y_i) = \{\vec{x} | f(x) \geq y_i\}$,$i = 1, 2$。则 $V(y_2) \subseteq V(y_1)$。所以

$$c(\vec{\omega}, y_1) = \min_{\vec{x} \in V(y_1)} \vec{\omega}\vec{x} \leq \min_{\vec{x} \in V(y_2)} \vec{\omega}\vec{x} = c(\vec{\omega}, y_2)。$$

2.4.1.4 效用函数的单调性

由偏好的"多益性"我们很容易知道,效用函数是单调递增函数。即,如果 $\vec{x} < \vec{y}$,则 $u(\vec{x}) \leq u(\vec{y})$。

2.4.1.5 间接效用函数的单调性

定理 2.4.3 设消费者的效用函数为 $U(\vec{x}), \vec{x} \in R^n, \vec{x} \geq \vec{0}, v(\vec{p}, m)$ 是由效用最大化问题(2.3.2)确定的间接效用函数,则 $v(\vec{p}, m)$ 是价格向量 $\vec{p}$ 的减函数,是收入 m 的增函数,即:

(1) 如果 $\vec{p}^1 < \vec{p}^2$,则 $v(\vec{p}^1, m) \geq v(\vec{p}^2, m)$;

(2) 如果 $m^1 < m^2$,则 $v(\vec{p}, m^1) \leq v(\vec{p}, m^2)$。

证明: (1) 如果 $\vec{p}^1 < \vec{p}^2$,那么对任意的 $\vec{x} \geq \vec{0}$ 有 $\vec{p}^1\vec{x} \leq \vec{p}^2\vec{x}$,记 $B(\vec{p}^i, m) = \{\vec{x} | \vec{p}^i\vec{x} \leq m\}$ ($i=1,2$),则 $B(\vec{p}^1, m) \supseteq B(\vec{p}^2, m)$。于是

$$v(\vec{p}^1, m) = \max_{\vec{x} \in B(\vec{p}^1, m)} u(\vec{x}) \geq \max_{\vec{x} \in B(\vec{p}^2, m)} u(\vec{x}) = v(\vec{p}^2, m)。$$

(2) 如果 $m^1 < m^2$,那么 $B(\vec{p}, m^1) \subseteq B(\vec{p}, m^2)$,所以

$$v(\vec{p}, m^1) = \max_{\vec{x} \in B(\vec{p}, m^1)} u(\vec{x}) \leq \max_{\vec{x} \in B(\vec{p}, m^2)} u(\vec{x}) = v(\vec{p}, m^2)。$$

2.4.1.6 支出函数的单调性

定理 2.4.4 设消费者的效用函数为 $U(\vec{x}), \vec{x} \in R^n, \vec{x} \geq \vec{0}, e(\vec{p}, u)$ 是由支出最小化问题(2.3.3)确定的支出函数,则 $e(\vec{p}, u)$ 是价格向量 $\vec{p}$ 和效用值 u 的增函数。即

(1) 如果 $\vec{p}^1 < \vec{p}^2$,则 $e(\vec{p}^1, u) \leq e(\vec{p}^2, u)$。

(2) 如果 $u^1 < u^2$,则 $e(\vec{p}, u^1) \leq e(\vec{p}, u^2)$。

证明: 因为 $e(\vec{p}, u)$ 是由支出最小化问题(2.3.3)确定的支出函数,所以对任意给定的价格向量 $\vec{p}$ 和效用值 u,如下支出最小化问题:

$$\begin{cases} \min \vec{p}\vec{x} \\ \text{s.t.} \quad u(\vec{x}) \geq u \end{cases} \tag{2.4.3}$$

都有唯一的解 $\vec{x} = \vec{h}(\vec{p}, u)$,且 $e(\vec{p}, u) = \vec{p}\vec{h}(\vec{p}, u)$。

(1) 设 $\vec{p}^1 < \vec{p}^2, \vec{h}(\vec{p}^1, u)$ 与 $\vec{h}(\vec{p}^2, u)$ 分别是问题(2.4.3)在价格向量 $\vec{p} = \vec{p}^1$ 与 $\vec{p} = \vec{p}^2$ 时的解,则

$$e(\vec{p}^1, u) = \vec{p}^1\vec{h}(\vec{p}^1, u), e(\vec{p}^2, u) = \vec{p}^2\vec{h}(\vec{p}^2, u)。$$

又因 $\vec{h}(\vec{p}^1, u)$ 是价格向量 $\vec{p}^1$ 与效用值 u 环境下的最优解,所以

$$e(\vec{p}^1, u) = \vec{p}^1\vec{h}(\vec{p}^1, u) \leq \vec{p}^1\vec{h}(\vec{p}^2, u) \leq \vec{p}^2\vec{h}(\vec{p}^2, u) = e(\vec{p}^2, u),$$

因此
$$e(\vec{p}^1, u) \leq e(\vec{p}^2, u)。$$

(2) 设 $u^1 < u^2$，记 $V(u^i) = \{\vec{x} \mid u(\vec{x}) \geq u^i\}$（$i=1,2$），则 $V(u^2) \subseteq V(u^1)$，于是
$$e(\vec{p}, u^1) = \min_{\vec{x} \in V(u^1)} \vec{p}\,\vec{x} \leq \min_{\vec{x} \in V(u^2)} \vec{p}\,\vec{x} = e(\vec{p}, u^2)。$$

2.4.2 齐次性

2.4.2.1 生产函数的齐次性（全域规模经济）

定义 2.4.1 设 $y = f(\vec{x})$ 是一生产技术，$t > 0$。如果 $\forall \vec{x} \geq 0$，有
$$f(t\vec{x}) = tf(\vec{x}),$$
则称该技术为全域规模收益不变的（或规模报酬不变的）。

如果 $\forall \vec{x} \geq 0$，有
$$f(t\vec{x}) > tf(\vec{x}),$$
则称该技术为全域经济规模收益递增的（或规模报酬递增的）。

如果 $\forall \vec{x} \geq 0$，有
$$f(t\vec{x}) < tf(\vec{x}),$$
则称该技术为全域经济规模收益递减的（或规模报酬递减的）。

由全域规模经济增减性的定义我们看到，全域规模经济递增、不变与递减描述的是：当所有生产要素的投入按相同的比例变化时，所得产量与原产量按相同的比例变化相比是增加、不变还是减少。

定理 2.4.5 如果生产技术 $y = f(\vec{x})$（$\vec{x} \geq \vec{0}$）是 k 次齐次函数，则

(1) 当 $k = 1$ 时，全域规模经济是不变的；

(2) 当 $k > 1$ 时，全域规模经济是递增的；

(3) 当 $0 < k < 1$ 时，全域规模经济是递减的。

证明：因为生产技术 $y = f(\vec{x})$ 是 k 次齐次函数，所以对任意给定的 $\vec{x} \geq \vec{0}$ 及 $t > 1$，有
$$f(t\vec{x}) = t^k f(\vec{x})。$$

(1) 当 $k = 1$ 时，有 $f(t\vec{x}) = tf(\vec{x})$，即全域规模经济是不变的；

(2) 当 $k > 1$ 时，有 $f(t\vec{x}) = t^k f(\vec{x}) > tf(\vec{x})$，即全域规模经济是递增的；

(3) 当 $0 < k < 1$ 时，有 $f(t\vec{x}) = t^k f(\vec{x}) < tf(\vec{x})$，即全域规模经济是递减的。

2.4.2.2 利润函数的齐次性

定理 2.4.6 设 $\pi(p, \vec{\omega})$ 是由利润最大化问题 (2.4.1) 确定的利润函数，则利润函数是一次齐次函数，即对任意给定的 $t > 0$，有

$$\pi(tp,t\omega) = t\pi(p,\omega)。$$

证明:对任意给定的 $t > 0$,由利润函数的定义,有

$$\pi(tp,t\vec{\omega}) = \max_{\vec{x} \geq \vec{0}} \{(tp)f(\vec{x}) - (t\vec{\omega})\vec{x}\}$$

$$= \max_{\vec{x} \geq \vec{0}} t\{pf(\vec{x}) - \vec{\omega}\vec{x}\}$$

$$= t \cdot \max_{\vec{x} \in R^n} \{pf(\vec{x}) - \vec{\omega}\vec{x}\} = t\pi(p,\vec{\omega})。$$

2.4.2.3　成本函数的齐次性

定理2.4.7　$c(\vec{\omega},y)$ 是由成本最小化问题(1.3.3)确定的成本函数,则 $c(\vec{\omega},y)$ 是要素价格向量的一次齐次函数,即:对任意给定的 $t > 0$,有

$$c(t\vec{\omega},ty) = tc(\vec{\omega},y)。$$

证明:因为 $c(\vec{\omega},y)$ 是由成本最小化问题(1.3.3)确定的成本函数,所以对任意给定的 $t > 0$,有

$$c(t\vec{\omega},y) = \begin{cases} \min\ (t\vec{\omega})\vec{x} \\ f(\vec{x}) \geq y \end{cases} = t \begin{cases} \min\ \vec{\omega}\vec{x} \\ f(\vec{x}) \geq y \end{cases} = tc(\vec{\omega},y)。$$

2.4.2.4　间接效用函数的齐次性

定理2.4.8　设消费者的效用函数为 $U(\vec{x}), \vec{x} \geq \vec{0}$,$v(\vec{p},m)$ 是由效用最大化问题(2.3.2)确定的间接效用函数,则 $v(\vec{p},m)$ 是价格向量 $\vec{p}$ 和收入 m 的零次齐次函数,即对任意给定的 $t > 0$,有

$$v(t\vec{p},tm) = v(\vec{p},m)。$$

此定理表明,当商品价格和收入同比例增加时,不会影响消费者的效用。

证明:因为对任意给定的 $t > 0$,不等式 $\vec{p}\vec{x} \leq m$ 与不等式 $(t\vec{p})\vec{x} \leq tm$ 等价,所以消费可行集 $B(\vec{p},m)$ 与 $B(t\vec{p},tm)$ 相等,所以

$$v(t\vec{p},tm) = \max_{\vec{x} \in B(t\vec{p},tm)} U(\vec{x}) = \max_{\vec{x} \in B(\vec{p},m)} U(\vec{x}) = v(\vec{p},m)。$$

2.4.2.5　支出函数的齐次性

定理2.4.9　设消费者的效用函数为 $U(\vec{x}), \vec{x} \geq \vec{0}$,$e(\vec{p},u)$ 是由支出化问题(2.3.2)确定的支出函数,则 $e(\vec{p},u)$ 是价格向量 $\vec{p}$ 的一次齐次函数,即对任意给定的 $t > 0$,有

$$e(t\vec{p},u) = te(\vec{p},u)。$$

证明:因为 $e(\vec{p},u)$ 是由支出最小化问题(2.3.2)确定的支出函数,所以对任意给定的 $t > 0$,有

$$e(t\vec{p},u) = \begin{cases} \min\ (t\vec{p})\vec{x} \\ \text{s.t.}\ u(\vec{x}) = u \end{cases} = t \begin{cases} \min\ \vec{p}\vec{x} \\ \text{s.t.}\ u(\vec{x}) = u \end{cases} = te(\vec{p},u)。$$

所以 $e(\vec{p},u)$ 是一次齐次函数。

2.4.3 凸性与拟凸性

2.4.3.1 利润函数的凸性

定理 2.4.10 设 $f(\vec{x})$ ($\vec{0} \leqslant \vec{x} \in R^n$) 是厂商的生产函数，$\pi(p,\vec{\omega})$ 是由利润最大化问题(1.3.2)确定的利润函数，则 $\pi(p,\vec{\omega})$ 是产品价格 p 和要素价格向量 $\vec{\omega}$ 的凸函数。

证明：设 $p^1 < p^2$，$\vec{\omega}^1 < \vec{\omega}^2$，$t \in (0,1)$。记 $p^3 = tp^1 + (1-t)p^2$，$\vec{\omega}^3 = t\vec{\omega}^1 + (1-t)\vec{\omega}^2$。由利润函数的定义，有

$$\begin{aligned}
\pi(p^3, \vec{\omega}^3) &= \max_{\vec{x} \geqslant \vec{0}} \{p^3 f(\vec{x}) - \vec{\omega}^3 \vec{x}\} \\
&= \max_{\vec{x} \geqslant \vec{0}} \{[tp^1 + (1-t)p^2]f(\vec{x}) - [t\vec{\omega}^1 + (1-t)\vec{\omega}^2]\vec{x}\} \\
&= \max_{\vec{x} \geqslant \vec{0}} \{t[p^1 f(\vec{x}) - \vec{\omega}^1 \vec{x}] + (1-t)[p^2 f(\vec{x}) - \vec{\omega}^2 \vec{x}]\} \\
&\leqslant \max_{\vec{x} \geqslant \vec{0}} \{t[p^1 f(\vec{x}) - \vec{\omega}^1 \vec{x}]\} + \max_{\vec{x} \geqslant \vec{0}} \{(1-t)[p^2 f(\vec{x}) - \vec{\omega}^2 \vec{x}]\} \\
&= t \max_{\vec{x} \geqslant \vec{0}} \{p^1 f(\vec{x}) - \vec{\omega}^1 \vec{x}\} + (1-t) \max_{\vec{x} \geqslant \vec{0}} \{p^2 f(\vec{x}) - \vec{\omega}^2 \vec{x}\} \\
&= t\pi(p^1, \vec{\omega}^1) + (1-t)\pi(p^2, \vec{\omega}^2)。
\end{aligned}$$

所以利润函数 $\pi(p,\omega)$ 是产品价格和要素价格的凸函数。

2.4.3.2 成本函数的凸性

定理 2.4.11 $c(\vec{\omega}, y)$ 是由成本最小化问题(1.3.3)确定的成本函数，则 $c(\vec{\omega}, y)$ 是要素价格向量的凹函数，即，如果 $\vec{\omega}^1 < \vec{\omega}^2$，$t \in (0,1)$，记 $\vec{\omega}^3 = t\vec{\omega}^1 + (1-t)\vec{\omega}^2$，则有

$$c(\vec{\omega}^3, y) \geqslant tc(\vec{\omega}^1, y) + (1-t)c(\vec{\omega}^2, y)。$$

证明：因为 $c(\vec{\omega}, y)$ 是由成本最小化问题(1.3.3)确定的成本函数，所以对任意给定的价格向量 $\vec{\omega}$ 和产量 $y > 0$，如下成本最小化问题：

$$\begin{cases} \min \vec{\omega} \vec{x} \\ f(\vec{x}) \geqslant y \end{cases} \tag{2.4.4}$$

有唯一的解 $\vec{x}(\vec{\omega}, y)$，且 $c(\vec{\omega}, y) = \vec{\omega} \vec{x}(\vec{\omega}, y)$。

设 $\vec{x}^1, \vec{x}^2$ 与 $\vec{x}^3$ 分别是当 $\vec{\omega} = \vec{\omega}^1, \vec{\omega}^2$ 与 $\vec{\omega}^3$ 时，问题(2.4.4)的最优解，则

$$\begin{aligned}
c(\vec{\omega}^3, y) &= \vec{\omega}^3 \vec{x}^3 = [t\vec{\omega}^1 + (1-t)\vec{\omega}^2]\vec{x}^3 \\
&= t\vec{\omega}^1 \vec{x}^3 + (1-t)\vec{\omega}^2 \vec{x}^3。
\end{aligned}$$

又因在价格环境 $\vec{\omega} = \vec{\omega}^1$ 时，成本最小化问题(2.4.4)的最优解是 $\vec{x}^1$，所以

$$\vec{\omega}^1 \vec{x}^3 \geqslant \vec{\omega}^1 \vec{x}^1 = c(\vec{\omega}^1, y);$$

同理

$$\vec{\omega}^2 \vec{x}^3 \geq \vec{\omega}^2 \vec{x}^2 = c(\vec{\omega}^2, y)。$$

所以

$$c(\vec{\omega}^3, y) = t\vec{\omega}^1 \vec{x}^3 + (1-t)\vec{\omega}^2 \vec{x}^3$$
$$\geq t\vec{\omega}^1 \vec{x}^1 + (1-t)\vec{\omega}^2 \vec{x}^2$$
$$= tc(\vec{\omega}^1, y) + (1-t)c(\vec{\omega}^2, y),$$

因此,成本函数是要素价格的凹函数。

2.4.3.3 支出函数的凸性

定理 2.4.12 设消费者的效用函数为 $U(\vec{x}), \vec{x} \geq \vec{0}, e(\vec{p}, u)$ 是由支出化问题 (2.3.2) 确定的支出函数,则 $e(\vec{p}, u)$ 是价格向量 $\vec{p}$ 的凹函数,即对任意的价格向量 $\vec{p}^1 < \vec{p}^2$ 及 $t \in (0,1)$,如果记 $\vec{p}^3 = t\vec{p}^1 + (1-t)\vec{p}^2$,那么如下不等式

$$e(\vec{p}^3, u) \geq te(\vec{p}^1, u) + (1-t)e(\vec{p}^2, u)$$

成立。

证明: 因为 $e(\vec{p}, u)$ 是由支出化问题 (2.3.2) 确定的支出函数,所以对任意给定的价格向量 $\vec{p}$ 和效用值 u,如下支出最小化问题:

$$\begin{cases} \min \vec{p}\,\vec{x} \\ \text{s. t. } u(\vec{x}) = u \end{cases} \quad (2.4.5)$$

都有唯一最优解 $\vec{x} = \vec{h}(\vec{p}, u)$,且 $e(\vec{p}, u) = \vec{p}\vec{h}(\vec{p}, u)$。

假设当价格向量 $\vec{p} = \vec{p}^i$ 时,支出最小化问题 (2.4.5) 的最优解为 $\vec{h}(\vec{p}^i, u) (1 \leq i \leq 3)$,那么

$$e(\vec{p}^3, u) = \vec{p}^3 \vec{h}(\vec{p}^3, u) = [t\vec{p}^1 + (1-t)\vec{p}^2]\vec{h}(\vec{p}^3, u)$$
$$= t\vec{p}^1 \vec{h}(\vec{p}^3, u) + (1-t)\vec{p}^2 \vec{h}(\vec{p}^3, u)。$$

又因当 $\vec{p} = \vec{p}^1$ 时,问题 (2.4.5) 的最优解为 $\vec{h}(\vec{p}^1, u)$,所以

$$\vec{p}^1 \vec{h}(\vec{p}^3, u) \geq \vec{p}^1 \vec{h}(\vec{p}^1, u) = e(\vec{p}^1, u);$$

同理

$$\vec{p}^2 \vec{h}(\vec{p}^3, u) \geq \vec{p}^2 \vec{h}(\vec{p}^2, u) = e(\vec{p}^2, u)。$$

于是

$$e(\vec{p}^3, u) = t\vec{p}^1 \vec{h}(\vec{p}^3, u) + (1-t)\vec{p}^2 \vec{h}(\vec{p}^3, u)$$
$$\geq te(\vec{p}^1, u) + (1-t)e(\vec{p}^2, u),$$

所以,支出函数 $e(\vec{p}, u)$ 是商品价格向量 $\vec{p}$ 的凹函数。

2.4.3.4 间接效用函数的拟凸性

定理 2.4.13 设消费者的效用函数为 $U(\vec{x}), \vec{x} \geq \vec{0}, v(\vec{p}, m)$ 是由效用最大化

问题(2.3.2)确定的间接效用函数,则 $v(\vec{p},m)$ 是价格向量 $\vec{p}$ 的拟凸函数,即对任意给定的价格向量 $\vec{p}^1,\vec{p}^2$, $t \in (0,1)$,如果记 $\vec{p}^3 = t\vec{p}^1 + (1-t)\vec{p}^2$,那么如下不等式

$$v(\vec{p}^3,m) \leq \max\{v(\vec{p}^1,m), v(\vec{p}^2,m)\}$$

成立。

证明:因为 $v(\vec{p},m)$ 是由效用最大化问题(2.3.2)确定的间接效用函数,所以任意给定的价格向量 $\vec{p}$ 和收入 m,如下效用最大化问题

$$\begin{cases} \max\ U(\vec{x}) \\ \text{s.t.}\ \vec{p}\,\vec{x} \leq m, \vec{x} \geq \vec{0} \end{cases} = \max_{\vec{x} \in B(\vec{p},m)} U(\vec{x}) \quad (2.4.5)$$

都有唯一最优解 $\vec{x}(\vec{p},m)$,且 $v(\vec{p},m) = U[\vec{x}(\vec{p},m)]$。其中 $B(\vec{p},m) = \{\vec{x} \mid \vec{p}\,\vec{x} \leq m, \vec{x} \geq \vec{0}\}$ 是可行消费集。

设 $B(\vec{p}^i,m) = \{\vec{x} \mid \vec{p}^i \vec{x} \leq m, \vec{x} \geq \vec{0}\}$ 为价格向量等于 $\vec{p}^i$ 时问题(2.4.5)的可行消费集($1 \leq i \leq 3$)。则必有

$$B(\vec{p}^3,m) \subseteq B(\vec{p}^1,m) \cup B(\vec{p}^2,m)。 \quad (2.4.6)$$

这是因为如果 $\vec{x} \in B(\vec{p}^3,m)$,但 $\vec{x} \notin B(\vec{p}^1,m) \cup B(\vec{p}^2,m)$,那么如下三个不等式必成立。

$$\vec{p}^3 \vec{x} = t\vec{p}^1 \vec{x} + (1-t)\vec{p}^2 \vec{x} \leq m; \quad (2.4.7)$$

$$\vec{p}^1 \vec{x} > m; \quad (2.4.8)$$

$$\vec{p}^2 \vec{x} > m。 \quad (2.4.9)$$

由(2.4.8)和(2.4.9)知

$$\vec{p}^3 \vec{x} = t\vec{p}^1 \vec{x} + (1-t)\vec{p}^2 \vec{x} > m,$$

这与(2.4.7)式矛盾,因此(2.4.6)必成立。由支出函数的定义得

$$v(\vec{p}^3,m) = \max_{\vec{x} \in B(\vec{p}^3,m)} U(\vec{x}) \leq \max_{\vec{x} \in B(\vec{p}^1,m) \cup B(\vec{p}^2,m)} U(\vec{x})$$

$$= \max\{\max_{\vec{x} \in B(\vec{p}^1,m)} U(\vec{x}), \max_{\vec{x} \in B(\vec{p}^2,m)} U(\vec{x})\}$$

$$= \max\{v(\vec{p}^1,m), v(\vec{p}^2,m)\},$$

所以支出函数是拟凸函数。

2.4.3.5 生产技术的凸性及其经济意义

设 $y = f(\vec{x})$ 是一生产技术,对给定的 $y > 0$,下面考察其上轮廓集(我们也称之为必要投入集)

$$V(y) = \{\vec{x} \mid \vec{0} \leq \vec{x} \in R^n, f(\vec{x}) \geq y\}$$

应该具有什么样的特性。我们以两种生产要素为例。假设某厂商可以用两种方法生产一单位的产品。方法一:使用要素组合(1,2)生产;方法二:使用要素组合(2,1)生产。厂商要100件产品,可以按方法一用要素组合(1,2)重复生产100次,也

可以按方法二用使用要素组合(2,1)重复生产生产 100 次。于是有 $(100,200) \in V(100)$，$(200,100) \in V(100)$。除此之外，还有别的方式生产 100 件产品吗？回答是肯定的。比如，将方法一和方法二各重复 50 次，可用要素组合 $(150,150)$ 生产 100 件产品，于是 $(150,150) \in V(100)$；将方法一重复 25 次，方法二重复 75 次，也可以用要素组合 $(175,125)$ 生产 100 件产品，于是 $(175,125) \in V(100)$。一般地，将方法一重复 T 次（T 取 0 至 100 间的整数），方法二重复 $100-T$ 次，可以用要素组合

$$T(1,2) + (100-T)(2,1)$$

生产 100 件产品，于是

$$T(1,2) + (100-T)(2,1) \in V(100)。$$

假设 T 可以取 0 至 100 间的任何实数，记 $t = T/100$，则

$$t(100,200) + (1-t)(200,100) \in V(100)。$$

由此我们看到，如果 $(100,200) \in V(100)$，$(200,100) \in V(100)$，则对 0 与 1 之间的任何实数 t，都有

$$t(100,200) + (1-t)(200,100) \in V(100)。$$

所以必要投入集 $V(100)$ 是一个凸集。也就是说，如果 $y = f(\vec{x})$ 是一生产技术，那么对任意给定的 $y > 0$，必要投入集 $V(y)$ 都是一个凸集。我们称生产技术这一特性为凸技术。

由拟凹函数的定义不难看出，凸技术意味着生产函数是拟凹函数。

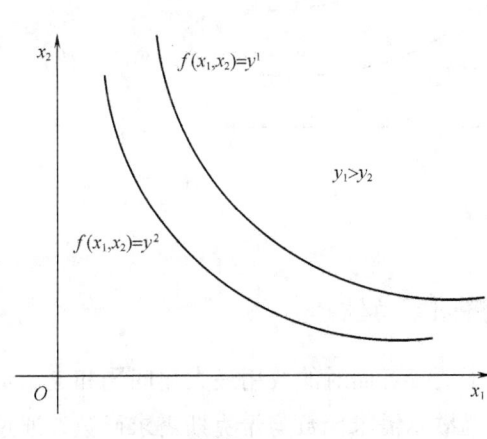

图 2.4.1

由经验我们知道，在生产 y 单位产品时，如果减少一种要素投入并保持产量不变，必然要增加另一种要素的投入。再结合生产函数的凸性和单增性，生产函数的等产量集（或水平集）$\{\vec{x} \mid f(\vec{x}) = y\}$ 是一个凸向原点的超曲面，特别在两种生产要素的情况下，生产函数的等产量集 $\{\vec{x} \mid f(\vec{x}) = y\}$ 是直角坐标系 Ox_1x_2 的第一象限中凸向原点的曲线，我们也称其为等产量线，且当 $f(\vec{x})$ 是严格增函数时，不同的等产量线不相交；越靠近原点的等产量线对应的产量越低，越远离原点的等产量线对应的产量越高，如图 2.4.1 所示。

2.4.3.6 偏好的凸性及其经济意义

关于偏好凸性的假设，来自新古典经济学的一个经验假设。在正常的情况下，

商品的消费满足边际效用递减规律（后来被更规范地表述为边际替代率递减规律）。消费者之所以觉得"平均的"比"极端的"好，是因为"平均的"消费束降低了相同商品重复消费的次数，同时增加了其他商品的消费，因此效用必然会增加。

设"≽"是消费者的偏好，$U(\vec{x})$ 是与"≽"等价的效用函数。设 $z > 0$，则 $U(\vec{x})$ 的上轮廓集 $B(z) = \{\vec{x} \mid U(\vec{x}) > z\} = \{\vec{x} \mid \vec{x} \succ z\}$。由偏好的凸性知，$B(z)$ 是凸集，所以 $U(\vec{x})$ 是拟凹函数。因此对给定的效用值 u，效用函数 $U(\vec{x})$ 的水平集 $\{\vec{x} \mid U(\vec{x}) = u\}$，即 $U(\vec{x})$ 的上轮廓集 $\{\vec{x} \geq \vec{0} \mid U(\vec{x}) \geq u\}$ 的边界是"第一卦限"中凸向原点的超曲面，我们称之为无差异超曲面。当只有两种商品时，我们称水平集 $\{\vec{x} \mid U(\vec{x}) = u\}$ 为无差异曲线。如果要保持效用不变，消费者在减少第一种商品消费的同时，必须增加第二种商品的消费。又因 $u(x_1, x_2)$ 是拟凹函数和增函数，所以无差异曲线 $U(x_1, x_2) = u$ 的图形如图 2.4.2 所示。如果效用函数严格递增，那么任意两条无差异曲线都不相交，越接近原点效用越低，越远离原点效用越高。

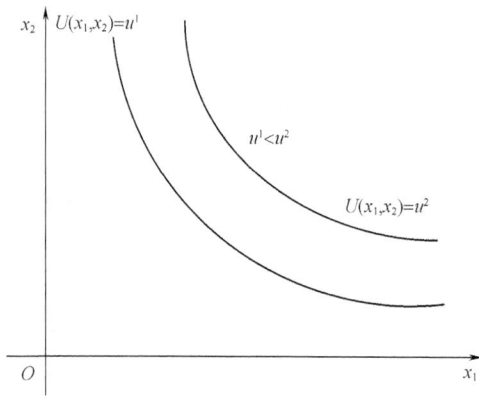

图 2.4.2

本章经济问题总结

本章给出了效用函数的概念，讨论了消费者面对的效用最大化问题和支出最小化问题，并用语言描述的方式定义了马歇尔需求函数与希克斯需求函数。通过经济意义和数学方法证明了这些函数具有的各种性质。现将这些性质总结如下。

(1) 效用函数与生产函数的性质

效用函数是递增的拟凹函数。效用函数的水平集（或无差异超曲面）是商品束空间凸向原点的凸超曲面，越靠近原点，效用水平越低；越远离原点，效用水平越高。

生产函数是递增的拟凹函数,如果生产函数是 k 次齐次函数,那么当 $k=1$ 时,规模经济是不变的;当 $k>1$ 时,规模经济是递增的;当 $k<1$ 时,规模经济是递减的。

(2)利润函数的性质

利润函数是产品价格的增函数,要素价格向量的减函数,特别,是每一种要素价格的减函数;利润函数是产品价格和要素价格的凸函数;利润函数是一次齐次函数。

(3)成本函数的性质

成本函数是要素价格和产量的增函数;成本函数是要素价格的一次齐次函数,也是要素价格的凹函数。

(4)间接效用函数的性质

间接效用函数是收入的增函数,是商品价格的减函数,也是商品价格的拟凸函数。

(5)支出函数的性质

支出函数是商品价格和效用的增函数,是商品价格的一次齐次函数;支出函数是商品价格的凹函数。

3 导数和偏导数及经济问题实例

本章介绍一元函数的导数(边际)与多元函数的偏导数(边际);拉格朗日中值定理及其应用;方向导数和梯度。还讨论了技术替代率与边际替代率,弹性与技术替代弹性。

3.1 导数和偏导数

3.1.1 一元函数的导数与微分

3.1.1.1 导数

(1)导数的概念

定义 3.1.1 设函数 $y=f(x)$ 在 x_0 附近有意义,如果极限

$$\lim_{x \to x_0} \frac{f(x)-f(x_0)}{x-x_0}$$

存在,则称其为函数 $f(x)$ 在 x_0 处的导数,记为 $f'(x_0)$,或 $y'(x_0)$,或 $\dfrac{dy}{dx}\bigg|_{x=x_0}$,即

$$f'(x_0) = \lim_{x \to x_0} \frac{f(x)-f(x_0)}{x-x_0}。$$

如果函数 $f(x)$ 在区间 I 上每一点处的导数都存在,则称 $f'(x)=y'(x)=\dfrac{dy}{dx}$ 为 $f(x)$ 在区间 I 上的导函数。

注:如果 $\Delta x = x-x_0$,$\Delta y = f(x)-f(x_0) = y-y_0$,则称 Δx 为自变量在 x_0 处的改变量(或增量);Δy 为函数在 x_0 处的改变量(或增量)。于是

$$f'(x_0) = \lim_{x \to x_0} \frac{f(x)-f(x_0)}{x-x_0} = \lim_{\Delta x \to 0} \frac{\Delta y}{\Delta x},$$

因此,导数 $f'(x_0)$ 也称函数 $f(x)$ 在 x_0 处增量比的极限,其表示在 x_0 处自变量变化一个单位时,函数的改变量,所以 $f'(x_0)$ 又称函数 $f(x)$ 在 x_0 处的变化率,其描述了函数 $f(x)$ 在 x_0 处的变化速度。

(2)导数的几何意义

函数 $f(x)$ 在 x_0 处的导数 $f'(x_0)$ 表示曲线 $y=f(x)$ 在平面上点 $(x_0, f(x_0))$ 处切线的斜率。曲线 $y=f(x)$ 在点 $(x_0, f(x_0))$ 处的切线方程为:

$$y = f(x_0) + f'(x_0)(x - x_0);$$

当 $f'(x_0) \neq 0$ 时,法线方程为:

$$y = f(x_0) - \frac{1}{f'(x_0)}(x - x_0)。$$

3.1.1.2 微分的概念

(1)微分的定义

定义 3.1.2 设函数 $y = f(x)$ 在 x_0 附近有意义,如果存在与 Δx 无关的实数 A,使得

$$\Delta y = f(x_0 + \Delta x) - f(x_0) = A\Delta x + o(\Delta x),(\Delta x \to 0)$$

则称函数 $y = f(x)$ 在 x_0 处可微,并称 $A\Delta x$ 为函数 $y = f(x)$ 在 x_0 处的微分,记为 $dy|_{x=x_0}$,即

$$dy|_{x=x_0} = A\Delta x。$$

定理 3.1.1 函数 $y = f(x)$ 在 x_0 处可微的充分必要条件是:$f(x)$ 在 x_0 处可导,且

$$dy|_{x=x_0} = f'(x_0)dx。$$

证明:(必要性)设函数 $y = f(x)$ 在 x_0 处可微,由定义,存在与 Δx 无关的实数 A,使得

$$\Delta y = f(x_0 + \Delta x) - f(x_0) = A\Delta x + o(\Delta x),(\Delta x \to 0),$$

于是

$$\lim_{\Delta x \to 0} \frac{\Delta y}{\Delta x} = \lim_{\Delta x \to 0}[A + o(1)] = A。$$

所以 $f(x)$ 在 x_0 处可导,且 $f'(x_0) = A$,此时 $dy|_{x=x_0} = f'(x_0)\Delta x$。

(充分性)设函数 $y = f(x)$ 在 x_0 处可导,由定义,有

$$\lim_{\Delta x \to 0} \frac{\Delta y}{\Delta x} = f'(x_0)。$$

于是

$$\frac{\Delta y}{\Delta x} = f'(x_0) + o(1),(\Delta x \to 0),$$

即

$$\Delta y = f'(x_0)\Delta x + o(\Delta x),(\Delta x \to 0)。$$

所以函数 $y = f(x)$ 在 x_0 处可微,且 $dy|_{x=x_0} = f'(x_0)\Delta x$。

又因当 $y = f(x) = x$ 时,$dy = dx = 1\Delta x = \Delta x$,也就是说,自变量 x 的微分 dx 就等于自变量的改变量 Δx,所以 $dy|_{x=x_0} = f'(x_0)\Delta x = f'(x_0)dx$。

注:(1)如果函数 $f(x)$ 在区间 I 上每一点处的导数都存在,那么 $f(x)$ 在区间 I

上的每一点都可微,于是微分 $dy = f'(x)dx$ 也是区间 I 上的函数。

(2) 如果函数 $f(x)$ 在 x 处可导,那么 $f(x)$ 在 x 处可微,且微分 $dy = f'(x)dx$。由此可以看出,导数符号 $\dfrac{dy}{dx} = f'(x)$ 不仅仅是一个符号,它表示因变量的微分 dy 与自变量微分 dx 的商。因此导数 $\dfrac{dy}{dx} = f'(x)$ 也称微商。

(2) 一元函数可微的几何意义

如果 $f(x)$ 在 x_0 处可导微,那么由定义及定理知:

$$\Delta y = f(x_0 + \Delta x) - f(x_0) = f'(x_0)\Delta x + o(\Delta x), (\Delta x \to 0)。$$

于是当 Δx 充分小时,有:

$$f(x_0 + \Delta x) - f(x_0) \approx f'(x_0)\Delta x,$$

即

$$f(x_0 + \Delta x) \approx f(x_0) + f'(x_0)\Delta x。$$

也就是说,在 x_0 的附近,函数 $f(x)$ 可以用线性函数 $y = f(x_0) + f'(x_0)(x - x_0)$ 近似。从几何上看,在点 $(x_0, f(x_0))$ 附近,曲线 $C: y = f(x)$ 可以用切线 $l: y = f(x_0) + f'(x_0)(x - x_0)$ 近似。如图 3.1.1。

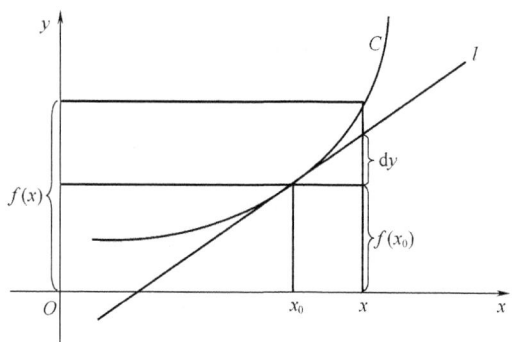

图 3.1.1

在图 3.1.1 中,$f(x)$ 近似等于 $f(x_0)$ 与 $dy = f'(x_0)(x - x_0)$ 之和。

3.1.2 多元函数的偏导数与全微分

3.1.2.1 多元函数的偏导数

定义 3.1.3 设函数 $z = f(\vec{x}), \vec{x} \in R^n, (n \geq 2)$ 在 $\vec{x}^0$ 及其附近有意义,记

$$\Delta \vec{x} = (\Delta x_1, \Delta x_2, \cdots, \Delta x_n); \quad \vec{x}^0 + \Delta \vec{x} = (x_1^0 + \Delta x_1, \cdots, x_n^0 + \Delta x_n)。$$

$$\vec{x}_{-i}^0 = (x_1^0, \cdots, x_{i-1}^0, x_{i+1}^0, \cdots, x_n^0);$$

$$(x_i^0 + \Delta x_i, \vec{x}_{-i}^0) = (x_1^0, \cdots, x_{i-1}^0, x_i^0 + \Delta x_i, x_{i+1}^0, \cdots, x_n^0)。$$

则称

$$\Delta z = f(\vec{x}^0 + \Delta \vec{x}) - f(\vec{x}^0)$$

为 $f(\vec{x})$ 在 $\vec{x}^0$ 处的全增量;称

$$\Delta_{x_i} z = f(x_i^0 + \Delta x_i, \vec{x}_{-i}^0) - f(\vec{x}^0)$$

为 $f(\vec{x})$ 在 $\vec{x}^0$ 处关于自变量 x_i 的偏增量。

注:通常情况下,$\vec{x}$ 都表示 $R^n(n \geq 2)$ 中的点,所以不特别说明的情况下函数 $z = f(\vec{x})$ 都表示多元函数。

定义 3.1.4 设函数 $z = f(\vec{x})$ 在 $\vec{x}^0$ 及其附近有意义,如果极限

$$\lim_{\Delta x_i \to 0} \frac{\Delta_{x_i} z}{\Delta x_i} = \lim_{\Delta x_i \to 0} \frac{f(x_i^0 + \Delta x_i, \vec{x}_{-i}^0) - f(\vec{x}^0)}{\Delta x_i}$$

存在,则称其为 $f(\vec{x})$ 在 $\vec{x}^0$ 点处关于自变量 x_i 的偏导数,记为 $z_{x_i}(\vec{x}^0) = z_i(\vec{x}^0) = f_i(\vec{x}^0)$,或 $\left.\frac{\partial z}{\partial x_i}\right|_{\vec{x}=\vec{x}_0} = \left.\frac{\partial f}{\partial x_i}\right|_{\vec{x}=\vec{x}_0}$。

注:(1) $z_{x_i}(\vec{x}^0)$ 表示在 $\vec{x}^0$ 点处,在其他自变量不变的情况下,自变量 x_i 变化一个单位时,因变量的改变量,其描述了在 $\vec{x}^0$ 点处,在其他自变量不变的情况下,函数 $f(\vec{x})$ 跟随 x_i 变化的速度。

(2) 如果 $z = f(\vec{x})$ 在区域 $D \subset R^n$ 上的每一点 $\vec{x}$ 处的偏导数都存在,则称

$$z_i(\vec{x}) = z_{x_i}(\vec{x}) = \frac{\partial z}{\partial x_i} = \frac{\partial f}{\partial x_i} = f_i(\vec{x}), i = 1, 2, \cdots, n(n \geq 2)$$

为 $z = f(\vec{x})$ 的偏导函数。

3.1.2.2 多元函数的全微分

定义 3.1.5 设函数 $z = f(\vec{x})$ 在 $\vec{x}^0$ 及其附近有意义,如果存在与 $\Delta \vec{x}$ 无关的 A_i($1 \leq i \leq n$),使得函数 $z = f(\vec{x})$ 在 $\vec{x}^0$ 处的全增量表示为

$$\Delta z = f(\vec{x}^0 + \Delta \vec{x}) - f(\vec{x}^0) = \sum_{i=1}^n A_i \Delta x_i + o(\rho)(\rho \to 0^+), \qquad (3.1.1)$$

其中,$\rho = \sqrt{\Delta x_1^2 + \Delta x_2^2 + \cdots + \Delta x_n^2}$,则称函数 $z = f(\vec{x})$ 在 $\vec{x}^0$ 处可微,并称

$$\mathrm{d}z = \sum_{i=1}^n A_i \Delta x_i$$

为函数 $z = f(\vec{x})$ 在 $\vec{x}^0$ 处的全微分。

注:如果 $z = f(\vec{x})$ 在 $\vec{x}^0$ 处可微,那么在 $\vec{x}^0$ 附近(3.1.1)成立。对任意给定的 j,当 $i \neq j$ 时,在(3.1.1)式中取 $\Delta x_i = 0(1 \leq i \leq n)$,得

$$\Delta_{x_j} z = f(\vec{x}_j^0 + \Delta x_j, \vec{x}_{-j}^0) - f(\vec{x}^0) = A_j \Delta x_j + o(\Delta x_j), (\Delta x_j \to 0),$$

于是

$$f_j'(\vec{x}^0) = \lim_{\Delta x_j \to 0} \frac{\Delta_{x_j} z}{\Delta x_j} = A_j,$$

$$dz = \sum_{i=1}^{n} f_i'(\vec{x}^0) \Delta x_i。$$

特别,当 $z = f(\vec{x}) = x_i (1 \leq i \leq n)$ 时,由于此时 $f_j'(\vec{x}) = 0(1 \leq j \leq n, j \neq i)$,$f_i'(\vec{x}) = 1$,所以 $dz = dx_i = \Delta x_i$($1 \leq i \leq n$)。因此当函数 $z = f(\vec{x})$ 在 $\vec{x}^0$ 处可微时,其全微分有如下公式:

$$dz\big|_{\vec{x} = \vec{x}_0} = \sum_{i=1}^{n} f_i'(\vec{x}^0) dx_i = f_1'(\vec{x}^0) dx_1 + \cdots + f_n'(\vec{x}^0) dx_n。$$

3.1.2.3 多元函数可微的几何意义

定理 3.1.2 二元函数 $z = f(x,y)$ 在 $P^0(x^0, y^0)$ 处可微的充分必要条件是:曲面 $z = f(x,y)$ 在 $Q^0(x^0, y^0, z^0)$($z^0 = f(P^0)$)处存在切平面,且切平面方程为:

$$\Pi: f_1'(P^0)(x - x^0) + f_2'(P^0)(y - y^0) - (z - z^0) = 0$$

或

$$\Pi: z = f(P^0) + f_1'(P^0)(x - x^0) + f_2'(P^0)(y - y^0)。$$

证明:(略)。

如果二元函数 $z = f(x,y)$ 在 $P^0(x^0, y^0)$ 处可微,那么(3.1.1)式成立,即

$$f(x,y) - f(P^0) = f_1'(P^0)(x - x^0) + f_2'(P^0)(y - y^0) + o(\rho)(\rho \to 0^+),$$

所以在 P^0 附近有:

$$f(x,y) - f(P^0) \approx f_1'(P^0)(x - x^0) + f_2'(P^0)(y - y^0)$$

或

$$f(x,y) \approx f(P^0) + f_1'(P^0)(x - x^0) + f_2'(P^0)(y - y^0)。$$

此式表明,在曲面 $z = f(x,y)$ 上点 $Q^0(x^0, y^0, z^0)$ 的附近,曲面 $z = f(x,y)$ 可以用其切平面 Π 近似代替。

注:(1)定理 3.1.2 可以推广到一般($n > 2$)情况。$n(n > 2)$ 元函数 $z = f(\vec{x})$ 在 $\vec{x}^0$ 处可微的充分必要条件是:超曲面 $z = f(\vec{x})$ 在点 $(\vec{x}^0, z^0)$(其中 $z^0 = f(\vec{x}^0)$)存在切超平面,而且切超平面的方程为:

$$f_1'(\vec{x}^0)(x_1 - x_1^0) + \cdots + f_n'(\vec{x}^0)(x_n - x_n^0) - (z - z^0) = 0$$

或

$$z = f(\vec{x}^0) + f_1'(\vec{x}^0)(x_1 - x_1^0) + \cdots + f_n'(\vec{x}^0)(x_n - x_n^0)。$$

(2)如果函数 $z = f(\vec{x})$ 在 $\vec{x}^0$ 处可微,那么由(3.1.1)式知,在 $\vec{x}^0$ 附近有

$$f(\vec{x}) - f(\vec{x}^0) \approx f_1'(\vec{x}^0)(x_1 - x_1^0) + \cdots + f_n'(\vec{x}^0)(x_n - x_n^0),$$

即
$$f(\vec{x}) \approx f(\vec{x}^0) + f_1(\vec{x}^0)(x_1 - x_1^0) + \cdots + f_n(\vec{x}^0)(x_n - x_n^0).$$
也就是说,在 $\vec{x}^0$ 附近,函数 $z = f(\vec{x})$ 可以用线性函数近似。

从几何上看,在点 $(\vec{x}^0, z^0)$ $(z^0 = f(\vec{x}^0))$ 处,超曲面 $z = f(\vec{x})$ 可以用过 $(\vec{x}^0, z^0)$ 点的超切平面
$$z = f(\vec{x}^0) + f_1(\vec{x}^0)(x_1 - x_1^0) + \cdots + f_n(\vec{x}^0)(x_n - x_n^0)$$
近似。

3.1.3 方向导数与梯度

3.1.3.1 方向导数的定义

定义 3.1.6 设函数 $z = f(\vec{x})$ 在 $\vec{x}^0$ 的某个邻域 $U(\vec{x}^0, \delta_0) \subset R^n (n \geq 2)$ 内有意义,$\vec{l}$ 是一个向量,L 是以 $\vec{x}^0$ 为始点且与 $\vec{l}$ 同方向的射线。在射线 L 上任取一点 $\vec{x} \in U(\vec{x}^0, \delta_0)$,称
$$\Delta_{\vec{l}} z = \Delta_{\vec{l}} f = f(\vec{x}) - f(\vec{x}^0)$$
为 $f(\vec{x})$ 在 $\vec{x}^0$ 处沿 $\vec{l}$ 方向的增量。记 $\rho = \rho(\vec{x}, \vec{x}^0)$ 为 $\vec{x}$ 与 $\vec{x}^0$ 之间的距离。如果极限
$$\lim_{\rho \to 0^+} \frac{\Delta_{\vec{l}} z}{\rho} = \lim_{\rho \to 0^+} \frac{f(\vec{x}) - f(\vec{x}^0)}{\rho}$$
存在,则称其为函数 $z = f(\vec{x})$ 在 $\vec{x}^0$ 处沿 $\vec{l}$ 方向的方向导数,记为 $f_{\vec{l}}(\vec{x}^0)$ 或 $\left.\frac{\partial f}{\partial l}\right|_{\vec{x}^0}$。

由定义可以看出,$f_{\vec{l}}(\vec{x}^0)$ 表示当动点 $\vec{x}$ 在 $\vec{x}^0$ 处沿 $\vec{l}$ 方向变化一个距离单位时,函数 $f(\vec{x})$ 的改变量,或变化速度。结合偏导数的定义我们还看到,如果函数 $f(\vec{x})$ 在 $\vec{x}^0$ 处关于自变量 x_i 的偏导数存在,用 $\vec{e}_i$ 表示与坐标轴 x_i 轴的正半轴方向相同的向量,那么有
$$f_{\vec{e}_i}(\vec{x}^0) = f_i(\vec{x}^0); f_{-\vec{e}_i}(\vec{x}^0) = -f_i(\vec{x}^0) \ (1 \leq i \leq n).$$
注:设 $\vec{l}$ 是线性空间 $R^n (n \geq 2)$ 中的一个向量,$\vec{l}$ 与 x_i 轴正向的夹角记为 α_i,则称 $\cos \alpha_i$ ($1 \leq i \leq n$) 为向量 $\vec{l}$ 的方向余弦。如果 $\vec{l}_0$ 是与 $\vec{l}$ 方向相同的单位向量,那么
$$\vec{l}_0 = (\cos \alpha_1, \cos \alpha_2, \cdots, \cos \alpha_n).$$
于是 $\vec{l} = \|\vec{l}\| \vec{l}_0 = (\|\vec{l}\| \cos \alpha_1, \|\vec{l}\| \cos \alpha_2, \cdots, \|\vec{l}\| \cos \alpha_n)$。

3.1.3.2 梯度

定义 3.1.7 如果函数 $f(\vec{x})$ 在 $\vec{x}^0$ 处关于所有自变量 x_i 的偏导数 $f_i(\vec{x}^0)$ ($1 \leq$

$i \leq n$)都存在,则称由这些偏导数构成的向量 $(f_1(\vec{x}^0),\cdots,f_n(\vec{x}^0))$ 为 $f(\vec{x})$ 在 $\vec{x}^0$ 处的梯度,记为 $\operatorname{grad} f(\vec{x}^0)$,即

$$\operatorname{grad} f(\vec{x}^0) = (f_1(\vec{x}^0),\cdots,f_n(\vec{x}^0))。$$

定理 3.1.3 如果函数 $f(\vec{x})$ 在 $\vec{x}^0$ 处可微,$\vec{l}_0 = (\cos\alpha_1,\cos\alpha_2,\cdots,\cos\alpha_n)$ 是线性空间 R^n 的任意一个给定的单位向量,则

$$f_{\vec{l}_0}(\vec{x}^0) = \operatorname{grad} f(\vec{x}^0) \cdot \vec{l}_0 = \sum_{i=1}^{n} f_i(\vec{x}^0)\cos\alpha_i。$$

其中,$\operatorname{grad} f(\vec{x}^0) \cdot \vec{l}_0$ 表示梯度 $\operatorname{grad} f(\vec{x}^0)$ 与向量 $\vec{l}_0$ 的数量积。

证明: 因为函数 $f(\vec{x})$ 在 $\vec{x}^0$ 处可微,所以存在 $\vec{x}^0$ 的一个邻域 $U(\vec{x}^0,\delta_0)$($\delta_0 > 0$),使得当 $\vec{x} = \vec{x}^0 + \Delta\vec{x} \in U(\vec{x}^0,\delta_0)$ 时,有

$$\Delta z = f(\vec{x}^0 + \Delta\vec{x}) - f(\vec{x}^0) = \sum_{i=1}^{n} f_i(\vec{x}^0)\Delta x_i + o(\rho)(\rho \to 0^+), \quad (3.1.2)$$

其中,$\rho = \rho(\vec{x},\vec{x}^0) = \|\Delta\vec{x}\|$。

设 L 是以 $\vec{x}^0$ 为始点且与 $\vec{l}_0 = (\cos\alpha_1,\cos\alpha_2,\cdots,\cos\alpha_n)$ 方向相同的射线,$\vec{x} = \vec{x}^0 + \Delta\vec{x} \in U(\vec{x}^0,\delta_0)$ 是射线 L 上的任意一点,$\rho = \rho(\vec{x},\vec{x}^0) = \|\Delta\vec{x}\|$,则向量

$$\Delta\vec{x} = \vec{x} - \vec{x}^0 = \|\Delta\vec{x}\|\vec{l}_0 = \rho\vec{l}_0 = (\rho\cos\alpha_1,\rho\cos\alpha_2,\cdots,\rho\cos\alpha_n)。$$

所以,$\Delta x_i = \rho\cos\alpha_i (1 \leq i \leq n)$,由(3.1.2)式得

$$\Delta_{\vec{l}_0} z = \sum_{i=1}^{n} f_i(\vec{x}^0)\rho\cos\alpha_i + o(\rho)(\rho \to 0^+),$$

于是

$$f_{\vec{l}_0}(\vec{x}^0) = \lim_{\rho \to 0^+}\frac{\Delta_{\vec{l}_0} z}{\rho} = \lim_{\rho \to 0^+}\left[\sum_{i=1}^{n} f_i(\vec{x}^0)\cos\alpha_i + o(1)\right]$$

$$= \sum_{i=1}^{n} f_i(\vec{x}^0)\cos\alpha_i = \operatorname{grad} f(\vec{x}^0) \cdot \vec{l}_0。$$

注: 设梯度 $\operatorname{grad} f(\vec{x}^0)$ 与向量 $\vec{l}_0$ 之间的夹角为 θ,根据向量数量积的定义,得

$$f_{\vec{l}_0}(\vec{x}^0) = \operatorname{grad} f(\vec{x}^0) \cdot \vec{l}_0 = \|\operatorname{grad} f(\vec{x}^0)\|\cos\theta。 \quad (3.1.3)$$

由(3.1.3)式可以看出,如果梯度 $\operatorname{grad} f(\vec{x}^0)$ 不等于零向量,那么,当 $\theta = 0$,即向量 $\vec{l}_0$ 与梯度 $\operatorname{grad} f(\vec{x}^0)$ 的方向相同时,$f_{\vec{l}_0}(\vec{x}^0)$ 取值最大且为正值,所以函数 $f(\vec{x})$ 沿梯度方向是增加的,且增加的速度最快;当 $\theta = \pi$,即向量 $\vec{l}_0$ 与梯度 $\operatorname{grad} f(\vec{x}^0)$ 的方向相反时,$f_{\vec{l}_0}(\vec{x}^0)$ 取值最小且为负值,所以函数 $f(\vec{x})$ 沿梯度的反方向是减少的,且减少的速度最快。如果梯度等于零向量,那么对任意的单位向量 $\vec{l}_0$,都有

$f'_{\vec{x}_0}(\vec{x}^0) = 0$,因此在 $\vec{x}^0$ 处,函数 $f(\vec{x})$ 沿任何方向的变化速度都是零,此时称 $\vec{x}^0$ 为 $f(\vec{x})$ 的一个驻点。

3.1.4 复合函数的导数与偏导数

3.1.4.1 一元复合函数的导数

定理 3.1.4 设 $y = f(u)$ 在开区间 I 上可导,$u = \varphi(x)$ 在区间 (a,b) 上可导,且 $u = \varphi(x)$ 的值域 $R(\varphi) \subset I$,则复合函数 $y = f[\varphi(x)]$ 在区间 (a,b) 上可导,且

$$\frac{dy}{dx} = \frac{dy}{du}\frac{du}{dx} \text{ 或 } \frac{dy}{dx} = f'[\varphi(x)]\varphi'(x)。$$

证明:第一步:先证明一个引理:定义在邻域 $U(x^0, \delta_0)$ 内的函数 $f(x)$ 在 x^0 处可导的充分必要条件是:存在一个在 x^0 处连续的函数 $H(x)$,使得

$$f(x) - f(x_0) = H(x)(x - x_0), x \in U(x^0, \delta_0), \tag{3.1.4}$$

且 $H(x_0) = f'(x_0)$。

(充分性)如果存在一个在 x^0 处连续的函数 $H(x)$ 使得(3.1.4)式成立,那么由导数的定义,有

$$\lim_{x \to x_0}\frac{f(x) - f(x_0)}{x - x_0} = \lim_{x \to x_0} H(x) = H(x_0),$$

所以 $f(x)$ 在 x^0 处可导,且 $f'(x_0) = H(x_0)$。

(必要性)设函数 $f(x)$ 在 x^0 处可导,定义函数 $H(x)$ 如下:

$$H(x) = \begin{cases} \dfrac{f(x) - f(x_0)}{x - x_0} & x \in U^o(x^0, \delta_0), \\ f'(x_0), & x = x_0 \end{cases}。$$

显然,当 $x \in U(x^0, \delta_0)$ 且 $x \neq x_0$ 时,$H(x)$ 有意义,且

$$\lim_{x \to x_0} H(x) = \lim_{x \to x_0} \frac{f(x) - f(x_0)}{x - x_0} = f'(x_0) = H(x_0),$$

所以 $H(x)$ 在 x^0 处连续。又因,当 $x \in U^o(x^0, \delta_0)$ 时,有 $f(x) - f(x_0) = H(x)(x - x_0)$,且当 $x = x_0$ 时此式也成立,所以存在函数 $H(x)$,使得

$$f(x) - f(x_0) = H(x)(x - x_0), x \in U(x^0, \delta_0),$$

且 $f'(x_0) = H(x_0)$。

第二步:设 $x_0 \in (a,b)$,由于 $R(\varphi) \subset I$,所以 $u_0 = \varphi(x_0) \in I$。因为 $u = \varphi(x)$ 在 x_0 处可导,所以,

(1) $u = \varphi(x)$ 在 x_0 处连续,于是对 u_0 的邻域 $U(u_0, \delta_1) \subset I$,存在 x_0 的邻域 $U(x_0, \delta_0) \subset (a, b)$,使得当 $x \in U(x_0, \delta_0)$ 时,$u = \varphi(x) \in U(u_0, \delta_1)$。

(2) 存在一个在 x_0 处连续的函数 $H^0(x)$，使得
$$\varphi(x) - \varphi(x_0) = H^0(x)(x - x_0), x \in U(x_0, \delta_0), \quad (3.1.5)$$
且 $H^0(x_0) = \varphi'(x_0)$。

又因 $y = f(u)$ 在 u_0 处可导，所以存在一个在 u_0 处连续的函数 $H^1(x)$，使得
$$f(u) - f(u_0) = H^1(u)(u - u_0), u \in U(u_0, \delta_1), \quad (3.1.6)$$
且 $H^1(u_0) = f'(u_0)$。

注意到，当 $x \in U(x_0, \delta_0)$ 时，$u = \varphi(x) \in U(u_0, \delta_1)$，再结合（3.1.5）式、（3.1.6）式及复合函数的连续性，得
$$f[\varphi(x)] - f[\varphi(x_0)] = H^1[\varphi(x)]H^0(x)(x - x_0), x \in U(x_0, \delta_0)。$$
其中，$H(x) = H^1[\varphi(x)]H^0(x)$ 在 x_0 处连续。所以复合函数 $y = f[\varphi(x)]$ 在 x_0 处可导，且
$$\left.\frac{dy}{dx}\right|_{x_0} = H(x_0) = H^1[\varphi(x_0)]H^0(x_0) = f'(\varphi(x_0))\varphi'(x_0)。$$
于是对任意的 $x \in (a, b)$，有
$$\frac{dy}{dx} = f'(\varphi(x))\varphi'(x) = f'(u)\varphi'(x) = \frac{dy}{du}\frac{du}{dx}。$$

3.1.4.2　一阶微分形式的不变性

设函数 $y = f(u)$ 在区间 I 上可导，且 u 是自变量，则 $du = \Delta u$，于是
$$dy = f'(u)du \quad (3.1.6)$$
这是我们熟悉的微分公式。

如果 $y = f(u)$ 在区间 I 上可导，$u = \varphi(x)$ 在区间 $[a, b]$ 上可导，且 $u = \varphi(x)$ 的值域 $R(\varphi) \subset I$，则复合函数 $y = f(\varphi(x))$ 在区间 $[a, b]$ 上可导，其中 x 是自变量，于是由复合函数的求导法则，有
$$dy = f'[\varphi(x)]\varphi'(x)dx。$$
又因 $u = \varphi(x)$，$du = \varphi'(x)dx$（注意：此时 $du \neq \Delta u$），所以
$$dy = f'(u)du。\quad (3.1.7)$$
由此可见，当 u 是自变量时（3.1.6）式成立，当 u 是中间变量时（3.1.7）式成立。但（3.1.6）式与（3.1.7）式具有相同的形式。一阶微分的这一性质称为一阶微分形式不变性。

3.1.4.3　多元复合函数的偏导数（链式法则）

定理 3.1.4　设 $z = f(\vec{u})$ 在区域 $D \subset R^m$ 上可微，$u_j = u_j(\vec{x})$ 在区域 $E \subset R^n$ 上存在偏导数，$j = 1, 2, \cdots, m$，且当 $\vec{x} \in E$ 时，$\vec{u} = (u_1(\vec{x}), \cdots, u_m(\vec{x})) \in D$，于是成立如下的链式法则：
$$\frac{\partial z}{\partial x_i} = \sum_{j=1}^{m} \frac{\partial z}{\partial u_j}\frac{\partial u_j}{\partial x_i}, \quad i = 1, 2, \cdots, n。$$

证明：见定理 9.2.4。

3.1.4.4 全导数

设 $z = f(\vec{x})$ 在区域 $D \subset R^n$ 上可微，$x_i(t)$ 在区间 I 上可导，$i = 1,2,\cdots,n$，且当 $t \in I$ 时，$\vec{x} = \vec{x}(t) = (x_1(t),\cdots,x_n(t)) \in D$，于是由链式法则，有

$$\frac{dz}{dt} = \frac{\partial z}{\partial x_1}\frac{dx_1}{dt} + \frac{\partial z}{\partial x_2}\frac{dx_2}{dt} + \cdots + \frac{\partial z}{\partial x_n}\frac{dx_n}{dt}。$$

上式称为全导数公式。

3.1.4.5 隐函数存在定理

在 1.2.3.2 中我们给出了由方程：

$$F(x_1, x_2, \cdots x_n, y) = 0 \tag{3.1.8}$$

确定的隐函数 $y = y(x_1, x_2, \cdots x_n)$ 的定义。问题是：当函数 $F(x_1, x_2, \cdots x_n, y)$ 满足什么条件时，方程(3.1.8)才能确定一个隐函数 $y = y(x_1, x_2, \cdots x_n)$，隐函数 $y = y(x_1, x_2, \cdots x_n)$ 又具有什么性质？下面的定理做了回答。

定理 3.1.5 设 $F(x_1, x_2, \cdots x_n, y)$ 在 $U(Q^0, \delta_0) \subset R^{n+1}$ 内有意义，其中 $Q^0 = (\vec{x}^0, y^0)$，$\delta_0 > 0$。如果 $F(x_1, x_2, \cdots x_n, y)$ 满足如下条件：

(1) $F(Q^0) = 0$；

(2) $F(x_1, x_2, \cdots x_n, y)$ 在 $U(Q^0, \delta_0) \subset R^{n+1}$ 存在一阶连续的偏导数；

(3) $F_y(Q^0) \neq 0$。

那么必存在 $U(\vec{x}^0, \delta) \subset R^n$ 和 $U(y^0, \beta) \subset R^1$，及定义在邻域 $U(\vec{x}^0, \delta)$ 内，取值在邻域内 $U(y^0, \beta)$ 的函数 $y = y(x_1, x_2, \cdots x_n)$，满足：

(1) $U(\vec{x}^0, \delta) \times U(y^0, \beta) \subset U(Q^0, \delta_0)$；

(2) 当 $(x_1, x_2, \cdots x_n) \in U(\vec{x}^0, \delta)$ 时，有
$$F(x_1, x_2, \cdots x_n, y(x_1, x_2, \cdots x_n)) \equiv 0;$$

(3) 函数 $y = y(x_1, x_2, \cdots x_n)$ 在邻域 $U(\vec{x}^0, \delta)$ 内具有一阶连续的偏导数，且

$$\frac{\partial y}{\partial x_i} = -\frac{\partial F}{\partial x_i}\bigg/\frac{\partial F}{\partial y}, (1 \leq i \leq n)。$$

3.2 微分中值定理及导数和偏导数的应用

3.2.1 微分中值定理

3.2.1.1 拉格朗日中值定理

定理 3.2.1(罗尔定理) 如果一元函数 $f(x)$ 满足如下三个条件：

(1) 在闭区间 $[a,b]$ 上连续；

(2)在开区间(a,b)内可导;

(3)$f(a)=f(b)$,

则至少存在一点$\xi \in (a,b)$,使得,$f'(\xi)=0$。

证明：如果$f(x)$在闭区间$[a,b]$上恒为常数,那么对任意的$\xi \in (a,b)$,都有$f'(\xi)=0$。

假设$f(x)$在闭区间$[a,b]$上不是恒为常数。由条件(1),$f(x)$在闭区间$[a,b]$上存在最大值点x_1和最小值点x_2。显然有$f(x_2)<f(x_1)$。再由条件(3)知,x_1与x_2不能都是区间$[a,b]$的端点,即x_1与x_2至少有一个属于(a,b)。如果最大值点$x_1 \in (a,b)$,由条件(2)知,$f(x)$在x_1可导,所以

$$0 \leq \lim_{x \to x_1^-} \frac{f(x)-f(x_1)}{x-x_1} = f'_-(x_1) = f'_+(x_1) = \lim_{x \to x_1^+} \frac{f(x)-f(x_1)}{x-x_1} \leq 0,$$

因此$f'(x_1)=0$;同理,如果最小值点$x_2 \in (a,b)$,也有$f'(x_2)=0$。

注:如果$f'(x_0)=0$,则称x_0为函数$f(x)$的一个驻点。由上面的定理证明立即得到如下的推论。

推论3.2.1 如果$x_0 \in (a,b)$是函数$f(x)$在区间(a,b)上的最大值点(或最小值点),且$f(x)$在x_0处可导,则x_0是函数$f(x)$的驻点。

定理3.2.2(拉格朗日中值定理) 如果一元函数$f(x)$满足如下两个条件：

(1)在闭区间$[a,b]$上连续;

(2)在开区间(a,b)内可导,

则至少存在一点$\xi \in (a,b)$,使得,

$$f(b)-f(a)=f'(\xi)(b-a)。 \tag{3.2.1}$$

证明：设

$$F(x)=f(x)-f(a)-\frac{f(b)-f(a)}{b-a}(x-a), x \in [a,b]。$$

由于$f(x)$满足条件(1)与(2),所以容易验证$F(x)$满足罗尔定理的条件,因此至少存在一点$\xi \in (a,b)$,使得

$$F'(\xi)=f'(\xi)-\frac{f(b)-f(a)}{b-a}=0。$$

于是

$$\frac{f(b)-f(a)}{b-a}=f'(\xi),$$

即

$$f(b)-f(a)=f'(\xi)(b-a)。$$

注:(1)由于$\xi \in (a,b)$,所以存在$\theta \in (0,1)$,使得$\xi = a+(b-a)\theta$,所以

(3.2.1)可以表示为
$$f(b) - f(a) = f'[a + (b-a)\theta](b-a), \theta \in (0,1)。$$

(2)罗尔定理是当 $f(a) = f(b)$ 时拉格朗日中值定理的特殊情况。

(3)拉格朗日中值定理的几何解释:曲线 $y = f(x), x \in [a,b]$ 的端点连线 l 的方程为
$$l: y = f(a) + \frac{f(b) - f(a)}{b - a}(x - a), x \in [a,b],$$

其斜率为:
$$\frac{f(b) - f(a)}{b - a}。$$

如果函数 $f(x)$ 满足条件(1)与(2),由拉格朗日中值定理知,至少存在一点 $\xi \in (a,b)$,使得
$$f'(\xi) = \frac{f(b) - f(a)}{b - a}。$$

此式表明,在曲线 $y = f(x)$ ($x \in [a,b]$)上至少存在一点 $(\xi, f(\xi))$,使得曲线在该点的切线 L 与 l 平行,如图 3.2.1 所示。

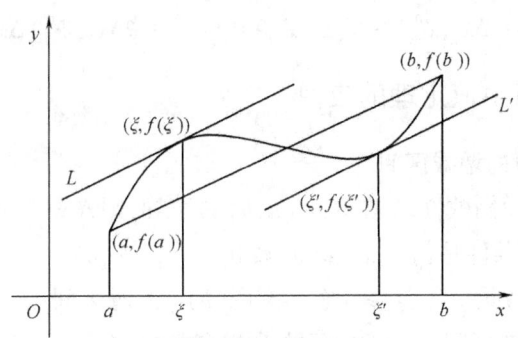

图 3.2.1

在图 3.2.1 中,存在曲线 $y = f(x)$ ($x \in [a,b]$)上的两个点 $(\xi, f(\xi))$ 与 $(\xi', f(\xi'))$,使得曲线在这两点处的切线都与曲线端点的连线平行。

3.2.1.2 多元函数微分中值定理

定理 3.2.2(多元函数微分中值定理) 设多元函数 $z = f(\vec{x})$ 在凸开区域 $D \subset R^n$ 上可微,则对 D 中的任意两点 $\vec{x}^0$ 与 $\vec{x}^0 + \Delta\vec{x}$,都存在 $\vec{\xi} = \vec{x}^0 + \theta\Delta\vec{x} \in D$,其中 $\theta \in (0,1)$,使得
$$f(\vec{x}^0 + \Delta\vec{x}) - f(\vec{x}^0) = f_1(\vec{\xi})\Delta x_1 + \cdots + f_n(\vec{\xi})\Delta x_n。 \quad (3.2.2)$$

证明：设 $\vec{x}^0 = (x_1^0, \cdots, x_n^0)$ 与 $\vec{x}^0 + \Delta\vec{x} = (x_1^0 + \Delta x_1, \cdots, x_n^0 + \Delta x_n)$ 是 D 中任意给定的两个点。记 $x_i = x_i(t) = x_i^0 + t\Delta x_i$，$t \in [0,1]$；$i = 1, \cdots, n$，则 $x_i = x_i(t)$ 在 $[0,1]$ 上可导。由于 D 是凸开区域，所以当 $t \in [0,1]$ 时，$\vec{x}(t) = (x_1(t), \cdots, x_n(t)) \in D$。又因函数 $z = f(\vec{x})$ 在 D 上可微，所以复合函数 $z = f(\vec{x}(t)) = \Phi(t)$ 在 $[0,1]$ 上可导，由拉格朗日中值定理知，存在 $\theta \in (0,1)$，使得 $\Phi(1) - \Phi(0) = \Phi'(\theta)$。

记 $\vec{\xi} = \vec{x}(\theta)$，由全导数公式得

$$\Phi'(\theta) = f_1(\vec{\xi})\Delta x_1 + \cdots + f_n(\vec{\xi})\Delta x_n$$

且 $\Phi(1) = f(\vec{x}^0 + \Delta\vec{x})$；$\Phi(0) = f(\vec{x}^0)$，所以

$$f(\vec{x}^0 + \Delta\vec{x}) - f(\vec{x}^0) = f_1(\vec{\xi})\Delta x_1 + \cdots + f_n(\vec{\xi})\Delta x_n。$$

注：(1) 如果用 $f'(\vec{x})$ 或 $Df(\vec{x})$ 表示 $(f_1(\vec{x}), \cdots, f_n(\vec{x}))$，即

$$f'(\vec{x}) = Df(\vec{x}) = (f_1(\vec{x}), \cdots, f_n(\vec{x}))$$

那么 (3.2.2) 式可以表示为

$$f(\vec{x}^0 + \Delta\vec{x}) - f(\vec{x}^0) = f'(\vec{\xi})\Delta\vec{x}，\text{或} f(\vec{x}^0 + \Delta\vec{x}) - f(\vec{x}^0) = Df(\vec{\xi})\Delta\vec{x}。$$

(2) 考虑定理的特殊情况：当 $\vec{x}^0 + \Delta\vec{x} = (x_i^0 + \Delta x_i, \vec{x}_{-i}^0)$，$\vec{x}^0 = (x_i^0, \vec{x}_{-i}^0)$（$1 \leq i \leq n$）时，(3.2.2) 式为

$$f(x_i^0 + \Delta x_i, \vec{x}_{-i}^0) - f(x_i^0, \vec{x}_{-i}^0) = f_i(x_i^0 + \theta\Delta x_i, \vec{x}_{-i}^0)\Delta x_i。$$

3.2.2 拉格朗日中值定理的应用

3.2.2.1 一元函数的增减区间

定理3.2.3 设函数 $f(x)$ 在区间 (a,b) 内可导，则 $f(x)$ 在区间 (a,b) 内递增（递减）的充分必要条件是：$f'(x) \geq 0 (\leq 0)$，$x \in (a,b)$。

证明：（充分性）设 $f'(\vec{x}) \geq 0$（$x \in (a,b)$）。对区间 (a,b) 内的任意两点 $x_1 < x_2$，因为 $f(\vec{x})$ 在区间 (a,b) 内可导，所以存在 $\xi \in (x_1, x_2)$，使得 $f(x_2) - f(x_1) = f'(\xi)(x_2 - x_1)$，由条件得到 $f(x_2) - f(x_1) \geq 0$，所以 $f(x)$ 在区间 (a,b) 内递增。

（必要性）设 $f(x)$ 在区间 (a,b) 内递增。对区间 (a,b) 内的任意一点 x，取 $\Delta x > 0$，且 $x + \Delta x \in (a,b)$。由条件 $f(x + \Delta x) \geq f(x)$，又因 $f(x)$ 在区间 (a,b) 内可导，所以

$$f'(x) = f'_+(x) = \lim_{\Delta x \to 0^+} \frac{f(x + \Delta x) - f(x)}{\Delta x} \geq 0。$$

定理3.2.4 设函数 $f(x)$ 在区间 (a,b) 内可导，则 $f(x)$ 在区间 (a,b) 内严格递增（或递减）的充分必要条件是：

(1) $f'(x) \geq 0 (\leq 0)$，$x \in (a,b)$；

(2) 对任意的区间 $I \subset (a,b)$，$f'(x)$ 在 I 上不恒等于零。

证明： 设 $f(x)$ 在区间 (a,b) 内可导。

（必要性）如果 $f(x)$ 在区间 (a,b) 内严格递增（或递减），显然（1）成立；假设存在区间 $I \subset (a,b)$，使得 $f'(x)$ 在区间 I 上恒等于零，则 $f(x)$ 在区间 I 上恒等于常数，与 $f(x)$ 严格单调矛盾，于是（2）成立。

（充分性）如果（1）与（2）成立，则由（1）知，$f(x)$ 在区间 (a,b) 内递增（或递减）。假设 $f(x)$ 在区间 (a,b) 内不严格递增（或递减），则必存在 $x_1 < x_2 \in (a,b)$，使得 $f(x_1) = f(x_2)$，于是 $f(x)$ 区间 $(x_1,x_2) \subset (a,b)$ 内恒等于常数，所以 $f'(x)$ 在区间 (x_1,x_2) 上恒等于零，与（2）矛盾。所以 $f(x)$ 在区间 (a,b) 内严格递增（或递减）。

例 3.2.1 证明不等式：当 $x > 0$ 时，有 $x - \dfrac{x^2}{2} < \ln(1+x)$。

证明： 记 $f(x) = \ln(1+x) - x + \dfrac{x^2}{2}, x \geq 0$。因为当 $x > 0$ 时，有

$$f'(x) = \frac{1}{1+x} - 1 + x = \frac{x^2}{1+x} > 0,$$

所以 $f(x)$ 在 $(0, +\infty)$ 上严格递增。又因 $f(x)$ 在 $x = 0$ 处右连续，且 $f(0) = 0$，所以，当 $x > 0$ 时有

$$f(x) = \ln(1+x) - x + \frac{x^2}{2} > f(0) = 0。$$

即，当 $x > 0$ 时，有 $x - \dfrac{x^2}{2} < \ln(1+x)$。

3.2.2.2 极值

定义 3.2.1 设 $f(x)$ 在区间 (a,b) 内有定义，$x_0 \in (a,b)$。如果存在 x_0 的一个 $\delta_0 (>0)$ 邻域 $U(x_0, \delta_0) \subset (a,b)$，使得对任意的 $x \in U(x_0, \delta_0)$，都有

$$f(x) \leq f(x_0) \text{（或} \geq f(x_0)\text{）},$$

则称 x_0 是函数 $f(x)$ 的一个极大值（或极小值）。

注：由推论 3.2.1 立即得到：如果 $f(x)$ 在极值点 x_0 处可导，x_0 一定是 $f(x)$ 的驻点。

定理 3.2.5 如果 $f(x)$ 在 x_0 处连续，且在 x_0 的两侧导数异号，则 x_0 为极值点。

证明： 不妨设：当 $x < x_0$ 时，$f'(x) < 0$，当 $x > x_0$ 时，$f'(x) > 0$。因为 $f(x)$ 在 x_0 处连续，所以当 $x < x_0$ 时，由拉格朗日中值定理，存在 $x < \xi < x_0$，使得

$$f(x) - f(x_0) = f'(\xi)(x - x_0) > 0。$$

即当 $x < x_0$ 时，有 $f(x) > f(x_0)$；同理当 $x < x_0$ 时，也有 $f(x) > f(x_0)$，故 $f(x_0)$ 为

极小值。

3.2.2.3 凸函数与其导数的关系

定理 3.2.6 设函数 $f(x)$ 在区间 (a,b) 上可导。则下面的结论等价。

(1) $f(x)$ 是 (a,b) 上的凸函数(凹函数);

(2) $f'(x)$ 是 (a,b) 上的增函数(减函数);

(3) 对任意的 $x_1, x_2 \in (a,b)$,有:
$$f(x_2) - f(x_1) \geqslant (\leqslant) f'(x_1)(x_2 - x_1)。$$

证明:(1)⇒(2)。设 $x_1 < x_2 \in (a,b)$, $h > 0$,且 $x_1 + h < x_2$。于是 $x_1 < x_1 + h < x_2$。由定理 2.1.2 得
$$\frac{f(x_1 + h) - f(x_1)}{h} \leqslant \frac{f(x_2) - f(x_1)}{x_2 - x_1}。$$

又因 $f(x)$ 在区间 (a,b) 上可导,所以
$$f'(x_1) = f'_+(x_1) = \lim_{h \to 0^+} \frac{f(x_1 + h) - f(x_1)}{h} \leqslant \frac{f(x_2) - f(x_1)}{x_2 - x_1}。$$

同理,设 $h < 0$,且 $x_1 < x_2 + h$,于是 $x_1 < x_2 + h < x_2$。由定理 2.1.3 得
$$\frac{f(x_2) - f(x_1)}{x_2 - x_1} \leqslant \frac{f(x_2 + h) - f(x_2)}{h}。$$

于是
$$f'(x_2) = f'_-(x_2) = \lim_{h \to 0^-} \frac{f(x_2 + h) - f(x_2)}{h} \geqslant \frac{f(x_2) - f(x_1)}{x_2 - x_1},$$

所以 $f'(x_1) \leqslant f'(x_2)$。

(2)⇒(3)。设 $x_1, x_2 \in (a,b)$ 是任意两点。因为 $f(x)$ 在区间 (a,b) 上可导,所以由拉格朗日中值定理,存在介于 x_1 与 x_2 之间的 ξ,使得
$$f(x_2) - f(x_1) = f'(\xi)(x_2 - x_1)。$$

如果 $x_1 < x_2$,则 $x_1 < \xi$,于是由条件,有 $f'(x_1) \leqslant f'(\xi)$。所以
$$f(x_2) - f(x_1) \geqslant f'(x_1)(x_2 - x_1)。$$

如果 $x_1 > x_2$,则 $x_1 > \xi$,于是由条件,有 $f'(x_1) \geqslant f'(\xi)$。所以
$$f(x_2) - f(x_1) \geqslant f'(x_1)(x_2 - x_1)。$$

(3)⇒(1)。设 $x_1 < x_2 < x_3$ 是区间 (a,b) 内的三个点。由条件
$$f(x_1) - f(x_2) \geqslant f'(x_2)(x_1 - x_2),$$

且
$$f(x_3) - f(x_2) \geqslant f'(x_2)(x_3 - x_2),$$

于是

$$\frac{f(x_2) - f(x_1)}{x_2 - x_1} \leq f'(x_2) \leq \frac{f(x_3) - f(x_2)}{x_3 - x_2}。$$

由定理 2.1.1 知，$f(x)$ 是 (a,b) 上的凸函数。

注：(1) 由定理知，我们可以用 $f'(x)$ 的单调性判断 $f(x)$ 的凸性。

(2) 定理中结论 (2) 的几何意义是：如果 $f(x)$ 在区间 (a,b) 上可导，那么 $f(x)$ 在区间 (a,b) 上是凸函数的充分必要条件是：曲线 $y = f(x)$ 位于曲线上任意一点的切线上方。如图 3.2.2。

(3) 对于二元函数 $y = f(x_1, x_2)$ 有相同的几何意义：如果 $f(x_1, x_2)$ 在区域 D 上可微，那么 $f(x_1, x_2)$ 在区域 D 上是凸函数的充分必要条件是：曲面 $y = f(x_1, x_2)$ 位于曲面上任意一点的切平面上方。

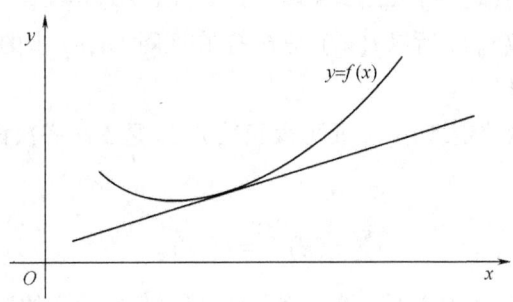

图 3.2.2

定理 3.2.7 设 $f(x)$ 是 (a,b) 上的凸函数（凹函数），则 $f(x)$ 在 (a,b) 上的任意一点都存在单侧导数，因此 $f(x)$ 在 (a,b) 上连续。

证明：设 $f(x)$ 是 (a,b) 上的凸函数，x_0 是区间 (a,b) 上的任意一点，$0 < h < b - x_0$。记

$$F(h) = \frac{f(x_0 + h) - f(x_0)}{h}。$$

如果 $0 < h_1 < h_2 < b - x_0$，则 $x_0 < x_0 + h_1 < x_0 + h_2 < b$。由定理 2.1.2 得

$$F(h_1) = \frac{f(x_0 + h_1) - f(x_0)}{h_1} \leq \frac{f(x_0 + h_2) - f(x_0)}{h_2} = F(h_2),$$

所以 $F(h)$ 是区间 (x_0, b) 上的递增函数。又因对给定的 $x_1 \in (a, x_0)$，及任意的 $h \in (0, b - x_0)$，有 $x_1 < x_0 < x_0 + h$，所以由定理 2.1.1 得

$$\frac{f(x_0) - f(x_1)}{x_0 - x_1} \leq \frac{f(x_0 + h) - f(x_0)}{h} = F(h),$$

即 $F(h)$ 在区间 (x_0, b) 上有下界。由单调有界定理知，极限

$$\lim_{h \to 0^+} F(h) = \lim_{h \to 0^+} \frac{f(x_0 + h) - f(x_0)}{h} = f'_+(x_0)$$

存在。同理可证 $f'_-(x_0)$ 存在。

因为 $f'_+(x_0)$ 存在，所以 $f(x)$ 在 x_0 处连续。因此区间 (a,b) 上的凸函数必连续。

定理 3.2.8 如果 $f(x)$ 是区间 (a,b) 上可导的凸函数(凹函数)，且 $x_0 \in (a,b)$，那么 $f(x_0)$ 是 $f(x)$ 在区间 (a,b) 上的最小值(最大值)的充分必要条件是：x_0 是 $f(x)$ 的驻点。

证明：必要性显然。设 $x_0 \in (a,b)$ 是 $f(x)$ 的驻点。即 $f'(x_0) = 0$。由于 $f(x)$ 是 (a,b) 上可导的凸函数(凹函数)，所以由定理 3.2.6 知，对任意的 $x \in (a,b)$ 有

$$f(x) - f(x_0) \geq (\leq) f'(x_0)(x - x_0) = 0 。$$

于是 $f(x) \geq (\leq) f(x_0)$，所以 $f(x_0)$ 是 $f(x)$ 在区间 (a,b) 上的最小值(最大值)。

3.2.2.4 欧拉定理

定理 3.2.9(欧拉定理) n 元可微函数 $f(\vec{x})$ 是 k 次齐次函数的充分必要条件是：

$$\sum_{i=1}^{n} f_i(\vec{x}) x_i = k f(\vec{x}) 。 \tag{3.2.3}$$

证明：(必要性)设 $f(\vec{x})$ 是 k 次齐次函数，则对任意给定的 $t > 0$，有

$$f(t\vec{x}) = t^k f(\vec{x}) 。$$

两端对 t 求导，得

$$\sum_{i=1}^{n} f_i(t\vec{x}) x_i = k t^{k-1} f(\vec{x}) 。$$

在上式中令 $t = 1$，得

$$\sum_{i=1}^{n} f_i(\vec{x}) x_i = k f(\vec{x}) 。$$

即(3.2.3)成立。

(充分性)设(3.2.3)成立，记 $F(t) = f(t\vec{x})$，$t > 0$。

因为 $f(\vec{x})$ 可微，所以

$$F'(t) = \sum_{i=1}^{n} f_i(t\vec{x}) x_i = \frac{1}{t} \sum_{i=1}^{n} f_i(t\vec{x})(t x_i) 。$$

由于(3.2.3)成立，所以

$$\sum_{i=1}^{n} f_i(t\vec{x})(t x_i) = k f(t\vec{x}) = k F(t)，$$

于是

$$f'(t) = \frac{1}{t}\sum_{i=1}^{n} f_i(\vec{tx})(tx_i) = \frac{k}{t} F(t),$$

即

$$\frac{f'(t)}{F(t)} = \frac{k}{t}。$$

两端积分,得

$$F(t) = Ct^k \ (\ C \text{ 是任意的常数})。$$

令 $t = 1$,得

$$C = F(1) = f(\vec{x})。$$

于是

$$f(\vec{tx}) = F(t) = Ct^k = t^k f(\vec{x}),$$

因此 $f(\vec{x})$ 是 k 次齐次函数。

定理 3.2.10 如果 $f(\vec{x})$ 是可微的 n 元 k 次齐次函数,那么 $f_i(\vec{x})$ 是 $k-1$ 次齐次函数, $i = 1, 2, \cdots, n$。

证明: 因为 $f(\vec{x})$ 可微,所以偏导数存在,于是对任意的 $t > 0$,有

$$f_i(\vec{tx}) = \lim_{\Delta x_i \to 0} \frac{f(tx_i + \Delta x_i, \vec{tx}_{-i}) - f(\vec{tx})}{\Delta x_i}。$$

又因 $f(\vec{x})$ 是 k 次齐次函数,所以对任意的 $t > 0$,有 $f(\vec{tx}) = t^k f(\vec{x})$,所以

$$f_i(\vec{tx}) = \lim_{\Delta x_i \to 0} \frac{f[t(x_i + \Delta x_i/t, \vec{x}_{-i})] - f(\vec{tx})}{\Delta x_i}$$

$$= \lim_{\Delta x_i \to 0} \frac{t^k f(x_i + \Delta x_i/t, \vec{x}_{-i}) - t^k f(\vec{x})}{\Delta x_i}$$

$$= t^{k-1} \lim_{\Delta x_i \to 0} \frac{f(x_i + \Delta x_i/t, \vec{x}_{-i}) - f(\vec{x})}{\Delta x_i/t} = t^{k-1} f_i(\vec{x})。$$

所以 $f_i(\vec{x})$ ($1 \leq i \leq n$)是 $k-1$ 次齐次函数。

3.3 经济问题举例

3.3.1 利润函数与成本函数凸性的几何解释

3.3.1.1 利润函数凸性的几何解释

假设厂商的利润函数为:

$$S: \pi(p, \vec{\omega}) = pf[\vec{x}(p, \vec{\omega})] - \vec{\omega}\vec{x}(p, \vec{\omega})。$$

其中, $\vec{x}(p, \vec{\omega})$ 是利润最大化问题(1.3.2)的解,即要素需求函数向量。

对于任意给定的价格向量 $(p^0, \vec{\omega}^0) \in R^{n+1}$,厂商获取的利润值为:

$$\pi(p^0, \vec{\omega}^0) = p^0 f(\vec{x}^0) - \vec{\omega}^0 \vec{x}^0,$$

其中,$\vec{x}^0 = \vec{x}(p^0, \vec{\omega}^0)$。

如果价格向量由 $(p^0, \vec{\omega}^0)$ 变化到 $(p, \vec{\omega})$ 时,厂商没有做出理性的反应,仍然以要素投入组合 $\vec{x}^0 = \vec{x}^0(p^0, \vec{\omega}^0)$ 进行生产,那么厂商的利润为:
$$\Pi : \Pi(p, \vec{\omega}) = pf(\vec{x}^0) - \vec{\omega}\vec{x}^0.$$
显然,$\Pi(p^0, \vec{\omega}^0) = \pi(p^0, \vec{\omega}^0)$。

因为 $\pi(p, \vec{\omega})$ 是厂商按照利润最大化原则在价格向量 $(p, \vec{\omega})$ 之下获取的利润,$\Pi(p, \vec{\omega})$ 是厂商在价格向量 $(p, \vec{\omega})$ 之下仍然以要素投入组合 $\vec{x}^0 = \vec{x}(p^0, \vec{\omega}^0)$ 进行生产获取的利润,所以对任意的价格向量 $(p, \vec{\omega})$,有
$$\pi(p, \vec{\omega}) \geqslant \Pi(p, \vec{\omega}),$$
且在 $(p^0, \vec{\omega}^0)$ 处等号成立。

从几何上看,S 表示一个 R^{n+2} 空间上的超曲面,Π 表示一个 R^{n+2} 空间上的超平面,且 S 位于 Π 的"上方",并在点 $(p^0, \vec{\omega}^0, \pi^0)$ 处重合,因此 Π 是超曲面 S 在点 $(p^0, \vec{\omega}^0, \pi^0)$ 处的切超平面。由于 $(p^0, \vec{\omega}^0)$ 是任意给定的价格向量,所以对利润超曲面 S 上的任意一点 Q,S 总是位于过点 Q 的切超平面 Π 的"上方",因此利润函数 $\pi(p, \vec{\omega})$ 是 $(p, \vec{\omega})$ 的凸函数。

特别,如果只有产品价格 p 在 p^0 处发生变化,要素价格向量 $\vec{\omega} = \vec{\omega}^0$ 保持不变,那么
$$S : \pi(p, \vec{\omega}^0) = pf[\vec{x}(p, \vec{\omega}^0)] - \vec{\omega}^0 \vec{x}(p, \vec{\omega}^0)$$
就是一条曲线;而
$$\Pi : \Pi(p, \vec{\omega}^0) = pf(\vec{x}^0) - \vec{\omega}^0 \vec{x}^0$$
就是在 (p^0, π^0) 处与 S 相切的直线,且 S 位于 Π 的上方,所以 S 是一条凸的曲线。如图 3.3.1 所示。

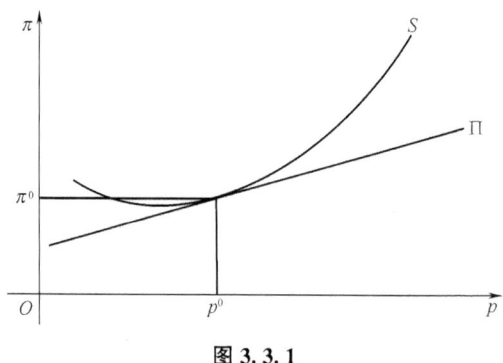

图 3.3.1

3.3.1.2 成本函数凸性的几何解释

假设厂商的成本函数为:
$$S : c(\vec{\omega}, y) = \vec{\omega}\vec{x}(\vec{\omega}, y),$$

其中，$\vec{x}(\vec{\omega},y)$ 是成本最小化问题（1.3.3）的解，即条件要素需求函数向量。

对于既定的产量 y 和任意给定的要素价格向量 $\vec{\omega}^0$，厂商的成本函数值为：
$$c^0 = c(\vec{\omega}^0,y) = \vec{\omega}^0 \vec{x}^0,$$
其中，$\vec{x}^0 = \vec{x}(\vec{\omega}^0,y)$。

如果要素价格向量由 $\vec{\omega}^0$ 变化到 $\vec{\omega}$，产量不变时，厂商没有做出理性的反应，仍然以要素投入组合 $\vec{x}^0 = \vec{x}(\vec{\omega}^0,y)$ 进行生产，那么厂商的成本为：
$$C : C(\vec{\omega},y) = \vec{\omega}\vec{x}^0。$$
显然，$C(\vec{\omega}^0,y) = c(\vec{\omega}^0,y)$。

因为 $c(\vec{\omega},y)$ 是厂商按照成本最小化原则在价格向量 $\vec{\omega}$ 之下的最小成本，$C(\vec{\omega},y)$ 是厂商在价格向量 $\vec{\omega}$ 之下仍然以要素投入组合 $\vec{x}^0 = \vec{x}(\vec{\omega}^0,y)$ 进行生产的成本，所以对任意的价格向量 $\vec{\omega}$，有
$$c(\vec{\omega},y) \leqslant C(\vec{\omega},y),$$
且在 $\vec{\omega}^0$ 处等号成立。

从几何上看，S 表示一个 R^{n+1} 空间上的超曲面，C 表示一个 R^{n+1} 空间上的超平面，且 S 位于 C 的"下方"，并在点 $(\vec{\omega}^0,c^0)$ 处重合，因此 C 是超曲面 S 在点 $(\vec{\omega}^0,c^0)$ 处的切超平面。由于 $\vec{\omega}^0$ 是任意给定的价格向量，所以对成本超曲面 S 上的任意一点 Q，S 总是位于过点 Q 的切超平面 C 的"下方"，因此成本函数 $c(\vec{\omega},y)$ 是 $\vec{\omega}$ 的凹函数。

特别，如果只有第 i 种要素价格 ω_i 自 ω_i^0 处发生变化，其他要素价格 $\vec{\omega}_{-i} = \vec{\omega}_{-i}^0$ 保持不变，那么
$$S : c(\omega_i,\vec{\omega}_{-i}^0,y) = \omega_i x_i(\omega_i,\vec{\omega}_{-i}^0,y) + \vec{\omega}_{-i}^0 \vec{x}_{-i}(\omega_i,\vec{\omega}_{-i}^0,y)$$
就是一条曲线；而
$$C : C(\vec{\omega},y) = \vec{\omega}\vec{x}^0$$
就是在 $(\vec{\omega}^0,c^0)$ 处与 S 相切的直线，且 S 位于 C 的下方，所以 S 是一条凹的曲线。如图 3.3.2 所示。

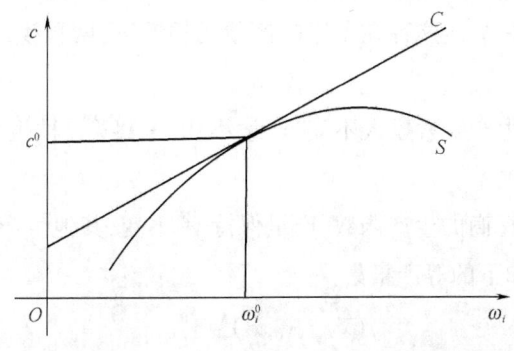

图 3.3.2

3.3.2 边际

3.3.2.1 边际产出、边际效用和边际成本

定义 3.3.1 设 $f(\vec{x})$ ($\vec{x} \in R^n$) 的偏导数 $f_i(\vec{x})$ 存在,则称 $f_i(\vec{x})$ 为函数 $f(\vec{x})$ 的边际($1 \leqslant i \leqslant n$)。

如果 $y = f(\vec{x})$ ($\vec{x} \in R^n, \vec{x} \geqslant \vec{0}$) 是生产函数,则称 $f_i(\vec{x})$ 为边际产出,也记为 MP_i 或 $MP_i f(\vec{x})$。边际产出 MP_i 表示在投入规模为 $\vec{x}$ 时,再增加一个单位第 i 种要素的投入所增加的产量($1 \leqslant i \leqslant n$)。

如果 $U(\vec{x})$ ($\vec{x} \in R^n, \vec{x} > \vec{0}$) 是效用函数,则称 $U_i(\vec{x})$ 是边际效用。边际效用 $U_i(\vec{x})$ 表示在已经获得效用 $U(\vec{x})$ 的情况下,再增加一个单位第 i 种商品的消费所增加的效用($1 \leqslant i \leqslant n$)。

如果 $c(\vec{\omega}, y)$ 是成本函数,则称 $c_y(\vec{\omega}, y)$ 为边际成本,也记为 MC。边际成本 MC 表示在产量规模为 y 的情况下,再多生产一个单位的产品所增加的成本。

3.3.2.2 齐次技术的边际

由定理 3.2.10 知,如果厂商的生产技术 $y = f(\vec{x})$ ($\vec{x} \in R^n, \vec{x} \geqslant \vec{0}$) 是 k 次齐次技术,那么厂商的边际产出 $f_i(\vec{x})$ 就是 $k-1$ 次齐次技术,特别,当生产技术 $y = f(\vec{x})$ 是一次齐次技术时,边际产出 $f_i(\vec{x})$ 就是零次齐次技术。

3.3.3 技术替代率

3.3.3.1 技术替代率的概念

有时厂商需要考虑在不影响产量的情况下,调整两种生产要素投入的相对比重。技术替代率就是描述这种在不影响产量的情况下,两种生产要素之间替代关系的指标。

我们假设其他生产要素投入不变,产量不变,考察第 i 种生产要素与第 j 种生产要素之间的替代关系。

设 $y = f(\vec{x})$ 是厂商的生产函数,产量保持 y^0 不变,其他生产要素也不变,在 x_i 和 x_j 变化时,考察如下的等产量集

$$f(\vec{x}_{-i,j}, x_i, x_j) = y^0。$$

由于 $y = f(\vec{x})$ 是单增函数,所以当减少或增加 x_i 时,要保持产量不变,x_j 必然

会做相应的调整。也就是说，上面的等式确定了 x_j 是 x_i 的隐函数。

如果 $y = f(\vec{x})$ 可微，在上面的等式两端求关于 x_i 的导数，得

$$f_i(\vec{x}_{-i,j}, x_i, x_j) + f_j(\vec{x}_{-i,j}, x_i, x_j)\frac{\partial x_j}{\partial x_i} = 0。$$

我们知道，生产函数是递增函数。如果 $f(\vec{x})$ 是严格增函数，那么 $f_j(\vec{x}) > 0$，$f_i(\vec{x}) > 0$，所以

$$\frac{\partial x_j}{\partial x_i} = -\frac{f_i(\vec{x}_{-i,j}, x_i, x_j)}{f_j(\vec{x}_{-i,j}, x_i, x_j)} = -\frac{f_i(\vec{x})}{f_j(\vec{x})} = -\frac{MP_i}{MP_j} < 0。$$

由导数的含义我们知道，在其他生产要素不变的情况下，如果增加一单位第 i 种生产要素的投入，并使产量保持 y^0 不变，必须减少 $\dfrac{\partial x_j}{\partial x_i}$ 单位第 j 种生产要素的投入；如果减少一个单位第 i 种生产要素的投入，并使产量保持 y^0 不变，必须增加 $\dfrac{\partial x_j}{\partial x_i}$ 单位第 j 种生产要素的投入。

定义 3.3.2 设 $y = f(\vec{x})$ ($\vec{x} \in R^n, \vec{x} \geq \vec{0}$) 是生产函数，则称

$$TRS_{ij}f(\vec{x}) = \frac{\partial x_j}{\partial x_i} = -\frac{f_i(\vec{x})}{f_j(\vec{x})} = -\frac{MP_i}{MP_j}$$

为投入规模为 $\vec{x}$ 时的技术替代率。

3.3.3.2 技术替代率的几何意义

我们考虑两种生产要素的情况。设 $y = f(x_1, x_2)$，$x_1 \geq 0$，$x_2 \geq 0$ 是生产函数。由技术替代率的概念我们知道，在要素投入规模为 $\vec{x}^0 = (x_1^0, x_2^0)$ 时的技术替代率

$$TRS_{12}f(\vec{x}^0) = \frac{\partial x_2}{\partial x_1}\bigg|_{\vec{x}^0} = -\frac{f_1(\vec{x}^0)}{f_2(\vec{x}^0)}$$

是由方程

$$C: f(x_1, x_2) = \vec{y}^0 = f(\vec{x}^0)$$

确定的隐函数 $x_2 = x_2(x_1)$ 在 $\vec{x}^0 = (x_1^0, x_2^0)$ 处的导数。

从几何上看，方程 C 表示产量为 $\vec{y}^0$ 的等产量线。因为生产技术通常是凸技术，所以等产量线 C，即隐函数 $x_2 = x_2(x_1)$ 曲线是一条凸向原点的曲线。由导数的几何意义知，技术替代率 $TRS_{12}f(\vec{x}^0)$ 是曲线 C 在 (x_1^0, x_2^0) 处切线 L 的斜率，如图 3.3.3 所示。

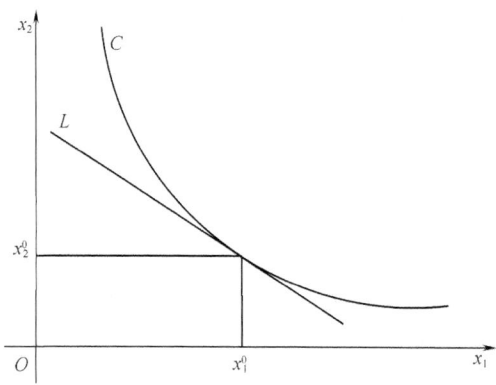

图 3.3.3

例 3.3.1 求柯布—道格拉斯生产函数 $y = f(x_1, x_2) = A x_1^\alpha x_2^\beta (A, \alpha, \beta > 0)$ 的技术替代率。

解：因为 $MP_1 = \dfrac{\partial y}{\partial x_1} = \alpha A x_1^{\alpha-1} x_2^\beta$，$MP_2 = \dfrac{\partial y}{\partial x_2} = \beta A x_1^\alpha x_2^{\beta-1}$，所以要素 2 对要素 1 的技术替代率为

$$TRS_{12} f(\vec{x}) = -\frac{MP_1}{MP_2} = -\frac{\alpha x_2}{\beta x_1}。$$

此式表明，当厂商拥有柯布—道格拉斯生产技术时，在投入规模 (x_1, x_2) 处，如果要想减少（或增加）一个单位要素 1 的投入，并保持产量 $y = f(x_1, x_2)$ 不变，那么就必须增加（或减少）$\dfrac{\alpha x_2}{\beta x_1}$ 单位要素 2 的投入。显然，技术替代率只与要素投入比有关，与产量规模无关。

注：如果厂商拥有柯布—道格拉斯生产技术，那么当要素投入比 $\dfrac{x_2}{x_1} = \dfrac{\beta}{\alpha}$ 时，技术替代率 $TRS_{12} f(\vec{x}) \equiv -1$。此式表明，如果投入规模 (x_1, x_2) 在射线 $L: x_2 = \dfrac{\beta}{\alpha} x_1, x_1 \geq 0$ 上，那么在 (x_1, x_2) 处减少（或增加）一个单位要素 1 的投入，并保持产量 $y = f(x_1, x_2)$ 不变，就必须增加（或减少）1 个单位要素 2 的投入，如图 3.3.4 所示。

在图 3.3.4 中，(x_1, x_2) 在射线 L 上，无差异曲线 C 与 l 在 (x_1, x_2) 处相切，l

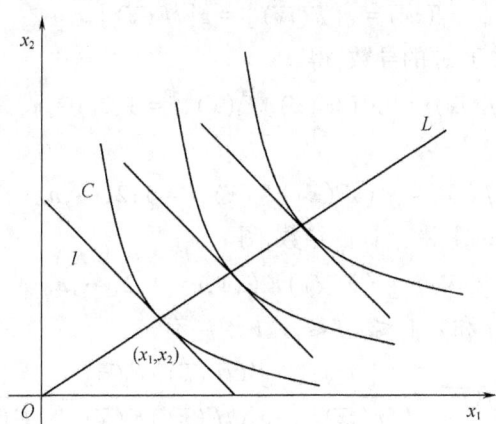

图 3.3.4

的斜率等于 $TRS_{12}f(\vec{x}) \equiv -1$。

3.3.3.3 齐次技术与位似技术的技术替代率

定理 3.3.1 如果生产函数 $y = f(\vec{x})$ ($\vec{x} \in R^n, \vec{x} \geq \vec{0}$) 是齐次技术或位似技术,则任何两种要素之间的技术替代率只与要素投入比例有关,与投入规模无关。

证明:(1)设生产函数 $f(\vec{x})$ 是 k 次齐次技术,即 $\forall t > 0$,有 $f(t\vec{x}) = t^k f(\vec{x})$,($\vec{x} \in R^n, \vec{x} \geq \vec{0}$)。在等式两端求关于 x_i 的导数,得

$$tf_i(t\vec{x}) = t^k f_i(\vec{x}), i = 1, 2, \cdots, n,$$

即

$$f_i(t\vec{x}) = t^{k-1} f_i(\vec{x}), i = 1, 2, \cdots, n_\circ$$

于是对任意给定的 i 和 j,$1 \leq i, j \leq n$,$i \neq j$,有

$$TRS_{ij} f(t\vec{x}) = -\frac{f_i(t\vec{x})}{f_j(t\vec{x})} = -\frac{t^{k-1} f_i(\vec{x})}{t^{k-1} f_j(\vec{x})} = -\frac{f_i(\vec{x})}{f_j(\vec{x})} = TRS_{ij} f(\vec{x})_\circ$$

此式表明,对任意给定的 i 和 j,$1 \leq i, j \leq n$,$i \neq j$,在点 $t\vec{x}$ 和 $\vec{x}$ 处,两种要素的技术替代率是相同的。也就是说,不论投入规模是否一样,只要投入比例相同,两种要素投入的技术替代率就相等。

(2)设生产函数 $f(\vec{x})$ 是位似技术,即存在一个正的单调函数 $y = g(u)$ 和一个一次齐次函数 $u = F(\vec{x})$ ($\vec{x} \in R^n, \vec{x} \geq \vec{0}$),使得

$$y = f(\vec{x}) = g[F(\vec{x})]_\circ \tag{3.3.1}$$

于是,对任意给定的 $t > 0$,有
$$f(t\vec{x}) = g[F(t\vec{x})] = g[tF(\vec{x})]。$$
在等式两端求关于 x_i 的导数,得
$$f_i(t\vec{x})t = tg'(tF(\vec{x}))F_i(\vec{x}), i = 1,2,\cdots,n,$$
即
$$f_i(t\vec{x}) = g'(tF(\vec{x}))F_i(\vec{x}), i = 1,2,\cdots,n。$$
在(3.3.1)式两端求关于 x_i 的导数,得
$$f_i(\vec{x}) = g'(F(\vec{x}))F_i(\vec{x}), i = 1,2,\cdots,n。$$
于是,对任意给定的 i 和 j,$1 \leq i,j \leq n$,$i \neq j$,有
$$TRS_{ij}f(t\vec{x}) = -\frac{f_i(t\vec{x})}{f_j(t\vec{x})} = -\frac{g'(tF(\vec{x}))F_i(\vec{x})}{g'(tF(\vec{x}))F_j(\vec{x})} = -\frac{F_i(\vec{x})}{F_j(\vec{x})},$$
$$TRS_{ij}f(\vec{x}) = -\frac{f_i(\vec{x})}{f_j(\vec{x})} = -\frac{g'(F(\vec{x}))F_i(\vec{x})}{g'(F(\vec{x}))F_j(\vec{x})} = -\frac{F_i(\vec{x})}{F_j(\vec{x})}。$$
所以
$$TRS_{ij}f(t\vec{x}) = TRS_{ij}f(\vec{x})。$$

此式表明,对任意给定的 i 和 j,$1 \leq i,j \leq n$,$i \neq j$,在点 $t\vec{x}$ 和 $\vec{x}$ 处,两种要素的技术替代率在要素投入规模 $t\vec{x}$ 与 $\vec{x}$ 处是相同的。也就是说,不论投入规模是否一样,只要要素投入比例相同,两种要素的技术替代率就相等。

齐次技术与位似技术的技术替代率的几何解释。我们考虑两种生产要素的情况。设 $y = f(x_1,x_2)$,$x_1 \geq 0$,$x_2 \geq 0$ 是生产函数。由定理 3.3.1 知,如果 $f(x_1,x_2)$ 是齐次技术或位似技术,那么对给定的 $\vec{x}^0 = (x_1^0, x_2^0)$ 及任意的 $t > 0$,都有
$$TRS_{ij}f(t\vec{x}^0) = TRS_{ij}f(\vec{x}^0)。$$
此式的几何意义是:等产量线:
$$C_1 : f(\vec{x}) = f(\vec{x}^0),$$
$$C_t : f(\vec{x}) = f(t\vec{x}^0) \ (t > 0)$$
和
$$C_{t'} : f(\vec{x}) = f(t'\vec{x}^0) \ (t' > 0)$$
与射线 $L : \vec{x} = t\vec{x}^0 (t > 0)$ 分别交于 $\vec{x}^0$,$t\vec{x}^0$ 和 $t'\vec{x}^0$。由技术替代率的几何意义知,等产量线 C_t 和 $C_{t'}$ 在 $t\vec{x}^0$ 和 $t'\vec{x}^0$ 处的切线 L_t 和 $L_{t'}$ 都与 C_1 在 $\vec{x}^0$ 处的切线 L_1 平行,如图 3.3.5 所示。

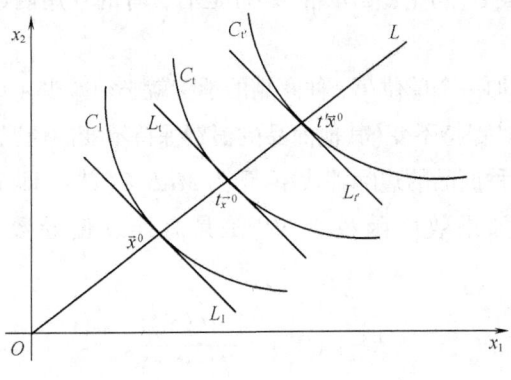

图 3.3.5

3.3.4 边际替代率的概念

3.3.4.1 无差异消费集

我们在 2.4.2 中简单介绍了两种商品的情况下消费者的无差异曲线。由偏好的凸性知,无差异曲线是第一象限中凸向原点的曲线。下面给出一般的定义。

定义 3.3.3 设 $U(\vec{x})$ ($\vec{x} \in R^n, \vec{x} \geqslant \vec{0}$) 是消费者的效用函数,对于给定的效用值 u^0 ($u^0 \geqslant U(\vec{0})$),称等效用集合(水平集)$\{\vec{x} | U(\vec{x}) = u^0\}$ 为无差异消费集,记为

$$S: U(\vec{x}) = u^0.$$

显然,S 的所有消费束都是等价的。

当 $n = 2$ 时,S 称作无差异曲线,表示在第一象限中凸向原点的曲线。

当 $n = 3$ 时,S 称作无差异曲面,表示在第一卦限中凸向原点的曲面。

当 $n > 3$ 时,S 称作无差异超曲面,表示在第一卦限中凸向原点的超曲面。

如果方程

$$U(\vec{x}) = u^0$$

确定一个隐函数 $x_j = x_j(\vec{x}_{-j})$,则 S 就是隐函数 $x_j = x_j(\vec{x}_{-j})$ 的"图像"。

3.3.4.2 边际替代率的概念

设 $U(\vec{x})$ ($\vec{x} \in R^n, \vec{x} \geqslant \vec{0}$) 是消费者的效用函数, $U(\vec{x}^0) = u^0$ ($\vec{0} \leqslant \vec{x}^0 \in R^n$)。下面我们讨论在保持效用水平 u^0 不变的情况下,各种商品消费量之间的相互联系。假设在方程 $U(\vec{x}) = u^0$ 中,$\vec{x}_{-ij} = \vec{x}^0_{-ij}$ 保持不变,由效用函数的递增性知,当增加第 i 种商品在 $\vec{x}^0$ 处的消费时,为了使效用水平保持 u^0 不变,就必然要减少第 j 种商品的消费。也就是说,在其他商品的消费量保持不变的情况下,为了使效用水平保持 u^0 不变,第 i 种商品的消费量与第 j 种商品的消费量之间存在一种替代的关系。

定义 3.3.4 设 $U(\vec{x})$ ($\vec{x} \in R^n, \vec{x} \geq \vec{0}$) 是消费者的效用函数，$U(\vec{x}^0) = u^0$ ($\vec{0} \leq \vec{x}^0 \in R^n$)。

如果在 $\vec{x}^0$ 处增加一个单位第 i 种商品的消费就必须减少 A 单位第 j 种商品的消费才能使效用水平 u^0 保持不变(其他商品的消费保持不变的情况下)，则称 A 为在 $\vec{x}^0$ 处第 j 种商品对第 i 种商品的边际替代率，记为 $MRS_{ij}U(\vec{x}^0)$，即 $MRS_{ij}U(\vec{x}^0) = A$。

定理 3.3.2 如果效用函数 $U(\vec{x})$ 是具有连续偏导数的严格增函数，且 $U_j(\vec{x}^0) > 0$，那么

$$MRS_{ij}U(\vec{x}^0) = -\frac{U_i(\vec{x}^0)}{U_j(\vec{x}^0)}。$$

证明：（方法一）假设消费者在 $\vec{x}^0$ 处对第 i 种商品的消费改变了 Δx_i，为了使效用水平保持 $U(\vec{x}^0)$ 不变，调整了第 j 种商品的消费，并使第 j 种商品的消费改变了 Δx_j（其他商品的消费不变），于是有

$$U(\vec{x}^0_{-ij}, x_i^0 + \Delta x_i, x_j^0 + \Delta x_j) = U(\vec{x}^0)，$$

即

$$U(\vec{x}^0_{-ij}, x_i^0 + \Delta x_i, x_j^0 + \Delta x_j) - U(\vec{x}^0) = 0。$$

由多元函数的微分中值定理，存在 $\xi_i = x_i^0 + \theta\Delta x_i$ 及 $\xi_j = x_j^0 + \theta\Delta x_j$（$0 < \theta < 1$），使得

$$U(\vec{x}^0_{-ij}, x_i^0 + \Delta x_i, x_j^0 + \Delta x_j) - U(\vec{x}^0) = U_i(\vec{x}^0_{-ij}, \xi_i, \xi_j)\Delta x_i + U_j(\vec{x}^0_{-ij}, \xi_i, \xi_j)\Delta x_j。$$

所以

$$U_i(\vec{x}^0_{-ij}, \xi_i, \xi_j)\Delta x_i + U_j(\vec{x}^0_{-ij}, \xi_i, \xi_j)\Delta x_j = 0，$$

于是

$$\frac{\Delta x_j}{\Delta x_i} = -\frac{U_i(\vec{x}^0_{-ij}, \xi_i, \xi_j)}{U_j(\vec{x}^0_{-ij}, \xi_i, \xi_j)}。$$

又因效用函数 $U(\vec{x})$ 具有连续偏导数，且 $U_j(\vec{x}^0) > 0$，所以

$$MRS_{ij}U(\vec{x}^0) = \lim_{\Delta x_i \to 0}\frac{\Delta x_j}{\Delta x_i} = -\lim_{\Delta x_i \to 0}\frac{U_i(\vec{x}^0_{-ij}, \xi_i, \xi_j)}{U_j(\vec{x}^0_{-ij}, \xi_i, \xi_j)} = -\frac{U_i(\vec{x}^0)}{U_j(\vec{x}^0)}。$$

（方法二）因为效用函数 $U(\vec{x})$ 是具有连续偏导数的严格增函数，且 $U_j(\vec{x}^0) > 0$，所以由隐函数存在定理知，方程

$$U(\vec{x}^0_{-ij}, x_i, x_j) = U(\vec{x}^0)$$

确定了一个隐函数 $x_j = x_j(x_i)$，且

$$\frac{\partial x_j}{\partial x_i}\bigg|_{x_i^0} = -\frac{U_i(\vec{x}^0)}{U_j(\vec{x}^0)}。$$

由导数的意义知，

$$MRS_{ij}U(\vec{x}^0) = -\frac{U_i(\vec{x}^0)}{U_j(\vec{x}^0)}。$$

注:边际替代率的几何意义是: $MRS_{ij}U(\vec{x}^0)$ 是由方程 $U(\vec{x}_{-ij}^0, x_i, x_j) = U(\vec{x}^0)$ 确定的 R^n 空间中的无差异超曲面在 $\vec{x}^0$ 处切线的斜率。特别,在两种商品的情况下,$MRS_{12}U(\vec{x}^0)$ 表示无差异曲线

$$C: U(x_1, x_2) = U(\vec{x}^0)$$

在 $\vec{x}^0 = (x_1^0, x_2^0)$ 处的切线 L 的斜率,如图 3.3.6 所示。

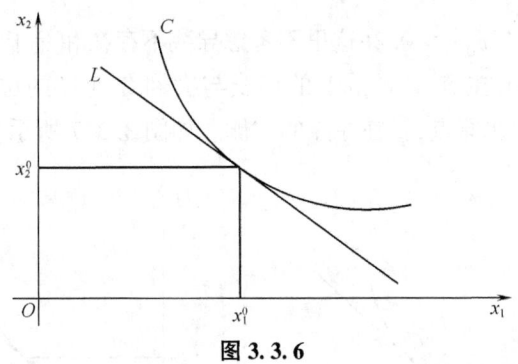

图 3.3.6

定理 3.3.3 如果 $u = U(\vec{x})$ ($\vec{x} \in R^n, \vec{x} \geq \vec{0}$) 是消费者的一个可微的效用函数,$v = V(u)$ 是一个正的可导的递增函数,则由两个效用函数 $u = U(\vec{x})$ 和 $v = V[U(\vec{x})]$ 得到的边际替代率相等。

证明: 由 2.3.1 知 $V[U(\vec{x})]$ 也是与消费者的偏好等价的效用函数。又因 $U(\vec{x})$ 可微,$V(u)$ 可导,所以 $V[U(\vec{x})]$ 可微。于是

$$MRS_{ij}V[U(\vec{x})] = -\frac{\partial v}{\partial x_i} \Big/ \frac{\partial v}{\partial x_j} = -\frac{V'[U(\vec{x})]U_i(\vec{x})}{V'[U(\vec{x})]U_j(\vec{x})}$$

$$= -\frac{U_i(\vec{x})}{U_j(\vec{x})} = MRS_{ij}U(\vec{x})。$$

3.3.5 弹性

3.3.5.1 弹性与供给弹性

定义 3.3.5 设函数 $f(x)$ 在 x_0 处可导,则称

$$e(x_0) = \frac{y_0}{x_0} f'(x_0) = \frac{y}{x} \frac{dy}{dx} \Big|_{x=x_0}$$

为 $f(x)$ 在 x_0 处的弹性。

注:$e(x_0)$ 表示在 x_0 处,自变量变化一个百分点时,函数变化的百分点数。

定义 3.3.6 如果 $Q = f(p)$ 是供给函数,则称 $f(p)$ 在 p_0 处的弹性

$$e(p_0) = \frac{f'(p_0)}{Q_0/p_0}$$

为供给—价格弹性,简称供给弹性。如果 $e(p_0) < 1$,则称供给缺乏弹性;如果 $e(p_0) = 1$,则称供给具有单位弹性;如果 $e(p_0) > 1$,则称供给富有弹性。

例 3.3.2 如果供给函数为 $y = f(p)$,那么我们可以根据供给曲线在点 (y_0, p_0) 处的切线与横 (y) 轴交点的位置直接判断供给是缺乏弹性、富有弹性还是具有单位弹性。

事实上,由于 $f'(p_0) > 0$(在这里不考虑导数不存在和等于零的情况),所以供给函数曲线 $y = f(p)$ 在点 $A(y_0, p_0)$ 的切线与横轴交点 C 的位置只有三种情况:①在原点的右侧;②在原点;③在原点的左侧。如图 3.3.7 所示。

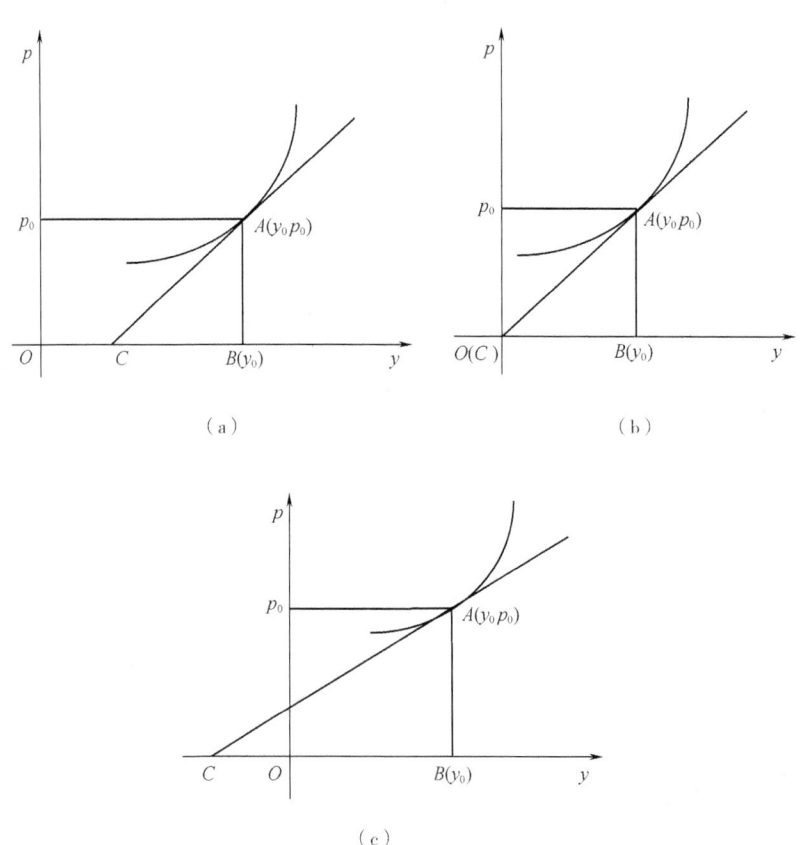

图 3.3.7

在图 3.3.7(a)中,由于切线的斜率等于 $p'(y_0) = \dfrac{1}{f'(p_0)} = \dfrac{AB}{CB}$ (其中 $p = p(y)$

是反供给函数),所以 $f'(p_0) = \dfrac{CB}{AB}$,又因 $y_0 = OB > CB$,$p_0 = AB$,所以

$$e(p_0) = \dfrac{f'(p_0)}{y_0/p_0} = \dfrac{CB}{AB} \cdot \dfrac{AB}{OB} = \dfrac{CB}{OB} < 1;$$

同理,在图 3.3.7(b)中,由于交点 C 在原点,即 $OB = CB$,所以 $e(p_0) = \dfrac{CB}{OB} = 1$;在图 3.3.7(c)中,交点 C 在原点的左侧。由于 $OB < CB$,所以 $e(p_0) = \dfrac{CB}{OB} > 1$。

因此,当供给曲线在点 (y_0, p_0) 处的切线与横轴的交点 C 分别位于原点的右侧、原点的左侧和原点时,供给分别是缺乏弹性、富有弹性和具有单位弹性。

3.3.5.2 局部规模收益弹性

问题:在 2.4.2 我们讨论了全域规模经济。设 $y = f(\vec{x})$ 是一生产技术,$t > 0$,如果 $\forall \vec{x} \geq 0$,有

$$f(t\vec{x}) = tf(\vec{x}),$$

则称该技术为全域规模收益不变的(或规模报酬不变的);如果 $\forall \vec{x} \geq 0$,有

$$f(t\vec{x}) > tf(\vec{x}),$$

则称该技术为规模收益递增的(或规模报酬递增的);如果 $\forall \vec{x} \geq 0$,有

$$f(t\vec{x}) < tf(\vec{x}),$$

则称该技术为规模收益递减的(或规模报酬递减的)。然而我们遇到的很多生产函数都不满足上述三个条件中的任何一个。有些生产函数可能在一个区域上是规模收益递增的,但在另一个区域上是规模收益递减的,或是规模收益不变的。下面引入的局部规模收益弹性就是用于刻画这种局部性的规模收益特性,实际上是刻画在每一要素投入规模 $\vec{x}$ 处的规模收益特性。

定义 3.3.6 设 $f(\vec{x})$($\vec{0} \leq \vec{x} \in R^n$)是可微的生产函数,$t > 0$,$y(t) = f(t\vec{x})$。对任意给定的 $\vec{x} > \vec{0}$,称

$$e(\vec{x}) = \dfrac{ty'(t)}{y(t)}\bigg|_{t=1} = \dfrac{y'(1)}{f(\vec{x})}$$

为生产技术 $f(\vec{x})$ 在要素投入规模 $\vec{x}$ 处的局部规模收益弹性。

注:(1)由弹性的定义知,$e(\vec{x})$ 就是函数 $y(t)$ 在 $t = 1$ 时的弹性。

(2)局部规模收益弹性 $e(\vec{x})$ 表示在 $t = 1$ 时,即在原有要素投入规模的基础上,各要素投入按相同比例增加或减少一个百分点时,产量规模变化的百分点数。因此当局部规模收益弹性 $e(\vec{x}) > (=, <) 1$ 时,表示技术在 $\vec{x}$ 处是规模递增(不变,递减)的。

例 3.3.2 设生产函数 $y=f(\vec{x})$ ($\vec{0} \leqslant \vec{x} \in R^n$) 是 k 次齐次函数,求局部规模收益弹性。

解:对任意给定的 $\vec{x}$ ($\vec{0} \leqslant \vec{x} \in R^n$),因为 $f(\vec{x})$ 是 k 次齐次函数,所以对 $t>0$ 有
$$y(t)=f(t\vec{x})=t^k f(\vec{x}),$$
于是
$$e(\vec{x})=\frac{y'(1)}{f(\vec{x})}=\frac{kf(\vec{x})}{f(\vec{x})}=k。$$

由此可见,$e(\vec{x})=k$ 与 $\vec{x}$ 无关,也就是说在任意投资规模 $\vec{x}$ 处,当 $k>(=,<)1$ 时,产量规模都是规模收益递增(不变,递减)的,这与定理 2.4.5 的结论是一致的。

3.3.5.3 技术替代弹性

定义 3.3.7 设 $f(\vec{x})$ ($\vec{0} \leqslant \vec{x} \in R^n$) 是厂商的生产技术,称
$$\sigma_{ij}=\frac{\mathrm{d}(x_j/x_i)/(x_j/x_i)}{\mathrm{d}TRS_{ij}/TRS_{ij}}=\frac{\mathrm{d}\ln(x_j/x_i)}{\mathrm{d}\ln|TRS_{ij}|}$$
为技术替代弹性。

由定义可以看出,技术替代弹性是技术替代率 TRS_{ij} 作为要素投入比 x_j/x_i 函数的弹性的倒数。即,要素投入比 x_j/x_i 变化一个百分点时,技术替代率 TRS_{ij} 变化的百分点数的倒数。因此,技术替代弹性 σ_{ij} 越小,说明技术替代率 TRS_{ij} 变化的百分点数越大;反之,技术替代弹性 σ_{ij} 越大,说明技术替代率 TRS_{ij} 变化的百分点数越小。又因在两种生产要素的条件下,技术替代率 TRS_{ij} 表示等产量线切线的斜率,其变化越大,说明曲线弯曲的程度越大;其变化越小,说明曲线弯曲的程度越小,所以,技术替代弹性 σ_{ij} 的大小描述了等产量线的弯曲程度。当技术替代弹性 σ_{ij} 越小时,等产量线弯曲的程度越大,当技术替代弹性 σ_{ij} 越大时,等产量线弯曲的程度越小。

本章经济问题总结

本章给出了利润函数和成本函数的几何解释;讨论了技术替代率和边际替代率及其几何意义;介绍了弹性、供给弹性和技术替代弹性。本章得到的结论如下。

(1)如果生产函数 $y=f(\vec{x})$ ($\vec{x} \in R^n, \vec{x} \geqslant \vec{0}$) 是齐次技术或位似技术,则任何两种要素之间的技术替代率只与要素投入比例有关,与投入规模无关。

(2)如果 $u=U(\vec{x})$ ($\vec{x} \in R^n, \vec{x} \geqslant \vec{0}$) 是消费者的一个可微的效用函数,$v=V(u)$ 是一个正的可导的递增函数,则由两个效用函数 $u=U(\vec{x})$ 和 $v=V[U(\vec{x})]$ 得到的边际替代率相等。

4 高阶导数与偏导数、极值问题与经济问题实例

本章介绍一元函数和多元函数的泰勒公式;定义在区间 I 上的一元函数与定义在区域 D 上的多元函数有极值的必要条件和充分条件;一元含参变量函数与多元含参变量函数优化问题的包络定理。同时,本章还介绍了利润最大化问题有解的必要条件和充分条件;需求函数与利润函数的性质。

4.1 高阶导数和泰勒公式

4.1.1 一元函数的高阶导数与高阶微分

4.1.1.1 一元函数的高阶导数

定义 4.1.1 设 $f'(x) = y'(x) = \dfrac{\mathrm{d}y}{\mathrm{d}x}$ 是函数 $y = f(x)$ 在区间 I 上的导函数。如果 $f'(x)$ 在区间 I 上可导,则称其导数为 $f(x)$ 在区间 I 上的二阶导函数,记为

$$f^{(2)}(x) = f''(x) = \frac{\mathrm{d}^2 y}{\mathrm{d}x^2},$$

即

$$f^{(2)}(x) = [f'(x)]' \text{ 或 } \frac{\mathrm{d}^2 y}{\mathrm{d}x^2} = \frac{\mathrm{d}}{\mathrm{d}x}\left[\frac{\mathrm{d}y}{\mathrm{d}x}\right].$$

一般地,如果函数 $f(x)$ 的 $n-1(n \geq 2)$ 阶导数 $f^{(n-1)}(x)$ 在区间 I 上可导,则称 $f^{(n-1)}(x)$ 的导数为 $f(x)$ 在区间 I 上的 n 阶导数,记为 $f^{(n)}(x)$,即

$$f^{(n)}(x) = [f^{(n-1)}(x)]' \text{ 或 } \frac{\mathrm{d}^n y}{\mathrm{d}x^n} = \frac{\mathrm{d}}{\mathrm{d}x}\left[\frac{\mathrm{d}^{n-1} y}{\mathrm{d}x^{n-1}}\right].$$

比如,设 $f(x) = \mathrm{e}^x$,则 $f^{(n)}(x) = \mathrm{e}^x$,$n = 1, 2, \cdots$。

例 4.1.1 设 $f(x) = \dfrac{1}{1-x}$,求 $f^{(n)}(x)$。

解: 因为 $f(x) = (1-x)^{-1}$,所以 $f'(x) = 1(1-x)^{-2}$,$f^{(2)}(x) = 1 \times 2(1-x)^{-3} = 2!(1-x)^{-3}$,$f^{(3)}(x) = 1 \times 2 \times 3(1-x)^{-4} = 3!(1-x)^{-4}$,$\cdots$。因此,

$$f^{(n)}(x) = 1 \times 2 \times 3 \times \cdots \times n(1-x)^{-n-1} = n!(1-x)^{-n-1} \ (n = 1, 2, \cdots).$$

定理 4.1.1 设函数 $f(x)$ 与 $g(x)$ 在区间 I 有 $n(n \geq 1)$ 阶导数,则

$$[f(x)g(x)]^{(n)} = \sum_{i=0}^{n} C_n^i f^{(i)}(x) g^{(n-i)}(x)。 \quad (4.1.1)$$

其中,$f^{(0)}(x) = f(x)$,$g^{(0)}(x) = g(x)$。(4.1.1)式称为莱布尼兹公式。

证明:(归纳法)当 $n = 1$ 时,有

$$[f(x)g(x)]^{(1)} = f^{(0)}(x)g^{(1)}(x) + f^{(1)}(x)g^{(0)}(x) = \sum_{i=0}^{1} C_1^i f^{(i)}(x) g^{(1-i)}(x),$$

即(4.1.1)式成立。

假设(4.1.1)式对自然数 $n(n \geq 1)$ 成立,那么由高阶导数的定义即归纳法假设,有

$$[f(x)g(x)]^{(n+1)} = \frac{\mathrm{d}}{\mathrm{d}x}[f(x)g(x)]^{(n)} = \frac{\mathrm{d}}{\mathrm{d}x}\left[\sum_{i=0}^{n} C_n^i f^{(i)}(x) g^{(n-i)}(x)\right]$$

$$= \sum_{i=0}^{n} C_n^i f^{(i+1)}(x) g^{(n-i)}(x) + \sum_{i=0}^{n} C_n^i f^{(i)}(x) g^{(n-i+1)}(x)$$

$$= C_n^0 f^{(0)}(x) g^{(n-0+1)}(x) + \sum_{i=1}^{n} C_n^i f^{(i)}(x) g^{(n-i+1)}(x)$$

$$+ \sum_{i=0}^{n-1} C_n^i f^{(i+1)}(x) g^{(n-i)}(x) + C_n^n f^{(n+1)}(x) g^{(n-n)}(x)$$

$$= C_{n+1}^0 f^{(0)}(x) g^{(n+1-0)}(x) + \sum_{i=1}^{n} C_n^i f^{(i)}(x) g^{(n+1-i)}(x)$$

$$+ \sum_{i=1}^{n} C_n^{i-1} f^{(i)}(x) g^{(n+1-i)}(x) + C_{n+1}^{n+1} f^{(n+1)}(x) g^{(n+1-(n+1))}(x)$$

$$= C_{n+1}^0 f^{(0)}(x) g^{(n+1-0)}(x) + \sum_{i=1}^{n} (C_n^i + C_n^{i-1}) f^{(i)}(x) g^{(n+1-i)}(x)$$

$$+ C_{n+1}^{n+1} f^{(n+1)}(x) g^{(n+1-(n+1))}(x)$$

$$= \sum_{i=0}^{n+1} C_{n+1}^i f^{(i)}(x) g^{(n+1-i)}(x)。$$

因此(4.1.1)式对 $n+1$ 也成立,故(4.1.1)式对任意自然数 $n(n \geq 1)$ 成立。

例 4.1.2 设 $f(x) = x^2$,$g(x) = e^x$,求 $[f(x)g(x)]^{(n)}$。

解: 由莱布尼兹公式(4.1.1)得

$$[f(x)g(x)]^{(n)} = (x^2 e^x)^{(n)} = \sum_{i=0}^{n} C_n^i (x^2)^{(i)} (e^x)^{(n-i)}。$$

由于 $(x^2)^{(0)} = x^2$,$(x^2)^{(1)} = 2x$,$(x^2)^{(2)} = 2$,$(x^2)^{(k)} = 0 (k \geq 3)$,$(e^x)^{(n-i)} = e^x (0 \leq i \leq n)$,所以当 $n = 1$ 时,$(x^2 e^x)^{(1)} = (x^2 + 2x)e^x$;当 $n = 2$ 时,$(x^2 e^x)^{(2)} = (x^2 + 4x + 2)e^x$;当 $n \geq 3$ 时,有

$$(x^2 e^x)^{(n)} = \sum_{i=0}^{n} C_n^i (x^2)^{(i)} (e^x)^{(n-i)} = e^x \sum_{i=0}^{2} C_n^i (x^2)^{(i)} = (x^2 + 2nx + n(n-1))e^x。$$

4.1.1.2 一元函数的高阶微分

由定理 3.1.1 知,函数 $y=f(x)$ 在区间 I 上可微的充分必要条件是: $y=f(x)$ 在区间 I 上可导,且函数 $y=f(x)$ 的微分 $\mathrm{d}y=f'(x)\mathrm{d}x$,其中 $\mathrm{d}x=\Delta x$。显然函数 $y=f(x)$ 的微分 $\mathrm{d}y=f'(x)\mathrm{d}x$ 又定义了一个 x 的函数,如果这个函数 $\mathrm{d}y=f'(x)\mathrm{d}x$ 在区间 I 上还是可微的,即 $y=f(x)$ 在区间 I 上的二阶导数存在,那么 $\mathrm{d}y=f'(x)\mathrm{d}x$ 在区间 I 上的微分为:

$$\mathrm{d}(\mathrm{d}y)=[f'(x)\mathrm{d}x]'\mathrm{d}x=f''(x)(\mathrm{d}x)^2。$$

我们称 $\mathrm{d}(\mathrm{d}y)$ 为函数 $y=f(x)$ 在区间 I 上的二阶微分,记为 d^2y,并记 $(\mathrm{d}x)^2=\mathrm{d}x^2$,于是

$$\mathrm{d}^2y=\mathrm{d}(\mathrm{d}y)=f''(x)(\mathrm{d}x)^2=f''(x)\mathrm{d}x^2。$$

同理,如果函数 $y=f(x)$ 在区间 I 上的二阶微分 $\mathrm{d}^2y=f''(x)\mathrm{d}x^2$ 在区间 I 上又是可微的,即 $y=f(x)$ 在区间 I 上的三阶导数存在,那么 d^2y 在区间 I 上的微分为:

$$\mathrm{d}(\mathrm{d}^2y)=[f''(x)(\mathrm{d}x)^2]'\mathrm{d}x=f'''(x)(\mathrm{d}x)^3。$$

我们称 $\mathrm{d}(\mathrm{d}^2y)$ 为函数 $y=f(x)$ 在区间 I 上的三阶微分,记为 d^3y,并记 $(\mathrm{d}x)^3=\mathrm{d}x^3$,于是

$$\mathrm{d}^3y=\mathrm{d}(\mathrm{d}^2y)=f'''(x)\mathrm{d}x^3。$$

一般地,我们给出如下的定义。

定义 4.1.2 如果函数 $y=f(x)$ 在区间 I 上的 $n-1(n\geqslant 2)$ 阶微分,记为 $\mathrm{d}^{n-1}y$,在区间 I 上可微,则称函数 $y=f(x)$ 在区间 I 上 n 阶可微,并称 $\mathrm{d}(\mathrm{d}^{n-1}y)$ 为函数 $y=f(x)$ 在区间 I 上 n 阶微分,记为 d^ny。

注:(1)由上面的讨论知,函数 $y=f(x)$ 在区间 I 上 n 阶可微的充分必要条件是:$f(x)$ 在区间 I 上 n 阶可导,且

$$\mathrm{d}^ny=f^{(n)}(x)\mathrm{d}x^n, \qquad (4.1.2)$$

其中, $\mathrm{d}x^n=(\mathrm{d}x)^n$。

(2)由(4.1.2)式可以看出,$\dfrac{\mathrm{d}y^n}{\mathrm{d}x^n}$ 不再是一个符号了,它表示函数 $y=f(x)$ 的 n 阶微分与自变量微分 n 次方的商。换句话说,函数 $y=f(x)$ 的 n 阶导数等于函数 $y=f(x)$ 的 n 阶微分与自变量微分 n 次方的商。

(3)注意以下的区别:$\mathrm{d}(x^2)=2x\mathrm{d}x$; $\mathrm{d}x^2=(\mathrm{d}x)^2$; $\mathrm{d}^2x=(x)''\mathrm{d}x^2=0$。

4.1.2 泰勒公式

4.1.2.1 柯西微分中值定理

定理 4.1.2(柯西定理) 如果函数 $f(x)$ 与 $g(x)$ 满足如下条件:

(1) 在闭区间 $[a,b]$ 上连续,且 $g(b) \neq g(a)$;
(2) 在开区间 (a,b) 内可导;
(3) 对任意的 $x \in (a,b)$, $f'(x)g'(x) \neq 0$。

则至少存在一点 $\xi \in (a,b)$,使得

$$\frac{f(b)-f(a)}{g(b)-g(a)} = \frac{f'(\xi)}{g'(\xi)}。 \tag{4.1.3}$$

证明: 记 $F(x) = f(x) - f(a) - \dfrac{f(b)-f(a)}{g(b)-g(a)}[g(x)-g(a)]$,$x \in [a,b]$。容易验证,$F(x)$ 在区间 $[a,b]$ 上满足罗尔定理的条件,所以至少存在一点 $\xi \in (a,b)$,使得 $f'(\xi) = 0$,即

$$f'(\xi) - \frac{f(b)-f(a)}{g(b)-g(a)} g'(\xi) = 0。$$

由条件(3)知,$g'(\xi) \neq 0$,所以

$$\frac{f(b)-f(a)}{g(b)-g(a)} = \frac{f'(\xi)}{g'(\xi)}。$$

4.1.2.2 柯西微分中值定理的几何意义

设 $u = f(x)$, $v = g(x)$, $a \leq x \leq b$。于是参变量方程:

$$C: \begin{cases} u = f(x) \\ v = g(x) \end{cases} \quad a \leq x \leq b$$

表示平面直角坐标系 Ouv 中的一条曲线。曲线 C 的端点 A 与 B 的坐标分别为 $(f(a),g(a))$ 与 $(f(b),g(b))$。线段 AB 的斜率是(4.1.3)式的左端。根据由参变量方程确定的参变量函数的导数的几何意义知,(4.1.3)式的右端是曲线 C 上点 $(f(\xi),g(\xi))$ 处切线的斜率。因此柯西微分中值定理的几何意义是:如果函数 $f(x)$ 与 $g(x)$ 满足定理的条件,那么在曲线 C 上至少存在一点 $P(f(\xi),g(\xi))$,使得曲线在该点的切线 L 与线段 AB 平行,如图 4.1.1 所示。

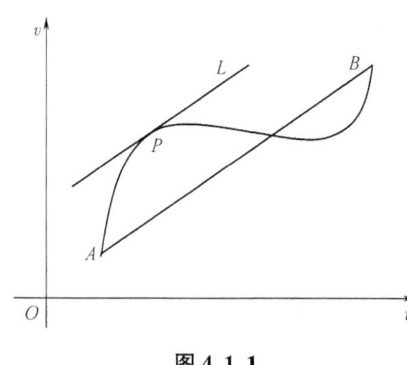

图 4.1.1

4.1.2.3 洛必达法则

定理 4.1.3(洛必达法则) 如果函数 $f(x)$ 与 $g(x)$ 在 $U^o(x_0,\delta_0)$ 内满足如下条件:

(1) 在 $U^o(x_0,\delta_0)$ 内可导;

(2) $\lim\limits_{x \to x_0} f(x) = \lim\limits_{x \to x_0} g(x) = 0$;

(3) $\lim\limits_{x \to x_0} \dfrac{f'(x)}{g'(x)} = A$ 存在。那么

$$\lim_{x \to x_0} \frac{f(x)}{g(x)} = \lim_{x \to x_0} \frac{f'(x)}{g'(x)} = A。$$

证明：在 $U(x_0, \delta_0)$ 上定义函数 $F(x)$ 和 $G(x)$ 如下：当 $x = x_0$ 时，$F(x_0) = G(x_0) = 0$，当 $x \in U^o(x_0, \delta_0)$ 时，$F(x) = f(x)$；$G(x) = g(x)$。显然 $F(x)$ 和 $G(x)$ 在 $U(x_0, \delta_0)$ 上连续，在 $U^o(x_0, \delta_0)$ 内可导，且 $f'(x) = f'(x)$，$G'(x) = g'(x)$。于是对任意的 $x \in U^o(x_0, \delta_0)$，$F(x)$ 和 $G(x)$ 在 x 和 x_0 构成的区间上满足柯西中值定理的条件，所以存在介于 x 和 x_0 之间的 ξ，使得

$$\frac{F(x) - F(x_0)}{G(x) - G(x_0)} = \frac{f'(\xi)}{G'(\xi)}。$$

于是

$$\lim_{x \to x_0} \frac{f(x)}{g(x)} = \lim_{x \to x_0} \frac{F(x) - F(x_0)}{G(x) - G(x_0)} = \lim_{x \to x_0} \frac{f'(\xi)}{G'(\xi)} = \lim_{\xi \to x_0} \frac{f'(\xi)}{g'(\xi)} = A。$$

例 4.1.3 求极限 $\lim\limits_{x \to 0}\left(\dfrac{1}{x^2} - \dfrac{1}{\sin^2 x}\right)$。

解：当 $x \to 0$ 时，这是 $\infty - \infty$ 型未定式。先通分，将其化为 $\dfrac{0}{0}$ 型未定式，再用洛必达法则。于是

$$\lim_{x \to 0}\left(\frac{1}{x^2} - \frac{1}{\sin^2 x}\right) = \lim_{x \to 0} \frac{\sin^2 x - x^2}{x^2 \sin^2 x} = \lim_{x \to 0}\left(\frac{\sin^2 x - x^2}{x^4} \cdot \frac{x^2}{\sin^2 x}\right)$$

$$= 1 \cdot \lim_{x \to 0} \frac{\sin^2 x - x^2}{x^4} = \lim_{x \to 0} \frac{\sin 2x - 2x}{4x^3} = \lim_{x \to 0} \frac{\cos 2x - 1}{6x^2}$$

$$= \lim_{x \to 0} \frac{-\sin 2x}{6x} = -\frac{1}{3} \lim_{x \to 0} \frac{\sin 2x}{2x} = -\frac{1}{3}。$$

4.1.2.4 带皮亚诺余项的泰勒公式

在第三章我们看到，不论 $y = f(x)$ 是多么复杂的函数，只要其在 x_0 处可导，那么在 x_0 的附近就有

$$f(x) = f(x_0) + f'(x_0)(x - x_0) + o(x - x_0) \quad (x \to x_0)。$$

因此在 x_0 的附近，我们可以用非常简单的 x 的一次多项式函数作为 $f(x)$ 的近似，即

$$f(x) \approx f(x_0) + f'(x_0)(x - x_0) + o(x - x_0)。$$

问题是，如果 $y = f(x)$ 在 x_0 处有 $n(n \geq 2)$ 阶导数时，我们会不会得到更好的结

果呢?

定义 4.1.3 设 $y = f(x)$ 在 x_0 处有 n (n 是自然数)阶导数,记

$$P_n(x) = \sum_{k=1}^{n} \frac{f^{(k)}(x_0)}{k!} = f(x_0) + \frac{f^{(1)}(x_0)}{1!}(x-x_0)^1 +$$

$$\frac{f^{(2)}(x_0)}{2!}(x-x_0)^2 + \cdots + \frac{f^{(n)}(x_0)}{n!}(x-x_0)^n, \quad (4.1.4)$$

称多项式 $P_n(x)$ 为 $y = f(x)$ 在 x_0 处的 n 次泰勒多项式。

定理 4.1.4(泰勒定理) 设函数 $y = f(x)$ 在 x_0 处存在 n 阶导数,则对 x_0 附近的任意一点 x,有

$$f(x) = P_n(x) + o((x-x_0)^n) \quad (x \to x_0)。 \quad (4.1.5)$$

其中,$o((x-x_0)^n)$ 是在 $x \to x_0$ 时比 $(x-x_0)^n$ 高阶的无穷小量。

证明: 由 $P_n(x)$ 的定义容易得到,$P_n^{(n-1)}(x) = f^{(n-1)}(x_0) + f^{(n)}(x_0)(x-x_0)$,且 $P_n^{(k)}(x_0) = f^{(k)}(x_0)$,($k = 1, 2, \cdots, n$)。

因为 $y = f(x)$ 在 x_0 处存在 n 阶导数,所以存在 $\delta_0 > 0$,使得 $f^{(n-1)}(x)$ 在 $U(x_0, \delta_0)$ 内存在,且在 x_0 处可导。于是当 $x \in U(x_0, \delta_0)$ 时,对任意的 $k(0 \leq k \leq n)$,有

$$\lim_{x \to x_0} [f^{(k)}(x) - P_n^{(k)}(x)] = 0,$$

且

$$\lim_{x \to x_0} \frac{f^{(n-1)}(x) - f^{(n-1)}(x_0)}{x - x_0} = f^{(n)}(x_0),$$

记

$$Q_n(x) = \frac{(x-x_0)^n}{n!}, x \in U(x_0, \delta_0),$$

显然 $Q_n^{(n-1)}(x) = x - x_0$,且对任意的 $k(0 \leq k \leq n-1)$,有

$$\lim_{x \to x_0} Q_n^{(k)}(x) = 0。$$

用 $n-1$ 次洛必达法则,有

$$\lim_{x \to x_0} \frac{f(x) - P_n(x)}{(x-x_0)^n} = \frac{1}{n!} \lim_{x \to x_0} \frac{f(x) - P_n(x)}{Q_n(x)} = \frac{1}{n!} \lim_{x \to x_0} \frac{f^{(1)}(x) - P_n^{(1)}(x)}{Q_n^{(1)}(x)}$$

$$= \frac{1}{n!} \lim_{x \to x_0} \frac{f^{(2)}(x) - P_n^{(2)}(x)}{Q_n^{(2)}(x)} = \cdots = \frac{1}{n!} \lim_{x \to x_0} \frac{f^{(n-1)}(x) - P_n^{(n-1)}(x)}{Q_n^{(n-1)}(x)}$$

$$= \frac{1}{n!} \lim_{x \to x_0} \frac{f^{(n-1)}(x) - f^{(n-1)}(x_0) - f^{(n)}(x_0)(x-x_0)}{x - x_0}$$

$$= \frac{1}{n!} \lim_{x \to x_0} \left[\frac{f^{(n-1)}(x) - f^{(n-1)}(x_0)}{x - x_0} - f^{(n)}(x_0) \right] = 0$$

即

$$\frac{f(x) - P_n(x)}{(x - x_0)^n} = o(1) \ (x \to x_0),$$

所以(4.1.5)式成立。

注:如果记 $\Delta x = x - x_0$,那么(4.1.5)式为

$$f(x_0 + \Delta x) = f(x_0) + f'(x_0)\Delta x + \frac{f^{(2)}(x_0)}{2!}(\Delta x)^2$$

$$+ \cdots + \frac{f^{(n)}(x_0)}{n!}(\Delta x)^n + o((\Delta x)^n), (\Delta x \to 0)_{\circ}$$

其中,$o((\Delta x)^n)$ 是 $\Delta x \to 0$ 时,比 $(\Delta x)^n$ 高阶的无穷小量,称其为皮亚诺余项。

特别,当 $n = 1$ 时,泰勒公式为:

$$f(x_0 + \Delta x) = f(x_0) + f'(x_0)\Delta x + o(\Delta x), (\Delta x \to 0);$$

当 $n = 2$ 时,泰勒公式为

$$f(x_0 + \Delta x) = f(x_0) + f'(x_0)\Delta x + \frac{f^{(2)}(x_0)}{2}(\Delta x)^2 + o((\Delta x)^2), (\Delta x \to 0)_{\circ}$$

4.1.2.5 带皮亚诺余项的麦克劳林公式

当 $x_0 = 0$ 时,称(4.1.4)式为麦克劳林公式。此时(4.1.4)式为:

$$f(x) = f(0) + f'(0)x + \cdots + \frac{f^{(n)}(0)}{n!}x^n + o(x^n)$$

$$= P_n(x) + o(x^n), (x \to 0)$$

其中

$$P_n(x) = f(0) + f'(0)x + \cdots + \frac{f^{(n)}(0)}{n!}x^n,$$

称为 $f(x)$ 的麦克劳林多项式。

以下是几个常见函数的麦克劳林多项式。

$$e^x = 1 + x + \frac{x^2}{2} + \cdots + \frac{x^n}{n!} + o(x^n), (x \to 0);$$

$$\frac{1}{1-x} = 1 + x + x^2 + \cdots + x^n + o(x^n);$$

$$\ln(1-x) = -x - \frac{x^2}{2} - \cdots - \frac{x^n}{n} + o(x^n), (x \to 0);$$

$$\sin x = x - \frac{x^3}{3!} + \frac{x^5}{5!} - \cdots + (-1)^m \frac{x^{2m+1}}{(2m+1)!} + o(x^{2m+3}), (x \to 0)。$$

4.1.2.6 带拉格朗日余项的泰勒公式

定理 4.1.5(泰勒定理) 如果函数 $f(x)$ 在闭区间 $[a,b]$ 上存在直至 n 阶的连续导数,在开区间 (a,b) 上存在 $n+1$ 阶导数,那么对任意给定的 $x, x_0 \in [a,b]$,至少存在一点 $\xi \in (a,b)$,使得

$$f(x) = P_n(x) + \frac{f^{(n+1)}(\xi)}{(n+1)!}(x-x_0)^{n+1},$$

其中,$P_n(x)$ 是 $f(x)$ 在 x_0 处的 n 阶泰勒多项式。

证明:不妨设 $x_0 < x$,做辅助函数:

$$F(t) = f(x) - [f(t) + f'(t)(x-t) + \cdots + \frac{f^{(n)}(t)}{n!}(x-t)^n],$$

$$G(t) = (x-t)^{n+1}。$$

容易验证:(1) $F(x_0) = f(x) - P_n(x)$,$G(x_0) = (x-x_0)^{n+1}$,$F(x) = G(x) = 0$;
(2) $F(t)$ 与 $G(t)$ 在 $[x_0, x]$ 上连续,在 (x_0, x) 内可导,且

$$f'(t) = -\frac{f^{(n+1)}(t)}{n!}(x-t)^n, G'(t) = -(n+1)(x-t)^n \neq 0, t \in (x_0, x)。$$

由柯西中值定理知,至少存在一点 $\xi \in (x_0, x)$,使得

$$\frac{F(x_0)}{G(x_0)} = \frac{F(x) - F(x_0)}{G(x) - G(x_0)} = \frac{f'(t)}{G'(\xi)} = \frac{f^{n+1}(\xi)}{(n+1)!}。$$

于是

$$f(x) - P_n(x) = F(x_0) = \frac{f^{n+1}(\xi)}{(n+1)!}G(x_0) = \frac{f^{n+1}(\xi)}{(n+1)!}(x-x_0)^{n+1},$$

即

$$f(x) = P_n(x) + \frac{f^{n+1}(\xi)}{(n+1)!}(x-x_0)^{n+1}。$$

定理得证。

4.1.3 高阶导数与泰勒公式的应用

4.1.3.1 函数凸性的确定

由定理 3.2.6 我们直接得到如下的定理。

定理 4.1.6 设函数 $y = f(x)$ 在区间 (a,b) 上二阶可导,则 $f(x)$ 是 (a,b) 上的凸函数(凹函数)的充分必要条件是:

$$f''(x) \geq 0 (f''(x) \leq 0)。$$

例 4.1.4 设 $f(x) = \dfrac{1}{x}$, $g(x) = \ln x$, 判断它们的凸性。

解: $f(x)$ 的定义域为 $(-\infty, 0) \cup (0, +\infty)$。因为 $f'(x) = -\dfrac{1}{x^2}$, $f''(x) = \dfrac{2}{x^3}$, 所以当 $x < 0$ 时, $f''(x) < 0$; 当 $x > 0$ 时, $f''(x) > 0$。所以 $f(x)$ 在区间 $(-\infty, 0)$ 上严格凹, 在区间 $(0, +\infty)$ 上严格凸。

$g(x)$ 的定义域为 $(0, +\infty)$。因为 $f'(x) = \dfrac{1}{x}$, $f''(x) = -\dfrac{1}{x^2} < 0$, 所以 $g(x)$ 是凹函数。

4.1.3.2 函数的极值与最值

由定理 3.2.5 知, 如果函数 $f(x)$ 在区间 (a,b) 上可导, $x_0 \in (a,b)$ 是 $f(x)$ 的一个驻点, 那么我们可以用 $f(x)$ 的一阶导数 $f'(x)$ 在 x_0 的两侧是否异号判断 $f(x_0)$ 是否是极值。如果 $f(x)$ 在其驻点 x_0 处的二阶导数存在, 我们还可以用 $f''(x_0)$ 的符号判断 $f(x_0)$ 是否是极值。

定理 4.1.6 设 x_0 是 $f(x)$ 的驻点, $f''(x_0)$ 存在, 则

(1) 当 $f''(x_0) > 0$ 时, $f(x_0)$ 是极小值;

(2) 当 $f''(x_0) < 0$ 时, $f(x_0)$ 是极大值;

(3) 当 $f''(x_0) = 0$ 时, 无法判断 $f(x_0)$ 是否为极值。

定理 4.1.6 的一般形式是如下的定理。

定理 4.1.7 设 $f(x)$ 在 x_0 处有直到 n 阶的导数。如果 $f^{(k)}(x_0) = 0 (1 \le k \le n-1)$, $f^{(n)}(x_0) \ne 0 (n \ge 2)$, 则

(1) 当 n 是奇数时, $f(x_0)$ 不是极值;

(2) 当 n 是偶数时, $f(x_0)$ 是极值。且当 $f^{(n)}(x_0) < 0$ 时, $f(x_0)$ 是极大值; 当 $f^{(n)}(x_0) > 0$ 时, $f(x_0)$ 是极小值。

证明: 因为 $f(x)$ 在 x_0 处有直到 n 阶的导数, 所以由定理 4.1.4 知, 对 x_0 附近的任意 x, 有

$$f(x) = f(x_0) + \frac{f^{(1)}(x_0)}{1!}(x-x_0)^1 + \frac{f^{(2)}(x_0)}{2!}(x-x_0)^2 + \cdots$$
$$+ \frac{f^{(n)}(x_0)}{n!}(x-x_0)^n + o((x-x_0)^n)(x \to x_0),$$

其中, $o((x-x_0)^n)$ 是在 $x \to x_0$ 时比 $(x-x_0)^n$ 高阶的无穷小量。

由已知, $f^{(k)}(x_0) = 0 (1 \le k \le n-1)$, $f^{(n)}(x_0) \ne 0$, 所以

$$f(x) - f(x_0) = \frac{f^{(n)}(x_0)}{n!}(x-x_0)^n + o((x-x_0)^n)(x \to x_0)。$$

于是

$$f(x) - f(x_0) = (x - x_0)^n \left[\frac{f^{(n)}(x_0)}{n!} + o(1) \right] (x \to x_0)。$$

由于

$$\lim_{x \to x_0} \left[\frac{f^{(n)}(x_0)}{n!} + o(1) \right] = \frac{f^{(n)}(x_0)}{n!} \neq 0,$$

所以 $f(x) - f(x_0)$ 的符号取决于 $(x - x_0)^n$ 与 $f^{(n)}(x_0)$ 乘积的符号。

(1) 当 n 是奇数且 $x \neq x_0$ 时,$(x - x_0)^n$ 的符号可以是正的也可以是负的,$f^{(n)}(x_0)$ 的符号不变,因此 $f(x_0)$ 不是极值。

(2) 当 n 是偶数时,$(x - x_0)^n$ 的符号是正的。当 $f^{(n)}(x_0) > 0$ 时,$f(x_0)$ 是极小值;当 $f^{(n)}(x_0) < 0$ 时,$f(x_0)$ 是极大值。

例 4.1.5 求 $f(x) = \ln(1 + x^2)$ 在区间 $(-1,1)$ 上的最值。

解:因为 $f'(x) = \dfrac{2x}{1+x^2}$,$f''(x) = \dfrac{2(1-x^2)}{(1+x^2)^2}$,所以,当 $x \in (-1,1)$ 时,$f''(x) > 0$,于是 $f(x)$ 是区间 $(-1,1)$ 上可导的凸函数。显然 $x = 0$ 是 $f(x)$ 的驻点,所以 $f(0) = 0$ 是 $f(x)$ 在区间 $(-1,1)$ 上的最小值。

4.2 高阶偏导数和泰勒公式

4.2.1 高阶偏导数

4.2.1.1 高阶偏导数的概念

定义 4.2.1 设 $\dfrac{\partial z}{\partial x_i} = f_i(\vec{x})$ ($i = 1, 2, \cdots, n$) 是函数 $z = f(\vec{x})$ 在开区域 $D \subset R^n$ 上的偏导函数。如果 $\dfrac{\partial z}{\partial x_i} = f_i(\vec{x})$ 在 $D \subset R^n$ 上关于 x_j 的偏导函数存在,记为 $f_{ij}(\vec{x}) = \dfrac{\partial^2 z}{\partial x_i \partial x_j}$,即

$$f_{ij}(\vec{x}) = \frac{\partial^2 z}{\partial x_i \partial x_j} = \frac{\partial}{\partial x_j}\left(\frac{\partial z}{\partial x_i}\right),$$

则称 $f_{ij}(\vec{x}) = \dfrac{\partial^2 z}{\partial x_i \partial x_j}$,$j, i = 1, 2, \cdots, n$ 为函数 $z = f(\vec{x})$ 二阶偏导数。如果 $i = j$,则称其为函数 $z = f(\vec{x})$ 关于 x_i 的二阶偏导数,记为 $\dfrac{\partial^2 z}{\partial x_i^2} = f_{ii}(\vec{x})$,$i = 1, 2, \cdots, n$;如果 $i \neq j$,则称其为函数 $z = f(\vec{x})$ 的二阶混合偏导数。

定理 4.2.1 如果函数 $z = f(\vec{x})$ 的二阶混合偏导数 $f_{ij}(\vec{x})$ 与 $f_{ji}(\vec{x})$ 在 D 上连续,则

$$f_{ij}(\vec{x}) = f_{ji}(\vec{x}) \quad \text{或} \quad \frac{\partial^2 z}{\partial x_j \partial x_i} = \frac{\partial^2 z}{\partial x_i \partial x_j}, j,i = 1,2,\cdots,n_{\circ}$$

4.2.1.2 海塞矩阵

定义 4.2.2 设 $f_{ij}(\vec{x})$, $j,i = 1,2,\cdots,n$ 是函数 $z = f(\vec{x})$ 的二阶偏导数,则称由 $f_{ij}(\vec{x})$, $j,i = 1,2,\cdots,n$ 构成的 n 阶方阵为海赛矩阵,记为 $D^2 f(\vec{x})$,即

$$D^2 f(\vec{x}) = \begin{pmatrix} f_{11}(\vec{x}) & \cdots & f_{1n}(\vec{x}) \\ \cdots & \cdots & \cdots \\ f_{n1}(\vec{x}) & \cdots & f_{nn}(\vec{x}) \end{pmatrix}_{\circ} \quad (4.2.1)$$

由上面的定理 4.2.1 知,当 $f(\vec{x})$ 具有二阶连续偏导数时,$f(\vec{x})$ 的海塞矩阵 $D^2 f(\vec{x})$ 是对称矩阵。

4.2.2 正定矩阵

4.2.2.1 二次型与对称矩阵

定义 4.2.3 设 $f(\vec{x}) = \sum_{i=1}^{n} \sum_{j=1}^{n} a_{ij} x_i x_j$ 是二次齐次函数,如果对任意的 $i \neq j$,有 $a_{ij} = a_{ji}$, $1 \leq i,j \leq n$,则称 $f(\vec{x})$ 是一个二次型。

记 A 是由二次型

$$f(\vec{x}) = \sum_{i=1}^{n} \sum_{j=1}^{n} a_{ij} x_i x_j \quad (4.2.2)$$

的系数 a_{ij} ($1 \leq i,j \leq n$)构成的对称矩阵,即

$$A = \begin{pmatrix} a_{11} & a_{12} & \cdots & a_{1n} \\ a_{21} & a_{22} & \cdots & a_{2n} \\ \cdots & \cdots & \cdots & \cdots \\ a_{n1} & a_{n2} & \cdots & a_{nn} \end{pmatrix},$$

则 $f(\vec{x}) = \vec{x} A \vec{x}^T$,其中 $\vec{x}^T$ 是 $\vec{x}$ 的转置。由此可见,对于给定的 n,二次型 $f(\vec{x}) = \vec{x} A \vec{x}^T$ 与 n 阶对称矩阵一一对应。

4.2.2.2 正定二次型与正定矩阵

定义 4.2.4 设 $f(\vec{x}) = \vec{x} A \vec{x}^T$ 是一个二次型。

(1) 如果 $\forall \vec{x} \in R^n$,有 $f(\vec{x}) = \vec{x} A \vec{x}^T \geq 0 (\leq 0)$,则称 $f(\vec{x})$ 是半正定(半负定)二次型,并称 A 为半正定(半负定)矩阵。

(2) 如果 $\forall \vec{x} (\neq \vec{0}) \in R^n$,有 $f(\vec{x}) = \vec{x} A \vec{x}^T > 0 (< 0)$,则称 $f(\vec{x})$ 是正定(负定)

二次型,并称 A 为正定(负定)矩阵。

(3)如果 $\exists \vec{x}', \vec{x}'' \in R^n$,使得 $f(\vec{x}') = \vec{x}'A\vec{x}'' < 0, f(\vec{x}'') = \vec{x}''A\vec{x}''' > 0$,则称 $f(\vec{x})$ 是不定二次型,并称 A 为不定矩阵。

由定义可以看出,对称矩阵 A 是负定(或半负定)矩阵的充分必要条件是: $-A$ 是正定(或半正定)矩阵。

定理 4.2.2 设 A 是一个 n 阶对称矩阵。

(1) A 是正定(或半正定)矩阵的充分必要条件是: A 的顺序主子式都大于(或大于等于)零。

(2) A 是负定(或半负正定)矩阵的充分必要条件是: A 的偶数阶顺序主子式都大于(或大于等于)零; A 的奇数阶顺序主子式都小于(或小于等于)零。

4.2.3 泰勒公式

4.2.3.1 带拉格朗日余项的一阶泰勒公式

定理 4.2.3 设函数 $f(\vec{x})$ 在 $U(\vec{x}^0, \delta_0) \subset R^n$ 内有二阶的连续偏导数,则对任意的 $\vec{x} = \vec{x}^0 + \Delta\vec{x} \in U(\vec{x}^0, \delta_0)$,有

$$f(\vec{x}^0 + \Delta\vec{x}) = f(\vec{x}^0) + f_1(\vec{x}^0)\Delta x_1 + \cdots + f_n(\vec{x}^0)\Delta x_n + \frac{1}{2}\sum_{i=1}^n \sum_{j=1}^n f_{ij}(\vec{x}^0 + \theta\Delta\vec{x})\Delta x_i \Delta x_j。 \quad (4.2.3)$$

(4.2.3)式称作带拉格朗日余项的一阶泰勒公式。

证明:设 $\vec{x} = \vec{x}^0 + \Delta\vec{x} \in U(\vec{x}^0, \delta_0)$,记 $\Phi(t) = f(\vec{x}^0 + t\Delta\vec{x})$, $t \in [0,1]$。因为 $f(\vec{x})$ 在 $U(\vec{x}^0, \delta_0)$ 内有二阶连续的偏导数,所以 $\Phi(t)$ 在区间 $[0,1]$ 上可导,于是存在 $\theta \in (0,1)$,使得

$$\Phi(1) = \Phi(0) + \Phi'(0)(1-0) + \frac{1}{2}\Phi''(\theta)(1-0)^2。$$

因为 $\Phi(1) = f(\vec{x}^0 + \Delta\vec{x})$; $\Phi(0) = f(\vec{x}^0)$; $\Phi'(0) = f_1(\vec{x}^0)\Delta x_1 + \cdots + f_n(\vec{x}^0)\Delta x_n$; $\Phi''(\theta) = \sum_{i=1}^n \sum_{j=1}^n f_{ij}(\vec{x}^0 + \theta\Delta\vec{x})\Delta x_i \Delta x_j$,

所以

$$f(\vec{x}^0 + \Delta\vec{x}) = f(\vec{x}^0) + f_1(\vec{x}^0)\Delta x_1 + \cdots + f_n(\vec{x}^0)\Delta x_n + \frac{1}{2}\sum_{i=1}^n \sum_{j=1}^n f_{ij}(\vec{x}^0 + \theta\Delta\vec{x})\Delta x_i \Delta x_j。$$

4.2.3.2 带皮亚诺余项的二阶泰勒公式

定理 4.2.4 设函数 $f(\vec{x})$ 在 $U(\vec{x}^0, \delta_0) \subset R^n$ 内有二阶的连续偏导数,则对任

意的 $\vec{x} = \vec{x}^0 + \Delta\vec{x} \in U(\vec{x}^0, \delta_0)$，有

$$f(\vec{x}) = f(\vec{x}^0 + \Delta\vec{x}) = f(\vec{x}^0) + \sum_{i=1}^n f_i(\vec{x}^0)\Delta x_i + \frac{1}{2!}\sum_{i=1}^n\sum_{j=1}^n f_{ij}(\vec{x}^0)\Delta x_i \Delta x_j +$$
$$o(\rho^2)(\rho \to 0) \qquad (4.2.4)$$

或

$$f(\vec{x}) = f(\vec{x}^0 + \Delta\vec{x}) = f(\vec{x}^0) + \sum_{i=1}^n f_i(\vec{x}^0)\Delta x_i + \frac{1}{2!}\Delta\vec{x}D^2f(\vec{x}^0)\Delta\vec{x}^\tau +$$
$$o(\rho^2),(\rho \to 0)。$$

其中，$\rho = \sqrt{(\Delta x_1)^2 + \cdots + (\Delta x_n)^2}$。(4.2.4)式称为多元函数带皮亚诺余项的二阶泰勒公式。

证明：设 $\vec{x} = \vec{x}^0 + \Delta\vec{x} \in U(\vec{x}^0, \delta_0)$。因为 $f(\vec{x})$ 在 $U(\vec{x}^0, \delta_0)$ 内有二阶连续的偏导数，所以(4.2.4)式成立，即

$$f(\vec{x}^0 + \Delta\vec{x}) = f(\vec{x}^0) + f_1(\vec{x}^0)\Delta x_1 + \cdots + f_n(\vec{x}^0)\Delta x_n +$$
$$\frac{1}{2}\sum_{i=1}^n\sum_{j=1}^n f_{ij}(\vec{x}^0 + \theta\Delta\vec{x})\Delta x_i \Delta x_j。$$

又因 $f_{ij}(\vec{x})$ 在 $U(\vec{x}^0, \delta_0)$ 内连续，所以 $f_{ij}(\vec{x}^0 + \theta\Delta\vec{x}) = f_{ij}(\vec{x}^0) + o_{ij}(1)$ ($\rho \to 0$)($1 \leq i,j \leq n$)。于是

$$\frac{1}{2}\sum_{i=1}^n\sum_{j=1}^n f_{ij}(\vec{x}^0 + \theta\Delta\vec{x})\Delta x_i \Delta x_j = \frac{1}{2}\sum_{i=1}^n\sum_{j=1}^n f_{ij}(\vec{x}^0)\Delta x_i \Delta x_j + \frac{1}{2}\sum_{i=1}^n\sum_{j=1}^n o_{ij}(1)\Delta x_i \Delta x_j。$$

由于

$$\lim_{\rho \to 0}\frac{1}{2\rho^2}\sum_{i=1}^n\sum_{j=1}^n o_{ij}(1)\Delta x_i \Delta x_j = \lim_{\rho \to 0}\frac{1}{2}\sum_{i=1}^n\sum_{j=1}^n o_{ij}(1)\frac{\Delta x_i}{\rho}\frac{\Delta x_j}{\rho} = 0,$$

即

$$\frac{1}{2}\sum_{i=1}^n\sum_{j=1}^n o_{ij}(1)\Delta x_i \Delta x_j = o(\rho^2)(\rho \to 0),$$

所以

$$f(\vec{x}^0 + \Delta\vec{x}) = f(\vec{x}^0) + \sum_{i=1}^n f_i(\vec{x}^0)\Delta x_i + \frac{1}{2}\sum_{i=1}^n\sum_{j=1}^n f_{ij}(\vec{x}^0)\Delta x_i \Delta x_j + o(\rho^2)(\rho \to 0),$$

故(4.2.4)式成立。

4.2.3.3 多元函数的凸性

由定理 3.2.6 的注(3)我们知道，如果二元函数 $z = f(\vec{x})$ 可微，那么 $z = f(\vec{x})$ 是凸函数的充分必要条件是：对曲面 $z = f(\vec{x})$ 上的任意一点 $Q^0 = (\vec{x}^0, f(\vec{x}^0))$，曲面 $z = f(\vec{x})$ 都位于过 Q^0 的切平面的上方。一般地，有如下定理。

定理 4.2.4 定义在凸开区域 $D \subset R^n$ 上的 n 元可微函数 $z = f(\vec{x})$ 是凸函数的

充分必要条件是:对任意给定的 $\vec{x}^0 \in D$,及任意的 $\vec{x} \in D$ 有

$$f(\vec{x}) \geq f(\vec{x}^0) + f_1(\vec{x}^0)(x_1 - x_1^0) + \cdots + f_n(\vec{x}^0)(x_n - x_n^0)。 \quad (4.2.5)$$

证明:(必要性)设 $\vec{x}, \vec{x}^0 \in D$ 是任意给定的两个点。记 $\Phi(t) = f(t\vec{x} + (1-t)\vec{x}^0)$ $(0 \leq t \leq 1)$。因为 D 是一个凸的开区域,所以 $t\vec{x} + (1-t)\vec{x}^0 \in D$,因此 $\Phi(t)$ 有意义。

下面证明 $\Phi(t)$ $(0 \leq t \leq 1)$ 是凸函数。对任意给定的 $t_1, t_2 \in (0,1)$,及 $\alpha \in (0,1)$,显然有 $\alpha t_1 + (1-\alpha)t_2 \in (0,1)$,记 $\alpha t_1 + (1-\alpha)t_2 = \beta$,则

$$\beta\vec{x} + (1-\beta)\vec{x}^0 = [\alpha t_1 + (1-\alpha)t_2]\vec{x} + [1 - \alpha t_1 - (1-\alpha)t_2]\vec{x}^0$$
$$= \alpha[t_1\vec{x} + (1-t_1)\vec{x}^0] + (1-\alpha)[t_2\vec{x} + (1-t_2)\vec{x}^0]。$$

又因 $f(\vec{x})$ 是凸函数,所以

$$\Phi(\alpha t_1 + (1-\alpha)t_2) = \Phi(\beta) = f(\beta\vec{x} + (1-\beta)\vec{x}^0)$$
$$= f(\alpha[t_1\vec{x} + (1-t_1)\vec{x}^0] + (1-\alpha)[t_2\vec{x} + (1-t_2)\vec{x}^0])$$
$$\leq \alpha f(t_1\vec{x} + (1-t_1)\vec{x}^0) + (1-\alpha)f(t_2\vec{x} + (1-t_2)\vec{x}^0)$$
$$= \alpha\Phi(t_1) + (1-\alpha)\Phi(t_2),$$

即 $\Phi(t)$ $(0 \leq t \leq 1)$ 是凸函数。

由已知,$f(\vec{x})$ 可微,所以 $\Phi'(t)$ 在 $[0,1]$ 存在,且递增。由中值定理,存在 $\theta \in (0,1)$ 使得

$$\Phi(1) - \Phi(0) = \Phi'(\theta) \geq \Phi'(0),$$

即

$$f(\vec{x}) \geq f(\vec{x}^0) + f_1(\vec{x}^0)(x_1 - x_1^0) + \cdots + f_n(\vec{x}^0)(x_n - x_n^0)。$$

由 $\vec{x}$ 与 $\vec{x}^0$ 的任意性知,定理成立。

(充分性)设 $\vec{x}^1$ 与 $\vec{x}^2$ 是 D 中任意给定的两点。记 $\Phi(t) = f(t\vec{x}^1 + (1-t)\vec{x}^2)$,$t \in [0,1]$。因为 D 是开区域,所以 $t\vec{x}^1 + (1-t)\vec{x}^2 \in D, t \in [0,1]$。又因函数 $f(\vec{x})$ 在 D 上可微,所以函数 $\Phi(t)$ 在 $[0,1]$ 上可导。下面证明 $\Phi(t)$ 是 $[0,1]$ 上的凸函数。

对任意给定的 $t_1, t_2 \in (0,1)$,及 $\alpha \in (0,1)$,由充分性的证明知,
$$\Phi(\alpha t_1 + (1-\alpha)t_2) = f(\alpha[t_1\vec{x}^1 + (1-t_1)\vec{x}^2] + (1-\alpha)[t_2\vec{x}^1 + (1-t_2)\vec{x}^2])。$$
记
$$\alpha[t_1\vec{x}^1 + (1-t_1)\vec{x}^2] + (1-\alpha)[t_2\vec{x}^1 + (1-t_2)\vec{x}^2] = \vec{x}^*,$$
$$t_1\vec{x}^1 + (1-t_1)\vec{x}^2 = \vec{y}^1; t_2\vec{x}^1 + (1-t_2)\vec{x}^2 = \vec{y}^2。$$

显然,$\Phi(t_1) = f(\vec{y}^1), \Phi(t_2) = f(\vec{y}^2), \Phi(\alpha t_1 + (1-\alpha)t_2) = f(\vec{x}^*)$。

由已知,对 $\vec{y}^1$ 和 $\vec{x}^*$ (4.2.5)式成立,即

$$\Phi(t_1) = f(\vec{y}^1) \geq f(\vec{x}^*) + f'(\vec{x}^*)(\vec{y}^1 - \vec{x}^*)^\tau;$$

同理,对 $\vec{y}^2$ 和 $\vec{x}^*$ (4.2.5)式成立,即
$$\Phi(t_2) = f(\vec{y}^2) \geq f(\vec{x}^*) + f'(\vec{x}^*)(\vec{y}^2 - \vec{x}^*)^\tau 。$$
其中,$f'(\vec{x}^*) = \mathrm{grad}\, f(\vec{x}^*)$。于是,对 $\alpha \in (0,1)$,有
$$\alpha\Phi(t_1) + (1-\alpha)\Phi(t_2) \geq f(\vec{x}^*) + f'(\vec{x}^*)[\alpha(\vec{y}^1 - \vec{x}^*)^\tau$$
$$+ (1-\alpha)(\vec{y}^2 - \vec{x}^*)^\tau]。$$
又因
$$\alpha(\vec{y}^1 - \vec{x}^*) + (1-\alpha)(\vec{y}^2 - \vec{x}^*) = \alpha\vec{y}^1 + (1-\alpha)\vec{y}^2 - \vec{x}^* = \vec{0},$$
所以,
$$\alpha\Phi(t_1) + (1-\alpha)\Phi(t_2) \geq f(\vec{x}^*) = \Phi(\alpha t_1 + (1-\alpha)t_2),$$
因此 $\Phi(t)$ 是 $[0,1]$ 上的凸函数。

又因 $\Phi(t)$ 在 $[0,1]$ 上可导,所以由一元函数是凸函数的等价条件知,对任意给定的 $t \in [0,1]$,有
$$\Phi(1) \geq \Phi(t) + \Phi'(t)(1-t);$$
$$\Phi(0) \geq \Phi(t) + \Phi'(t)(0-t)。$$
于是
$$\frac{\Phi(1) - \Phi(t)}{1-t} \geq \Phi'(t) \geq \frac{\Phi(t) - \Phi(0)}{t},$$
所以
$$\Phi(t) \leq t\Phi(1) + (1-t)\Phi(0),$$
即
$$f(t\vec{x}^1 + (1-t)\vec{x}^2) \leq tf(\vec{x}^1) + (1-t)f(\vec{x}^2)。$$
因此 $f(\vec{x})$ 是 D 上的凸函数。

定理 4.2.4 的几何意义是:定义在区域集 $D \subset R^n$ 上的 n 元可微函数 $z = f(\vec{x})$ 是凸函数的充分必要条件是:对曲面 $z = f(\vec{x})$ 上的任意一点 $Q^0 = (\vec{x}^0, f(\vec{x}^0))$,超曲面 $z = f(\vec{x})$ 都位于过 Q^0 的超切平面的上方。

由定理 4.2.4 和多元函数的泰勒公式很容易得到如下定理。

定理 4.2.4 设定义在凸区域 $D \subset R^n$ 上的 n 元函数 $z = f(\vec{x})$ 有二阶连续偏导数。则 $f(\vec{x})$ 是凸函数(凹函数)的充分必要条件是:对任意的 $\vec{x} \in D$,$D^2 f(\vec{x})$ 是半正定(半负定)矩阵。

证明: 设 $\vec{x}^0 \in D$ 是任意给定的一点。因为 $f(\vec{x})$ 在凸区域 D 上有二阶连续偏导数,所以对任意的 $\vec{x} \in D$,(4.2.4)式成立,即
$$f(\vec{x}) = f(\vec{x}^0) + f_1(\vec{x}^0)(x_1 - x_1^0) + \cdots + f_n(\vec{x}^0)(x_n - x_n^0) +$$
$$\frac{1}{2}(\vec{x} - \vec{x}^0) D^2 f(\vec{x}^0 + \theta\Delta\vec{x})(\vec{x} - \vec{x}^0)^\tau。$$

于是
$$f(\vec{x}) \geq (\leq) f(\vec{x}^0) + f_1(\vec{x}^0)(x_1 - x_1^0) + \cdots + f_n(\vec{x}^0)(x_n - x_n^0)$$
的充分必要条件是:对任意的 $\vec{x} \in D$,有
$$\frac{1}{2}(\vec{x} - \vec{x}^0) D^2 f(\vec{x}^0 + \theta \Delta \vec{x})(\vec{x} - \vec{x}^0)^{\tau} \geq (\leq) 0,$$
即对任意的 $\vec{x} \in D$, $D^2 f(\vec{x})$ 是半正定(半负定)矩阵。因此 $f(\vec{x})$ 是凸函数(凹函数)的充分必要条件是:对任意的 $\vec{x} \in D$, $D^2 f(\vec{x})$ 是半正定(半负定)矩阵。

同理可证明如下定理。

定理 4.2.5 设定义在凸区域 $D \subset R^n$ 上的 n 元函数 $z = f(\vec{x})$ 有二阶连续偏导数。则 $f(\vec{x})$ 是严格凸函数(严格凹函数)的充分必要条件是:对任意的 $\vec{x} \in D$, $D^2 f(\vec{x})$ 是正定(负定)矩阵。

4.2.4 多元函数极值与最值

我们在 3.2.2 中介绍了一元函数的极值及取得极值的充分必要条件。在本节我们讨论多元函数的极值与最值,以及取得极值与最值的条件。

4.2.4.1 多元函数极值与最值的概念

定义 4.2.5 设函数 $z = f(\vec{x})$ 在区域 $D \subset R^n$ 上有定义。

(1) 如果 $\vec{x}^0 \in D$,且存在 $\vec{x}^0$ 的某个邻域 $U(\vec{x}^0, \delta_0)(\delta_0 > 0) \subset D$,使得对任意的 $\vec{x} \in U(\vec{x}^0, \delta_0)$,都有
$$f(\vec{x}) \leq f(\vec{x}^0)(f(\vec{x}) \geq f(\vec{x}^0)),$$
则称 $f(\vec{x}^0)$ 是 $f(\vec{x})$ 的极大(小)值, $\vec{x}^0$ 称为极大值点(或极小值点);极大值和极小值统称为极值,极大值点(或极小值点)统称为极值点。

(2) 如果存在 $\vec{x}^1 \in D$(或 $\vec{x}^2 \in D$),使得对任意的 $\vec{x} \in D$,都有
$$f(\vec{x}) \leq f(\vec{x}^1)(或 f(\vec{x}) \geq f(\vec{x}^2)),$$
则称 $f(\vec{x}^1)$(或 $f(\vec{x}^2)$)是函数 $z = f(\vec{x})$ 在 D 上的最大值(或最小值), $\vec{x}^1$(或 $\vec{x}^2$)称为最大值点(或最小值点);最大值和最小值统称为最值,最大值点(或最小值点)统称为最值点。

注:由定义可以看出,极值是一个局部概念,且极值不可能在定义域 D 的边界取得;最值是一个整体概念,如果函数 $f(\vec{x})$ 在定义域 D 的内部取得最值,那么最值一定是极值。

4.2.4.2 多元函数取得极值与最值的必要条件

定理 4.2.6(一阶必要条件) 设函数 $f(\vec{x})$ 在 $\vec{x}^0 \subset R^n$ 处可微,且 $f(\vec{x}^0)$ 是 $f(\vec{x})$ 的一个极值,则

$$f_i(\vec{x}^0) = 0, i = 1, 2, \cdots, n,$$

即，$\vec{x}^0$ 一定是 $f(\vec{x})$ 的驻点。

证明：不妨设 $f(\vec{x}^0)$ 是 $f(\vec{x})$ 的一个极大值，于是存在 $\vec{x}^0$ 的某个邻域 $U(\vec{x}^0, \delta_0)(\delta_0 > 0)$，使得对任意的 $\vec{x} = \vec{x}^0 + \Delta\vec{x} \in U(\vec{x}^0, \delta_0)$，有 $f(\vec{x}^0 + \Delta\vec{x}) - f(\vec{x}^0) \leq 0$。

又因 $f(\vec{x})$ 在 $\vec{x}^0$ 处可微，所以在 $\vec{x}^0$ 处沿任何方向的方向导数都存在。设 L 是以 $\vec{x}^0$ 为始点，与梯度 $\operatorname{grad} f(\vec{x}^0)$ 同方向的射线，$\vec{l}_0$ 是与梯度同方向的单位向量；$\vec{x}^0 + \Delta\vec{x} \in U(\vec{x}^0, \delta_0)$，且在 L 上，由方向导数的定义及定理 3.1.3

$$0 \geq \lim_{\rho \to 0} \frac{f(\vec{x}^0 + \Delta\vec{x}) - f(\vec{x}^0)}{\rho} = f_{\vec{l}_0}(\vec{x}^0) = \operatorname{grad} f(\vec{x}^0) \cdot \vec{l}_0 = \| \operatorname{grad} f(\vec{x}^0) \| \geq 0,$$

所以 $\| \operatorname{grad} f(\vec{x}^0) \| = 0$，即 $f_i(\vec{x}^0) = 0, i = 1, 2, \cdots, n$。

注：事实上，该定理可以用方向导数的意义进行解释。如果 $f(\vec{x})$ 在 $\vec{x}^0$ 处可微，那么 $f(\vec{x})$ 在 $\vec{x}^0$ 处沿任何方向 $\vec{l}$ 的方向导数 $f_{\vec{l}}(\vec{x}^0)$ 都存在。特别沿梯度方向 $\vec{l}_0$ 的方向导数 $f_{\vec{l}_0}(\vec{x}^0)$ 存在，且 $f_{\vec{l}_0}(\vec{x}^0) = \| \operatorname{grad} f(\vec{x}^0) \| \geq 0$；如果 $f(\vec{x}^0)$ 是函数 $f(\vec{x})$ 的一个极大值，那么在 $\vec{x}^0$ 处，当 $\vec{x}$ 沿任何方向 $\vec{l}$ 变化一个单位距离时，函数 $f(\vec{x})$ 的变化都是不增的，所以 $f_{\vec{l}_0}(\vec{x}^0) = \| \operatorname{grad} f(\vec{x}^0) \| \leq 0$。因此 $f_i(\vec{x}^0) = 0, i = 1, 2, \cdots, n$。

定理 4.2.7（二阶必要条件） 设 $z = f(\vec{x})$ 在 $\vec{x}^0$ 的某个邻域 $U(\vec{x}^0, \delta_0)$ 内具有二阶连续的偏导数。

(1) 如果 $f(\vec{x}^0)$ 是极小值，那么 $f(\vec{x})$ 在 $\vec{x}^0$ 处的海塞矩阵 $D^2 f(\vec{x}^0)$ 是半正定矩阵。

(2) 如果 $f(\vec{x}^0)$ 是极大值，那么 $f(\vec{x})$ 在 $\vec{x}^0$ 处的海塞矩阵 $D^2 f(\vec{x}^0)$ 是半负定矩阵。

(3) 如果 $f(\vec{x})$ 在 $\vec{x}^0$ 处的海塞矩阵 $D^2 f(\vec{x}^0)$ 是不定矩阵，那么 $f(\vec{x}^0)$ 一定不是极值。

证明：设 $f(\vec{x}^0)$ 是函数 $f(\vec{x})$ 的一个极小值，则存在一个 $\vec{x}^0$ 的邻域 $U(\vec{x}^0, \delta_1) \subset U(\vec{x}^0, \delta_0)$，使得对任意的 $\vec{x}^0 + \Delta\vec{x} \in U(\vec{x}^0, \delta_1)$，有 $f(\vec{x}^0 + \Delta\vec{x}) \geq f(\vec{x}^0)$。

又因 $f(\vec{x})$ 在 $U(\vec{x}^0, \delta_0)$ 具有二阶连续的偏导，所以 $\vec{x}^0$ 是 $f(\vec{x})$ 的驻点，由二阶泰勒公式知，对任意的 $\vec{x}^0 + \Delta\vec{x} \in U(\vec{x}^0, \delta_1)$，有

$$f(\vec{x}^0 + \Delta\vec{x}) = f(\vec{x}^0) + \frac{1}{2!} \Delta\vec{x} D^2 f(\vec{x}^0) \Delta\vec{x}^\tau + o(\rho^2), (\rho \to 0)。$$

如果 $D^2 f(\vec{x}^0)$ 不是半正定的，则必存在 $\Delta\vec{x}$，使得 $\Delta\vec{x} D^2 f(\vec{x}^0) \Delta\vec{x}^\tau < 0$。设 $t \in (0, 1)$，且 $\vec{x}^0 + t\Delta\vec{x} \in U(\vec{x}^0, \delta_1)$。

(a) 由于 $f(\vec{x}^0)$ 是极小值,所以 $f(\vec{x}^0 + t\Delta\vec{x}) \geq f(\vec{x}^0)$, $t \in (0,1)$;

(b) $f(\vec{x}^0 + t\Delta\vec{x}) = f(\vec{x}^0) + \dfrac{t^2}{2!}\Delta\vec{x} D^2 f(\vec{x}^0) \Delta\vec{x}^\tau + o(t^2)$

$\qquad\qquad\qquad = f(\vec{x}^0) + \dfrac{t^2}{2!}[\Delta\vec{x} D^2 f(\vec{x}^0) \Delta\vec{x}^\tau + o(1)](t \to 0)$。

由于 $\Delta\vec{x} D^2 f(\vec{x}^0) \Delta\vec{x}^\tau < 0$,且 $\lim\limits_{\rho \to 0}[\Delta\vec{x} D^2 f(\vec{x}^0) \Delta\vec{x}^\tau + o(1)] = \Delta\vec{x} D^2 f(\vec{x}^0) \Delta\vec{x}^\tau < 0$,所以由极限的保号性,对充分小的 $t > 0$,有

$$\Delta\vec{x} D^2 f(\vec{x}^0) \Delta\vec{x}^\tau + o(1) < 0。$$

因此对充分小的 $t > 0$,有 $f(\vec{x}^0 + t\Delta\vec{x}) < f(\vec{x}^0)$。这与(a)矛盾,所以 $D^2 f(\vec{x}^0)$ 是半正定矩阵,所以结论(1)成立。

同理可证明结论(2)。

假设 $f(\vec{x}^0)$ 是极值。若 $f(\vec{x}^0)$ 是极小值,则由(1) $D^2 f(\vec{x}^0)$ 是半正定矩阵,矛盾;若 $f(\vec{x}^0)$ 是极大值,则由(2) $D^2 f(\vec{x}^0)$ 是半负定矩阵,矛盾;因此 $f(\vec{x}^0)$ 不是极值,所以结论(3)成立。

4.2.4.3 多元函数取得极值与最值的充分条件

定理 4.2.8(取得极值的二阶充分条件) 设 $y = f(\vec{x})$ 在 $\vec{x}^0$ 的某个邻域 $U(\vec{x}^0, \delta_0)$ 内具有二阶连续的偏导数,$\vec{x}^0$ 是稳定点,则

(1) 当 $D^2 f(\vec{x}^0)$ 是负定矩阵时,$f(\vec{x}^0)$ 是极大值;

(2) 当 $D^2 f(\vec{x}^0)$ 是正定矩阵时,$f(\vec{x}^0)$ 是极小值。

证明:因为 $f(\vec{x})$ 在 $\vec{x}^0$ 的某个邻域 $U(\vec{x}^0, \delta_0)$ 内具有二阶连续的偏导数,且 $\vec{x}^0$ 是稳定点,所以由泰勒公式知,当 $\vec{x}^0 + \Delta\vec{x} \in U(\vec{x}^0, \delta_0)$ 时,有

$$f(\vec{x}^0 + \Delta\vec{x}) = f(\vec{x}^0) + \dfrac{1}{2!}\Delta\vec{x} D^2 f(\vec{x}^0) \Delta\vec{x}^\tau + o(\rho^2)\ (\rho \to 0),$$

即

$$f(\vec{x}^0 + \Delta\vec{x}) - f(\vec{x}^0) = \dfrac{\rho^2}{2}\left[\left(\dfrac{\Delta\vec{x}}{\rho}\right) D^2 f(\vec{x}^0) \left(\dfrac{\Delta\vec{x}}{\rho}\right)^\tau + o(1)\right](\rho \to 0),$$

其中,$\rho = \|\Delta\vec{x}\|$。

记 $E = \{\vec{y} | \vec{y}\vec{y}^\tau = 1\} \subset R^n$,则 E 是有界闭集。因为 $D^2 f(\vec{x}^0)$ 是负定矩阵,所以对任意的 $\vec{y} \in E$,二次型函数 $\vec{y} D^2 f(\vec{x}^0) \vec{y}^\tau < 0$,因此由连续函数的最大值与最小值定理知,二次型函数在有界闭集 E 上的最大值 $M < 0$。

又因对任意的 $\vec{x}^0 + \Delta\vec{x} \in U(\vec{x}^0, \delta_0)$,有 $(\Delta\vec{x}/\rho)(\Delta\vec{x}/\rho)^\tau = 1$,即 $\Delta\vec{x}/\rho \in E$,所以

$$\left(\dfrac{\Delta\vec{x}}{\rho}\right) D^2 f(\vec{x}^0) \left(\dfrac{\Delta\vec{x}}{\rho}\right)^\tau + o(1) \leq M + o(1),$$

$$\lim_{\rho \to 0}\left[\left(\frac{\Delta \vec{x}}{\rho}\right)D^2 f(\vec{x}^0)\left(\frac{\Delta \vec{x}}{\rho}\right)^\tau + o(1)\right] \leq \lim_{\rho \to 0}[M + o(1)] = M < 0。$$

由极限的保号性,存在正数 $\delta < \delta_0$,使得当 $\rho = \|\Delta \vec{x}\| < \delta$,即对任意的 $\vec{x}^0 + \Delta \vec{x} \in U(\vec{x}^0, \delta)$,有

$$\left(\frac{\Delta \vec{x}}{\rho}\right)D^2 f(\vec{x}^0)\left(\frac{\Delta \vec{x}}{\rho}\right)^\tau + o(1) < 0。$$

于是对任意的 $\vec{x}^0 + \Delta \vec{x} \in U(\vec{x}^0, \delta)$,有 $f(\vec{x}^0 + \Delta \vec{x}) - f(\vec{x}^0) < 0$,所以 $f(\vec{x}^0)$ 是函数 $f(\vec{x})$ 的一个极大值,所以结论(1)成立。

用同样的方法可以证明结论(2)。

定理 4.2.9(取得最值的二阶充分条件) 设 $D \subset R^n$ 是一个凸集合,$f(\vec{x})$ 是 D 上具有连续二阶偏导数的凸(凹)函数。如果 $\vec{x}^0 \in D$ 是 $f(\vec{x})$ 的驻点,则 $f(\vec{x}^0)$ 是 $f(\vec{x})$ 在 D 上的最小(大)值。

证明: 因为 $f(\vec{x})$ 在凸集 D 上具有连续的二阶偏导数,$\vec{x}^0 \in D$,所以由定理 4.2.3,对任意的 $\vec{x}^0 + \Delta \vec{x} \in D$,存在 $\theta \in (0,1)$,使得

$$f(\vec{x}^0 + \Delta \vec{x}) = f(\vec{x}^0) + Df(\vec{x}^0)\Delta \vec{x} + \frac{1}{2}\Delta \vec{x}^\tau D^2 f(\vec{x}^0 + \theta \Delta \vec{x})\Delta \vec{x}。$$

又因 $f(\vec{x})$ 是凸函数,且 $\vec{x}^0$ 是 $f(\vec{x})$ 的驻点,所以 $Df(\vec{x}^0) = \vec{0}$,$D^2 f(\vec{x}^0 + \theta \Delta \vec{x})$ 是半正定矩阵,于是对任意的 $\vec{x}^0 + \Delta \vec{x} \in D$,有

$$f(\vec{x}^0 + \Delta \vec{x}) - f(\vec{x}^0) = \frac{1}{2}\Delta \vec{x}^\tau D^2 f(\vec{x}^0 + \theta \Delta \vec{x})\Delta \vec{x} \geq 0,$$

所以 $f(\vec{x}^0)$ 是 $f(\vec{x})$ 在 D 上的最小(大)值。

4.2.4.4 伪凹(凸)函数与多元函数最值

定义 4.2.6 设 $D \subset R^n$ 是一个凸集合,$f(\vec{x})$ 是定义在 D 上且具有连续偏导数的函数;对任意给定的 $\vec{x}^1, \vec{x}^2 \in D$,且 $Df(\vec{x}^2) \neq \vec{0}$,如果不等式 $f(\vec{x}^1) > (<)f(\vec{x}^2)$ 成立,必然导致不等式 $Df(\vec{x}^2)(\vec{x}^1 - \vec{x}^2) > (<)0$ 成立,则称 $f(\vec{x})$ 为伪凹(凸)函数。

注:定义在凸集 $D \subset R^n$ 上的伪凹函数 $f(\vec{x})$ 的几何意义是:设 $\vec{x}^2$ 是 D 内任意给定的一点。如果 $Df(\vec{x}^2) \neq \vec{0}$,那么对上水平集 $V = \{\vec{x} \mid f(\vec{x}) > f(\vec{x}^2)\}$ 中的任意的 $\vec{x}$,函数 $f(\vec{x})$ 沿以 $\vec{x}^2$ 为始点,$\vec{x}$ 为终点的向量 $\vec{l}$ 的方向导数 $f_{\vec{l}}(\vec{x})$ 与梯度 $Df(\vec{x}^2)$ 的夹角都是锐角。

定理 4.2.10 设 $f(\vec{x})$ 是定义在凸集 D 上且具有连续偏导数的函数。

(1)如果 $f(\vec{x})$ 是严格拟凹函数,则 $f(\vec{x})$ 是伪凹函数。

(2)如果 D 是开集,且对任意的 $\vec{x} \in D$,$Df(\vec{x}) \neq \vec{0}$,那么 $f(\vec{x})$ 是 D 上拟凹函数

的充分必要条件是:$f(\vec{x})$ 是 D 上伪拟凹函数。

(3)如果 $f(\vec{x})$ 是具有连续偏导数的凹函数,那么 $f(\vec{x})$ 是伪凹函数。

注:将定理中的拟凹改为拟凸,伪凹改为伪凸结论也成立。

定理 4.2.11(最值的充分条件) 设函数 $f(\vec{x})$ 是定义在凸集 D 上的伪凹(伪凸)函数。如果在 $\vec{x}^0 \in D$ 处,对任意可行的方向 $\vec{h}$(以 $\vec{x}^0$ 为始点,与 $\vec{h}$ 方向相同的射线与 D 的交集是一线段)都有

$$Df(\vec{x}^0)\vec{h} \leq (\geq) 0$$

则 $\vec{x}^0$ 是如下优化问题

$$\begin{cases} \max(\min) f(\vec{x}) \\ \text{s.t. } \vec{x} \in D \end{cases} \tag{4.2.6}$$

的解。

证明:(反证法)假设 $\vec{x}^0$ 不是问题(4.2.6)的解,则存在 $\vec{x}^1 \in D$,使得

$$f(\vec{x}^1) > f(\vec{x}^0)。$$

因为 $f(\vec{x})$ 是凸集 D 上的伪凹函数,由定义有

$$Df(\vec{x}^0)\vec{h} > 0,$$

这与已知条件矛盾。所以 $\vec{x}^0$ 是优化问题(4.2.6)的解。

推论 4.2.1 假设 $f(\vec{x})$ 是定义在凸集 D 上的凹(凸)函数,且具有连续的偏导数。

(1)$\vec{x}^0 \in D$ 是问题(4.2.6)的解的充分条件是:$\vec{x}^0$ 是 $f(\vec{x})$ 的稳定点。

(2)$\vec{x}^0 \in D$ 是问题(4.2.6)的解的充分条件是:$\vec{x}^0$ 是问题(4.2.6)的局部解。

(3)如果 D 是凸开集,则 $\vec{x}^0 \in D$ 是问题(4.2.6)的解的充分必要条件是:$\vec{x}^0$ 是 $f(\vec{x})$ 的稳定点。

注:推论的证明只需注意到:凹函数是伪凹函数以及稳定点,满足条件 $Df(\vec{x}^0) = \vec{0}$ 即可。

4.2.5 包络

4.2.5.1 包络的概念及几何意义

在几何学中,某个曲线族的包络(线)是指与该曲线族的每一条曲线至少有一点相切的曲线。下面我们给出经济学中用到的包络(线)的概念。

定义 4.2.6 设 $z = f(x, a)$ 是定义在区间 $I \subset R$ 的函数,$a \in J \subset R$ 是参数。如果对任意给定的 $a \in J$,函数 $f(x, a)$ 都有唯一的最大值(或最小值)点 $x^* =$

$x^*(a)$,则称值函数 $M(a)=f(x^*(a),a)$,$a \in J$ 是 $z=f(x,a)$ ($x \in I, a \in J$) 的包络。

由函数的几何意义知,对任意给定的 $a \in J$,函数 $y=f(x,a)$ 表示一条曲线,于是,当 a 在 J 内变化时,$y=f(x,a)$,$x \in I, a \in J$ 表示一个曲线族。由于对任意给定的 $a \in J$,$(x^*(a), f(x^*(a),a))$ 是曲线 $y=f(x,a)$,$x \in I$ 的最高(或最低)点,所以在几何上,包络 $M(a)=f(x^*(a),a)$ 就是由曲线族 $y=f(x,a)$,$x \in I, a \in J$ 中每一条曲线的最高(或最低)点构成的曲线。

包络的概念可以推广到更一般的情形。

定义 4.2.6 设 $z=f(\vec{x},\vec{a})$ 是定义在区域 $D \subset R^n$ 上的函数,$\vec{a} \in E \subset R^k$ 是参数向量。如果对任意给定的 $\vec{a} \in E$,函数 $f(\vec{x},\vec{a})$ 在 D 上都有唯一的最大值点 $\vec{x}^* = \vec{x}^*(\vec{a})$,则称值函数 $M(\vec{a})=f(\vec{x}^*(\vec{a}),\vec{a})$ 是 $z=f(\vec{x},\vec{a})$ ($x \in I, \vec{a} \in J$) 的包络。

4.2.5.2 包络定理

定理 4.2.12 设 $z=f(x,a)$ 是定义在开区间 $I \subset R$ 的函数,$a \in J \subset R$ 是参数,且作为二元函数,$z=f(x,a)$ 在开区域 $D=I \times J \subset R^2$ 上可微。如果对任意给定的 a,函数 $z=f(x,a)$ 在区间 I 上都有唯一的最大值(或最小值)点 $x^*=x^*(a)$,记

$$M(a)=f(x^*(a),a)=\max_{x \in I} f(x,a) (或 =\min_{x \in I} f(x,a)),$$

则

$$\frac{\mathrm{d}M(a)}{\mathrm{d}a}=\frac{\partial f(\vec{x},a)}{\partial a}\bigg|_{\vec{x}=\vec{x}^*}。$$

称这一结论为包络定理。

证明:因为 $z=f(x,a)$ 在开区域 $D=I \times J \subset R^2$ 上可微,所以对任意给定的 a,$\frac{\partial z}{\partial x}=\frac{\partial f(x,a)}{\partial x}$ 存在。又因对任意给定的 a,$x^*=x^*(a)$ 是函数 $z=f(x,a)$ 在开区间 I 上的最值点 $x^*=x^*(a)$,所以 $\frac{\partial f(x,a)}{\partial x}\big|_{x=x^*}=0$。于是

$$\frac{\mathrm{d}M(a)}{\mathrm{d}a}=\frac{\mathrm{d}}{\mathrm{d}a}f(x^*(a),a)=\frac{\partial f(x,a)}{\partial x}\bigg|_{x=x^*}\frac{\mathrm{d}x^*(a)}{\mathrm{d}a}+\frac{\partial f(x,a)}{\partial a}\bigg|_{x=x^*}$$

$$=\frac{\partial f(x,a)}{\partial a}\bigg|_{x=x^*}。$$

注:(1)对于二元函数 $z=f(x,a)$,$(x,a) \in I \times J$,当我们把 $a \in J$ 视为参数时,$z=f(x,a)$ 作为 x 的函数是一个函数族;同理,当我们把 $x \in I$ 视为参数时,$z=f(x,a)$ 作为 a 的函数也是一个函数族。包络定理表明,包络线 $z=M(a)$ 在点 $(a_0, M(a_0))$ 处切线的斜率恰好与参数 $x=x^*(a_0)$ 所对应的曲线 $z=f(x^*(a_0),a)$ 在点

$(a_0, f(x^*(a_0), a))$ 处切线的斜率相等。也就是说，包络线 $z = M(a)$ 与参数 $x = x^*(a_0)$ 所对应的曲线 $z = f(x^*(a_0), a)$ 在点 $(a_0, M(a_0))$ 处相切。这与几何学中的包络(线)的定义一致。

（2）通常，即使我们知道函数 $z = f(x, a)$ 的表达式，要想求出值函数 $M(a)$ 也是很困难的。在此情况下要分析 $M(a)$ 的变化率就似乎变得不可能了。包络定理的意义在于，我们可以通过求 $z = f(x, a)$ 关于 a 的偏导数在 $x^*(a)$ 的值得到 $M(a)$ 的变化率。

下面给出更一般的包络定理。

定理4.2.13 设 $z = f(\vec{x}, \vec{a})$ 是定义在开区域 $D \subset R^n$ 上的函数，$\vec{a} \in E \subset R^k$ 是参数向量。且 $z = f(\vec{x}, \vec{a})$ 在开区域 $D \times E \subset R^{n+k}$ 上可微。如果对任意给定的 $\vec{a} \in E$，函数 $f(\vec{x}, \vec{a})$ 在 D 上都有唯一的最大值（或最小值）点 $\vec{x}^* = \vec{x}^*(\vec{a})$，$M(\vec{a}) = f(\vec{x}^*(\vec{a}), \vec{a})$，则

$$\frac{\partial M(\vec{a})}{\partial a_j} = \frac{\partial f(\vec{x}, \vec{a})}{\partial a_j}\bigg|_{\vec{x} = \vec{x}^*}, j = 1, \cdots, k。$$

证明： 由已知条件，函数 $f(\vec{x}, \vec{a})$ 在开区域 D 上可微，且 $\vec{x}^* = \vec{x}^*(\vec{a})$ 是最值点，所以

$$f_i(\vec{x}^*(\vec{a}), \vec{a}) = 0, i = 1, \cdots, n。$$

于是

$$\frac{\partial M(\vec{a})}{\partial a_j} = \frac{\partial}{\partial a_j} f(\vec{x}^*(\vec{a}), \vec{a}) = \sum_{i=1}^{n} f_i(\vec{x}^*(\vec{a}), \vec{a}) x_j^*(\vec{a}) + \frac{\partial f(\vec{x}, \vec{a})}{\partial a_j}\bigg|_{\vec{x} = \vec{x}^*}$$

$$= \frac{\partial f(\vec{x}, \vec{a})}{\partial a_j}\bigg|_{\vec{x} = \vec{x}^*}。$$

4.3 经济问题实例

在前面我们对利润最大化问题进行了初步的讨论，并定义了利润函数和要素需求函数。下面我们讨论利润最大化问题有解的条件，并讨论这些条件刻画了利润函数和要素需求函数的哪些性质。

4.3.1 利润最大化问题有解的条件

4.3.1.1 利润最大化问题具有内点解的一阶必要条件

定理4.3.1 设厂商的生产函数 $f(\vec{x})$，$\vec{0} \leq \vec{x} \in R^n$ 可微。对任意给定的产品价格 p 和要素价格向量 $\vec{\omega}$，$\vec{x}^*$ 是利润最大化问题：

$$\begin{cases} \max_{\vec{x}} \{pf(\vec{x}) - \vec{\omega}\vec{x}\} \\ \text{s.t. } \vec{x} \geq \vec{0} \end{cases} 。 \tag{4.3.1}$$

内点解的必要条件是:

$$pf_i(\vec{x}^*) = \omega_i, i = 1, 2, \cdots, n。 \tag{4.3.2}$$

证明:记 $\Pi(\vec{x}) = pf(\vec{x}) - \vec{\omega}\vec{x}$。如果 $\vec{x}^*$ 是利润最大化问题(4.3.1)的内点解,则 $\vec{x}^*$ 一定满足如下的一阶条件:

$$\Pi_i(\vec{x}^*) = pf_i(\vec{x}^*) - \omega_i = 0, i = 1, 2, \cdots, n。$$

即

$$pf_i(\vec{x}^*) = \omega_i, i = 1, 2, \cdots, n。$$

注:(1)由(4.3.2)得

$$\frac{f_i(\vec{x}^*)}{f_j(\vec{x}^*)} = \frac{\omega_i}{\omega_j}, i = 1, 2, \cdots, n。$$

此式表明,利润最大化问题的解要求任何两种生产要素之间的技术替代率的绝对值都等于这两种生产要素价格之比。

(2)如果只有两种生产要素,那么一阶条件(4.3.2)还有如下的几何解释。由(4.3.2)得

$$-\frac{f_1(\vec{x}^*)}{f_2(\vec{x}^*)} = -\frac{\omega_1}{\omega_2}。$$

此式左端是等产量线 $C: f(\vec{x}) = y^*$(其中 $y^* = f(\vec{x}^*)$)在 $\vec{x}^*$ 处切线的斜率;右端则是等成本线 $L: \vec{\omega}\vec{x} = c^*$(其中 $c^* = \vec{\omega}\vec{x}^*$)的斜率。也就是说,在最优点 $\vec{x}^*$ 处,等产量线 C 的切线恰好是等成本线,如图4.3.1所示。等产量线 C 与等成本线 L 在最优点相切的经济解释是:如果 C 与 L 不相交,则意味着要素组合 $\vec{x}^*$ 达不到产量 y^*;如果有

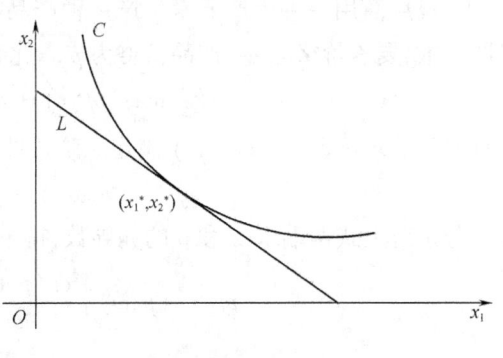

图 4.3.1

两个交点,则说明厂商可以在不增加成本的条件下生产更多的产品。因此 C 与 L 必在最优点 $\vec{x}^*$ 处相切。

4.3.1.2 利润最大化问题具有内点解的二阶必要条件

定理 4.3.2 设厂商的生产函数 $f(\vec{x})$,$\vec{0} \leq \vec{x} \in R^n$ 具有二阶连续的偏导数。

对任意给定的产品价格 p 和要素价格向量 $\vec{\omega}$,$\vec{x}^*$ 满足一阶条件(4.3.2),则 $\vec{x}^*$ 是利润最大化问题(4.3.1)内点解的二阶必要条件是:$D^2f(\vec{x}^*)$ 是半负定矩阵。

证明:由已知条件知,$\Pi(\vec{x}) = pf(\vec{x}) - \vec{\omega}\vec{x}$ 具有二阶连续的偏导数,$\vec{x}^*$ 是 $\Pi(\vec{x})$ 的驻点,且对任意的 $\vec{x}$ 有

$$D^2\Pi(\vec{x}) = D^2f(\vec{x})。$$

于是由定理 4.2.7 知,$\vec{x}^*$ 是问题(4.3.1)内点解的二阶必要条件是:$D^2\Pi(\vec{x}^*)$ 是半负定矩阵,即 $D^2f(\vec{x}^*)$ 是半负定矩阵。

4.3.1.3 利润最大化问题具有内点解的二阶充分条件

定理 4.3.3 设厂商的生产函数 $f(\vec{x})$,$\vec{0} \leq \vec{x} \in R^n$ 具有二阶连续的偏导数。对任意给定的产品价格 p 和要素价格向量 $\vec{\omega}$,$\vec{x}^*$ 满足一阶条件(4.3.2),则 $\vec{x}^*$ 是利润最大化问题(4.3.1)内点解的二阶充分条件是:$D^2f(\vec{x}^*)$ 是负定矩阵。

证明:由已知条件知,$\Pi(\vec{x}) = pf(\vec{x}) - \vec{\omega}\vec{x}$ 具有二阶连续的偏导数,$\vec{x}^*$ 是 $\Pi(\vec{x})$ 的驻点,所以由定理 4.2.8 知,$\vec{x}^*$ 是问题(4.3.1)内点解的二阶充分条件是:$D^2\Pi(\vec{x}^*)$ 是负定矩阵,即 $D^2f(\vec{x}^*)$ 是负定矩阵。

同理,由定理 4.2.9 知,当生产函数 $f(\vec{x})$ 是可微的严格凹函数时,$\vec{x}^*$ 是利润最大化问题(4.3.1)内点解的充分必要条件是:$\vec{x}^*$ 满足一阶条件(4.3.2)。

4.3.2 要素需求函数的性质

4.3.2.1 一种生产要素的要素需求函数

假设厂商用一种生产要素生产一种产品,生产函数 $y = f(x)$ 是二阶可微的严格凹函数,要素价格为 ω,产品价格为 p。此时利润最大化问题为:

$$\max_{x \geq 0}\{pf(x) - \omega x\}。$$

于是要素需求函数 $x = x(p, \omega)$ 满足一阶条件:

$$pf'(x(p,\omega)) - \omega \equiv 0。$$

分别对上式两端求 ω 和 p 的偏导数,得

$$pf''[x(p,\omega)]\frac{\partial x(p,\omega)}{\partial \omega} - 1 = 0;$$

$$f'[x(p,\omega)] + pf''[x(p,\omega)]\frac{\partial x(p,\omega)}{\partial p} = 0。$$

由于 $y = f(x)$ 是二阶可微的严格凹函数,所以 $f''[x(p,\omega)] < 0$,所以

$$\frac{\partial x(p,\omega)}{\partial \omega} = 1/pf''[x(p,\omega)] < 0;$$

$$\frac{\partial x(p,\omega)}{\partial p} = -\frac{f'[x(p,\omega)]}{pf''[x(p,\omega)]} > 0。$$

因此,一种生产要素的要素需求函数 $x = x(p,\omega)$ 是要素价格的减函数,是产品价格的增函数。

4.3.2.2 $n(n \geq 2)$ 种生产要素的要素需求函数的性质

定理 4.3.4 如果厂商具有连续二阶可微的严格凹的生产函数 $f(\vec{x})$, $\vec{x} \in R^n$ ($n \geq 2$);要素需求函数 $\vec{x} = \vec{x}(p,\vec{\omega})$ 由利润最大化问题的内点解确定,则

(1)每一要素需求都是其价格的减函数,即,$\dfrac{\partial \vec{x}(p,\vec{\omega})}{\partial \omega_i} < 0, i = 1,2,\cdots,n$;

(2)对于任意两种要素 i,j,当第 j 种要素价格增加一个单位时,第 i 种要素需求增加的数量与当第 i 种要素价格增加一个单位时,第 j 种要素需求增加的数量相等,即,

$$\dfrac{\partial x_i(p,\vec{\omega})}{\partial \omega_j} = \dfrac{\partial x_j(p,\vec{\omega})}{\partial \omega_i}, i,j = 1,2,\cdots,n。$$

即,任意两种要素需求的交叉效应相等。

证明:由于要素需求函数 $\vec{x} = \vec{x}(p,\vec{\omega})$ 由利润最大化问题的内点解确定,所以 $\vec{x} = \vec{x}(p,\vec{\omega})$ 满足一阶条件,即

$$pf_i[\vec{x}(p,\vec{\omega})] \equiv \omega_i, i = 1,2,\cdots,n。 \qquad (4.3.3)$$

在(4.3.3)各等式两端对 ω_1 求偏导,得

$$p\sum_{k=1}^{n} f_{1k}[\vec{x}(p,\vec{\omega})] \dfrac{\partial x_k(p,\vec{\omega})}{\partial \omega_1} = 1;$$

$$p\sum_{k=1}^{n} f_{ik}[\vec{x}(p,\vec{\omega})] \dfrac{\partial x_k(p,\vec{\omega})}{\partial \omega_1} = 0, i = 2,\cdots,n。$$

表示成向量的形式为

$$p \cdot \begin{pmatrix} f_{11} & f_{12} & \cdots & f_{1n} \\ f_{21} & f_{22} & \cdots & f_{2n} \\ \cdots & \cdots & \cdots & \cdots \\ f_{n1} & f_{n2} & \cdots & f_{nn} \end{pmatrix} \begin{pmatrix} \dfrac{\partial x_1}{\partial \omega_1} \\ \dfrac{\partial x_2}{\partial \omega_1} \\ \cdots \\ \dfrac{\partial x_n}{\partial \omega_1} \end{pmatrix} = \begin{pmatrix} 1 \\ 0 \\ \cdots \\ 0 \end{pmatrix};$$

同理,在(4.3.3)各等式两端对 ω_j ($j = 2,\cdots,n$) 求偏导,得

$$p \cdot \begin{pmatrix} f_{11} & f_{12} & \cdots & f_{1n} \\ f_{21} & f_{22} & \cdots & f_{2n} \\ \cdots & \cdots & \cdots & \cdots \\ f_{n1} & f_{n2} & \cdots & f_{nn} \end{pmatrix} \begin{pmatrix} \dfrac{\partial x_1}{\partial \omega_j} \\ \dfrac{\partial x_2}{\partial \omega_j} \\ \cdots \\ \dfrac{\partial x_n}{\partial \omega_j} \end{pmatrix} = \begin{pmatrix} 0 \\ \cdots \\ 0 \\ 1(j\text{行}) \\ 0 \\ \cdots \\ 0 \end{pmatrix},$$

表示成矩阵的形式为

$$p \cdot \begin{pmatrix} f_{11} & f_{12} & \cdots & f_{1n} \\ f_{21} & f_{22} & \cdots & f_{2n} \\ \cdots & \cdots & \cdots & \cdots \\ f_{n1} & f_{n2} & \cdots & f_{nn} \end{pmatrix} \begin{pmatrix} \dfrac{\partial x_1}{\partial \omega_1} & \dfrac{\partial x_1}{\partial \omega_2} & \cdots & \dfrac{\partial x_1}{\partial \omega_n} \\ \dfrac{\partial x_2}{\partial \omega_1} & \dfrac{\partial x_2}{\partial \omega_2} & \cdots & \dfrac{\partial x_2}{\partial \omega_n} \\ \cdots & \cdots & \cdots & \cdots \\ \dfrac{\partial x_n}{\partial \omega_1} & \dfrac{\partial x_n}{\partial \omega_2} & \cdots & \dfrac{\partial x_n}{\partial \omega_n} \end{pmatrix} = I,$$

即

$$pD^2 f \cdot \begin{pmatrix} \dfrac{\partial x_1}{\partial \omega_1} & \dfrac{\partial x_1}{\partial \omega_2} & \cdots & \dfrac{\partial x_1}{\partial \omega_n} \\ \dfrac{\partial x_2}{\partial \omega_1} & \dfrac{\partial x_2}{\partial \omega_2} & \cdots & \dfrac{\partial x_2}{\partial \omega_n} \\ \cdots & \cdots & \cdots & \cdots \\ \dfrac{\partial x_n}{\partial \omega_1} & \dfrac{\partial x_n}{\partial \omega_2} & \cdots & \dfrac{\partial x_n}{\partial \omega_n} \end{pmatrix} = I_\circ$$

其中, I 为 n 阶单位矩阵。

又因生产函数 $f(\vec{x})$ 是严格凹函数,所以 $D^2 f(\vec{x}^*)$ 是负定矩阵,且其逆矩阵 $(D^2 f)^{-1}$ 也是负定矩阵。因此

$$\begin{pmatrix} \dfrac{\partial x_1}{\partial \omega_1} & \dfrac{\partial x_1}{\partial \omega_2} & \cdots & \dfrac{\partial x_1}{\partial \omega_n} \\ \dfrac{\partial x_2}{\partial \omega_1} & \dfrac{\partial x_2}{\partial \omega_2} & \cdots & \dfrac{\partial x_2}{\partial \omega_n} \\ \cdots & \cdots & \cdots & \cdots \\ \dfrac{\partial x_n}{\partial \omega_1} & \dfrac{\partial x_n}{\partial \omega_2} & \cdots & \dfrac{\partial x_n}{\partial \omega_n} \end{pmatrix} = \dfrac{1}{p} (D^2 f)^{-1}$$

是负定矩阵。于是

(1) $\dfrac{\partial x_i(p, \vec{\omega})}{\partial \omega_i} < 0; i = 1, 2, \cdots, n;$

(2) $\dfrac{\partial x_i(p, \vec{\omega})}{\partial \omega_j} = \dfrac{\partial x_j(p, \vec{\omega})}{\partial \omega_i}; i, j = 1, 2, \cdots, n_\circ$

4.3.3 利润函数的比较静态分析

4.3.3.1 霍特林(Hotelling)定理

定理 4.3.5(霍特林定理) 如果厂商的生产函数 $f(\vec{x})$，$\vec{x} \in R^n$ ($n \geq 2$) 具有连续偏导数；且利润函数 $\pi(p,\vec{\omega})$ 是利润最大化问题的值函数，则

(1) 产品供给函数 $y(p,\vec{\omega}) = \dfrac{\partial \pi(p,\vec{\omega})}{\partial p}$；

(2) 要素需求函数 $x_i(p,\vec{\omega}) = \dfrac{\partial \pi(p,\vec{\omega})}{\partial \omega_i}$，$i = 1,2,\cdots,n$。

此结论称为霍特林定理。

证明：由已知利润函数 $\pi(p,\vec{\omega}) = pf(\vec{x}(p,\vec{\omega})) - \vec{\omega}\vec{x}(p,\vec{\omega})$，其中 $\vec{x}(p,\vec{\omega})$ 是利润最大化问题 $\max\limits_{\vec{x} \geq \vec{0}} \{pf(\vec{x}) - \vec{\omega}\vec{x}\}$ 的内点解。所以利润函数 $\pi(p,\vec{\omega})$ 是函数族 $\Pi(\vec{x}) = pf(\vec{x}) - \vec{\omega}\vec{x}$ ($\vec{0} \leq \vec{x} \in R^n, p > 0, \vec{\omega} > \vec{0}$) 的包络。又因生产函数 $f(\vec{x})$ 具有连续的偏导数，所以 $\Pi(\vec{x}) = pf(\vec{x}) - \vec{\omega}\vec{x}$ 可微。于是由包络定理，得

$$\frac{\partial \pi(p,\vec{\omega})}{\partial p} = \left.\frac{\partial \Pi(\vec{x})}{\partial p}\right|_{\vec{x}(p,\vec{\omega})} = f(\vec{x}(p,\vec{\omega}));$$

$$\frac{\partial \pi(p,\vec{\omega})}{\partial \omega_i} = \left.\frac{\partial \Pi(\vec{x})}{\partial \omega_i}\right|_{\vec{x}(p,\vec{\omega})} = x_i(p,\vec{\omega})。$$

所以

(1) 产品供给函数 $y(p,\vec{\omega}) = \dfrac{\partial \pi(p,\vec{\omega})}{\partial p}$；

(2) 要素需求函数 $x_i(p,\vec{\omega}) = -\dfrac{\partial \pi(p,\vec{\omega})}{\partial \omega_i}$，$i = 1,2,\cdots,n$。

4.3.3.2 利润函数的比较静态分析

我们在 4.3.2 中讨论了要素需求函数的性质，通过对利润函数的比较静态分析，也可以得到相同的性质。

设生产函数 $f(\vec{x})$ 是严格凹函数，且具有连续的二阶偏导数，则利润函数是严格凸函数，且具有连续的二阶偏导数。因此，其海塞矩阵

$$D^2\pi(p,\vec{\omega}) = \begin{pmatrix} \dfrac{\partial^2 \pi}{\partial p^2} & \dfrac{\partial^2 \pi}{\partial p \partial \omega_1} & \cdots & \dfrac{\partial^2 \pi}{\partial p \partial \omega_n} \\ \dfrac{\partial^2 \pi}{\partial \omega_1 \partial p} & \dfrac{\partial^2 \pi}{\partial \omega_1^2} & \cdots & \dfrac{\partial^2 \pi}{\partial \omega_1 \partial \omega_n} \\ \cdots & \cdots & \cdots & \cdots \\ \dfrac{\partial^2 \pi}{\partial \omega_n \partial p} & \dfrac{\partial^2 \pi}{\partial \omega_n \partial \omega_1} & \cdots & \dfrac{\partial^2 \pi}{\partial \omega_n^2} \end{pmatrix}$$

是正定矩阵。再由 Hotelling 定理，我们立即得到

(1) $\dfrac{\partial y(p,\vec{\omega})}{\partial p} = \dfrac{\partial^2 \pi(p,\vec{\omega})}{\partial p^2}$；

(2) $\dfrac{\partial x_i(p,\vec{\omega})}{\partial \omega_i} = -\dfrac{\partial^2 \pi(p,\vec{\omega})}{\partial \omega_i^2}, i = 1,2,\cdots,n$；

(3) $\dfrac{\partial x_i(p,\vec{\omega})}{\partial \omega_j} = -\dfrac{\partial^2 \pi}{\partial \omega_i \partial \omega_j} = -\dfrac{\partial^2 \pi}{\partial \omega_j \partial \omega_i} = \dfrac{\partial x_j(p,\vec{\omega})}{\partial \omega_i}, i,j = 1,2,\cdots,n$。

由(1)和(2)可以看出,产品供给函数是产品价格的增函数,要素需求函数是要素价格的减函数;由(3)可以看出,当第 j 种要素价格增加一个单位时,第 i 种要素需求增加的数量与当第 i 种要素价格增加一个单位时,第 j 种要素需求增加的数量相等,即,任意两种要素需求的交叉效应相等。

本章经济问题总结

本章通过数学方法,讨论了利润最大化问题有解的必要条件和充分条件;证明了霍特林定理,即给出了利润函数与产品供给函数及需求函数之间的关系。

(1)霍特林定理,如果利润函数具有连续的偏导数,则利润函数与产品供给函数及需求函数有如下的关系:(1)产品供给函数 $y(p,\vec{\omega}) = \dfrac{\partial \pi(p,\vec{\omega})}{\partial p}$；

(2)要素需求函数 $x_i(p,\vec{\omega}) = -\dfrac{\partial \pi(p,\vec{\omega})}{\partial \omega_i}, i = 1,2,\cdots,n$；

(3) $\dfrac{\partial x_i(p,\vec{\omega})}{\partial \omega_i} = -\dfrac{\partial^2 \pi(p,\vec{\omega})}{\partial \omega_i^2}, i = 1,2,\cdots,n$；

(4) $\dfrac{\partial x_i(p,\vec{\omega})}{\partial \omega_j} = -\dfrac{\partial^2 \pi}{\partial \omega_i \partial \omega_j} = -\dfrac{\partial^2 \pi}{\partial \omega_j \partial \omega_i} = \dfrac{\partial x_j(p,\vec{\omega})}{\partial \omega_i}, i,j = 1,2,\cdots,n$。

(2)需求函数的性质

由霍特林定理立即得到需求函数的如下性质:

①每一要素的需求函数都是其价格的减函数;

②对任意两种要素 $i,j(1 \leq i,j \leq n)$,当第 j 种要素价格增加一个单位时,第 i 种要素需求增加的数量与当第 i 种要素价格增加一个单位时,第 j 种要素需求增加的数量相等。

5 等约束条件下的极值问题及经济问题实例

本章介绍等约束条件下多元函数的极值(或最值)问题与解决该问题的拉格朗日乘数法,并给出该问题有解的必要和充分条件。本章还讨论了成本最小化问题,效用最大化问题和支出最小化问题有解的必要和充分条件以及这些条件揭示的经济规律。

5.1 等约束条件下的极值问题

5.1.1 等约束条件下的极值问题概述

5.1.1.1 问题的提出

我们在第四章讨论了函数 $z=f(\vec{x})$,$\vec{x} \in D \subset R^n$ 的极值问题,并给出了 $f(\vec{x})$ 在 $\vec{x}^0 \in D$ 处取得极值的一些必要和充分条件。但在实际问题中,我们还会遇到求一个函数在某些约束条件下的极值问题。先看一个实例。

例 5.1.1 某厂商要设计生产一个容积为 V 的开口容器,问容器的长、宽和高各为多少时其表面积最小?

为了解决这个问题,我们先将这个问题数学模型化。设容器的长、宽和高分别为 x,y 和 z,表面积为 $S(x,y,z)$,则容器的表面积为:

$$S(x,y,z) = 2(xz + yz) + xy,$$

其中,$x > 0, y > 0, z > 0$。于是问题转化为:在区域 $D = \{(x,y,z) | x > 0, y > 0, z > 0\}$ 内,求函数 $S(x,y,z)$ 在约束条件 $xyz = V$ 之下的最小值。我们将此问题记为:

$$\begin{cases} \min S(x,y,z) \\ \text{s.t.} \begin{array}{l} xyz = V \\ (x,y,z) \in D \end{array} \end{cases} \quad (5.1.1)$$

并称 $S(x,y,z)$ 为目标函数。

现将上述问题一般化。设 $z = f(\vec{x})$,及 $\varphi^j(\vec{x})$ ($j = 1,\cdots,m$) 都是定义在区域 $D \subset R^n$ 上的函数,我们要解决的问题是:在区域 D 内,求函数 $z = f(\vec{x})$ 在约束条件 $\varphi^j(\vec{x}) = 0$ ($j = 1,\cdots,m$) 下的最大值或最小值。记为

$$\begin{cases} \max \ z = f(\vec{x}) \\ \text{s. t.} \quad \varphi^j(\vec{x}) = 0, 1 \leq j \leq m \\ \quad \vec{x} \in D \end{cases} \quad (5.1.2)$$

或

$$\begin{cases} \min \ z = f(\vec{x}) \\ \text{s. t.} \quad \varphi^j(\vec{x}) = 0, 1 \leq j \leq m \\ \quad \vec{x} \in D \end{cases} \quad (5.1.3)$$

并称 $z = f(\vec{x})$ 为目标函数。

如果存在 $\vec{x}^0$ 的某个 $\delta_0 > 0$ 邻域 $U(\vec{x}^0, \delta_0) \subset D$,使得在 $U(\vec{x}^0, \delta_0)$ 内 $f(\vec{x}^0)$ 是函数 $f(\vec{x})$ 满足约束条件 $\varphi^j(\vec{x}) = 0, 1 \leq j \leq m$ 的最大值(或最小值),则称 $f(\vec{x}^0)$ 是函数 $f(\vec{x})$ 的一个条件极大值(或极小值);称 $\vec{x}^0$ 是一个条件极大值点(或极小值点);也称 $\vec{x}^0$ 为问题(5.1.2)[或问题(5.1.3)]的一个局部解。

如果在 D 内,$f(\vec{x}^*)$ 是函数 $f(\vec{x})$ 满足约束条件 $\varphi^j(\vec{x}) = 0, 1 \leq j \leq m$ 的最大值(或最小值),则称 $\vec{x}^*$ 是问题(5.1.2)[或问题(5.1.3)]的一个(全域)解。

显然,如果 D 是一个开区域,$\vec{x}^*$ 是问题(5.1.2)[或问题(5.1.3)]的一个(全域)解,那么 $\vec{x}^*$ 一定是一个局部解,$f(\vec{x}^*)$ 一定是一个条件极值。在下面的讨论中,我们都假设 D 是一个开区域,于是问题(5.1.2)[或问题(5.1.3)]就是条件极值问题了。由于约束条件都是等式,所以我们也称问题(5.1.2)[或问题(5.1.3)]是等约束的条件极值问题。

5.1.1.2 解决问题的思路

现在我们再回到例5.1.1,即求问题(5.1.1)的解。通常我们会想到从等式 $xyz = V$ 中解出 $z = V/xy$,并将其代入函数 $S(x,y,z)$,得到

$$g(x,y) = S(x,y,V/xy) = 2V\left(\frac{1}{x} + \frac{1}{y}\right) + xy, (x > 0, y > 0)。$$

于是问题转化为:求函数 $g(x,y)$ 在区域 $E = \{(x,y) \mid x > 0, y > 0\}$ 上的最大值。这是第四章讨论的无约束条件的极值(或最值)问题。

令

$$g_x(x,y) = -\frac{2V}{x^2} + y = 0,$$

$$g_y(x,y) = -\frac{2V}{y^2} + x = 0,$$

得到唯一的稳定点 (x_0, y_0),其中,$x_0 = y_0 = \sqrt[3]{2V}$。

由于 $g_{xx}(x_0, y_0) = 2 = g_{yy}(x_0, y_0)$,$g_{xy}(x_0, y_0) = g_{yx}(x_0, y_0) = 1$,所以 $D^2 g =$

$\begin{bmatrix} 2 & 1 \\ 1 & 2 \end{bmatrix}$。显然 $D^2 g$ 是正定矩阵,所以当 $x_0 = y_0 = \sqrt[3]{2V}$ 时,$g(x,y)$ 取得极小值。

又因 $g(x,y)$ 连续,且当 $x \to +\infty$ 或 $y \to +\infty$ 时,有 $g(x,y) \to +\infty$,所以 $g(x, y)$ 一定取得最小值。所以 (x_0, y_0) 一定是 $g(x,y)$ 的最小值点。由于当 $x_0 = y_0 = \sqrt[3]{2V}$ 时,$z_0 = \frac{1}{2}\sqrt[3]{2V}$,$S(x_0, y_0, z_0) = \sqrt[3]{4V^2}$,所以厂商将容器的长、宽和高分别设计为 $\sqrt[3]{2V}$,$\sqrt[3]{2V}$ 和 $\frac{1}{2}\sqrt[3]{2V}$ 时,容器的表面积最小,最小值为 $\sqrt[3]{4V^2}$。

问题(5.1.1)的解法提示我们,对于问题(5.1.2)或(5.1.3),也可以由约束条件构成的方程组中解出部分自变量,并代入目标函数,将条件极值问题转化为无条件极值问题求解。但这样做存在如下两个问题:

第一,能否由约束条件构成的方程组中解出部分自变量?由隐函数组定理知,首先要求雅可比矩阵

$$J = \frac{\partial(\varphi^1, \cdots, \varphi^m)}{\partial(x_1, \cdots, x_n)}$$

的秩小于 n。 为此我们始终假设 $m < n$。

第二,即使雅可比矩阵 J 的秩小于 n,由于函数 $\varphi^j(\vec{x}), 1 \leq j \leq m$ 表达式的复杂性,我们也很难由约束条件构成的方程组中解出部分自变量。

由于第二个原因,我们必须考虑其他思路。如果将问题(5.1.3)的目标函数换成其相反数,问题(5.1.3)就转化成问题(5.1.2)了,因此我们只需讨论问题(5.1.2)。

下面针对 $n = 2, m = 1$ 的情况,分析讨论问题(5.1.2)的解需要满足的条件,并给出求等约束条件极值的拉格朗日乘数法。当 $n = 2, m = 1$ 时,问题(5.1.2)为

$$\begin{cases} \max z = f(x, y) \\ \text{s. t.} \begin{array}{l} \varphi(x,y) = 0 \\ (x, y) \in D \end{array} \end{cases} \qquad (5.1.4)$$

设方程 $\varphi(x,y) = 0$ 表示的曲线为 C,于是问题为:当动点 $P(x,y)$ 在曲线 C 上变动时,求函数 $z = f(x,y)$ 的极值。

假设 $P_0(x_0, y_0)$ 是极值点,函数 $\varphi(x, y)$ 具有连续的偏导数,且 $\varphi_y(x_0, y_0) \neq 0$,那么,由隐函数存在定理知,方程 $\varphi(x, y) = 0$ 确定了一个定义在 x_0 的邻域 $U(x_0, \delta_0)$ 内的函数 $y = y(x)$,使得在 $P_0(x_0, y_0)$ 的附近,曲线 C 的方程为 $y = y(x)$。曲线 C 在 $P_0(x_0, y_0)$ 点切线的斜率为

$$y'(x_0) = -\frac{\varphi_x(x_0, y_0)}{\varphi_y(x_0, y_0)}。$$

又因当变量 x 在邻域 $U(x_0,\delta_0)$ 内变动时,动点 $P(x,y)=P(x,y(x))$ 在曲线 C 上,且在点 $P_0(x_0,y_0)$ 附近变动,所以 x_0 是复合函数 $F(x)=f(x,y(x))$ 的极值点。如果函数 $z=f(x,y)$ 在 $P_0(x_0,y_0)$ 处可微,则有

$$f'(x_0)=f_x(x_0,y_0)+f_y(x_0,y_0)y'(x_0)=0,$$

即

$$y'(x_0)=-\frac{f_x(x_0,y_0)}{f_y(x_0,y_0)},$$

因此有

$$-\frac{\varphi_x(x_0,y_0)}{\varphi_y(x_0,y_0)}=-\frac{f_x(x_0,y_0)}{f_y(x_0,y_0)},$$

于是

$$-\frac{f_x(x_0,y_0)}{\varphi_x(x_0,y_0)}=-\frac{f_y(x_0,y_0)}{\varphi_y(x_0,y_0)},$$

记上式的比值为 λ_0,得

$$f_x(x_0,y_0)+\lambda_0\varphi_x(x_0,y_0)=0,$$
$$f_y(x_0,y_0)+\lambda_0\varphi_y(x_0,y_0)=0。$$

结合 $\varphi(x_0,y_0)=0$,我们看到,如果构造一个函数:

$$L(x,y,\lambda)=f(x,y)+\lambda\varphi(x,y),$$

那么,(x_0,y_0,λ_0) 是函数 $L(x,y,\lambda)$ 的驻点。也就是说,如果 (x_0,y_0) 是问题 (5.1.4) 的解,那么必存在常数 λ_0,使得 (x_0,y_0,λ_0) 是函数 $L(x,y,\lambda)$ 的驻点,即 (x_0,y_0,λ_0) 满足方程组:

$$\frac{\partial L}{\partial x}=f_x(x_0,y_0)+\lambda_0\varphi_x(x_0,y_0)=0,$$
$$\frac{\partial L}{\partial y}=f_y(x_0,y_0)+\lambda_0\varphi_y(x_0,y_0)=0,$$
$$\frac{\partial L}{\partial \lambda}=\varphi(x_0,y_0)=0。$$

因此,求解问题 (5.1.4),可以先求出 $L(x,y,\lambda)$ 的驻点,再判断驻点是否是问题 (5.1.4) 的解。我们称函数 $L(x,y,\lambda)=f(x,y)+\lambda\varphi(x,y)$ 为拉格朗日函数,λ 为拉格朗日乘数。

对一般的等约束条件下的极值问题 (5.1.2),我们称函数:

$$L(\vec{x};\lambda_1,\cdots,\lambda_m)=f(\vec{x})+\sum_{j=1}^{m}\lambda_j\varphi^j(\vec{x}) \quad (5.1.5)$$

为拉格朗日函数,λ_j ($j=1,2,\cdots,m$) 为拉格朗日乘数。

5.1.2 等约束条件下的极值问题有解的必要和充分条件

5.1.2.1 等约束条件下极值问题有解的必要条件

在上面的分析中我们看到,问题(5.1.4)的解一定是拉格朗日函数 $L(x,y,\lambda)$ 的驻点,对一般的等约束条件下极值问题(5.1.2)是否也有相同的结论？下面的定理给出了肯定的回答。

定理 5.1.1(一阶必要条件) 设函数 $f(\vec{x})$ 和 $\varphi^j(\vec{x})$ ($j=1,2,\cdots,m$) 在开区域 $D \subset R^n$ 上有一阶连续的偏导数, $\vec{x}^0 \in D$ 是问题(5.1.2)的局部解;函数组 $\varphi^j(\vec{x})$ ($j=1,2,\cdots,m$) 在 $\vec{x}^0$ 处关于 $\vec{x}$ 的雅可比矩阵

$$J = \frac{\partial(\varphi^1,\cdots,\varphi^m)}{\partial(x_1,\cdots,x_n)} = \begin{bmatrix} \dfrac{\partial \varphi^1}{\partial x_1} & \dfrac{\partial \varphi^1}{\partial x_2} & \cdots & \dfrac{\partial \varphi^1}{\partial x_n} \\ \dfrac{\partial \varphi^2}{\partial x_1} & \dfrac{\partial \varphi^2}{\partial x_2} & \cdots & \dfrac{\partial \varphi^2}{\partial x_n} \\ \cdots & \cdots & \cdots & \cdots \\ \dfrac{\partial \varphi^m}{\partial x_1} & \dfrac{\partial \varphi^m}{\partial x_2} & \cdots & \dfrac{\partial \varphi^m}{\partial x_n} \end{bmatrix}$$

的秩等于 m, 则存在 m 个常数 $\lambda_1^0, \lambda_2^0, \cdots, \lambda_m^0$, 使得 $(\vec{x}^0, \vec{\lambda}^0)$ 是拉格朗日函数(5.1.5)的驻点,其中 $\vec{\lambda}^0 = (\lambda_1^0, \lambda_2^0, \cdots, \lambda_m^0)$, 即 $(\vec{x}^0, \vec{\lambda}^0)$ 是如下 $n+m$ 下方程的解。

$$\begin{cases} \dfrac{\partial L}{\partial x_i} = \dfrac{\partial f}{\partial x_i} + \sum_{j=1}^m \lambda_j \dfrac{\partial \varphi^j}{\partial x_i} = 0 \\ i = 1,\cdots,n \\ \dfrac{\partial L}{\partial \lambda_j} = \varphi^j(x_1, x_2, \cdots, x_n) = 0 \\ j = 1, \cdots, m \end{cases} \quad (5.1.6)$$

我们称(5.1.6)式为问题(5.1.2)的一阶条件。如果用 $DL(\vec{x},\vec{\lambda})$ 表示 $L(\vec{x},\vec{\lambda})$ 对 $(\vec{x},\vec{\lambda})$ 偏导数构成的行向量,则一阶条件可表示为 $DL(\vec{x}^0, \vec{\lambda}^0) = \vec{0}$; 如果用 $D_{\vec{x}}L(\vec{x},\vec{\lambda})$ 表示 $L(\vec{x},\vec{\lambda})$ 对 $\vec{x}$ 偏导数构成的行向量,则一阶条件还可以表示为 $D_{\vec{x}}L(\vec{x}^0, \vec{\lambda}^0) = \vec{0}$, 这是因为如果 $\vec{x}^0$ 是(5.1.2)的解,那么(5.1.6)式中后 m 个等式自然成立。

证明:不妨设矩阵 J 的前 m 列构成的方阵

$$B = \begin{bmatrix} \dfrac{\partial \varphi^1}{\partial x_1} & \dfrac{\partial \varphi^1}{\partial x_2} & \cdots & \dfrac{\partial \varphi^1}{\partial x_m} \\ \dfrac{\partial \varphi^2}{\partial x_1} & \dfrac{\partial \varphi^2}{\partial x_2} & \cdots & \dfrac{\partial \varphi^2}{\partial x_m} \\ \cdots & \cdots & & \cdots \\ \dfrac{\partial \varphi^m}{\partial x_1} & \dfrac{\partial \varphi^m}{\partial x_2} & \cdots & \dfrac{\partial \varphi^m}{\partial x_m} \end{bmatrix}$$

的秩等于 m。由于 $\vec{x}^0 \in D$ 是问题(5.1.2)的局部解,所以存在 $\vec{x}^0$ 的某个 $\delta_0(\delta_0 > 0)$ 邻域 $U(\vec{x}^0, \delta_0) \subset D$,使得在 $U(\vec{x}^0, \delta_0)$ 内 $f(\vec{x}^0)$ 是满足约束条件的函数 $f(\vec{x})$ 的极大值。由隐函数组定理知,存在定义在点 $Q_1(x_{m+1}^0, x_{m+2}^0, \cdots, x_n^0)$ 的 $\delta_1(\delta_1 > 0)$ 邻域 $U(Q_1, \delta_1)$ 上取值于 $Q_2(x_1^0, x_2^0, \cdots, x_m^0)$ 的 $\delta_2(\delta_2 > 0)$ 邻域 $U(Q_2, \delta_2)$ 内的函数组

$$x_k = x_k(x_{m+1}, x_{m+2}, \cdots, x_n), k = 1, 2, \cdots, m,$$

使得,当 $(x_{m+1}, x_{m+2}, \cdots, x_n) \in U(Q_1, \delta_1)$ 时,有

$$\varphi^j[x_1(x_{m+1}, \cdots, x_n), \cdots, x_m(x_{m+1}, \cdots, x_n), x_{m+1}, \cdots, x_n] \equiv 0, \quad (5.1.7)$$

且

$$U(Q_1, \delta_1) \times U(Q_2, \delta_2) \subset U(\vec{x}^0, \delta_0)。$$

第一,设 f_i 是函数 $f(\vec{x})$ 在 $\vec{x}^0$ 处关于 x_i 的偏导数,$i = 1, 2, \cdots, m$。由于矩阵 B 的秩等于 m,所以如下的线性方程组

$$B^\tau \begin{bmatrix} \lambda_1 \\ \lambda_2 \\ \cdots \\ \lambda_m \end{bmatrix} = - \begin{bmatrix} f_1 \\ f_2 \\ \cdots \\ f_m \end{bmatrix}$$

有唯一解,记为 $\vec{\lambda}^0 = (\lambda_1^0, \lambda_2^0, \cdots, \lambda_m^0)$。于是

$$(\lambda_1^0, \lambda_2^0, \cdots, \lambda_m^0) B = -(f_1, f_2, \cdots, f_m); \quad (5.1.8)$$

$$(\lambda_1^0, \lambda_2^0, \cdots, \lambda_m^0) = -(f_1, f_2, \cdots, f_m) B^{-1}。 \quad (5.1.9)$$

由(5.1.8)式知,对每个 $i(1 \leq i \leq m)$,有

$$\lambda_1^0 \frac{\partial \varphi^1}{\partial x_i} + \lambda_2^0 \frac{\partial \varphi^2}{\partial x_i} + \cdots + \lambda_m^0 \frac{\partial \varphi^m}{\partial x_i} = -\frac{\partial f}{\partial x_i},$$

即

$$\frac{\partial f}{\partial x_i} + \lambda_1^0 \frac{\partial \varphi^1}{\partial x_i} + \lambda_2^0 \frac{\partial \varphi^2}{\partial x_i} + \cdots + \lambda_m^0 \frac{\partial \varphi^m}{\partial x_i} = 0。 \quad (5.1.10)$$

第二,在恒等式(5.1.7)两端对 x_k($k = m + 1, \cdots, n$)求偏导数,得

$$\frac{\partial \varphi^i}{\partial x_1}\frac{\partial x_1}{\partial x_k} + \cdots + \frac{\partial \varphi^i}{\partial x_m}\frac{\partial x_m}{\partial x_k} + \frac{\partial \varphi^i}{\partial x_k} = 0, i = 1, 2, \cdots, m_\circ$$

即

$$\begin{bmatrix} \frac{\partial \varphi^1}{\partial x_1} & \frac{\partial \varphi^1}{\partial x_2} & \cdots & \frac{\partial \varphi^1}{\partial x_m} \\ \frac{\partial \varphi^2}{\partial x_1} & \frac{\partial \varphi^2}{\partial x_2} & \cdots & \frac{\partial \varphi^2}{\partial x_m} \\ \cdots & \cdots & \cdots & \cdots \\ \frac{\partial \varphi^m}{\partial x_1} & \frac{\partial \varphi^m}{\partial x_2} & \cdots & \frac{\partial \varphi^m}{\partial x_m} \end{bmatrix} \begin{bmatrix} \frac{\partial x_1}{\partial x_k} \\ \frac{\partial x_2}{\partial x_k} \\ \cdots \\ \frac{\partial x_m}{\partial x_k} \end{bmatrix} + \begin{bmatrix} \frac{\partial \varphi^1}{\partial x_k} \\ \frac{\partial \varphi^2}{\partial x_k} \\ \cdots \\ \frac{\partial \varphi^m}{\partial x_k} \end{bmatrix} = B \begin{bmatrix} \frac{\partial x_1}{\partial x_k} \\ \frac{\partial x_2}{\partial x_k} \\ \cdots \\ \frac{\partial x_m}{\partial x_k} \end{bmatrix} + \begin{bmatrix} \frac{\partial \varphi^1}{\partial x_k} \\ \frac{\partial \varphi^2}{\partial x_k} \\ \cdots \\ \frac{\partial \varphi^m}{\partial x_k} \end{bmatrix} = \vec{0},$$

于是在 $\vec{x}^0$ 处有

$$\begin{bmatrix} \frac{\partial x_1}{\partial x_k} \\ \frac{\partial x_2}{\partial x_k} \\ \cdots \\ \frac{\partial x_m}{\partial x_k} \end{bmatrix} = -B^{-1} \begin{bmatrix} \frac{\partial \varphi^1}{\partial x_k} \\ \frac{\partial \varphi^2}{\partial x_k} \\ \cdots \\ \frac{\partial \varphi^m}{\partial x_k} \end{bmatrix}, k = m+1, \cdots, n_\circ \qquad (5.1.11)$$

第三，将 $x_k = x_k(x_{m+1}, x_{m+2}, \cdots, x_n)$，$k = 1, 2, \cdots, m$ 代入目标函数 $f(x_1, x_2, \cdots, x_n)$ 得

$$F(x_{m+1}, \cdots, x_n) = f[x_1(x_{m+1}, \cdots, x_n), \cdots, x_m(x_{m+1}, \cdots, x_n), x_{m+1}, \cdots, x_n]_\circ$$

由于当 $(x_{m+1}, x_{m+2}, \cdots, x_n) \in U(Q_1, \delta_1)$ 时，$(x_1(x_{m+1}, \cdots, x_n), \cdots, x_m(x_{m+1}, \cdots, x_n), x_{m+1}, \cdots, x_n) \in U(\vec{x}^0, \delta_0)$，所以函数 $F(x_{m+1}, \cdots, x_n)$ 在点 $Q_1(x_{m+1}^0, x_{m+2}^0, \cdots, x_n^0)$ 处取得极值。所以在 Q_1 处有

$$\frac{\partial F}{\partial x_k} = \frac{\partial f}{\partial x_1}\frac{\partial x_1}{\partial x_k} + \cdots + \frac{\partial f}{\partial x_m}\frac{\partial x_m}{\partial x_k} + \frac{\partial f}{\partial x_k} = 0, k = m+1, \cdots, n,$$

即

$$\left(\frac{\partial f}{\partial x_1}, \frac{\partial f}{\partial x_2}, \cdots, \frac{\partial f}{\partial x_m}\right) \begin{bmatrix} \frac{\partial x_1}{\partial x_k} \\ \frac{\partial x_2}{\partial x_k} \\ \cdots \\ \frac{\partial x_m}{\partial x_k} \end{bmatrix} = -\frac{\partial f}{\partial x_k}, k = m+1, \cdots, n_\circ$$

于是再由(5.1.11),得

$$-\left(\frac{\partial f}{\partial x_1},\frac{\partial f}{\partial x_2},\cdots,\frac{\partial f}{\partial x_m}\right)B^{-1}\begin{bmatrix}\dfrac{\partial\varphi^1}{\partial x_k}\\[4pt]\dfrac{\partial\varphi^2}{\partial x_k}\\\cdots\\\dfrac{\partial\varphi^m}{\partial x_k}\end{bmatrix}=-\frac{\partial f}{\partial x_k},k=m+1,\cdots,n,$$

再结合(5.1.9),得

$$(\lambda_1^0,\lambda_2^0,\cdots,\lambda_m^0)\begin{bmatrix}\dfrac{\partial\varphi^1}{\partial x_k}\\[4pt]\dfrac{\partial\varphi^2}{\partial x_k}\\\cdots\\\dfrac{\partial\varphi^m}{\partial x_k}\end{bmatrix}=-\frac{\partial f}{\partial x_k},k=m+1,\cdots,n,$$

即

$$\frac{\partial f}{\partial x_k}+\lambda_1^0\frac{\partial\varphi^1}{\partial x_k}+\lambda_2^0\frac{\partial\varphi^2}{\partial x_k}+\cdots+\lambda_m^0\frac{\partial\varphi^m}{\partial x_k}=0,k=m+1,\cdots,n_\circ$$

于是在 $\vec{x}^0$ 处,对任意的 $i=1,\cdots,n$,都有

$$\frac{\partial L}{\partial x_i}=\frac{\partial f}{\partial x_i}+\lambda_1^0\frac{\partial\varphi^1}{\partial x_i}+\lambda_2^0\frac{\partial\varphi^2}{\partial x_i}+\cdots+\lambda_m^0\frac{\partial\varphi^m}{\partial x_i}=0_\circ$$

即 $D_{\vec{x}}L(\vec{x}^0,\vec{\lambda}^0)=\vec{0}_\circ$ 另外,$\vec{x}^0$ 显然满足下列等式:

$$\frac{\partial L}{\partial\lambda_j}=\varphi^j(x_1,x_2,\cdots,x_n)=0,j=1,\cdots,m_\circ$$

因此,$(\vec{x}^0,\vec{\lambda}^0)$ 是拉格朗日函数(5.1.5)的驻点。

例 5.1.2 抛物面

$$C:z=x^2+y^2$$

被平面

$$\Pi:x+y+z=1$$

截成一个椭圆 L。求 L 到原点的最长距离和最短距离。

解:由于 L 上的点 $P(x,y,z)$ 与原点的距离 $|OP|$ 最长或最短等价于 $|OP|^2=x^2+y^2+z^2$ 最大或最小。因此,该问题转化为:求函数 $f(x,y,z)=x^2+y^2+z^2$,$(x,y,$

$z) \in R^3$ 在约束条件 $x + y + z - 1 = 0$ 和 $x^2 + y^2 - z = 0$ 下的最值问题。该问题的拉格朗日函数为

$$L(x,y,z,\lambda) = x^2 + y^2 + z^2 + \lambda_1(x + y + z - 1) + \lambda_2(x^2 + y^2 - z)。$$

令

$$\begin{cases} \dfrac{\partial L}{\partial x} = 2x + \lambda_1 + 2x\lambda_2 = 0 \\ \dfrac{\partial L}{\partial y} = 2y + \lambda_1 + 2y\lambda_2 = 0 \\ \dfrac{\partial L}{\partial z} = 2z + \lambda_1 - \lambda_2 = 0 \\ \dfrac{\partial L}{\partial \lambda_1} = x + y + z - 1 = 0 \\ \dfrac{\partial L}{\partial \lambda_2} = x^2 + y^2 - z = 0 \end{cases},$$

解方程组得

$$\lambda_1^1 = -7 + \frac{11}{3}\sqrt{3},$$

$$\lambda_2^1 = -3 + \frac{5}{3}\sqrt{3},$$

$$x^1 = y^1 = \frac{-1 + \sqrt{3}}{2},$$

$$z^1 = 2 - \sqrt{3},$$

$$\lambda_1^2 = -7 - \frac{11}{3}\sqrt{3},$$

$$\lambda_2^2 = -3 - \frac{5}{3}\sqrt{3},$$

$$x^2 = y^2 = \frac{-1 - \sqrt{3}}{2},$$

$$z^2 = 2 + \sqrt{3}。$$

于是得到拉格朗日函数的两个驻点 $(x^i, y^i, z^i, \lambda_1^i, \lambda_2^i)$, $i = 1,2$。由定理 5.1.1 知,该问题如果有解,那么该解一定是 $P_i = (x^i, y^i, z^i)$, $i = 1,2$。

另一方面,L 是有界闭集,且 $f(x,y,z)$ 在 L 上连续,所以 $f(x,y,z)$ 在 L 上一定有最大值和最小值。因此 (x^i, y^i, z^i), $i = 1,2$ 中一个是最大值点,一个是最小值点。计算得,$\sqrt{f(P_2)} = \sqrt{9 + 5\sqrt{3}}$ 是 L 到原点的最大距离,$\sqrt{f(P_1)} = \sqrt{9 - 5\sqrt{3}}$ 是 L 到

原点的最小距离。

定理5.1.2（二阶必要条件） 设函数$f(\vec{x})$和$\varphi^j(\vec{x})$（$j=1,2,\cdots,m<n$）在开区域$D \subset R^n$上有二阶连续的偏导数，函数组$\varphi^j(\vec{x})$（$j=1,2,\cdots,m$）在$\vec{x}^0$处关于$\vec{x}$的雅可比矩阵

$$J = \frac{\partial(\varphi^1,\cdots,\varphi^m)}{\partial(x_1,\cdots,x_n)}$$

的秩$r(J)=m$。如果$\vec{x}^0 \in D$是问题(5.1.2)的局部解，那么对满足条件：$\vec{x}^0+\vec{h} \in D$，且$\varphi^j(\vec{x}^0+\vec{h})=0$（$j=1,2,\cdots,m$）的任意$\vec{h}=(h_1,\cdots,h_n) \in R^n$，都有

$$\vec{h} D^2_{\vec{x}\vec{x}} L(\vec{x}^0,\vec{\lambda}^0) \vec{h}^\tau \leq 0。$$

其中，$D^2_{\vec{x}\vec{x}} L(\vec{x}^0,\vec{\lambda}^0)$是拉格朗日函数$L(\vec{x},\vec{\lambda})$对$\vec{x}$的二阶偏导数构成的海塞矩阵。

证明：设$\vec{x}^0 \in D$是问题(5.1.2)的局部解，则$\varphi^j(\vec{x}^0)=0$，$1 \leq j \leq m$。

因为$r(J)=m$，且$f(\vec{x})$和$\varphi(\vec{x})$在开区域D上有二阶连续的偏导数，所以由定理5.1.1知，必存在$\vec{\lambda}^0 \in R^m$，使得$(\vec{x}^0,\vec{\lambda}^0)$满足一阶条件$D_{\vec{x}} L(\vec{x}^0,\vec{\lambda}^0)=\vec{0}$。

在$L(\vec{x},\vec{\lambda})$中取$\vec{\lambda}=\vec{\lambda}^0$，记$F(\vec{x})=L(\vec{x},\vec{\lambda}^0)=f(\vec{x})+\sum_{j=1}^{m}\lambda_j^0 \varphi^j(\vec{x})$，则$F(\vec{x})$在开区域$D$上有二阶连续的偏导数，于是当$\vec{x}^0+\vec{h} \in D$有如下的二阶泰勒公式：

$$F(\vec{x}^0+\vec{h}) = F(\vec{x}^0) + DF(\vec{x}^0)\vec{h}^\tau + \frac{1}{2}\vec{h} D^2 F(\vec{x}^0)\vec{h}^\tau + o(\rho^2)(\rho \to 0)$$

其中，$\rho^2 = \vec{h}\vec{h}^\tau$。

容易验证，

（1）$F(\vec{x}^0) = L(\vec{x}^0,\vec{\lambda}^0) = f(\vec{x}^0) + \sum_{j=1}^{m}\lambda_j^0 \varphi^j(\vec{x}^0) = f(\vec{x}^0)$；

（2）如果$\vec{x}^0+\vec{h} \in D$满足约束条件$\varphi^j(\vec{x}^0+\vec{h})=0$，$\varphi^j(\vec{x}^0)=0$，$1 \leq j \leq m$，那么有

$$F(\vec{x}^0+\vec{h}) = L(\vec{x}^0+\vec{h},\vec{\lambda}^0) = f(\vec{x}^0+\vec{h}) + \sum_{j=1}^{m}\lambda_j^0 \varphi^j(\vec{x}^0+\vec{h}) = f(\vec{x}^0+\vec{h})；$$

（3）由一阶条件知，$\vec{x}^0$是$F(\vec{x})$的驻点，即

$$DF(\vec{x}^0) = D_{\vec{x}} L(\vec{x}^0,\vec{\lambda}^0) = \vec{0}；$$

（4）　　　　　　　　$D^2 F(\vec{x}^0) = D^2_{\vec{x}\vec{x}} L(\vec{x}^0,\vec{\lambda}^0)$。

于是二阶泰勒公式转化为：

$$f(\vec{x}^0+\vec{h}) = f(\vec{x}^0) + \frac{1}{2}\vec{h} D^2_{\vec{x}\vec{x}} L(\vec{x}^0,\vec{\lambda}^0) \vec{h}^\tau + o(\rho^2)，$$

即
$$f(\vec{x}^0+\vec{h})-f(\vec{x}^0)=\frac{1}{2}\vec{h}D^2_{\vec{x}\vec{x}}L(\vec{x}^0,\vec{\lambda}^0)\vec{h}^\tau+o(\rho^2)(\rho\to 0)。$$

如果 $\vec{x}^0 \in D$ 是问题(5.1.2)的局部解,那么存在 $\vec{x}^0$ 的一个邻域 $U(\vec{x}^0,\delta^0) \subset D$,使得对任意的 $\vec{h} \in R^n$,只要 $\vec{x}^0 + \vec{h} \in U(\vec{x}^0,\delta^0)$,且 $\varphi^j(\vec{x}^0+\vec{h})=0, 1\leq j\leq m$,都有

$$f(\vec{x}^0+\vec{h})-f(\vec{x}^0)=\frac{1}{2}\vec{h}D^2_{\vec{x}\vec{x}}L(\vec{x}^0,\vec{\lambda}^0)\vec{h}^\tau+o(\rho^2)\leq 0,(\rho\to 0)。$$

由第四章定理 4.2.7 的证明知,必有

$$\vec{h}D^2_{\vec{x}\vec{x}}L(\vec{x}^0,\vec{\lambda}^0)\vec{h}^\tau\leq 0。$$

注:如果再加上约束条件 $D\varphi^j(\vec{x}^0)\vec{h}=0, 1\leq j\leq m$,上式也成立。因此二阶必要条件还可以叙述为:如果 $\vec{x}^0 \in D$ 是问题(5.1.2)的局部解,那么对任意的 $\vec{h} \in R^n$,只要 $\vec{x}^0+\vec{h} \in D, D\varphi^j(\vec{x}^0)\vec{h}=0$,且 $\varphi^j(\vec{x}^0+\vec{h})=0, 1\leq j\leq m$,都有

$$\vec{h}D^2_{\vec{x}\vec{x}}L(\vec{x}^0,\vec{\lambda}^0)\vec{h}^\tau\leq 0。$$

很多微观经济学教材都使用了这个条件,但没有强调 $\vec{h}$ 应该满足条件 $\varphi^j(\vec{x}^0+\vec{h})=0, 1\leq j\leq m$,即 $\vec{x}^0+\vec{h}$ 应该是可行的。

问题:这里为什么推导不出 $D^2_{\vec{x}\vec{x}}L(\vec{x}^0,\lambda^0)$ 是半负定矩阵?

在定理 5.1.2 中,取 $m=1$,就得到如下的推论。

推论 5.1.1 设 $D\varphi(\vec{x}^0) \neq 0$,函数 $f(\vec{x})$ 与 $\varphi(\vec{x})$ 在开区域 $D \subset R^n$ 上有二阶连续的偏导数,如果 $\vec{x}^0 \in D$ 是问题:

$$\begin{cases} \max z = f(\vec{x}) \\ \text{s.t. } \varphi(\vec{x})=0, \vec{x} \in D. \end{cases}$$

的局部解,那么对满足条件:$\vec{x}^0+\vec{h} \in D$,且 $\varphi(\vec{x}^0+\vec{h})=0$ 的任意 $\vec{h}=(h_1,\cdots,h_n) \in R^n$,都有

$$\vec{h}D^2_{\vec{x}\vec{x}}L(\vec{x}^0,\lambda^0)\vec{h}^\tau\leq 0。$$

5.1.2.2 等约束问题有解的充分条件

定理 5.1.3(充分条件) 设函数 $f(\vec{x})$ 和 $\varphi^j(\vec{x})$ ($j=1,2,\cdots,m<n$)在开区域 $D \subset R^n$ 上有二阶连续的偏导数,$L(\vec{x},\vec{\lambda})=f(\vec{x})+\sum_{j=1}^m \lambda_j\varphi^j(\vec{x})$ 是问题(5.1.2)的拉格朗日函数。如果

(1)存在 $\vec{\lambda}^0 \in R^m$,使得 $(\vec{x}^0,\vec{\lambda}^0)$ 满足一阶条件,即 $D_{\vec{x}}L(\vec{x}^0,\vec{\lambda}^0)=\vec{0}$;

(2) 存在 $\vec{x}^0$ 的一个邻域 $\vec{U}(\vec{x}^0, \delta^0) \subset D$, 对任意的 $\vec{h} \in R^n$, 只要 $\vec{x}^0 + \vec{h} \in \vec{U}(\vec{x}^0, \delta^0)$, 且 $\varphi(\vec{x}^0 + \vec{h}) = 0$, 都有
$$\vec{h} D^2_{\vec{x}\vec{x}} L(\vec{x}^0, \vec{\lambda}^0) \vec{h}^\tau < 0,$$
则 $\vec{x}^0$ 是问题 (5.1.2) 的一个局部解。

证明：在 $L(\vec{x}, \vec{\lambda})$ 中取 $\vec{\lambda} = \vec{\lambda}^0$, 记 $F(\vec{x}) = L(\vec{x}, \vec{\lambda}^0) = f(\vec{x}) + \sum_{j=1}^{m} \lambda_j^0 \varphi^j(\vec{x})$, 则 $F(\vec{x})$ 在开区域 D 上有二阶连续的偏导数，于是当 $\vec{x}^0 + \vec{h} \in D$, 有如下的二阶泰勒公式：
$$F(\vec{x}^0 + \vec{h}) = F(\vec{x}^0) + DF(\vec{x}^0)\vec{h}^\tau + \frac{1}{2}\vec{h} D^2 F(\vec{x}^0)\vec{h}^\tau + o(\rho^2) \quad (\rho \to 0),$$
其中, $\rho^2 = \vec{h}\vec{h}^\tau$。

容易验证，

(1) $F(\vec{x}^0) = L(\vec{x}^0, \vec{\lambda}^0) = f(\vec{x}^0) + \sum_{j=1}^{m} \lambda_j^0 \varphi^j(\vec{x}^0) = f(\vec{x}^0)$;

(2) 如果 $\vec{x}^0 + \vec{h} \in D$ 满足约束条件 $\varphi^j(\vec{x}^0 + \vec{h}) = 0, 1 \leq j \leq m$, 那么有
$$F(\vec{x}^0 + \vec{h}) = L(\vec{x}^0 + \vec{h}, \vec{\lambda}^0) = f(\vec{x}^0 + \vec{h}) + \sum_{j=1}^{m} \lambda_j^0 \varphi^j(\vec{x}^0 + \vec{h}) = f(\vec{x}^0 + \vec{h});$$

(3) 由一阶条件得
$$DF(\vec{x}^0) = D_{\vec{x}} L(\vec{x}^0, \vec{\lambda}^0) = \vec{0};$$

(4) $D^2 F(\vec{x}^0) = D^2_{\vec{x}\vec{x}} L(\vec{x}^0, \vec{\lambda}^0)$。

于是二阶泰勒公式转化为
$$f(\vec{x}^0 + \vec{h}) = f(\vec{x}^0) + \frac{1}{2}\vec{h} D^2_{\vec{x}\vec{x}} L(\vec{x}^0, \vec{\lambda}^0)\vec{h}^\tau + o(\rho^2),$$
即
$$f(\vec{x}^0 + \vec{h}) - f(\vec{x}^0) = \frac{1}{2}\vec{h} D^2_{\vec{x}\vec{x}} L(\vec{x}^0, \vec{\lambda}^0)\vec{h}^\tau + o(\rho^2) \quad (\rho \to 0)。$$

设 $\delta^1 < \delta^0$, 由定理条件知, $\vec{x}^0$ 的闭邻域 $\overline{U}(\vec{x}^0, \delta^1) \subset U(\vec{x}^0, \delta^0)$, 设
$$E = \{\vec{x}^0 + \vec{h} | \vec{x}^0 + \vec{h} \in \overline{U}(\vec{x}^0, \delta^0), \varphi^j(\vec{x}^0 + \vec{h}) = 0, 1 \leq j \leq m\},$$
则 E 是 $\vec{x}^0$ 的闭邻域 $\overline{U}(\vec{x}^0, \delta^1)$ 的子集。由于 $\varphi^j(\vec{x})$ ($1 \leq j \leq m$) 在闭集 $\overline{U}(\vec{x}^0, \delta^0)$ 上连续，所以 E 也是闭集。

记 $G(\vec{x}) = \vec{h} D^2_{\vec{x}\vec{x}} L(\vec{x}^0, \vec{\lambda}^0)\vec{h}^\tau = (\vec{x} - \vec{x}^0) D^2_{\vec{x}\vec{x}} L(\vec{x}^0, \vec{\lambda}^0)(\vec{x} - \vec{x}^0)^\tau, \vec{x} = \vec{x}^0 + \vec{h} \in E$, 则 $G(\vec{x})$ 在 E 上连续，因此 $G(\vec{x})$ 在 E 上取得最大值 M。

由条件知,对任意的 $\vec{h} \in R^n$,只要 $\vec{x}^0 + \vec{h} \in \overline{U}(\vec{x}^0, \delta^1) \subset U(\vec{x}^0, \delta^0)$,且 $\varphi^j(\vec{x}^0 + \vec{h}) = 0$,都有

$$\vec{h} D^2_{\vec{x}\vec{x}} L(\vec{x}^0, \lambda^0) \vec{h}^\tau < 0。$$

所以当 $\vec{x} = \vec{x}^0 + \vec{h} \in E$ 时,$G(\vec{x}) < 0$,因此 $G(\vec{x})$ 在 E 上的最大值 $M < 0$。于是对任意的 $\vec{h} \in R^n$,只要 $\vec{x}^0 + \vec{h} \in \overline{U}(\vec{x}^0, \delta^1)$,且 $\varphi^j(\vec{x}^0 + \vec{h}) = 0$,都有

$$f(\vec{x}^0 + \vec{h}) - f(\vec{x}^0) = \frac{1}{2}\vec{h}D^2_{\vec{x}\vec{x}}L(\vec{x}^0,\vec{\lambda}^0)\vec{h}^\tau + o(\rho^2) \leq \frac{1}{2}M + o(\rho^2) \;(\rho \to 0),$$

由于 $o(\rho^2) \to 0 (\rho \to 0)$,且 $M < 0$,所以对充分小的 ρ 有

$$f(\vec{x}^0 + \vec{h}) - f(\vec{x}^0) \leq \frac{1}{2}M + o(\rho^2) < 0,$$

即 $\vec{x}^0$ 是问题 (5.1.2) 的一个局部解。

注:(1) 显然,如果 $D^2_{\vec{x}\vec{x}}L(\vec{x}^0, \vec{\lambda}^0)$ 是负定矩阵,定理结论自然成立。

(2) $D^2_{\vec{x}\vec{x}}L(\vec{x}, \vec{\lambda}^0)$ 在 $\vec{x}^0$ 的某个邻域内是半负定矩阵,则 $\vec{x}^0$ 是问题 (5.1.2) 的一个局部解。

同理可以得到如下定理。

定理 5.1.4(充分条件) 设函数 $f(\vec{x})$ 和 $\varphi^j(\vec{x})$ ($j = 1, 2, \cdots, m < n$) 在开区域 $D \subset R^n$ 上有二阶连续的偏导数,$L(\vec{x}, \vec{\lambda}) = f(\vec{x}) + \sum_{j=1}^{m} \lambda_j \varphi^j(\vec{x})$ 是问题 (5.1.3) 的拉格朗日函数。如果

(1) 存在 $\vec{\lambda}^0 \in R^m$,使得 $(\vec{x}^0, \vec{\lambda}^0)$ 满足一阶条件,即 $D_{\vec{x}}L(\vec{x}^0, \vec{\lambda}^0) = \vec{0}$;

(2) 存在 $\vec{x}^0$ 的一个邻域 $U(\vec{x}^0, \delta^0) \subset D$,对任意的 $\vec{h} \in R^n$,只要 $\vec{x}^0 + \vec{h} \in U(\vec{x}^0, \delta^0)$,且 $\varphi^j(\vec{x}^0 + \vec{h}) = 0$,都有

$$\vec{h} D^2_{\vec{x}\vec{x}} L(\vec{x}^0, \lambda^0) \vec{h}^\tau > 0,$$

则 $\vec{x}^0$ 是问题 (5.1.3) 的一个局部解。

注:(1) 显然,如果 $D^2_{\vec{x}\vec{x}}L(\vec{x}^0, \vec{\lambda}^0)$ 是正定矩阵,定理结论自然成立。

(2) $D^2_{\vec{x}\vec{x}}L(\vec{x}, \vec{\lambda}^0)$ 在 $\vec{x}^0$ 的某个邻域内是半正定矩阵,则 $\vec{x}^0$ 是问题 (5.1.3) 的一个局部解。

由定理的证明和二阶泰勒公式的证明,很容易得到如下的充分条件。

定理 5.1.5(充分条件) 设函数 $f(\vec{x})$ 和 $\varphi^j(\vec{x})$ ($j = 1, 2, \cdots, m < n$) 在凸区域 $D \subset R^n$ 上有二阶连续的偏导数,$L(\vec{x}, \vec{\lambda}) = f(\vec{x}) + \sum_{j=1}^{m} \lambda_j \varphi^j(\vec{x})$ 是问题 (5.1.2) 的拉

格朗日函数。如果

(1)存在 $\vec{\lambda}^0 \in R^m$，使得 $(\vec{x}^0, \vec{\lambda}^0)$ 满足一阶条件,即 $D_{\vec{x}}L(\vec{x}^0, \vec{\lambda}^0) = \vec{0}$；

(2)存在 $\vec{x}^0$ 的一个邻域 $\vec{U}(\vec{x}^0, \delta^0) \subset D$，对任意的 $\vec{h} \in R^n$，只要 $\vec{x}^0 + \vec{h} \in \vec{U}(\vec{x}^0, \delta^0)$，且 $\varphi(\vec{x}^0 + \vec{h}) = 0$，都有

$$\vec{h}D^2_{\vec{x}\vec{x}}L(\vec{x}^0, \lambda^0)\vec{h}^\tau \le 0,$$

则 $\vec{x}^0$ 是问题(5.1.2)的一个(全域)解。

证明:(略)。

定理 5.1.6(充分条件)　设函数 $f(\vec{x})$ 和 $\varphi^j(\vec{x})$ ($j = 1,2,\cdots,m < n$) 在凸区域 $D \subset R^n$ 上有二阶连续的偏导数，$L(\vec{x}, \vec{\lambda}) = f(\vec{x}) + \sum_{j=1}^{m} \lambda_j \varphi^j(\vec{x})$ 是问题(5.1.3)的拉格朗日函数。如果

(1)存在 $\vec{\lambda}^0 \in R^m$，使得 $(\vec{x}^0, \vec{\lambda}^0)$ 满足一阶条件,即 $D_{\vec{x}}L(\vec{x}^0, \vec{\lambda}^0) = \vec{0}$；

(2)存在 $\vec{x}^0$ 的一个邻域 $\vec{U}(\vec{x}^0, \delta^0) \subset D$，对任意的 $\vec{h} \in R^n$，只要 $\vec{x}^0 + \vec{h} \in \vec{U}(\vec{x}^0, \delta^0)$，且 $\varphi(\vec{x}^0 + \vec{h}) = 0$，都有

$$\vec{h}D^2_{\vec{x}\vec{x}}L(\vec{x}^0, \lambda^0)\vec{h}^\tau \ge 0,$$

则 $\vec{x}^0$ 是问题(5.1.3)的一个(全域)解。

在定理 5.1.3 与定理 5.1.4 中，当 $m = 1$ 时，直接得到如下的推论。

推论 5.1.2(充分条件)　设 n 元函数 $f(\vec{x})$ 和 $\varphi(\vec{x})$ 在开区域 $D \subset R^n$ 上有二阶连续的偏导数

$$L(\vec{x}, \lambda) = f(\vec{x}) + \lambda\varphi(\vec{x})$$

是条件极值问题

$$\begin{cases} \max z = f(\vec{x}) \\ \text{s.t.} \quad \varphi(\vec{x}) = 0 \\ \quad \vec{x} \in D \end{cases} \quad (5.1.12)$$

的拉格朗日函数；$(\vec{x}^0, \lambda^0)$ ($\vec{x}^0 \in D$) 是 $L(\vec{x}, \lambda)$ 的驻点。如果矩阵

$$D^2_{\vec{x}\vec{x}}L(\vec{x}^0, \lambda^0)$$

是负定矩阵，则 $\vec{x}^0$ 是问题(5.1.12)的一个局部解。

推论 5.1.3(充分条件)　设 n 元函数 $f(\vec{x})$ 和 $\varphi(\vec{x})$ 在开区域 $D \subset R^n$ 上有二阶连续的偏导数

$$L(\vec{x}, \lambda) = f(\vec{x}) + \lambda\varphi(\vec{x})$$

是条件极值问题

$$\begin{cases} \min z = f(\vec{x}) \\ \text{s.t.} \quad \varphi(\vec{x}) = 0 \\ \quad \vec{x} \in D \end{cases}$$

的拉格朗日函数;$(\vec{x}^0, \lambda^0)(\vec{x}^0 \in D)$ 是 $L(\vec{x}, \lambda)$ 的驻点。如果矩阵

$$D^2_{\vec{x}\vec{x}} L(\vec{x}^0, \lambda^0)$$

是正定矩阵,则 $\vec{x}^0$ 是问题(5.1.12)的一个局部解。

由定理 5.1.3 可以直接得到如下的推论。

推论 5.1.4(充分条件) 设 n 元函数 $f(\vec{x})$ 在开区域 $D \subset R^n$ 上有二阶连续的偏导数;m 是常数,$\vec{p} = (p_1, \cdots, p_n) \in R^n$ 且 $\vec{p} \neq \vec{0}$,

$$L(\vec{x}, \lambda) = f(\vec{x}) + \lambda(\vec{p}^\tau \vec{x} - m)$$

是条件极值问题

$$\begin{cases} \max z = f(\vec{x}) \\ \text{s.t.} \begin{cases} \varphi(\vec{x}) = \vec{p}\,\vec{x} - m = 0 \\ \vec{x} \in D \end{cases} \end{cases} \tag{5.1.13}$$

的拉格朗日函数;$(\vec{x}^0, \lambda^0)(\vec{x}^0 \in D)$ 是 $L(\vec{x}, \lambda)$ 的驻点。如果对任意满足条件 $\vec{p}\vec{h}^\tau = 0$ 的 $\vec{h}$ 都有

$$\vec{h} D^2_{\vec{x}\vec{x}} f(\vec{x}^0) \vec{h}^\tau < 0,$$

则 $\vec{x}^0$ 是问题(5.1.13)的一个局部解。

在这里我们给出不同于定理 5.1.3 的证明。

证明:因为 $f(\vec{x})$ 在开区域 D 上有二阶连续的偏导数,$\vec{x}^0 \in D$,所以 $L(\vec{x}, \lambda)$ 在 $(\vec{x}^0, \lambda^0)$ 处有连续的二阶偏导数,因此有如下的二阶泰勒公式:

$$L(\vec{x}^0 + \vec{h}, \lambda^0 + \Delta\lambda) = L(\vec{x}^0, \lambda^0) + DL(\vec{x}^0, \lambda^0)(\vec{h}, \Delta\lambda)^\tau +$$
$$\frac{1}{2}(\vec{h}, \Delta\lambda) D^2 L(\vec{x}^0, \lambda^0)(\vec{h}, \Delta\lambda)^\tau + o(\rho_\lambda^2)(\rho_\lambda \to 0),$$

其中,$\vec{x}^0 + \vec{h} \in D$,$\rho_\lambda^2 = \rho^2 + \Delta\lambda^2$,$\rho^2 = \vec{h}\vec{h}^\tau$。

如果 $\vec{x}^0$ 满足约束条件,即 $\vec{p}\,\vec{x}^{0\tau} = m$,那么 $\vec{p}(\vec{x}^0 + \vec{h})^\tau = m$ 的充分必要条件是 $\vec{p}\vec{h}^\tau = 0$。由定理条件知,$(\vec{x}^0, \lambda^0)$ 满足问题(5.1.13)的一阶条件,所以对任意满足条件 $\vec{p}\vec{h}^\tau = 0$ 的 $\vec{h} \in R^n$,$\vec{x}^0$ 与 $\vec{x}^0 + \vec{h}$ 都满足约束条件,即 $\vec{p}\,\vec{x}^{0\tau} - m = 0$,$\vec{p}(\vec{x}^0 + \vec{h})^\tau - m = 0$。于是

$$DL(\vec{x}^0, \lambda^0) = \vec{0}, L(\vec{x}^0, \lambda^0) = f(\vec{x}^0) + \lambda^0(\vec{p}\,\vec{x}^{0\tau} - m) = f(\vec{x}^0), 且$$
$$L(\vec{x}^0 + \vec{h}, \lambda^0 + \Delta\lambda) = f(\vec{x}^0 + \vec{h}) + (\lambda^0 + \Delta\lambda)(\vec{p}(\vec{x}^0 + \vec{h})^\tau - m) = f(\vec{x}^0 + \vec{h}),$$

所以二阶泰勒公式转化为

$$f(\vec{x}^0+\vec{h})-f(\vec{x}^0)=\frac{1}{2}(\vec{h},\Delta\lambda)D^2L(\vec{x}^0,\lambda^0)(\vec{h},\Delta\lambda)^\tau+o(\rho_\lambda^2)\,(\rho_\lambda\to 0)。$$

又因 $f(\vec{x})$ 在 $(\vec{x}^0,\lambda^0)$ 处的加边海塞矩阵为

$$D^2L(\vec{x}^0,\lambda^0)=\begin{bmatrix} D^2_{\vec{x}\vec{x}}L(\vec{x}^0,\lambda^0) & D\varphi(\vec{x}^0)^\tau \\ D\varphi(\vec{x}^0) & 0 \end{bmatrix}=\begin{bmatrix} D^2_{\vec{x}\vec{x}}f(\vec{x}^0) & \vec{p}^\tau \\ \vec{p} & 0 \end{bmatrix},$$

所以

$$(\vec{h},\Delta\lambda)D^2L(\vec{x}^0,\lambda^0)(\vec{h},\Delta\lambda)^\tau=2\Delta\lambda\vec{p}\vec{h}^\tau+\vec{h}D^2_{\vec{x}\vec{x}}f(\vec{x}^0)\vec{h}^\tau=\vec{h}D^2_{\vec{x}\vec{x}}f(\vec{x}^0)\vec{h}^\tau,$$

于是二阶泰勒公式转化为

$$f(\vec{x}^0+\vec{h})-f(\vec{x}^0)=\frac{1}{2}\vec{h}D^2_{\vec{x}\vec{x}}f(\vec{x}^0)\vec{h}^\tau+o(\rho_\lambda^2)\,(\rho_\lambda\to 0)。$$

由定理的条件知,对任意满足条件 $\vec{p}\vec{h}^\tau=0$ 的 $\vec{h}$ 都有

$$\vec{h}D^2_{\vec{x}\vec{x}}f(\vec{x}^0)\vec{h}^\tau<0,$$

且 $o(\rho_\lambda^2)$ 是 $\rho_\lambda\to 0$ 时的无穷小量,所以当 ρ_λ 充分小时,

$$f(\vec{x}^0+\vec{h})-f(\vec{x}^0)=\frac{1}{2}\vec{h}D^2_{\vec{x}\vec{x}}f(\vec{x}^0)\vec{h}^\tau+o(\rho_\lambda^2)<0。$$

因此,在 $\vec{x}^0$ 的附近,只要 $\vec{x}^0+\vec{h}$ 满足约束条件,就有 $f(\vec{x}^0+\vec{h})<f(\vec{x}^0)$,即 $\vec{x}^0$ 是一个局部解。

同理可以证明如下推论。

推论 5.1.5（充分条件） 设 n 元函数 $f(\vec{x})$ 在开区域 $D\subset R^n$ 上有二阶连续的偏导数; m 是常数, $\vec{p}=(p_1,\cdots,p_n)\in R^n$ 且 $\vec{p}\neq\vec{0}$;

$$L(\vec{x},\lambda)=f(\vec{x})+\lambda(\vec{p}\vec{x}-m)$$

是条件极值问题

$$\begin{cases} \min y=f(\vec{x}) \\ \text{s.t.} \begin{cases} \varphi(\vec{x})=\vec{p}\vec{x}-m=0 \\ \vec{x}\in D \end{cases} \end{cases}$$

的拉格朗日函数; $(\vec{x}^0,\lambda^0)(\vec{x}^0\in D)$ 是 $L(\vec{x},\lambda)$ 的驻点。如果对任意满足条件 $\vec{p}\vec{h}^\tau=0$ 的 $\vec{h}$ 都有

$$\vec{h}D^2_{\vec{x}\vec{x}}f(\vec{x}^0)\vec{h}^\tau>0,$$

则 $\vec{x}^0$ 是上述条件极值问题的一个局部解。

5.1.3 等约束条件下最值问题的包络定理

5.1.3.1 等约束条件下最值问题的包络

我们在第四章讨论了无约束条件最值问题的包络，下面介绍等约束条件下最值问题的包络及结论。

定义 5.1.1 设 $f(\vec{x},\vec{a})$ 是定义在区域 $D \subset R^n$ 上的函数，$\vec{a} \in G \subset R^l$ 是参数向量。如果对任意给定的 $\vec{a} \in G$，等约束最值问题

$$\begin{cases} \max(\min) f(\vec{x},\vec{a}) \\ \text{s.t.} \quad \varphi_j(\vec{x},\vec{a}) = 0, 1 \leq j \leq m, (m < n) \\ \qquad \vec{x} \in D \end{cases} \quad (5.1.14)$$

都有唯一的内点解 $\vec{x}(\vec{a})$，则称值函数

$$M(\vec{a}) = f(\vec{x}(\vec{a}),\vec{a})$$

为函数族：$f(\vec{x},\vec{a})$，s.t. $\varphi_j(\vec{x},\vec{a}) = 0, j = 1,2,\cdots,m$ $(m < n)$，$\vec{a} \in G$ 的包络。

5.1.3.2 等约束条件下最值问题的包络定理

定理 5.1.7（包络定理） 设函数 $f(\vec{x},\vec{a})$ 和 $\varphi_j(\vec{x},\vec{a})$（$j = 1,2,\cdots,m$）在开区域 $D \times G \subset R^{n+l}$ 上有一阶连续的偏导数；对任意给定的 $\vec{a} \in G \subset R^l$，等约束最值问题 (5.1.14) 存在唯一的内点解 $\vec{x}(\vec{a}) \in D \subset R^n$，$M(\vec{a}) = f(\vec{x}(\vec{a}),\vec{a})$ 是包络；设

$$L(\vec{x},\vec{a},\vec{\lambda}) = f(\vec{x},\vec{a}) + \sum_{j=1}^{m} \lambda_j \varphi_j(\vec{x},\vec{a})$$

是拉格朗日函数，其中 $\vec{\lambda} = (\lambda_1, \lambda_2, \cdots, \lambda_m)$，则

$$\frac{\partial M(\vec{a})}{\partial a_k} = \frac{\partial L}{\partial a_k}\bigg|_{\vec{x} = \vec{x}(\vec{a})}。$$

证明：因为 $M(\vec{a}) = f(\vec{x}(\vec{a}),\vec{a})$，所以

$$\frac{\partial M(\vec{a})}{\partial a_k} = \frac{\partial f}{\partial a_k} + \sum_{i=1}^{n} \frac{\partial f}{\partial x_i} \frac{\partial x_i}{\partial a_k}; \quad (5.1.15)$$

由一阶条件

$$\frac{\partial f}{\partial x_i} + \sum_{k=1}^{m} \lambda_k \frac{\partial \varphi_k}{\partial x_i} = 0$$

得

$$\frac{\partial f}{\partial x_i} = -\sum_{k=1}^{m} \lambda_k \frac{\partial \varphi_k}{\partial x_i}, i = 1,2,\cdots,n,$$

将其代入 (5.1.15) 式，得

$$\frac{\partial M(\vec{a})}{\partial a_k} = \frac{\partial f}{\partial a_k} - \sum_{i=1}^{n}\sum_{j=1}^{m}\lambda_j \frac{\partial \varphi_j}{\partial x_i}\frac{\partial x_i}{\partial a_k} = \frac{\partial f}{\partial a_k} - \sum_{j=1}^{m}\lambda_j \left(\sum_{i=1}^{n}\frac{\partial \varphi_j}{\partial x_i}\frac{\partial x_i}{\partial a_k}\right)。$$

(5.1.16)

另一方面,对任意的 $j(1 \leqslant j \leqslant m)$ 有
$$\varphi_j(\vec{x}(\vec{a}),\vec{a}) \equiv 0。$$

所以
$$\frac{\partial \varphi_j}{\partial a_k} + \sum_{i=1}^{n}\frac{\partial \varphi_j}{\partial x_i}\frac{\partial x_i}{\partial a_k} = 0,$$

于是
$$\sum_{i=1}^{n}\frac{\partial \varphi_j}{\partial x_i}\frac{\partial x_i}{\partial a_k} = -\frac{\partial \varphi_j}{\partial a_k},$$

将其代入(5.1.16)式,得
$$\frac{\partial M(\vec{a})}{\partial a_k} = \frac{\partial f}{\partial a_k} + \sum_{j=1}^{m}\lambda_j \frac{\partial \varphi_j}{\partial a_k}。$$

又因
$$\frac{\partial L}{\partial a_k} = \frac{\partial f}{\partial a_k} + \sum_{j=1}^{m}\lambda_j \frac{\partial \varphi_j}{\partial a_k},$$

所以
$$\frac{\partial M(\vec{a})}{\partial a_k} = \left.\frac{\partial L}{\partial a_k}\right|_{\vec{x}=\vec{x}(\vec{a})}, k=1,2,\cdots,l。$$

5.2 成本最小化问题

在第一章我们简单介绍了成本最小化问题。设厂商的生产函数为 $f(\vec{x})$,要素价格为 $\vec{\omega}$,既定的产量水平为 y,厂商需要解决的是如下的成本最小化问题:

$$\begin{cases} \min \vec{\omega}\vec{x} \\ \text{s.t. } f(\vec{x}) \geqslant y, \vec{x} \geqslant \vec{0} \end{cases} = \begin{cases} \min \vec{\omega}\vec{x} \\ \text{s.t. } \vec{x} \in V(y) \end{cases}, \quad (5.2.1)$$

其中,$V(y)$ 是必要投入集。如果问题有唯一解 $\vec{x}^* = \vec{x}^*(\vec{\omega},y)$,则称 $\vec{x}^* = \vec{x}^*(\vec{\omega},y)$ 为条件要素需求函数;并称 $c(\vec{\omega},y) = \vec{\omega}\vec{x}^*(\vec{\omega},y)$ 为成本函数。在第二章还证明了一个等价定理:如果生产函数是严格递增的连续函数,则问题(5.2.1)等价于如下成本最小化问题:

$$\begin{cases} \min \vec{\omega}\vec{x} \\ \text{s.t. } f(\vec{x}) = y, \vec{x} \geqslant \vec{0} \end{cases}。 \quad (5.2.2)$$

本节介绍成本最小化问题有解的条件,条件要素需求函数和成本函数的一些性质。

5.2.1 成本最小化问题有解的条件

5.2.1.1 成本最小化问题有解的一阶必要条件

定理 5.2.1 设厂商的生产函数 $f(\vec{x})$ 是具有连续一阶偏导数的严格增函数。如果 $\vec{x}^*$ 是问题(5.2.1)的内点解,则在 $\vec{x}^*$ 处有

$$\frac{f_i(\vec{x}^*)}{f_j(\vec{x}^*)} = \frac{\omega_i}{\omega_j}, i,j = 1,2,\cdots,n。$$

即,在最优解处,任意两种要素的技术替代率等于相应的要素价格之比。

证明:因为 $f(\vec{x})$ 是具有连续一阶偏导数的严格增函数,所以问题(5.2.1)与(5.2.2)等价。于是 $\vec{x}^*$ 也是问题(5.2.2)的内点解,因此存在 λ^*,使得 $(\vec{x}^*,\lambda^*)$ 是问题(5.2.2)的拉格朗日函数

$$L(\vec{x},\lambda,\vec{\omega},y) = \vec{\omega}\vec{x} + \lambda[y - f(\vec{x})]$$

的驻点,即 $(\vec{x}^*,\lambda^*)$ 满足如下方程组

$$\begin{cases} \dfrac{\partial L}{\partial x_1} = \omega_1 - \lambda f_1 = 0 \\ \cdots\cdots \\ \dfrac{\partial L}{\partial x_n} = \omega_n - \lambda f_n = 0 \\ \dfrac{\partial L}{\partial \lambda} = y - f(\vec{x}) = 0 \end{cases} \quad (5.2.3)$$

所以对任意 $i \neq j (1 \leq i,j \leq n)$,有

$$\frac{f_i(\vec{x}^*)}{f_j(\vec{x}^*)} = \frac{\omega_i}{\omega_j}。$$

注:由上式得

$$\frac{f_1(\vec{x}^*)}{\omega_1} = \cdots = \frac{f_n(\vec{x}^*)}{\omega_n}。$$

上式可以理解为,在最优解处,在每种要素上最后一个单位货币的支出所得到的边际产出都相等。

5.2.1.2 成本最小化问题有解的一阶必要条件的几何解释

如果只有两种生产要素,一阶条件还可以从几何上直观地得到解释。设 $f(x_1,x_2)$ 是只有两种生产要素的可微的生产函数,y 是既定的产量。等产量线为

$$C: f(x_1,x_2) = y。$$

对于给定的要素价格 (ω_1,ω_2),生产成本线

$$L: \omega_1 x_1 + \omega_2 x_2 = c。$$

当 $c = c_1$ 较小时,成本线 L_1 位于等产量线 C 的左下方,与 C 不相交。此时成本线 L_1 上任意要素组合 (x_1, x_2) 对应的产量 $f(x_1, x_2)$ 都达不到 y;当 $c = c_2$ 较大时,成本线 L_2 与等产量线 C 相交,交点为 $P'(x_1', x_2')$ 和 $P''(x_1'', x_2'')$。虽然要素组合 (x_1', x_2') 和 (x_1'', x_2'') 对应的产量都是 y,但它们的成本并不是等产量线上最小的;当 $c = c^* = \omega_1 x_1^* + \omega_2 x_2^*$ 时,恰好使得成本线 L_* 与等产量线 C 在 $P^*(x_1^*, x_2^*)$ 点相切,要素组合 (x_1^*, x_2^*) 对应的产量是 y 且成本最小。在切点 $P^*(x_1^*, x_2^*)$ 处,等产量线的斜率为 $-\dfrac{f_1(P^*)}{f_2(P^*)}$,$L_*$ 的斜率为 $-\dfrac{\omega_1}{\omega_2}$,所以

$$-\frac{f_1(P^*)}{f_2(P^*)} = -\frac{\omega_1}{\omega_2},$$

即一阶条件(4.3.2)式成立。如图 5.2.1。

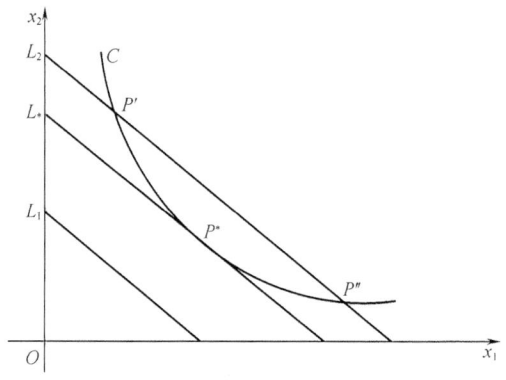

图 5.2.1

5.2.1.3 成本最小化问题有解的二阶必要条件

定理 5.2.2 设厂商的生产函数 $f(\vec{x})$ 是具有连续二阶偏导数的严格增函数。如果 $\vec{x}^*$ 是问题(5.2.1)的局部解,那么对任意的 $\vec{h} = (h_1, \cdots, h_n) \in R^n$,且 $\vec{x}^0 + \vec{h} \geq \vec{0}, f(\vec{x}^0 + \vec{h}) = y$,都有

$$\vec{h} D^2 f(\vec{x}^*) \vec{h}^\tau \leq 0。$$

证明: 因为 $f(\vec{x})$ 是具有连续二阶偏导数的严格增函数,所以问题(5.2.1)与问题(5.2.2)等价。所以这是一个等约束条件下的极值问题,拉格朗日函数为

$$L(\vec{x}, \lambda) = \vec{\omega} \vec{x} + \lambda[y - f(\vec{x})]。$$

如 $\vec{x}^*$ 满足问题(5.2.2)的解,则满足一阶条件

$$\frac{f_i(\vec{x}^*)}{f_j(\vec{x}^*)} = \frac{\omega_i}{\omega_j}, i,j = 1,2,\cdots,n,$$

所以

$$\frac{f_1(\vec{x}^*)}{\omega_1} = \cdots = \frac{f_n(\vec{x}^*)}{\omega_n}。$$

令上式等于 λ^*，则

$$f_i(\vec{x}^*) + \lambda^* \omega_i = 0, i = 1,2,\cdots,n,$$

即 $\vec{x}^*$ 与 λ^* 是 $L(\vec{x},\lambda)$ 的驻点。由定理 5.1.2 知，对任意的 $\vec{h} = (h_1,\cdots,h_n) \in R^n$，且 $\vec{x}^* + \vec{h} \geq \vec{0}, f(\vec{x}^* + \vec{h}) = y$，都有

$$\vec{h} D^2_{\vec{x}\vec{x}} L(\vec{x}^*, \vec{\lambda}^*) \vec{h}^\tau \geq 0。$$

容易验证，$D^2_{\vec{x}\vec{x}} L(\vec{x}^*, \lambda^*) = -D^2 f(\vec{x}^*)$，$\vec{h} D^2_{\vec{x}\vec{x}} L(\vec{x}^*, \vec{\lambda}^*) \vec{h}^\tau \geq 0$ 等价于 $\vec{h} D^2 f(\vec{x}^*) \vec{h}^\tau \leq 0$。因此定理得证。

注：由于约束条件为 $y = f(\vec{x})$，一阶条件为 $Df(\vec{x}^*) = -\lambda^* \vec{\omega}$，所以对 $\vec{h} \in R^n$，在 $\vec{x}^*$ 处，有 $D(y - f(\vec{x}^*))\vec{h}^\tau = -Df(\vec{x}^*)\vec{h}^\tau = \lambda^* \vec{\omega} \vec{h}^\tau = 0$，即在 $\vec{x}^*$ 处，$D(y - f(\vec{x}))\vec{h}^\tau = 0$ 等价于 $\vec{\omega}\vec{h}^\tau = 0$。由定理 5.1.2 的注知，$\vec{x}^* \in D$ 是问题 (5.1.2) 的局部解的必要条件还可以叙述为：对任意的 $\vec{h} \in R^n$，只要 $\vec{x}^* + \vec{h} \geq \vec{0}, \vec{\omega}\vec{h}^\tau = 0$，且 $f(\vec{x}^* + \vec{h}) = y$，都有

$$\vec{h} D^2 f(\vec{x}^*) \vec{h}^\tau \leq 0。$$

5.2.1.4 成本最小化问题有解的充分条件

定理 5.2.3 设厂商的生产函数 $f(\vec{x})$ 是具有连续二阶偏导数的严格增函数。$(\vec{x}^0, \lambda^0)$ 是成本最小化问题 (5.2.2) 的拉格朗日函数 $L(\vec{x}, \lambda) = \vec{\omega}\vec{x} + \lambda[y - f(\vec{x})]$ 的驻点，则 $\vec{x}^0$ 是成本最小化问题 (5.2.2) 的解的充分条件

$$D^2 f(\vec{x}^0)$$

是负定矩阵。

证明：因为厂商的生产函数 $f(\vec{x})$ 是具有连续二阶偏导数的严格增函数，所以问题 (5.2.1) 与 (5.2.2) 等价。问题 (5.2.2) 是等约束条件下的最小值（极小值）问题。

由推论 5.1.3 知，$\vec{x}^*$ 是成本最小化问题 (5.2.2) 的解的充分条件是：$D^2_{\vec{x}\vec{x}} L(\vec{x}^0, \lambda^0)$ 是正定矩阵。又因

$$D^2_{\vec{x}\vec{x}} L(\vec{x}^0, \lambda^0) = -\lambda^0 D^2 f(\vec{x}^0),$$

所以 $D^2_{\vec{x}\vec{x}} L(\vec{x}^0, \lambda^0)$ 是正定矩阵的充分必要条件

$$D^2 f(\vec{x}^0)$$

是负定矩阵。

5.2.2 谢泼德(Shephard)引理和比较静态分析

5.2.2.1 谢泼德引理

定理 5.2.4（谢泼德引理） 设条件要素需求函数为 $\vec{x}(\vec{\omega}, y)$，成本函数 $c(\vec{\omega}, y)$ 可微，则

(1) $x_i(\vec{\omega}, y) = \dfrac{\partial c(\vec{\omega}, y)}{\partial \omega_i}, i = 1, 2, \cdots, n$；

(2) $\dfrac{\partial c(\vec{\omega}, y)}{\partial y} = \dfrac{\partial L(\vec{x}, \lambda, \vec{\omega}, y)}{\partial y} \bigg|_{\substack{\vec{x} = \vec{x}^* \\ \lambda = \lambda^*}} = \lambda^*$。

证明：(方法一) 设 $\vec{x}^* = \vec{x}(\vec{\omega}, y)$ 是成本最小化问题(5.2.2)的解。等约束条件问题(5.2.2)的拉格朗日函数为

$$L(\vec{x}, \vec{\omega}) = \vec{\omega}\vec{x} + \lambda[y - f(\vec{x})]。$$

等约束条件问题(5.2.2)的值函数为成本函数 $c(\vec{\omega}, y)$，由等约束问题的包络定理得

(1) $\dfrac{\partial c(\vec{\omega}, y)}{\partial \omega_i} = \dfrac{\partial L(\vec{x}, \vec{\omega})}{\partial \omega_i}\bigg|_{\vec{x}(\vec{\omega}, y)} = x_i(\vec{\omega}, y)$；

(2) $\dfrac{\partial c(\vec{\omega}, y)}{\partial y} = \dfrac{\partial L(\vec{x}, \lambda, \vec{\omega}, y)}{\partial y}\bigg|_{\substack{\vec{x} = \vec{x}^* \\ \lambda = \lambda^*}} = \lambda^*$。

(方法二) 设 $\vec{\omega}^0 = (\vec{\omega}_{-i}^0, \omega_i^0)$ 是给定的价格，假设只有第 i 种要素的价格在 ω_i^0 附近变化，其他要素的价格不变，即 $\vec{\omega} = (\vec{\omega}_{-i}^0, \omega_i)$ 是随 ω_i 变化而变化的价格；$\vec{x}(\vec{\omega}^0, y)$ 是对应于 $\vec{\omega}^0$ 的条件要素需求函数值。考虑 $\vec{\omega}$ 的函数

$$g(\omega_i) = g(\vec{\omega}) = \vec{\omega}\vec{x}(\vec{\omega}, y) - \vec{\omega}\vec{x}(\vec{\omega}^0, y) = c(\vec{\omega}, y) - \vec{\omega}\vec{x}(\vec{\omega}^0, y),$$

显然，$g(\omega_i^0) = 0$，且在 ω_i^0 附近，有 $g(\omega_i) \leq 0$，所以

$$g'(\omega_i^0) = c_i(\vec{\omega}^0, y) - x_i(\vec{\omega}^0, y) = 0,$$

即

$$x_i(\vec{\omega}^0, y) = \dfrac{\partial c(\vec{\omega}^0, y)}{\partial \omega_i}, i = 1, 2, \cdots, n。$$

5.2.2.2 比较静态分析

定理 5.2.5 设条件要素需求函数 $\vec{x}(\vec{\omega}, y)$ 有连续的二阶偏导数，则

(1) $x_i(\vec{\omega}, y)$ 是零次齐次函数，$i = 1, 2, \cdots, n$；

(2) $\dfrac{\partial x_i(\vec{\omega}, y)}{\partial \omega_i} \leq 0, i = 1, 2, \cdots, n$；

(3) $\dfrac{\partial x_i(\vec{\omega},y)}{\partial \omega_j} = \dfrac{\partial x_j(\vec{\omega},y)}{\partial \omega_i}, i,j = 1,2,\cdots,n$。

证明：因为条件要素需求函数 $\vec{x}(\vec{\omega},y)$ 有连续的二阶偏导数，所以 $c(\vec{\omega},y) = \vec{\omega}\vec{x}(\vec{\omega},y)$ 也具有二阶连续的偏导数。由谢泼德引理知

$$x_i(\vec{\omega},y) = \dfrac{\partial c(\vec{\omega},y)}{\partial \omega_i}, i = 1,2,\cdots,n。$$

又因成本函数 $c(\vec{\omega},y)$ 是一次齐次函数，所以 $x_i(\vec{\omega},y)$ 是零次齐次函数，$i = 1,2,\cdots,n$。

由第二章知，成本函数 $c(\vec{\omega},y)$ 是要素价格 $\vec{\omega}$ 的凸函数，所以 $c(\vec{\omega},y)$ 关于要素价格的海塞矩阵 $D^2 c(\vec{\omega},y)$ 是半负定矩阵，所以

$$\dfrac{\partial x_i(\vec{\omega},y)}{\partial \omega_i} \leq 0, i = 1,2,\cdots,n;$$

$$\dfrac{\partial x_i(\vec{\omega},y)}{\partial \omega_j} = \dfrac{\partial x_j(\vec{\omega},y)}{\partial \omega_i}, i,j = 1,2,\cdots,n。$$

注：由定理可以看出，条件要素函数和要素需求函数具有类似的性质，即每种要素的条件要素函数都是其价格的减函数；任意两种要素的条件要素需求的交叉价格效应相等。

5.2.2.3 影子价格

定义 5.2.1 设厂商的生产函数 $f(\vec{x})$ 是具有连续二阶偏导数的严格增函数，于是成本最小化问题(5.2.1)与(5.2.2)等价。记

$$L(\vec{x},\lambda,\vec{\omega},y) = \vec{\omega}\vec{x} + \lambda[y - f(\vec{x})]$$

为等约束条件问题(5.2.2)的拉格朗日函数。如果 $\vec{x}^* = \vec{x}(\vec{\omega},y)$ 是等约束条件问题(5.2.2)的解，那么存在 λ^*，使得 $(\vec{x}^*,\lambda^*)$ 为函数 $L(\vec{x},\lambda,\vec{\omega},y)$ 的驻点。我们称 λ^* 为产品的影子价格。

在成本最小化的问题中，并没有涉及产品的价格。我们之所以把 λ^* 称为影子价格，是因为其隐含了产品价格的属性。设 $c(\vec{\omega},y)$ 是成本函数，由定理 5.2.4，得

$$\dfrac{\partial c(\vec{\omega},y)}{\partial y} = \dfrac{\partial L(\vec{x},\lambda,\vec{\omega},y)}{\partial y}\bigg|_{\substack{\vec{x}=\vec{x}^* \\ \lambda=\lambda^*}} = \lambda^*。$$

由此可见，影子价格表示成本函数 $c(\vec{\omega},y)$ 关于产量 y 的边际，即增加单位产量所需的成本。

另一方面，在利润最大化问题中，如果 $\vec{x}^*$ 是问题的解，那么 $\vec{x}^*$ 满足

$$p f_i(\vec{x}^*) = \omega_i, i = 1,2,\cdots,n。$$

此式表明，在最优解 $\vec{x}^*$ 处，对每一种生产要素而言，增加一个单位要素投入的成本与获得的边际收益相等，简单地说，就是边际收益等于边际成本。

在成本最小化问题中,如果 $\vec{x}^*$ 是问题的解,那么 $\vec{x}^*$ 满足
$$\lambda^* f_i(\vec{x}^*) = \omega_i, i = 1, 2, \cdots, n。$$
此式表明,在最优解 $\vec{x}^*$ 处,对每一种生产要素而言,增加一个单位要素投入的成本与边际产出和产品的影子价格的乘积相等,也就是与获得的边际收益相等,因此,成本最小化问题隐含地确定了产品的合理价格为 λ^*。

最后还要指出的是,在下一章我们将看到 λ^* 一定是非负的数。

5.2.3 位似技术和齐次技术的成本函数

5.2.3.1 位似技术的成本函数

如果一个厂商具有特殊的生产技术,比如位似技术或齐次技术,那么这个厂商的成本函数将呈现非常特殊的形式。我们先介绍位似技术的成本函数。

定理 5.2.6 设厂商的生产函数 $f(\vec{x}) = v(g(\vec{x}))$ 是位似函数,即 $v(s) > 0$ 是严格增函数,$s = g(\vec{x})$ 是一次齐次函数,且 $v(s)$ 与 $g(\vec{x})$ 均可微;$c(\vec{\omega}, y)$ 是由成本最小化问题(5.2.2)确定的成本函数,则 $c(\vec{\omega}, y)$ 具有"可分性",即
$$c(\vec{\omega}, y) = s(y) b(\vec{\omega}),$$
其中,$b(\vec{\omega}) = c(\vec{\omega}, 1)$ 是厂商生产一单位产品时的单位成本。

证明:因为 $c(\vec{\omega}, y)$ 是由成本最小化问题(5.2.2)确定的成本函数,所以 $c(\vec{\omega}, y) = \vec{\omega} \vec{x}(\vec{\omega}, y)$,其中,$\vec{x}(\vec{\omega}, y)$ 是问题(5.2.2)的解。所以在 $\vec{x} = \vec{x}(\vec{\omega}, y)$ 处满足一阶条件
$$\frac{f_i(\vec{x})}{f_j(\vec{x})} = \frac{\omega_i}{\omega_j}。$$
又因
$$\frac{f_i(\vec{x})}{f_j(\vec{x})} = \frac{v'(g(\vec{x}))g_i(\vec{x})}{v'(g(\vec{x}))g_j(\vec{x})} = \frac{g_i(\vec{x})}{g_j(\vec{x})},$$
所以
$$\frac{f_i(\vec{x})}{f_j(\vec{x})} = \frac{g_i(\vec{x})}{g_j(\vec{x})} = \frac{\omega_i}{\omega_j}。$$
设 $\vec{x}^1 = \vec{x}^1(\vec{\omega}, 1)$ 是产量 $y = 1$ 时问题(5.2.2)的解,则
$$\frac{f_i(\vec{x}^1)}{f_j(\vec{x}^1)} = \frac{g_i(\vec{x}^1)}{g_j(\vec{x}^1)} = \frac{\omega_i}{\omega_j},$$
且 $f(\vec{x}^1) = 1$,$c(\vec{\omega}, 1) = \vec{\omega} \vec{x}^1(\vec{\omega}, 1)$,记 $b(\vec{\omega}) = c(\vec{\omega}, 1) = \vec{\omega} \vec{x}^1(\vec{\omega}, 1)$。由于 $z = v(s)$ 是严格单调函数,所以其有反函数 $s = v^{-1}(z)$。对给定的 $y > 0$,记 $s(y) = \dfrac{v^{-1}(y)}{v^{-1}(1)}$,

由于 $f(\vec{x}^1) = v(g(\vec{x}^1)) = 1$，所以 $g(\vec{x}^1) = v^{-1}(1)$。又因 $s = g(\vec{x})$ 是一次齐次函数，所以 $g(s(y)\vec{x}^1) = s(y)g(\vec{x}^1) = v^{-1}(y)$，记 $s(y)\vec{x}^1 = \vec{x}^*$，则

$$f(\vec{x}^*) = v(g(s(y)\vec{x}^1)) = v(v^{-1}(y)) = y。$$

另一方面，由于 $g_i(\vec{x})$ 是零次齐次函数，所以

$$\frac{f_i(\vec{x}^*)}{f_j(\vec{x}^*)} = \frac{g_i(\vec{x}^*)}{g_j(\vec{x}^*)} = \frac{g_i(s(y)\vec{x}^1)}{g_j(s(y)\vec{x}^1)} = \frac{g_i(\vec{x}^1)}{g_j(\vec{x}^1)} = \frac{\omega_i}{\omega_j}。$$

于是 $\vec{x}^*$ 满足一阶条件，且满足约束条件 $f(\vec{x}) = y$，所以 $\vec{x}^*$ 是成本最小化问题 (5.2.2) 的解，即 $\vec{x}(\vec{\omega}, y) = \vec{x}^* = s(y)\vec{x}^1$。于是

$$c(\vec{\omega}, y) = \vec{\omega}\vec{x}(\vec{\omega}, y) = \vec{\omega}s(y)\vec{x}^1 = s(y)\vec{\omega}\vec{x}^1 = s(y)b(\vec{\omega}),$$

其中，$b(\vec{\omega}) = c(\vec{\omega}, 1)$ 是厂商生产一单位产品时的单位成本，与产量无关。

由此定理的证明可以看到，如果生产函数是可微的位似函数，那么当 $\vec{x}^*$ 满足一阶条件时，同比例扩大或缩小 $\vec{x}^*$ 的规模得到的要素组合 $k\vec{x}^*(k > 0)$ 也满足一阶条件。如果问题 (5.2.2) 的一阶条件也是充分条件，那么当 $\vec{x}^*$ 是问题 (5.2.2) 的解时，$k\vec{x}^*(k > 0)$ 也是问题 (5.2.2) 的解。换句话说，如果 $\vec{x}^*$ 是问题 (5.2.2) 的解，那么从原点出发过 $\vec{x}^*$ 射线上的点都是问题 (5.2.2) 的解。

5.2.3.1 齐似技术的成本函数

定理 5.2.7 设厂商的生产函数 $f(\vec{x})$ 是可微的 k 次齐次函数，$c(\vec{\omega}, y)$ 是由成本最小化问题 (5.2.2) 确定的成本函数，则 $c(\vec{\omega}, y)$ 具有"可分性"，即

$$c(\vec{\omega}, y) = y^{1/k} b(\vec{\omega}),$$

其中，$b(\vec{\omega}) = c(\vec{\omega}, 1)$ 是厂商生产一单位产品时的单位成本。特别，当 $k = 1$ 时，$c(\vec{\omega}, y) = yb(\vec{\omega})$，即成本函数是产量的线性函数。

证明：因为 $c(\vec{\omega}, y)$ 是由成本最小化问题 (5.2.2) 确定的成本函数，所以 $c(\vec{\omega}, y) = \vec{\omega}\vec{x}(\vec{\omega}, y)$，其中，$\vec{x}(\vec{\omega}, y)$ 是问题 (5.2.2) 的解。所以在 $\vec{x} = \vec{x}(\vec{\omega}, y)$ 处满足一阶条件

$$\frac{f_i(\vec{x})}{f_j(\vec{x})} = \frac{\omega_i}{\omega_j}。$$

又因厂商的生产技术 $f(\vec{x})$ 是 k 次齐次函数，则对任意的 $t > 0$ 有

$$f(t\vec{x}) = t^k f(\vec{x})。$$

两端对 x_i 求导，得

$$f_i(t\vec{x})t = t^k f_i(\vec{x}), i = 1, 2, \cdots, n,$$

于是

$$\frac{f_i(t\vec{x})}{f_j(t\vec{x})} = \frac{f_i(\vec{x})}{f_j(\vec{x})}, i, j = 1, 2, \cdots, n。$$

所以对任意的 $t > 0$, $t\vec{x}(\vec{\omega},y)$ 也满足一阶条件

$$\frac{f_i(t\vec{x})}{f_j(t\vec{x})} = \frac{f_i(\vec{x})}{f_j(\vec{x})} = \frac{\omega_i}{\omega_j}。$$

设 $\vec{x}^1 = \vec{x}^1(\vec{\omega},1)$ 是产量 $y = 1$ 时问题(5.2.2)的解,则 $\vec{x}^1$ 满足一阶条件

$$\frac{f_i(\vec{x}^1)}{f_j(\vec{x}^1)} = \frac{\omega_i}{\omega_j},$$

且 $f(\vec{x}^1) = 1$, $c(\vec{\omega},1) = \vec{\omega}\vec{x}^1(\vec{\omega},1)$, 记 $b(\vec{\omega}) = c(\vec{\omega},1) = \vec{\omega}\vec{x}^1(\vec{\omega},1)$。设 $y > 0$, $t = y^{1/k}$, 则

$$f(t\vec{x}^1) = t^k f(\vec{x}^1) = (y^{1/k})^k = y,$$

且 $\vec{x}^* = y^{1/k}\vec{x}^1$ 满足一阶条件,所以 $\vec{x}^*$ 是问题(5.2.2)的解,即 $\vec{x}^* = \vec{x}(\vec{\omega},y)$, 于是

$$c(\vec{\omega},y) = \vec{\omega}\vec{x}^* = \vec{\omega}(y^{1/k}\vec{x}^1) = y^{1/k}(\vec{\omega}\vec{x}^1) = y^{1/k}b(\vec{\omega})。$$

特别,当 $k = 1$, 即 $f(\vec{x})$ 是一次齐次函数时,成本函数为 $c(\vec{\omega},y) = yb(\vec{\omega})$, 即,成本函数是产量的线性函数。

5.2.4 成本的产量弹性

前面我们用生产函数定义了局部规模收益弹性 $e(\vec{x})$, 利用 $e(\vec{x})$ 是大于 1, 等于 1 还是小于 1, 分析生产技术是局部规模收益递增,不变还是递减。我们也可以利用成本产量弹性做同样的分析。假设要素价格 $\vec{\omega}$ 不变,那么成本函数 $c(\vec{\omega},y)$ 只是产量 y 的函数,所以记 $c(\vec{\omega},y)$ 为 $c(y)$。

定义 5.2.2 设 $c(y)$ 为成本函数,称

$$E_y^c = \lim_{\Delta y \to 0} \frac{\Delta c(y)/c(y)}{\Delta y/y} = \frac{c'(y)}{c(y)/y} = \frac{MC}{AC}$$

为成本产量弹性。

由定义看到,成本产量弹性等于成本的相对变化率与产量的相对变化率之比,也就是产量变化一个百分点时,成本变化的百分点数。

当 $E_y^c < 1$ 时,表明产量增加的速度大于成本增加的速度,此时存在规模经济;当 $E_y^c > 1$ 时,存在规模不经济;当 $E_y^c = 1$ 时,规模收益不变。

定理 5.2.8 成本产量弹性 $E_y^c < 1$ ($E_y^c = 1$, $E_y^c > 1$) 与局部规模收益弹性 $e(\vec{x}) > 1$ ($e(\vec{x}) = 1$, $e(\vec{x}) < 1$) 等价。

证明: 只证明规模收益递增的情况。

充分性: 设 $\vec{x}^* = \vec{x}^*(y)$ 是产量水平 y 之下的条件要素需求,且在 $\vec{x}^*$ 处

$$e(\vec{x}^*) = \frac{\mathrm{d}f(t\vec{x}^*)}{\mathrm{d}t} \cdot \frac{t}{f(t\vec{x}^*)}\bigg|_{t=1} = \frac{\mathrm{d}f(t\vec{x}^*)}{\mathrm{d}t}\bigg|_{t=1} \cdot \frac{1}{f(\vec{x}^*)} > 1。$$

于是

$$e(\vec{x}^*) = \sum_{i=1}^{n} f_i(\vec{x}^*) x_i^* \cdot \frac{1}{f(\vec{x}^*)} > 1,$$

即

$$\sum_{i=1}^{n} f_i(\vec{x}^*) x_i^* > f(\vec{x}^*) = y_\circ$$

由成本最小化问题的一阶条件

$$\omega_i - \lambda^* f_i(\vec{x}^*) = 0, 即 f_i(\vec{x}^*) = \frac{\omega_i}{\lambda^*}, i = 1, 2, \cdots, n,$$

于是

$$f_i(\vec{x}^*) x_i^* = \frac{\omega_i x_i^*}{\lambda^*}, i = 1, 2, \cdots, n,$$

所以

$$\sum_{i=1}^{n} f_i(\vec{x}^*) x_i^* = \frac{1}{\lambda^*} \sum_{i=1}^{n} \omega_i x_i^* = \frac{c(y)}{\lambda^*} > y_\circ$$

又因 $\lambda^* = c'(y)$，所以

$$\frac{c(y)/y}{c'(y)} > 1, 即 E_y^c = \frac{c'(y)}{c(y)/y} < 1_\circ$$

必要性：将上述过程逆推回去即可。

5.2.5 长期与短期成本函数

5.2.5.1 长期与短期成本函数的概念

从长期看，厂商可以改变所有的要素投入，但在短期内，有的生产要素是固定不变的。之前讨论的成本函数是在允许所有要素投入可变的条件下得到的既定产量水平 y 的最小成本，因此成本函数 $c(\vec{\omega}, y)$ 也称为长期成本函数。

假设在短期内，要素投入组合 $\vec{x} = (x_1, x_2, \cdots, x_n)$ 中，要素 $x_1, x_2, \cdots, x_r$ 可以改变，要素 $x_{r+1}, x_{r+2}, \cdots, x_n$ 不可以改变，记 $(x_1, x_2, \cdots, x_r) = \vec{x}_v$, $(x_{r+1}, x_{r+2}, \cdots, x_n) = \vec{x}_f$，称 $\vec{x}_v$ 为可变要素组合，简称可变要素，其对应的价格记为 $\vec{\omega}_v = (\omega_1, \omega_2, \cdots, \omega_r)$；$\vec{x}_f$ 称为固定要素组合，简称固定要素，其对应的价格记为 $\vec{\omega}_f = (\omega_{r+1}, \omega_{r+2}, \cdots, \omega_n)$。记 $\vec{x} = (\vec{x}_v, \vec{x}_f)$, $\vec{\omega} = (\vec{\omega}_v, \vec{\omega}_f)$，于是在短期内，对给定的产量 y，我们要选择可变要素 $\vec{x}_v$，使得生产成本最小，即解决如下的成本最小化问题

$$\begin{cases} \min \{\vec{\omega}_v \vec{x}_v + \vec{\omega}_f \vec{x}_f\} \\ \text{s.t.} \quad \begin{aligned} f(\vec{x}_v, \vec{x}_f) &= y \\ \vec{x} &\geq 0 \end{aligned} \end{cases} \quad \circ \tag{5.2.4}$$

定义 5.2.3 设 $\vec{x}_v^* = \vec{x}_v^*(\vec{\omega}, y, \vec{x}_f)$ 是问题(5.2.4)的唯一解,则 $\vec{x}_v^*$ 是 $\vec{\omega}, y$ 和 $\vec{x}_f$ 的函数,称

$$c(\vec{\omega}, y, \vec{x}_f) = \vec{\omega}(\vec{x}_v^*, \vec{x}_f) = \vec{\omega}_v \vec{x}_v^* + \vec{\omega}_f \vec{x}_f$$

为短期成本函数,其中, $\vec{\omega}_f \vec{x}_f = c(\vec{\omega}_f, y)$ 称为短期固定成本, $\vec{\omega}_v \vec{x}_v^* = c(\vec{\omega}, y, \vec{x}_f)$ 称为短期可变成本函数。相对应的,由成本最小化问题(5.2.2)确定的成本函数 $c(\vec{\omega}, y)$ 称为长期成本函数。

注:可以证明短期成本函数具有和长期成本函数类似的性质,比如短期成本函数是可变要素价格和产量的增函数,是可变要素价格的一次齐次函数,是可变要素价格的凹函数等。

5.2.5.2 长期成本函数与短期成本函数之间的关系

对给定的固定要素组合 $\vec{x}_f$,在问题(5.2.4)中,记 $A(\vec{x}_f) = \{(\vec{x}_v, \vec{x}_f) | f(\vec{x}_v, \vec{x}_f) = y\}$;在问题(5.2.2)中,记 $B = \{\vec{x} | f(\vec{x}) = y\}$,显然有 $A(\vec{x}_f) \subset B$,所以,任意给定的价格 $\vec{\omega}$ 和产量 y,有

$$c(\vec{\omega}, y) \leqslant c(\vec{\omega}, y, \vec{x}_f)。$$

假设价格 $\vec{\omega}$ 不变,那么成本函数 $c(\vec{\omega}, y)$ 只是产量 y 的函数,记 $c(\vec{\omega}, y) = c(y)$,同理,记 $c(\vec{\omega}, y, \vec{x}_f) = c(y, \vec{x}_f)$。如果对于给定的 y^*,问题(5.2.2)中的最优解是 $\vec{x}^* = (\vec{x}_v^*, \vec{x}_f^*)$,那么当固定要素 $\vec{x}_f = \vec{x}_f^*$ 时,对任意的 y,有 $c(y) \leqslant c(y, \vec{x}_f^*)$。特别,当 $y = y^*$ 时,有

$$c^* = c(y^*) = c(y^*, \vec{x}_f^*)。$$

这说明,长期成本线 $c = c(y)$ 与短期成本线 $c = c(y, \vec{x}_f^*)$ 在 (y^*, c^*) 处相切,且长期成本线位于短期成本线的下方。

根据上述分析我们知道,当固定要素 $\vec{x}_f$ 是既定产量 y 之下的长期最优解时,长期成本函数 $c = c(y)$ 是短期成本函数 $c = c(y, \vec{x}_f)$ 的包络,如图 5.2.2 所示。

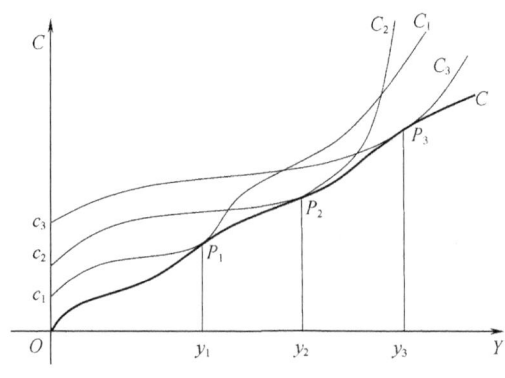

图 5.2.2

在图 5.2.2 中,曲线 C 是长期成本函数 $c(\vec{\omega},y) = \vec{\omega}\vec{x}^*(\vec{\omega},y)$ 曲线,其中 $\vec{x}^*(\vec{\omega},y)$ 是对给定的 $\vec{\omega},y$ 问题(5.2.2)的最优解;对短期成本函数 $c(\vec{\omega},y,\vec{x}_f) = \vec{\omega}(\vec{x}_v^*, \vec{x}_f) = \vec{\omega}_v\vec{x}_v^* + \vec{\omega}_f\vec{x}_f$,及给定的 y_1,当 $\vec{x}_f$ 恰好等于长期最优解 $\vec{x}^*(\vec{\omega},y_1)$ 中的 $\vec{x}_f^*(\vec{\omega},y_1) = \vec{x}_f^1$ 时,得到一个以 c_1 为固定成本的短期成本函数 $c(\vec{\omega},y,\vec{x}_f^1) = \vec{\omega}(\vec{x}_v^*, \vec{x}_f^1) = \vec{\omega}_v\vec{x}_v^* + \vec{\omega}_f\vec{x}_f^1 = \vec{\omega}_v\vec{x}_v^* + c_1$,其表示的曲线记为 C_1,C_1 与 C 在 P_1 处相切,且曲线 C_1 位于曲线 C 的上方;曲线 C_2 和 C_3 的情形与 C_1 类似。

5.2.5.3 长期平均成本函数与短期平均成本函数之间的关系

由上面的讨论可知,如果短期固定要素组合 $\vec{x}_f$ 恰好是 $y = y^*$ 时,成本最小化问题(5.2.2)的最优解 $\vec{x}^*(\vec{\omega},y_1)$ 中的 $\vec{x}_f^* = \vec{x}_f^*(\vec{\omega},y_1)$,那么对任意的 $y > 0$,有 $c(y) \leqslant c(y,\vec{x}_f^*)$,且当 $y = y^*$ 时,有 $c^* = c(y^*) = c(y^*,\vec{x}_f^*)$。于是

$$\frac{c(y)}{y} \leqslant \frac{c(y,\vec{x}_f^*)}{y},$$

且当 $y = y^*$ 时,有

$$\frac{c^*}{y^*} = \frac{c(y^*)}{y^*} = \frac{c(y^*,\vec{x}_f^*)}{y^*},$$

所以长期平均成本函数 $\dfrac{c(y)}{y}$ 是短期平均成本函数 $\dfrac{c(y,\vec{x}_f)}{y}$ 的包络,其中,$\vec{x}_f$ 是既定产量 y 之下的最优,如图 5.2.3 所示。

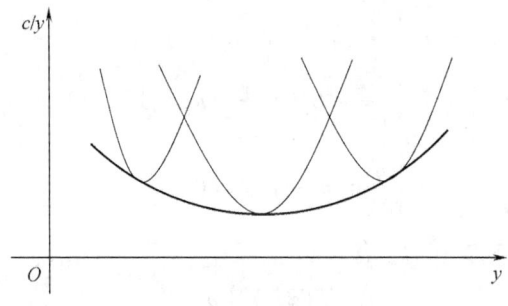

图 5.2.3

5.3 效用最大化问题

在第二章我们简单介绍了效用最大化问题。设消费者的效用函数为 $U(\vec{x})$,商品价格为 $\vec{p}$,消费者的收入为 m,消费者需要解决的是如下的效用最大化问题:

$$\begin{cases} \max U(\vec{x}) \\ \text{s.t. } \vec{p}\,\vec{x} \leqslant m \end{cases} \quad (\vec{x} \geqslant \vec{0}). \tag{5.3.1}$$

如果问题(5.3.1)有唯一解 $\vec{x}^* = \vec{x}^*(\vec{p},m)$，则称 $\vec{x}^* = \vec{x}^*(\vec{p},m)$ 为马歇尔需求函数；并称 $V(\vec{p},m) = U(\vec{x}^*(\vec{p},m))$ 为间接效用函数。在第二章还证明了一个等价定理(定理 2.3.3)：如果效用函数是严格递增的连续函数，则问题(5.3.1)等价于如下的效用最大化问题：

$$\begin{cases} \max U(\vec{x}), \\ \text{s.t.} \ \vec{p}\,\vec{x} = m; \end{cases} \quad (\vec{x} \geqslant \vec{0})。 \tag{5.3.2}$$

本节将介绍效用最大化问题有解的条件，需求函数和间接效用函数的一些性质。

5.3.1 效用最大化问题有解的条件

5.3.1.1 效用最大化问题有内点解的一阶必要条件

效用最大化问题(5.3.2)是一个等约束条件下的极值问题，其拉格朗日函数为

$$L(\vec{x},\lambda) = U(\vec{x}) + \lambda(m - \vec{p}\,\vec{x})。$$

由定理 5.1.1 可以直接得到如下的定理。

定理 5.3.1 设消费者的效用函数 $U(\vec{x})$ 具有一阶连续的偏导数，$\vec{x}^*$ 是问题(5.3.2)的内点解，则必存在 λ^*，使得 $(\vec{x}^*,\lambda^*)$ 是拉格朗日函数 $L(\vec{x},\lambda)$ 的驻点，即 $(\vec{x}^*,\lambda^*)$ 满足一阶条件

$$\begin{cases} \dfrac{\partial L}{\partial x_1} = U_1(\vec{x}) - \lambda p_1 = 0 \\ \cdots\cdots \\ \dfrac{\partial L}{\partial x_k} = U_k(\vec{x}) - \lambda p_k = 0 \\ \dfrac{\partial L}{\partial \lambda} = m - \vec{p}\,\vec{x} = 0 \end{cases} \tag{5.3.3}$$

于是对任意的 $i,j = 1,2,\cdots,k$，有

$$\frac{U_i(\vec{x}^*)}{U_j(\vec{x}^*)} = \frac{p_i}{p_j},$$

即，在效用最大化问题(5.3.2)的最优点处，任意两种商品的边际替代率等于相应商品的价格之比。

由一阶条件还可以得到

$$\frac{U_1(\vec{x}^*)}{p_1} = \cdots = \frac{U_k(\vec{x}^*)}{p_k} = \lambda^*。$$

此式表明，在最优消费组合 $\vec{x}^*$ 处，在每种商品上，最后一个单位货币的消费所得到

的边际效用都相等。

5.3.1.2 一阶必要条件的几何解释

如果只有两种商品,一阶条件(5.3.3)的几何解释是:预算线 $p_1x_1 + p_2x_2 = m$ 与无差异曲线 $U(\vec{x}) = U(\vec{x}^*)$ 在最优点 $\vec{x}^*$ 处相切。

在只有两种商品的情况下,设 $\vec{x}^* = (x_1^*, x_2^*)$ 是最优消费组合,由一阶条件得

$$-\frac{U_1(\vec{x}^*)}{U_2(\vec{x}^*)} = -\frac{p_1}{p_2}。$$

上式左端是无差异曲线 $U:U(\vec{x}) = U(\vec{x}^*)$ 在最优消费组合 $\vec{x}^* = (x_1^*, x_2^*)$ 处切线的斜率;右端是预算线 $L:p_1x_1 + p_2x_2 = m$ 的斜率。由于 $\vec{x}^* = (x_1^*, x_2^*)$ 满足预算约束,所以预算线 L 经过点 $\vec{x}^*$,所以 L 是无差异曲线 U 在点 $\vec{x}^*$ 处的切线,如图 5.2.4 所示。

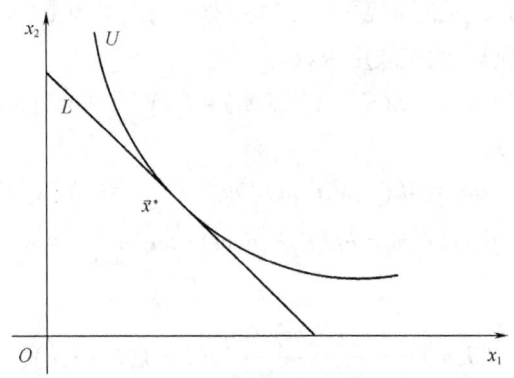

图 5.2.4

5.3.1.3 二阶必要条件

定理 5.3.2 设消费者的效用函数 $U(\vec{x})$ 具有二阶连续的偏导数。如果 $\vec{x}^*$ 是效用最大化问题(5.3.2)的解,则对任意的 $\vec{h} \in \{\vec{h} | \vec{p}\vec{h} = 0\}$,有

$$\vec{h} D^2 U(\vec{x}^*) \vec{h}^\tau \leq 0。$$

证明:(省略)。

5.3.1.4 效用最大化问题有内点解的充分条件

定理 5.3.3 设效用函数 $U(\vec{x})$ 是具有二阶连续的偏导数的拟凹函数。如果 $\vec{x}^*$ 满足效用最大化问题(5.3.2)的一阶条件,且对任意的 $\vec{h} \in \{\vec{h} | \vec{p}\vec{h} = 0\}$,有

$$\vec{h} D^2 U(\vec{x}^*) \vec{h}^\tau < 0,$$

则 $\vec{x}^*$ 是效用最大化问题(5.3.2)的解。

证明:(省略)。

注:如果效用函数 $U(\vec{x})$ 是具有二阶连续的偏导数的严格拟凹函数,则一阶条件也是充分条件。

5.3.2 罗伊(Roy)等式

定理5.3.4 假设消费者的效用函数 $U(\vec{x})$ 具有一阶连续的偏导数,对任意给定的 $\vec{p} \geqslant 0, m > 0$,问题(5.3.2)有唯一的内点解 $\vec{x}^* = \vec{x}^*(\vec{p}, m)$,那么间接效用函数 $v(\vec{p}, m) = U(\vec{x}^*)$ 具有一阶连续的偏导数,且

$$x_i^*(\vec{p}, m) = -\frac{\partial v(\vec{p}, m)/\partial p_i}{\partial v(\vec{p}, m)/\partial m}, (i = 1, 2, \cdots, k)。$$

证明: 设问题(5.3.2)的拉格朗日函数为:

$$L(\vec{x}, \lambda, \vec{p}, m) = U(\vec{x}) + \lambda(m - \vec{p}\,\vec{x}),$$

对任意给定的 $\vec{p} \geqslant 0, m > 0$,问题(5.3.2)的唯一内点解为 $\vec{x}^* = \vec{x}^*(\vec{p}, m)$,则由等约束条件的包络定理知,间接效用函数

$$v(\vec{p}, m) = U(\vec{x}^*) = L(\vec{x}^*, \lambda^*, \vec{p}, m) = U(\vec{x}^*) + \lambda^*(m - \vec{p}\,\vec{x}^*)$$

具有连续的偏导数,且

$$\partial v(\vec{p}, m)/\partial p_i = \partial L(\vec{x}, \lambda, \vec{p}, m)/\partial p_i \big|_{\substack{\vec{x}=\vec{x}^* \\ \lambda=\lambda^*}} = -\lambda^* x_i^*(\vec{p}, m),$$

$$\partial v(\vec{p}, m)/\partial m = \partial L(\vec{x}, \lambda, \vec{p}, m)/\partial m \big|_{\substack{\vec{x}=\vec{x}^* \\ \lambda=\lambda^*}} = \lambda^*,$$

所以

$$x_i^*(\vec{p}, m) = -\frac{\partial v(\vec{p}, m)/\partial p_i}{\partial v(\vec{p}, m)/\partial m}, (i = 1, 2, \cdots, k)。$$

5.4 支出最小化问题

5.4.1 支出最小化问题有解的条件

在第二章我们简单介绍了支出最小化问题。设消费者的效用函数为 $U(\vec{x})$,对于给定的商品价格为 $\vec{p}$,效用值 $u(u > 0)$,消费者如何选择商品束 $\vec{x}$,才能使获得的效用不低于 u,且支出最小?也就是说,消费者需要解决如下的支出最小化问题:

$$\begin{cases} \min \vec{p}\,\vec{x}, \\ \text{s.t. } U(\vec{x}) \geqslant u; \end{cases} (\vec{x} \geqslant \vec{0})。 \quad (5.4.1)$$

如果问题(5.4.1)有唯一解 $\vec{x}^* = \vec{h}(\vec{p}, u)$,则称 $\vec{x}^* = \vec{h}(\vec{p}, u)$ 为希克斯需求函数,并称 $e(\vec{p}, u) = \vec{p}\,\vec{h}(\vec{p}, u)$ 为支出函数。

我们在第二章证明了支出函数的三个性质:支出函数是商品价格的增函数,是商品价格的一次齐次函数,是商品价格的凹函数;还证明了,如果效用函数 $U(\vec{x})$ 是严格增的连续函数,那么问题(5.4.1)与如下的等约束问题(5.4.2)

$$\begin{cases} \min \vec{p}\,\vec{x} \\ \text{s. t. } U(\vec{x}) = u \end{cases} \quad (\vec{x} \geqslant \vec{0}) \qquad (5.4.2)$$

等价。

本节介绍支出最小化问题有解的条件,支出函数和希克斯需求函数的一些其他性质。

5.4.1.1 一阶必要条件

支出最小化问题(5.4.2)是一个等约束条件下的极值问题,其拉格朗日函数为

$$L(\vec{x},\lambda) = \vec{p}\,\vec{x} + \lambda[u - U(\vec{x})]。$$

由定理 5.1.1 可以直接得到如下的定理。

定理 5.4.1 设消费者的效用函数 $U(\vec{x})$ 具有一阶连续的偏导数。如果 $\vec{x}^* = \vec{h}(\vec{p},u)$ 是问题(5.4.1)的内点解,那么必存在 λ^*,使得 $(\vec{x}^*,\lambda^*)$ 是拉格朗日函数 $L(\vec{x},\lambda)$ 的驻点,即 $(\vec{x}^*,\lambda^*)$ 满足如下的一阶条件:

$$\begin{cases} \dfrac{\partial L}{\partial x_1} = p_1 - \lambda U_1 = 0 \\ \cdots\cdots \\ \dfrac{\partial L}{\partial x_k} = p_k - \lambda U_k = 0 \\ \dfrac{\partial L}{\partial \lambda} = U(\vec{x}) - u = 0 \end{cases} \qquad (5.5.3)$$

注:(1)由一阶条件(5.5.3)得

$$\frac{U_i(\vec{x}^*)}{U_j(\vec{x}^*)} = \frac{p_i}{p_j}, i,j = 1,2,\cdots,k。$$

此式表明,在效用不低于 u 的消费束中,支出最小的消费束 $\vec{x}^*$ 使得任意两种商品之间的边际替代率都等于相应的商品价格之比,这与效用最大化问题的一阶条件类似。

(2)由一阶条件还可以得到

$$\frac{U_1(\vec{x}^*)}{p_1} = \cdots = \frac{U_k(\vec{x}^*)}{p_k}。$$

此式表明,在最优消费组合 $\vec{x}^*$ 处,在每种商品上,最后一个单位货币的消费所得到

的边际效用都相等,这与效用最大化问题的结论一致。

5.4.1.2 一阶必要条件的几何解释

如果只有两种商品,一阶条件(5.4.3)的几何解释是:预算线 $p_1x_1+p_2x_2=e(\vec{p},u)$ 与无差异曲线 $U(\vec{x})=u$ 在最优点 $\vec{x}^*$ 处相切。

在只有两种商品的情况下,设 $\vec{x}^*=(x_1^*,x_2^*)$ 是最优消费组合,由一阶条件得

$$-\frac{U_1(\vec{x}^*)}{U_2(\vec{x}^*)}=-\frac{p_1}{p_2}。$$

上式左端是无差异曲线 $U:U(\vec{x})=u$ 在最优消费组合 $\vec{x}^*=(x_1^*,x_2^*)$ 处切线的斜率;右端是预算线 $L:p_1x_1+p_2x_2=e(\vec{p},u)$ 的斜率。由于 $\vec{x}^*=(x_1^*,x_2^*)$ 满足预算约束,预算线 L 经过点 $\vec{x}^*$,所以 L 是无差异曲线 U 在点 $\vec{x}^*$ 处的切线,如图 5.4.1 所示。

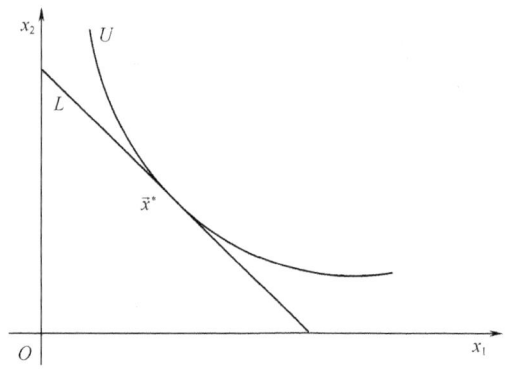

图 5.4.1

需要指出的是,如果是两种商品,可以按照如下的几何方法形象地找出效用最大化问题(5.3.2)和支出最小化问题(5.4.2)的解。

对效用最大化问题(5.3.2),先画出预算线 $L:p_1x_1+p_2x_2=m$,再画一条无差异曲线 $C:U(\vec{x})=u$ 与 L 相切,切点 $\vec{x}^*=(x_1^*,x_2^*)$ 就是效用最大化问题(5.3.2)的最优解。

对支出最小化问题(5.4.2),先画出无差异曲线 $U:U(\vec{x})=u$,再画一条直线 $L:p_1x_1+p_2x_2=m$ 与无差异曲线 $U:U(\vec{x})=u$ 相切,切点 $\vec{x}^*=(x_1^*,x_2^*)$ 就是支出最小化问题(5.4.2)的最优解,且 $e(\vec{p},u)=p_1x_1^*+p_2x_2^*$。

5.4.1.3 二阶必要条件

定理 5.4.2 设消费者的效用函数 $U(\vec{x})$ 具有二阶连续的偏导数。如果 $\vec{x}^*$

是支出最小化问题(5.4.2)的内点解,则对任意满足条件 $\vec{x}^* + \vec{h} \geq \vec{0}$,且 $U(\vec{x}^* + \vec{h}) = u$ 的 $\vec{h} \in \{\vec{h} \mid \vec{p}\vec{h} = 0\}$,有

$$\vec{h}^\tau D^2 U(\vec{x}^*) \vec{h} \leq 0。$$

证明:等约束条件问题(5.4.2)的拉格朗日函数为

$$L(\vec{x}, \lambda) = \vec{p}\,\vec{x} + \lambda[u - U(\vec{x})]。$$

设 $\vec{x}^*$ 是支出最小化问题(5.4.2)的解。则 $\vec{x}^*$ 满足一阶条件,即存在 λ^*,使得 $DL(\vec{x}^*, \lambda^*) = \vec{p} - \lambda^* DU(\vec{x}^*) = \vec{0}$。于是,$DU(\vec{x}^*) = 1/\lambda^* \vec{p}$。由定理5.1.2的注知,支出最小化问题(5.4.2)的解的二阶条件是:对任意满足条件 $\vec{x}^* + \vec{h} \geq \vec{0}$,$U(\vec{x}^* + \vec{h}) = u$,且 $D[u - U(\vec{x}^*)]\vec{h}^\tau = -DU(\vec{x}^*)\vec{h}^\tau = 0$ 的 $\vec{h}$,有

$$\vec{h}^\tau D^2 L(\vec{x}^*, \lambda^*) \vec{h} \geq 0。$$

由于 $DU(\vec{x}^*) = 1/\lambda^* \vec{p}$,所以 $-DU(\vec{x}^*)\vec{h}^\tau = 0$ 与 $\vec{p}\vec{h}^\tau = 0$ 等价。

另一方面,

$$D^2 L(\vec{x}^*, \lambda^*) = -D^2 U(\vec{x}^*),$$

所以 $\vec{h}^\tau D^2 L(\vec{x}^*, \lambda^*) \vec{h} \geq 0$ 等价于 $\vec{h}^\tau D^2 U(\vec{x}^*) \vec{h} \leq 0$。

因此,二阶条件转化为:对任意满足条件 $\vec{x}^* + \vec{h} \geq \vec{0}$,$U(\vec{x}^* + \vec{h}) = u$,且 $\vec{p}\vec{h} = 0$ 的 $\vec{h}$,都有

$$\vec{h}^\tau D^2 U(\vec{x}^*) \vec{h} \leq 0。$$

5.4.1.4 支出最小化问题有解的充分条件

定理5.4.3 如果消费者的效用函数 $U(\vec{x})$ 是具有连续二阶偏导数的严格增函数。$(\vec{x}^0, \lambda^0)$ 是支出最小化问题(5.4.2)的拉格朗日函数 $L(\vec{x}, \lambda) = \vec{p}\,\vec{x} + \lambda[u - U(\vec{x})]$ 的驻点,则 $\vec{x}^0$ 是支出最小化问题(5.4.2)的解的充分条件是:$L(\vec{x}, \lambda)$ 对变量 $\vec{x}$ 的海塞矩阵的加边矩阵是负定矩阵。

5.4.2 支出函数的性质

定理5.4.4 设消费者的效用函数 $U(\vec{x})$ 具有一阶连续的偏导数,对任意给定的 $u > 0$,问题(5.4.2)有唯一的内点解 $\vec{x}^* = \vec{h}(\vec{p}, u)$,那么支出函数 $e(\vec{p}, u) = \vec{p}\vec{h}(\vec{p}, u)$ 具有一阶连续的偏导数,且

$$h_i(\vec{p}, u) = \frac{\partial e(\vec{p}, u)}{\partial p_i}, (i = 1, 2, \cdots, k)。$$

证明:设问题(5.4.2)的拉格朗日函数为

$$L(\vec{x},\lambda) = \vec{p}\,\vec{x} + \lambda[u - U(\vec{x})]。$$

如果对任意给定的 $u > 0$,问题(5.4.2)都有唯一的内点解 $\vec{x}^* = \vec{h}(\vec{p},u)$,那么由等约束条件的包络定理知,支出函数

$$e(\vec{p},u) = \vec{p}\vec{h}(\vec{p},u)$$

具有连续的偏导数,且

$$\frac{\partial e(\vec{p},u)}{\partial p_i} = \frac{\partial L(\vec{x},\lambda,\vec{p},u)}{\partial p_i}\bigg|_{\substack{\vec{x}=\vec{x}^*\\ \lambda=\lambda^*}} = x_i^* = h_i(\vec{p},u),(i=1,2,\cdots,k)。$$

本章经济问题总结

本章给出了成本最小化问题、效用最大化问题和支出最小化问题有解的必要条件和充分条件;运用等约束条件的包络定理证明了谢泼德引理和罗伊等式;介绍了位似技术和齐次技术的成本函数;讨论了成本的产量弹性与局部规模收益弹性之间的关系。现将主要结论总结如下。

(1)谢泼德引理给出了成本函数与要素需求函数和影子价格之间的关系,即

a. 第 i 种要素的需求函数等于成本函数对第 i 种要素价格的导数,$i = 1,2,\cdots,n$。

b. 成本函数关于产量的导数等于影子价格,即增加一单位产量所需的成本。

(2)如果厂商的生产函数是位似函数,那么成本函数具有"可分性",即

$$c(\vec{\omega},y) = s(y)b(\vec{\omega})。$$

其中,$b(\vec{\omega})$ 是厂商生产一单位产品时的单位成本。如果厂商的生产函数是 k 齐次函数,那么成本函数具有更特殊的如下形式

$$c(\vec{\omega},y) = y^{1/k}b(\vec{\omega}),$$

特别,当 $k = 1$ 时,$c(\vec{\omega},y) = yb(\vec{\omega})$,即成本函数是产量的线性函数。

(3)成本产量弹性与局部规模收益弹性有如下关系:成本产量弹性 $E_y^c < 1(E_y^c = 1, E_y^c > 1)$ 与局部规模收益弹性 $e(\vec{x}) > 1(e(\vec{x}) = 1, e(\vec{x}) < 1)$ 等价。

(4)罗伊等式给出了马歇尔需求、间接效用函数、产品价格和收入之间的如下关系:

$$x_i^*(\vec{p},m) = -\frac{\partial v(\vec{p},m)/\partial p_i}{\partial v(\vec{p},m)/\partial m},(i=1,2,\cdots,k)。$$

(5)支出函数与希克斯需求函数有如下关系:

$$h_i(\vec{p},u) = \frac{\partial e(\vec{p},u)}{\partial p_i},(i=1,2,\cdots,k)。$$

6 不等约束条件下的极值问题及经济问题实例

本章介绍不等约束条件下的极值问题和库恩—塔克定理,给出不等约束条件下的极值问题有解的条件;混合约束条件下的极值问题及其有解的条件。本章还介绍了利润最大化问题和效用最大化问题有边角解的条件以及这些条件的经济意义。

6.1 不等约束条件下的最值问题

在第四章我们讨论了定义在区域 $D \subset R^n$ 上的函数 $f(\vec{x})$ 取得极值的条件。在第五章我们又讨论了定义在区域 $D \subset R^n$ 上的函数 $f(\vec{x})$ 在等约束条件下取得极值的条件。不论无条件极值问题还是等约束条件极值问题,我们讨论的都是有内点解的问题。在本章我们将讨论不等约束以及混合约束条件下,函数 $f(\vec{x})$ 取得最值(或极值)的条件,在这里不限定是内点解。

6.1.1 一般约束条件下最值问题有解的必要条件

6.1.1.1 一般约束条件下的最值问题

第四章讨论的定义在区域 $D \subset R^n$ 上的函数 $f(\vec{x})$ 是否取得最值(或极值)的问题可以理解成:定义在 R^n 上的函数 $f(\vec{x})$ 限制在 D 上是否取得最值(或极值)的问题,即优化问题

$$\begin{cases} \max(\min) f(\vec{x}) \\ \text{s. t. } \vec{x} \in D \end{cases}$$

是否有解。

同样,第五章讨论的定义在区域 $D \subset R^n$ 上的函数 $f(\vec{x})$ 在等约束条件 $\varphi^j(\vec{x}) = 0$ ($1 \leq j \leq m$) 下是否取得最值(或极值)的问题也可以理解成:定义在 R^n 上的函数 $f(\vec{x})$ 限制在 D 上,并受条件 $\varphi^j(\vec{x}) = 0$ ($1 \leq j \leq m$) 约束时是否取得最值(或极值)的问题,即优化问题

$$\begin{cases} \max(\min) f(\vec{x}) \\ \text{s. t. } \vec{x} \in E \end{cases}$$

是否有解的问题。这里 E 是集合 D 与集合 $D^m = \{\vec{x} \mid \varphi^j(\vec{x}) = 0, \vec{x} \in R^n, 1 \leq j \leq m\}$

的交集。显然在这里,我们将 D 也视为约束条件。

因此,不论是第四章、第五章讨论的极值问题,还是本章将要讨论的不等约束和混合约束条件下的最值(或极值)问题都可以表述为

$$\begin{cases} \max(\min) f(\vec{x}) \\ \text{s.t. } \vec{x} \in E \end{cases}。 \tag{6.1.1}$$

其中,E 是所有约束条件限定的 R^n 的子集,$f(\vec{x})$ 是定义在 R^n 上的函数。我们称问题(6.1.1)是一般约束条件下的优化问题或最值问题。如果 $\vec{x} \in E$,则称 $\vec{x}$ 是问题(6.1.1)的可行解,或称 $\vec{x}$ 是可行的;如果存在 $\vec{x}^0 \in E$ 的一个邻域 $U(\vec{x}^0, \delta^0)$,使得限制在集合 $E \cap U(\vec{x}^0, \delta^0)$ 上 $f(\vec{x}^0)$ 最大(或最小),则称 $\vec{x}^0$ 是问题(6.1.1)的一个局部解;如果限制在 E 上,$f(\vec{x}^0)$ 最大(或最小),则称 $\vec{x}^0$ 是问题(6.1.1)的一个(全域)解。

6.1.1.2 一般约束条件下最值问题有解的必要条件

引理6.1.1 设 $f(\vec{x})$ 在 $\vec{x}^0 \in R^n$ 处可微,$\vec{h} = (h_1, h_2, \cdots, h_n)$ 是一个向量,l 是以 $\vec{x}^0$ 为始点,与 $\vec{h}$ 同方向的射线。如果 $\vec{x}^0$ 是优化问题:

$$\begin{cases} \max f(\vec{x}) \\ \text{s.t. } \vec{x} \in l \end{cases} \tag{6.1.2}$$

的解,则

$$Df(\vec{x}^0)\vec{h}^\tau = \sum_{i=1}^n f_i(\vec{x}^0) h_i \leq 0,$$

其中,$Df(\vec{x}^0)$ 是函数 $f(\vec{x})$ 在 $\vec{x}^0$ 处的偏导数构成的行向量,即 $f(\vec{x})$ 在 $\vec{x}^0$ 处的梯度。

证明:因为 $f(\vec{x})$ 在 $P_0 = P(\vec{x}^0)$ 处可微,所以对任意给定的 $\vec{x}^0 + \Delta \vec{x}$,由泰勒公式有

$$\begin{aligned} f(\vec{x}^0 + \Delta\vec{x}) &= f(\vec{x}^0) + \sum_{i=1}^n f_i(\vec{x}^0) \Delta x_i + o(\rho) \\ &= f(\vec{x}^0) + Df(\vec{x}^0)\Delta\vec{x}^\tau + o(\rho) \quad (\rho \to 0), \end{aligned}$$

其中,$\rho = \sqrt{\Delta x_1^2 + \Delta x_2^2 + \cdots + \Delta x_n^2}$。

特别,对给定的向量 $\vec{h}$,及 $t > 0$,有

$$\begin{aligned} f(\vec{x}^0 + t\vec{h}) &= f(\vec{x}^0) + Df(\vec{x}^0)(t\vec{h}^\tau) + o(t\rho) \\ &= f(\vec{x}^0) + tDf(\vec{x}^0)\vec{h}^\tau + o(t) \quad (t \to 0), \end{aligned}$$

其中,$\rho = \sqrt{h_1^2 + h_2^2 + \cdots + h_n^2}$。

又因 $\vec{x}^0$ 是优化问题(6.1.2)的解,所以对任意的 $t > 0$,有

$$tDf(\vec{x}^0)\vec{h}^\tau + o(t) = f(\vec{x}^0 + t\vec{h}) - f(\vec{x}^0) \leq 0,$$

于是

$$Df(\vec{x}^0)\vec{h}^\tau = \lim_{t \to 0} \frac{tDf(\vec{x}^0)\vec{h}^\tau + o(t)}{t} \leq 0。$$

注:(1)由引理 6.1.1 的证明可以看出,如果把优化问题(6.1.2)的约束条件"$\vec{x}$ 属于射线 l"改为"$\vec{x}$ 属于射线 l 上以 P_0 为始点的任意一条线段",结论也成立。

(2)在引理 6.1.1 的条件下,在射线 l 上任取一点 $\vec{x}^0 + \Delta\vec{x}$,都有

$$Df(\vec{x}^0)\Delta\vec{x}^\tau \leq 0。$$

由引理 6.1.1,我们很容易得到 $f(\vec{x})$ 在 $\vec{x}^0$ 处取得极值的必要条件。

推论 6.1.1 设 $f(\vec{x})$ 在 $\vec{x}^0$ 处可微,且取得极大值,则

$$f_i(\vec{x}^0) = 0, i = 1, 2, \cdots, n,$$

即

$$Df(\vec{x}^0) = \vec{0}。$$

证明:因为 $f(\vec{x})$ 在 $\vec{x}^0$ 处取得极大值,所以存在 $\vec{x}^0$ 的邻域 $U(\vec{x}^0)$,使得 $f(\vec{x}^0)$ 是邻域 $U(\vec{x}^0)$ 上的最大值。设 $\vec{h}$ 是任意给定的方向向量,l 是以 $\vec{x}^0$ 为始点,与 $\vec{h}$ 同方向的射线,l^0 是 l 位于邻域 $U(\vec{x}^0)$ 内的线段,则 $\vec{x}^0$ 是如下优化问题

$$\begin{cases} \max f(\vec{x}) \\ \text{s.t.} \ \vec{x} \in l^0 \end{cases}$$

的解。所以由引理 6.1.1 的注,得

$$Df(\vec{x}^0)\vec{h}^\tau \leq 0,$$

特别,取 $\vec{h} = Df(\vec{x}^0)$,有

$$0 \geq Df(\vec{x}^0)\vec{h}^\tau = Df(\vec{x}^0)Df(\vec{x}^0)^\tau = \|Df(\vec{x}^0)\| \geq 0。$$

所以,$\|Df(\vec{x}^0)\| = 0$,即

$$Df(\vec{x}^0) = \vec{0}。$$

推论 6.1.2 设 $f(\vec{x})$ 在 $\vec{x}^0$ 处可微,集合 B 是一个凸集,且 $\vec{x}^0 \in B$ 是优化问题

$$\begin{cases} \max f(\vec{x}) \\ \text{s.t.} \ \vec{x} \in B \end{cases}$$

的解,则对任意给定的 $\vec{x}^0 + \Delta\vec{x} \in B$,有

$$Df(\vec{x}^0)\Delta\vec{x}^\tau \leq 0。$$

推论 6.1.2 的情况可参看图 6.1.1 和图 6.1.2。在图 6.1.1 中,三角形 OCD

是推论 6.1.2 中的约束集 B，是一个凸集。C 点，即 $\vec{x}^0$ 是最优解，于是对以 C 点为始点，约束集 B 内任意一点 $P(\vec{x}^0 + \Delta \vec{x})$ 为终点的向量 $\Delta \vec{x}$，有
$$Df(\vec{x}^0) \Delta \vec{x}^\tau \leq 0。$$

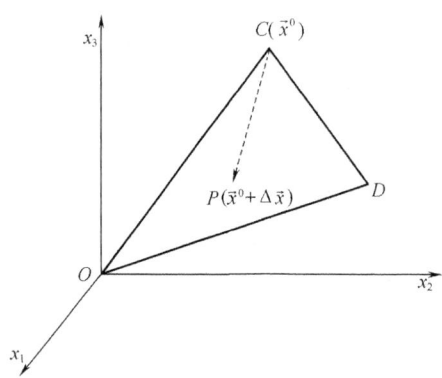

图 6.1.1

证明：设 $\vec{x}^0 + \Delta \vec{x} \in B$ 是任意给定的一点。由条件 $\vec{x}^0 \in B$，B 是凸集，所以线段
$$l : \vec{x}^0 + t\Delta \vec{x} \in B, (0 \leq t \leq 1)。$$
由于 $\vec{x}^0$ 是问题的解，于是 $\vec{x}^0$ 也是如下优化问题
$$\begin{cases} \max f(\vec{x}) \\ \text{s.t. } \vec{x} \in l \end{cases}$$
的解。又因 $f(\vec{x})$ 在 $\vec{x}^0$ 处可微，所以由引理 6.1.1 的注，得
$$Df(\vec{x}^0) \Delta \vec{x}^\tau \leq 0。$$

在图 6.1.1 中，$\vec{x}^0$ 是约束集 B 的边角解。在图 6.1.2 中，$\vec{x}^0$ 是约束集的内点解，所以在图 6.1.2 的情况下，对平行于三角形 OCD 的任意向量 $\vec{h}$ 都有
$$Df(\vec{x}^0) \vec{h}^\tau \leq 0。$$
特别，当向量 $Df(\vec{x}^0)$ 平行于三角形 OCD 时，$Df(\vec{x}^0) = \vec{0}$。

推论 6.1.3 设 $f(\vec{x})$ 在 $\vec{x}^0 = (x_1^0, \cdots, x_{i-1}^0, x_i^0, x_{i+1}^0, \cdots, x_n^0)$ 处可微，$E = \{\vec{x} | \vec{x} \geq \vec{0}\}$，$\vec{x}^0 \in E$ 是优化问题
$$\begin{cases} \max f(\vec{x}) \\ \text{s.t. } \vec{x} \in E \end{cases} \tag{6.1.3}$$
的解，则

(1) 如果对给定的 $i(1 \leq i \leq n)$ 有 $x_i^0 = 0$，那么 $f_i(\vec{x}^0) \leq 0$；

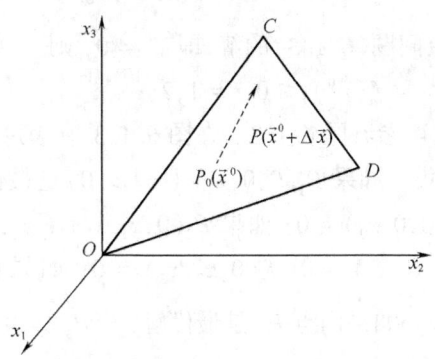

图 6.1.2

(2) 如果对给定的 $i(1 \leqslant i \leqslant n)$ 有 $x_i^0 > 0$，那么 $f_i(\vec{x}^0) = 0$。

证明：显然约束集 E 是一个凸集，于是由推论 6.1.2，对任意给定的 $\vec{x}^0 + \Delta\vec{x} \in E$，有

$$Df(\vec{x}^0)\Delta\vec{x}^\tau \leqslant 0。$$

如果对给定的 $i(1 \leqslant i \leqslant n)$ 有 $x_i^0 = 0$，记

$$\vec{x}^1 = (x_1^0, \cdots, x_{i-1}^0, x_i^0 + 1, x_{i+1}^0, \cdots, x_n^0) = \vec{x}^0 + \Delta\vec{x},$$

则 $\vec{x}^0 + \Delta\vec{x} \in E$，且 $\Delta\vec{x} = (0, \cdots, 0, 1, 0, \cdots, 0)$，于是

$$Df(\vec{x}^0)\Delta\vec{x}^\tau = f_i(\vec{x}^0) \leqslant 0。$$

如果对给定的 $i(1 \leqslant i \leqslant n)$ 有 $x_i^0 > 0$，记

$$\vec{x}^1 = (x_1^0, \cdots, x_{i-1}^0, x_i^0/2, x_{i+1}^0, \cdots, x_n^0) = \vec{x}^0 + \Delta\vec{x},$$

则 $\vec{x}^0 + \Delta\vec{x} \in E$，且 $\Delta\vec{x} = (0, \cdots, 0, -x_i^0/2, 0, \cdots, 0)^\tau$，于是

$$Df(\vec{x}^0)\Delta\vec{x}^\tau = -(x_i^0/2)f_i(\vec{x}^0) \leqslant 0，$$

所以

$$f_i(\vec{x}^0) \geqslant 0。$$

再记 $\vec{x}^2 = (x_1^0, \cdots, x_{i-1}^0, x_i^0 + 1, x_{i+1}^0, \cdots, x_n^0) = \vec{x}^0 + \Delta\vec{x}$，则 $\vec{x}^0 + \Delta\vec{x} \in E$，且

$$\Delta\vec{x} = (0, \cdots, 0, 1, 0, \cdots, 0)，$$

于是

$$Df(\vec{x}^0)\Delta\vec{x}^\tau = f_i(\vec{x}^0) \leqslant 0，$$

因此

$$f_i(\vec{x}^0) = 0。$$

由推论 6.1.3 的证明可以看到，如果 $\vec{x}^0$ 是优化问题 (6.1.3) 的解，且 $\vec{x}^0$ 是 E 的内点，则 $\vec{x}^0$ 是 $f(\vec{x})$ 的驻点，即

$$f_i(\vec{x}^0) = 0, i = 1, 2, \cdots, n_\circ$$

如果原点 O 是约束问题(6.1.3)的解,即 $\vec{x}^0 = \vec{0}$,则

$$f_i(\vec{x}^0) \leq 0, i = 1, 2, \cdots, n_\circ$$

推论 6.1.3 的情况可参看图 6.1.3。在图 6.1.3 中,第一卦限是推论 6.1.3 中的约束集 E,是一个凸集。如果 $P_1(0, 0, x_3)$ ($x_3 > 0$)是最优解,则 $f_1(0, 0, x_3) \leq 0, f_2(0, 0, x_3) \leq 0, f_3(0, 0, x_3) = 0$;如果 $P_2(0, x_2, x_3)$ ($x_2, x_3 > 0$)是最优解,则 $f_1(0, x_2, x_3) \leq 0, f_2(0, x_2, x_3) = 0, f_3(0, x_2, x_3) = 0$;如果原点 O 是最优解,则 $f_i(\vec{0}) \leq 0$, ($i = 1, 2, 3$)。如果内点 P_3 是最优解,$f_i(P_3) = 0$, ($i = 1, 2, 3$)。

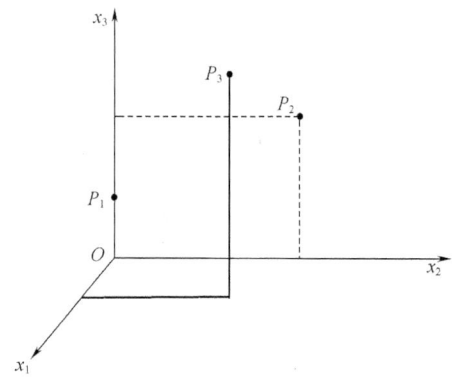

图 6.1.3

前面我们讨论了一般约束条件下最大值问题的必要条件。关于一般约束条件下最小值问题的必要条件,用类似的方法可以得出如下结论。

引理 6.1.2 设 $f(\vec{x})$ 在 $\vec{x}^0$ 处可微,$\vec{h} = (h_1, h_2, \cdots, h_n)$ 是一个向量,l 是以 P_0 为始点,沿 $\vec{h}$ 方向的射线。如果 $\vec{x}^0$ 是优化问题

$$\begin{cases} \min f(\vec{x}) \\ \text{s.t. } \vec{x} \in l \end{cases} \quad (6.1.4)$$

的解,则

$$Df(\vec{x}^0)\vec{h}^\tau = \sum_{i=1}^n f_i(\vec{x}^0) h_i \geq 0_\circ$$

推论 6.1.4 设 $f(\vec{x})$ 在 $\vec{x}^0$ 处可微,且取得极小值,则

$$f_i(\vec{x}^0) = 0, i = 1, 2, \cdots, n,$$

即

$$Df(\vec{x}^0) = \vec{0}_\circ$$

推论 6.1.5 设 $f(\vec{x})$ 在 $\vec{x}^0$ 处可微，B 是一个凸集，且 $\vec{x}^0 \in B$ 是优化问题

$$\begin{cases} \min f(\vec{x}) \\ \text{s.t. } \vec{x} \in B \end{cases} \tag{6.1.5}$$

的解，则对任意给定的 $\vec{x}^0 + \Delta\vec{x} \in B$，有

$$Df(\vec{x}^0)\Delta\vec{x}^\tau \geq 0。$$

推论 6.1.6 设 $f(\vec{x})$ 在 $\vec{x}^0 = (x_1^0, \cdots, x_{i-1}^0, x_i^0, x_{i+1}^0, \cdots, x_n^0)^\tau$ 处可微，$E = \{\vec{x} | \vec{x} \geq \vec{0}\}$，$\vec{x}^0 \in E$ 是优化问题

$$\begin{cases} \min f(\vec{x}) \\ \text{s.t. } \vec{x} \in E \end{cases} \tag{6.1.6}$$

的解，则

(1) 如果对给定的 $i(1 \leq i \leq n)$ 有 $x_i^0 = 0$，那么 $f_i(\vec{x}^0) \geq 0$；

(2) 如果对给定的 $i(1 \leq i \leq n)$ 有 $x_i^0 > 0$，那么 $f_i(\vec{x}^0) = 0$。

同样，如果 $\vec{x}^0$ 是优化问题 (6.1.6) 的解，且 $\vec{x}^0$ 是 E 的内点，则 $\vec{x}^0$ 是 $f(\vec{x})$ 的驻点，即

$$f_i(\vec{x}^0) = 0, i = 1, 2, \cdots, n;$$

如果原点 O 是约束问题 (6.1.6) 的解，即 $\vec{x}^0 = \vec{0}$，则

$$f_i(\vec{x}^0) \geq 0, i = 1, 2, \cdots, n。$$

6.1.2 库恩—塔克定理

6.1.2.1 不等约束条件下的最值(或极值)问题

设函数 $f(\vec{x})$ 与 $\varphi^j(\vec{x})$ ($j = 1, 2, \cdots, m < n$) 有连续的一阶偏导数，记

$$E^1 = \{\vec{x} | \varphi^j(\vec{x}) \geq 0, j = 1, 2, \cdots, m\},$$
$$E^2 = \{\vec{x} | \varphi^j(\vec{x}) \leq 0, j = 1, 2, \cdots, m\},$$

称如下问题

$$\begin{cases} \max f(\vec{x}) \\ \text{s.t. } \vec{x} \in E^1 \end{cases} \tag{6.1.7}$$

与

$$\begin{cases} \min f(\vec{x}) \\ \text{s.t. } \vec{x} \in E^2 \end{cases} \tag{6.1.8}$$

为不等约束条件下的最值问题，或不等约束条件下的优化问题，E^i 称为可行集 ($i = 1, 2$)。

6.1.2.2 约束规范条件与互补松弛条件

设 $\vec{x}^* \in E^1$，如果 $\varphi^j(\vec{x}^*) = 0$，则称第 $j(1 \leq j \leq m)$ 个约束条件在 $\vec{x}^*$ 处是束紧

的;如果 $\varphi^j(\vec{x}^*) > 0$,则称第 $j(1 \leq j \leq m)$ 个约束条件在该点 $\vec{x}^*$ 处是松弛的。记
$$J = \{j | \varphi^j(\vec{x}^*) = 0, 1 \leq j \leq m\}。$$

如果向量组
$$\{D\varphi^j(\vec{x}^*) | j \in J\}$$
线性无关,就称 $\vec{x}^*$ 满足约束规范条件。

设 $\mu_j^*(j = 1, 2, \cdots, m)$ 是常数,如果在 $\vec{x}^*$ 处 $\varphi^j(\vec{x}^*)$ 和 μ_j^* 满足条件
$$\mu_j^* \varphi^j(\vec{x}^*) = 0, j = 1, 2, \cdots, m,$$
则称 μ_j^* 与 $\varphi^j(\vec{x}^*)$ ($j = 1, 2, \cdots, m$) 满足互补松弛条件。

6.1.2.3 拉格朗日函数

设 $\mu_j(j = 1, 2, \cdots, m)$ 是常数,则称函数
$$L(\vec{x}, \mu_1, \cdots, \mu_m) = f(\vec{x}) + \mu_1 \varphi^1(\vec{x}) + \cdots + \mu_1 \varphi^1(\vec{x})$$
为不等约束条件下的优化问题(6.1.7)的拉格朗日函数。

6.1.2.4 库恩—塔克(Kuhn-Tucher)定理及其证明

定理 6.1.1(库恩—塔克定理) 设 $f(\vec{x})$ 与 $\varphi^j(\vec{x})$ ($j = 1, 2, \cdots, m$) 有连续的一阶偏导数。如果 $\vec{x}^*$ 是不等约束条件下的优化问题(6.1.7)的解,并且 $\vec{x}^*$ 满足约束规范条件,则存在常数 $\mu_j^* \geq 0 (j = 1, 2, \cdots, m)$,使得

(1) $\dfrac{\partial L(\vec{x}^*, \vec{\mu}^*)}{\partial x_i} = \dfrac{\partial f(\vec{x}^*)}{\partial x_i} + \sum_{j=1}^m \mu_j^* \dfrac{\partial \varphi^j(\vec{x}^*)}{\partial x_i} = 0$;

(2) $\mu_j^* \varphi^j(\vec{x}^*) = 0, j = 1, 2, \cdots, m$, 即, μ_j^* 与 $\varphi^j(\vec{x}^*)$ ($j = 1, 2, \cdots, m$) 满足互补松弛条件。

证明:

第一步,先将库恩—塔克定理转化:

设 $\vec{x}^*$ 是满足库恩—塔克定理条件的不等约束条件下的优化问题(6.1.7)的解,由于 $\vec{x}^*$ 满足约束规范条件,所以向量组
$$\{D\varphi^j(\vec{x}^*) | j \in J\}, 其中,J = \{j | \varphi^j(\vec{x}^*) = 0, 1 \leq j \leq m\}$$
线性无关。不妨假设:
$$\varphi^j(\vec{x}^*) = 0 (1 \leq j \leq p), \varphi^{p+j}(\vec{x}^*) > 0 (1 \leq j \leq q), \quad (5.1.9)$$
即,$\varphi^j(\vec{x})$ ($1 \leq j \leq p$) 在 $\vec{x}^*$ 处束紧,$\varphi^{p+j}(\vec{x})$ ($1 \leq j \leq q$) 在 $\vec{x}^*$ 处松弛。且向量组
$$\{D\varphi^j(\vec{x}^*) | 1 \leq j \leq p\}$$
线性无关。这里 $p + q = m$,p 和 q 是自然数。

于是库恩—塔克定理可以表述为:设 $f(\vec{x})$ 与 $\varphi^j(\vec{x})$ ($j = 1, 2, \cdots, m$) 有连续的一阶偏导数。如果 $\vec{x}^*$ 是不等约束条件下的优化问题(6.1.7)的解,$\varphi^j(\vec{x})$ ($1 \leq j \leq p$) 在 $\vec{x}^*$ 处紧束,$\varphi^{p+j}(\vec{x})$ ($1 \leq j \leq q$) 在 $\vec{x}^*$ 处松弛,且

$$\{D\varphi^j(\vec{x}^*) \mid 1 \leq j \leq p\}$$

线性无关(这里 $p + q = m$, p 和 q 是自然数),则存在常数 $\mu_j^* \geq 0 (j = 1, 2, \cdots, m)$ (其中, $\mu_j^* \geq 0 (j = 1, 2, \cdots, p)$, $\mu_j^* = 0 (j = p + 1, p + 2, \cdots, m)$),使得

(1) 对每个 $i(1 \leq i \leq n)$,有

$$\frac{\partial L(\vec{x}^*, \vec{\mu}^*)}{\partial x_i} = \frac{\partial f(\vec{x}^*)}{\partial x_i} + \sum_{j=1}^{m} \mu_j^* \frac{\partial \varphi^j(\vec{x}^*)}{\partial x_i} = \frac{\partial f(\vec{x}^*)}{\partial x_i} + \sum_{j=1}^{p} \mu_j^* \frac{\partial \varphi^j(\vec{x}^*)}{\partial x_i} = 0;$$

(2) $\mu_j^* \varphi^j(\vec{x}^*) = 0, j = 1, 2, \cdots, m$, 即, μ_j^* 与 $\varphi^j(\vec{x}^*)$ ($j = 1, 2, \cdots, m$) 满足互补松弛条件。

注:由于 $\mu_j^* \geq 0 (j = 1, 2, \cdots, p)$, $\mu_j^* = 0 (j = p + 1, p + 2, \cdots, m)$,所以(2)自然成立。

第二步,证明存在实数 $\mu_j^* \neq 0 (j = 1, 2, \cdots, p)$, $\mu_j^* = 0 (j = p + 1, p + 2, \cdots, m)$) 满足定理中的(1)(因为这样的 $\mu_j^* (1 \leq m)$ 使得(2)自然成立)。

设 $\vec{x}^*$ 是优化问题(6.1.7)的解, $\varphi^j(\vec{x}^*) = 0 (1 \leq j \leq p)$, $\varphi^{p+j}(\vec{x}^*) > 0 (1 \leq j \leq q)$,且向量组

$$\{D\varphi^j(\vec{x}^*) \mid 1 \leq j \leq p\}$$

线性无关。

因为 $\varphi^{p+j}(\vec{x})$ ($j = 1, 2, \cdots, q$) 有连续的一阶偏导数,所以它们是连续函数。又因 $\varphi^{p+j}(\vec{x}^*) > 0 (j = 1, 2, \cdots, q)$,所以由连续函数的保号性,存在 $\vec{x}^*$ 的一个邻域 $U(\vec{x}^*)$,使得当 $\vec{x}^* \in U(\vec{x}^*)$ 时, $\varphi^{p+j}(\vec{x}^*) > 0 (j = 1, 2, \cdots, q)$ 恒成立。于是 $\vec{x}^*$ 是如下优化问题

$$\begin{cases} \max f(\vec{x}) \\ \text{s. t.} \quad \varphi^j(\vec{x}) = 0, (1 \leq j \leq p) \\ \quad \vec{x} \in U(\vec{x}^*) \end{cases} \tag{5.1.10}$$

的解。这是等约束条件下的极值问题,其中向量组 $\{D\varphi^j(\vec{x}^*) \mid 1 \leq j \leq p\}$ 线性无关。

不妨假设矩阵

$$A = (D\varphi^1(\vec{x}^*)^\tau, \cdots, D\varphi^p(\vec{x}^*)^\tau) = \begin{pmatrix} A_1 \\ A_2 \end{pmatrix},$$

其中,矩阵

$$A_1 = \begin{pmatrix} \varphi_1^1(\vec{x}^*) & \cdots & \varphi_1^p(\vec{x}^*) \\ \cdots & \cdots & \cdots \\ \varphi_p^1(\vec{x}^*) & \cdots & \varphi_p^p(\vec{x}^*) \end{pmatrix} = \frac{\partial(\varphi^1, \cdots, \varphi^p)^\tau}{\partial(x_1, \cdots, x_p)}$$

是满秩矩阵。记

$$B_p = (f_1(\vec{x}^*), \cdots, f_p(\vec{x}^*)),$$
$$B_q = (f_{p+1}(\vec{x}^*), \cdots, f_{p+q}(\vec{x}^*)),$$
$$B = (f_1(\vec{x}^*), \cdots, f_m(\vec{x}^*)),$$

于是,线性方程组

$$A_1 \vec{\mu}^\tau = -B_p^\tau$$

有唯一解,记为 $\vec{\mu}^{*\tau}$,则

$$\vec{\mu}^{*\tau} = (\mu_1^*, \cdots, \mu_p^*)^\tau = -A_1^{-1} B_p^\tau \text{。}$$

于是,$\vec{\mu}^*$ 满足矩阵方程:$B_p^\tau + A_1 \vec{\mu}^\tau = \vec{0}$。

另一方面,由第五章等约束条件极值问题的定理 5.1.1 的证明知,$\vec{\mu}^*$ 满足方程

$$B_q^\tau + A_2 \vec{\mu}^\tau = \vec{0},$$

因此 $\vec{\mu}^*$ 满足方程

$$B + A\vec{\mu}^\tau = \vec{0},$$

即 $\mu_1^*, \cdots, \mu_p^*$ 满足等式

$$f_i(\vec{x}) + \mu_1^* \varphi_i^1(\vec{x}) + \cdots + \mu_p^* \varphi_i^p(\vec{x}) = 0, i = 1, 2, \cdots, n\text{。}$$

取 $\mu_j^* = 0 (\mu_j^* = 0 (j = p+1, p+2, \cdots, m))$,于是 $\mu_1^*, \cdots, \mu_p^*, \mu_{p+1}^* = \cdots = \mu_m^* = 0$,使得

(1) $\dfrac{\partial L(\vec{x}^*, \vec{\mu}^*)}{\partial x_i} = f_i(\vec{x}) + \mu_1^* \varphi_i^1(\vec{x}) + \cdots + \mu_p^* \varphi_i^p(\vec{x}) + \mu_{p+1}^* \varphi_i^{p+1}(\vec{x}) + \cdots + \mu_m^* \varphi_i^m(\vec{x}) = 0$,

($i = 1, 2, \cdots, n$);

(2) $\mu_j^* \varphi^j(\vec{x}^*) = 0, j = 1, 2, \cdots, m$,即 μ_j^* 与 $\varphi^j(\vec{x}^*)$ ($j = 1, 2, \cdots, m$) 满足互补松弛条件。

第三步,证明 $\mu_j^* \geqslant 0, j = 1, 2, \cdots, p$。

我们仍假定:$\varphi^j(\vec{x}^*) = 0 (1 \leqslant j \leqslant p)$,$\varphi^{p+j}(\vec{x}^*) > 0 (1 \leqslant j \leqslant q)$,即 $\varphi^j(\vec{x}) (1 \leqslant j \leqslant p)$ 在 $\vec{x}^*$ 处紧束,$\varphi^{p+j}(\vec{x}) (1 \leqslant j \leqslant q)$ 在 $\vec{x}^*$ 处松弛。且向量组

$$\{D\varphi^j(\vec{x}^*) \mid 1 \leqslant j \leqslant p\}$$

线性无关,矩阵

$$A_1 = \begin{pmatrix} \varphi_1^1(\vec{x}^*) & \cdots & \varphi_1^p(\vec{x}^*) \\ \cdots & \cdots & \cdots \\ \varphi_p^1(\vec{x}^*) & \cdots & \varphi_p^p(\vec{x}^*) \end{pmatrix} = \dfrac{\partial(\varphi^1, \cdots, \varphi^p)^\tau}{\partial(x_1, \cdots, x_p)}$$

的秩为 p。

在上述假设条件下,如果 $\vec{x}^*$ 是不等约束优化问题(6.1.7)的解,那么,$\vec{x}^*$ 一

定是如下问题

$$\begin{cases} \max f(\vec{x}) \\ \text{s. t.} \quad \varphi^j(\vec{x}) \geq 0, (1 \leq j \leq p) \\ \quad\quad \varphi^{p+j}(\vec{x}) \geq 0, (1 \leq j \leq q) \end{cases} \quad (6.1.11)$$

的解。

设 $\varphi^j(\vec{x}) = z_j$，$\Phi^j(\vec{x},\vec{z}) = \varphi^j(\vec{x}) - z_j (1 \leq j \leq m)$，其中，$\vec{z} = (z_1, \cdots, z_m)$。记 $\varphi^j(\vec{x}^*) = z_j^* (1 \leq j \leq m)$，由假设，有

$$\varphi^j(\vec{x}^*) = z_j^* = 0 (1 \leq j \leq p);$$
$$\varphi^{p+j}(\vec{x}^*) = z_{p+j}^* \geq 0 (1 \leq j \leq q)。$$

由于矩阵

$$\frac{\partial(\Phi^1,\cdots,\Phi^p)}{\partial(x_1,\cdots,x_p)} = \frac{\partial(\varphi^1,\cdots,\varphi^p)}{\partial(x_1,\cdots,x_p)} = A_1^\tau$$

在 $\vec{x}^*$ 处的秩为 p，所以由隐函数组定理知，方程组

$$\Phi^j(\vec{x},\vec{z}) = \varphi^j(\vec{x}) - z_j = 0 (1 \leq j \leq p)$$

确定了 x_i 是 $\vec{x}^q = (x_{p+1}, \cdots, x_{p+q})$ 及 $\vec{z} = (z_1,\cdots,z_m)$ 的函数，记为 $x_i(\vec{x}^q,\vec{z})$ ($1 \leq i \leq p$)，且

$$x_i^* = x_i(\vec{x}^{q*}, \vec{z}^*)(1 \leq i \leq p)(\text{其中}, \vec{z}^* = (z_1^*,\cdots,z_m^*))。$$

设

$$F(\vec{x}^q,\vec{z}) = f(\vec{x}) = f(x_1(\vec{x}^q,\vec{z}),\cdots,x_p(\vec{x}^q,\vec{z}),\vec{x}^q),$$
$$g^j(\vec{x}^q,\vec{z}) = \varphi^{p+j}(\vec{x}) = \varphi^{p+j}(x_1(\vec{x}^q,\vec{z}),\cdots,x_p(\vec{x}^q,\vec{z}),\vec{x}^q)(1 \leq j \leq q),$$

则不等约束问题(6.1.11)与如下约束问题

$$\begin{cases} \max F(\vec{x}^q,\vec{z}) \\ \text{s. t.} \quad z_j \geq 0, (1 \leq j \leq p) \\ \quad\quad g^j(\vec{x}^q,\vec{z}) = z_{p+j} \geq 0, (1 \leq j \leq q) \end{cases} \quad (6.1.12)$$

等价。因此，如果 $\vec{x}^*$ 是不等约束优化问题(6.1.7)满足定理条件的解，那么，$\vec{x}^*$ 一定是问题(6.1.11)满足定理条件的解，于是 $(\vec{x}^{q*},\vec{z}^*)$ 一定是问题(6.1.12)的解。由于 $z_j^* = 0, (1 \leq j \leq p)$，所以在 $(\vec{x}^{q*},\vec{z}^*)$ 处有

$$\frac{\partial F}{\partial z_j} = \frac{\partial F(\vec{x}^q,\vec{z})}{\partial z_j} \leq 0, (1 \leq j \leq p)。$$

由 $F(\vec{x}^q,\vec{z})$ 的定义，对每一个给定的 $j(1 \leq j \leq p)$，有

$$\frac{\partial F}{\partial z_j} = \frac{\partial F(\vec{x}^q,\vec{z})}{\partial z_j} = \frac{\partial f(\vec{x})}{\partial z_j} = \frac{\partial f(\vec{x})}{\partial x_1}\frac{\partial x_1}{\partial z_j} + \cdots + \frac{\partial f(\vec{x})}{\partial x_p}\frac{\partial x_p}{\partial z_j},$$

于是

$$\begin{pmatrix} \dfrac{\partial F}{\partial z_1} \\ \cdots \\ \dfrac{\partial F}{\partial z_p} \end{pmatrix} = \dfrac{\partial(x_1,\cdots,x_p)^{\tau}}{\partial(z_1,\cdots,z_p)} \begin{pmatrix} \dfrac{\partial f}{\partial x_1} \\ \cdots \\ \dfrac{\partial f}{\partial x_p} \end{pmatrix}。$$

另一方面，$\Phi^j(\vec{x},\vec{z}) = \varphi^j(\vec{x}) - z_j \equiv 0 (1 \leqslant j \leqslant p)$，其中，$x_i = x_i(\vec{x}^q,\vec{z})$ ($1 \leqslant i \leqslant p$)，所以对给定的 $j = 1$，有

$$\dfrac{\partial \Phi^1}{\partial z_1} = \dfrac{\partial \varphi^1}{\partial x_1}\dfrac{\partial x_1}{\partial z_1} + \cdots + \dfrac{\partial \varphi^1}{\partial x_p}\dfrac{\partial x_p}{\partial z_1} - 1 = 0,$$

$$\dfrac{\partial \Phi^1}{\partial z_2} = \dfrac{\partial \varphi^1}{\partial x_1}\dfrac{\partial x_1}{\partial z_2} + \cdots + \dfrac{\partial \varphi^1}{\partial x_p}\dfrac{\partial x_p}{\partial z_2} + 0 = 0,$$

$$\cdots\cdots\cdots$$

$$\dfrac{\partial \Phi^1}{\partial z_p} = \dfrac{\partial \varphi^1}{\partial x_1}\dfrac{\partial x_1}{\partial z_p} + \cdots + \dfrac{\partial \varphi^1}{\partial x_p}\dfrac{\partial x_p}{\partial z_p} + 0 = 0,$$

即

$$\begin{pmatrix} \dfrac{\partial \Phi^1}{\partial z_1} \\ \cdots \\ \dfrac{\partial \Phi^1}{\partial z_p} \end{pmatrix} = \dfrac{\partial(x_1,\cdots,x_p)^{\tau}}{\partial(z_1,\cdots,z_p)} \begin{pmatrix} \dfrac{\partial \varphi^1}{\partial z_1} \\ \cdots \\ \dfrac{\partial \varphi^1}{\partial x_p} \end{pmatrix} - \begin{pmatrix} 1 \\ 0 \\ \cdots \\ \cdots \\ 0 \end{pmatrix} = \vec{0}。$$

同理，对给定的 $j = p$，有

$$\begin{pmatrix} \dfrac{\partial \Phi^p}{\partial z_1} \\ \cdots \\ \dfrac{\partial \Phi^p}{\partial z_p} \end{pmatrix} = \dfrac{\partial(x_1,\cdots,x_p)^{\tau}}{\partial(z_1,\cdots,z_p)} \begin{pmatrix} \dfrac{\partial \varphi^p}{\partial z_1} \\ \cdots \\ \dfrac{\partial \varphi^p}{\partial x_p} \end{pmatrix} - \begin{pmatrix} 0 \\ 0 \\ \cdots \\ \cdots \\ 1 \end{pmatrix} = \vec{0},$$

所以

$$\dfrac{\partial(x_1,\cdots,x_p)^{\tau}}{\partial(z_1,\cdots,z_p)} \dfrac{\partial(\varphi^1,\cdots,\varphi^p)^{\tau}}{\partial(x_1,\cdots,x_p)} - I = O。$$

其中，I 是 p 阶单位矩阵，O 是 p 阶零矩阵。所以

$$\dfrac{\partial(x_1,\cdots,x_p)^{\tau}}{\partial(z_1,\cdots,z_p)} = \left[\dfrac{\partial(\varphi^1,\cdots,\varphi^p)^{\tau}}{\partial(x_1,\cdots,x_p)}\right]^{-1}。$$

因此由 $\vec{\mu}^*$ 的表达式，得

$$\begin{pmatrix} \dfrac{\partial F}{\partial z_1} \\ \cdots \\ \dfrac{\partial F}{\partial z_p} \end{pmatrix} = \dfrac{\partial(x_1,\cdots,x_p)}{\partial(z_1,\cdots,z_p)}^{\tau} \begin{pmatrix} \dfrac{\partial f}{\partial x_1} \\ \cdots \\ \dfrac{\partial f}{\partial x_p} \end{pmatrix} = \left[\dfrac{\partial(\varphi^1,\cdots,\varphi^p)}{\partial(x_1,\cdots,x_p)}\right]^{\tau -1} \begin{pmatrix} \dfrac{\partial f}{\partial x_1} \\ \cdots \\ \dfrac{\partial f}{\partial x_p} \end{pmatrix} = -\vec{\mu}^*。$$

又因对每个 $j(1 \leqslant j \leqslant p)$,有

$$\dfrac{\partial F}{\partial z_j} = \dfrac{\partial F(\vec{x}^q,\vec{z})}{\partial z_j} \leqslant 0,$$

所以,对每个 $j(1 \leqslant j \leqslant p)$,有

$$-\mu_j^* = \dfrac{\partial F}{\partial z_j} = \dfrac{\partial F(\vec{x}^q,\vec{z})}{\partial z_j} \leqslant 0,$$

因此,对每个 $j(1 \leqslant j \leqslant p)$,有 $\mu_j^* \geqslant 0$。

6.1.3　混合约束条件下的最值问题

6.1.3.1　混合约束条件下最值问题概述

设 $f(\vec{x}),g^j(\vec{x})(1 \leqslant j \leqslant m)$ 和 $\varphi^k(\vec{x})(1 \leqslant k \leqslant l)$ 是定义在 R^n 上的函数,则称如下问题

$$\begin{cases} \max f(\vec{x}) \\ \text{s.t.} \quad g^j(\vec{x}) = 0, (1 \leqslant j \leqslant m) \\ \quad\quad \varphi^k(\vec{x}) \geqslant 0, (1 \leqslant k \leqslant l) \end{cases} \tag{6.1.13}$$

为混合约束条件下的最值问题。称函数

$$L(\vec{x},\vec{\lambda},\vec{\mu}) = f(\vec{x}) + \sum_{j=1}^{m} \lambda_j g^j(\vec{x}) + \sum_{k=1}^{l} \mu_k \varphi^k(\vec{x})$$

为混合约束条件下的最值问题的拉格朗日函数。

6.1.3.2　混合约束条件下的约束规范条件

记 $K = \{k \mid h^k(\vec{x}^*) = 0, 1 \leqslant k \leqslant l\}$,如果在点 $\vec{x}^*$ 处向量组

$$Z(\vec{x}^*) = \{Dg^j(\vec{x}^*) \mid 1 \leqslant j \leqslant m\} \cup \{D\varphi^k(\vec{x}^*) \mid k \in K\}$$

线性无关,则称 $\vec{x}^*$ 满足约束规范条件。

6.1.3.3　混合约束条件下的最值问题有解的必要条件

定理 6.1.2　如果 $\vec{x}^*$ 是混合约束条件下最大值问题(6.1.13)的解,并且 $\vec{x}^*$ 满足约束规范条件,则存在系数 λ_j^* $(1 \leqslant j \leqslant m)$ 和 $\mu_k^* \geqslant 0 (1 \leqslant k \leqslant l)$,使得

$$(1)\ \dfrac{\partial L(\vec{x}^*,\vec{\lambda}^*,\vec{\mu}^*)}{\partial x_i} = f_i(\vec{x}^*) + \sum_{j=1}^{m} \lambda_j g_i^j(\vec{x}^*) + \sum_{k=1}^{l} \mu_k \varphi_i^k(\vec{x}^*) = 0, i = 1,2,\cdots,$$

n;

(2) $g^j(\vec{x}^*) = 0 (1 \leq j \leq m)$;

(3) $\mu_k^* \varphi^k(\vec{x}^*) = 0 (1 \leq k \leq l)$，即 μ_k^* 与 $\varphi^k(\vec{x}^*)$ $(1 \leq k \leq l)$ 满足互补松弛条件。

此定理的证明与库恩—塔克定理的证明类似，这里省略。

6.1.4 不等与混合约束优化问题有解的充分条件

6.1.4.1 不等约束优化问题有(局部)解的充分条件

定理6.1.3(不等约束条件下的优化问题有局部解的充分条件) 设函数 $f(\vec{x})$, $g^j(\vec{x})$ $(1 \leq j \leq m)$ 具有连续的二阶偏导数，且存在 $\vec{x}^0$ 和 $\vec{\mu}^0 = (\mu_1^0, \cdots, \mu_m^0)^\tau \geq \vec{0}$，使得 $(\vec{x}^0, \vec{\mu}^0)$ 满足不等约束问题的一阶条件，即

(1) $\dfrac{\partial L(\vec{x}^0, \vec{\mu}^0)}{\partial x_i} = f_i(\vec{x}^0) + \sum_{j=1}^{m} \mu_j^0 g_i^j(\vec{x}^0) = 0, i = 1, 2, \cdots, n$；

(2) $\mu_j^0 g^j(\vec{x}^0) = 0 (1 \leq j \leq m)$，即 μ_j^0 与 $g^j(\vec{x}^0)$ $(1 \leq j \leq m)$ 满足互补松弛条件。其中，函数

$$L(\vec{x}, \vec{\mu}) = f(\vec{x}) + \sum_{j=1}^{m} \mu_j g^j(\vec{x})$$

是不等约束问题(6.1.7)的拉格朗日函数。如果对满足约束条件 $\varphi^j(\vec{x}^0 + \vec{h}) \geq 0 (1 \leq j \leq s)$ 的任意非零向量 $\vec{h}$，都有

$$\vec{h} D_{\vec{x}\vec{x}}^2 L^s(\vec{x}^0, \vec{\mu}^0) \vec{h}^\tau < 0,$$

则 $\vec{x}^0$ 是不等约束问题(6.1.7)的局部解。

证明：假设条件(2)中有 s 个函数 $g^j(\vec{x})$ 在 $\vec{x}^0$ 处是束紧的，$m - s$ 个函数是松弛的。不妨设 $g^j(\vec{x}^0) = 0 (1 \leq k \leq s)$，$g^j(\vec{x}^0) > 0 (s + 1 \leq j \leq m)$。于是 $\mu_j^0 \geq 0$，$(1 \leq j \leq s)$，$\mu_j^0 = 0 (s + 1 \leq j \leq m)$。记

$$L(\vec{x}, \vec{\mu}_s) = f(\vec{x}) + \sum_{j=1}^{s} \mu_j g^j(\vec{x}),$$

其中，$\vec{\mu}_s = (\mu_1, \cdots, \mu_s)$，显然 $L(\vec{x}, \vec{\mu}_s^0) = L(\vec{x}, \vec{\mu}^0)$。

因为 $g^j(\vec{x}^0) > 0 (s + 1 \leq j \leq m)$，所以存在 $\vec{x}^0$ 的一个邻域 $U(\vec{x}^0, \delta^0)$，使得当 $\vec{x} \in U(\vec{x}^0, \delta^0)$ 时，有 $g^j(\vec{x}) > 0 (s + 1 \leq j \leq m)$。因此考察 $\vec{x}^0$ 是否是不等约束优化问题(6.1.7)的局部解，转化为考察在邻域 $U(\vec{x}^0, \delta^0)$ 内 $\vec{x}^0$ 是否是不等约束优化问题(6.1.7)的最优解。此时 $g^j(\vec{x}) > 0 (s + 1 \leq j \leq m)$ 自然成立，故其已不再是约束条件。

在 $L(\vec{x}, \vec{\mu}_s)$ 中取 $\vec{\mu}_s \equiv \vec{\mu}_s^0$，令

$$F(\vec{x}) = L(\vec{x}, \vec{\mu}_s^0) = f(\vec{x}) + \sum_{j=1}^{s} \mu_j^0 g^j(\vec{x}), \vec{x} \in U(\vec{x}^0, \delta^0),$$

则 $F(\vec{x})$ 在 $U(\vec{x}^0, \delta^0)$ 上有二阶连续的偏导数,于是当 $\vec{x}^0 + \vec{h} \in U(\vec{x}^0, \delta^0)$ 时,有如下的二阶泰勒公式:

$$F(\vec{x}^0 + \vec{h}) = F(\vec{x}^0) + DF(\vec{x}^0)\vec{h}^\tau + \frac{1}{2}\vec{h}D^2F(\vec{x}^0)\vec{h}^\tau + o(\rho^2)(\rho \to 0),$$

其中,$\rho^2 = \vec{h}\vec{h}^\tau < \delta^0$。

容易验证,

(1) $F(\vec{x}^0) = L(\vec{x}^0, \vec{\mu}_s^0) = f(\vec{x}^0) + \sum_{j=1}^{s} \lambda_j^0 g^j(\vec{x}^0) = f(\vec{x}^0)$;

(2) 如果 $\vec{x}^0 + \vec{h} \in U(\vec{x}^0, \delta^0)$,且满足约束条件 $g^j(\vec{x}^0 + \vec{h}) \geq 0, 1 \leq j \leq s$,那么有

$$F(\vec{x}^0 + \vec{h}) = L(\vec{x}^0 + \vec{h}, \vec{\mu}_s^0) = f(\vec{x}^0 + \vec{h}) + \sum_{j=1}^{s} \mu_j^0 g^j(\vec{x}^0 + \vec{h});$$

(3) 由一阶条件知,$\vec{x}^0$ 是 $F(\vec{x})$ 的驻点,即

$$DF(\vec{x}^0) = D_{\vec{x}}L(\vec{x}^0, \vec{\mu}_s^0) = D_{\vec{x}}L(\vec{x}^0, \vec{\mu}^0) = \vec{0};$$

(4) $D^2F(\vec{x}^0) = D_{\vec{x}\vec{x}}^2 L(\vec{x}^0, \vec{\mu}_s^0)$。

于是二阶泰勒公式

$$f(\vec{x}^0 + \vec{h}) + \sum_{j=1}^{s} \mu_j^0 g^j(\vec{x}^0 + \vec{h}) = f(\vec{x}^0) + \frac{1}{2}\vec{h}D_{\vec{x}\vec{x}}^2 L(\vec{x}^0, \vec{\mu}^0)\vec{h}^\tau + o(\rho^2),$$

即

$$f(\vec{x}^0 + \vec{h}) - f(\vec{x}^0) = -\sum_{j=1}^{s} \mu_j^0 g^j(\vec{x}^0 + \vec{h}) + \frac{1}{2}\vec{h}D_{\vec{x}\vec{x}}^2 L(\vec{x}^0, \vec{\mu}^0)\vec{h}^\tau + o(\rho^2)(\rho \to 0),$$

记

$$G(\vec{x}) = \sum_{j=1}^{s} \mu_j^0 g^j(\vec{x}),$$

于是

$$G(\vec{x}^0 + \vec{h}) = \sum_{j=1}^{s} \mu_j^0 g^j(\vec{x}^0 + \vec{h}) = G(\vec{x}^0) + DG(\vec{x}^0)\vec{h} + o(\rho)(\rho \to 0)。$$

对任意给定的方向 $\vec{h}$,当 $\vec{x}^0 + \vec{h} \in U(\vec{x}^0, \delta^0)$,且满足约束条件 $\varphi^j(\vec{x}^0 + \vec{h}) \geq 0, 1 \leq j \leq s$ 时,对任意的 $t \in (0,1)$,有 $G(\vec{x}^0 + \vec{h}) - G(\vec{x}^0) \geq 0$,所以 $G(\vec{x})$ 在 $\vec{x}^0$ 沿 $\vec{h}$ 方向的方向导数 $DG_{\vec{h}}(\vec{x}^0) \geq 0$,所以 $DG(\vec{x}^0)\vec{h}^\tau \geq 0$。由一阶条件,有

$$DF(\vec{x}^0) = Df(\vec{x}^0) + D\sum_{j=1}^{s} \lambda_j^0 g^j(\vec{x}^0) = \vec{0},$$

所以 $Df(\vec{x}^0) = -D\sum_{j=1}^{s}\lambda_j^0 g^j(\vec{x}^0) = -DG(\vec{x}^0)$,于是 $Df(\vec{x}^0)\vec{h}^{\tau} = -DG(\vec{x}^0)\vec{h}^{\tau} \leq 0$。显然,$G(\vec{x}^0) = \sum_{j=1}^{s}\mu_j^0 g^j(\vec{x}^0) = 0$。

因此

$$\sum_{j=1}^{s}\mu_j^0 g^j(\vec{x}^0 + \vec{h}) = G(\vec{x}^0) + DG(\vec{x}^0)\vec{h} + o(\rho) = -Df(\vec{x}^0)\vec{h}^{\tau} + o(\rho),$$

于是

$$f(\vec{x}^0 + \vec{h}) - f(\vec{x}^0) = Df(\vec{x}^0)\vec{h}^{\tau} + \frac{1}{2}\vec{h}D_{\vec{x}\vec{x}}^2 L(\vec{x}^0,\vec{\lambda}^0)\vec{h}^{\tau} + o(\rho^2) + o(\rho) \quad (\rho \to 0)。$$

由条件知,$\vec{h}D_{\vec{x}\vec{x}}^2 L(\vec{x}^0,\vec{\lambda}^0)\vec{h}^{\tau} < 0$,且 $Df(\vec{x}^0)\vec{h}^{\tau} \leq 0$,$o(\rho^2)$,$o(\rho)$ 是无穷小量,所以

$\vec{x}^0$ 是一个局部解。

注:显然,当 $D_{\vec{x}\vec{x}}^2 L(\vec{x}^0,\vec{\lambda}^0)$ 是负定矩阵时,结论自然成立。

推论6.1.7(不等约束条件下整体最优解的充分条件) 设函数 $f(\vec{x})$ 和 $\varphi^j(\vec{x})$($1 \leq j \leq m$)具有连续的二阶偏导数,$f(\vec{x})$ 是伪凹函数,$\varphi^j(\vec{x})$($1 \leq j \leq m$)是拟凹函数。如果存在 $\vec{x}^*$ 和 $\vec{\mu}^*$,使得

(1) $\dfrac{\partial L(\vec{x}^*,\vec{\mu}^*)}{\partial x_i} = f_i(\vec{x}^*) + \sum_{j=1}^{m}\mu_j^* \varphi_i^j(\vec{x}^*) = 0, i = 1,2,\cdots,n$;

(2) $\mu_j^* \varphi^j(\vec{x}^*) = 0(1 \leq j \leq m)$,即 μ_j^* 与 $\varphi^j(\vec{x}^*)$($1 \leq j \leq m$)满足互补松弛条件。则 $\vec{x}^*$ 是不等约束问题(6.1.7)的最优解。

推论6.1.8(不等约束条件下整体最优解的唯一性) 设函数 $f(\vec{x})$ 和 $\varphi^j(\vec{x})$($1 \leq j \leq m$)具有连续的二阶偏导数,$f(\vec{x})$ 是严格凹函数,$\varphi^j(\vec{x})$($1 \leq j \leq m$)是拟凹函数。如果存在 $\vec{x}^*$ 和 $\vec{\mu}^*$,使得

(1) $\dfrac{\partial L(\vec{x}^*,\vec{\mu}^*)}{\partial x_i} = f_i(\vec{x}^*) + \sum_{j=1}^{m}\mu_j^* \varphi_i^j(\vec{x}^*) = 0, i = 1,2,\cdots,n$;

(2) $\mu_j^* \varphi^j(\vec{x}^*) = 0(1 \leq j \leq m)$,即 μ_j^* 与 $\varphi^j(\vec{x}^*)$($1 \leq j \leq m$)满足互补松弛条件。

则 $\vec{x}^*$ 是不等约束问题(6.1.7)的唯一解。

6.1.4.2 混合等约束问题有解的充分条件

定理6.1.4(局部最优解的充分条件) 设函数 $f(\vec{x})$,$g^j(\vec{x})$($1 \leq j \leq m$)和 $\varphi^k(\vec{x})$($1 \leq k \leq l$)具有连续的二阶偏导数。如果存在 $\vec{x}^*$,$\vec{\lambda}^*$ 和 $\vec{\mu}^* \geq \vec{0}$ 使得

(1) $\dfrac{\partial L(\vec{x}^*,\vec{\lambda}^*,\vec{\mu}^*)}{\partial x_i} = f_i(\vec{x}^*) + \sum_{j=1}^{m}\lambda_j g_i^j(\vec{x}^*) + \sum_{k=1}^{l}\mu_k \varphi_i^k(\vec{x}^*) = 0, i=1,2,\cdots,n$;

(2) $g^j(\vec{x}^*) = 0 (1 \leq j \leq m)$;

(3) $\mu_k^* \varphi^k(\vec{x}^*) = 0(1 \leq k \leq l)$,即 μ_k^* 与 $\varphi^k(\vec{x}^*)$ $(1 \leq k \leq l)$ 满足互补松弛条件。

且对任意满足约束条件 $g^j(\vec{x}^* + \vec{h}) = 0 (1 \leq j \leq m)$ 和 $\varphi^k(\vec{x}^* + \vec{h}) \geq 0 (1 \leq k \leq l)$ 的向量 $\vec{h}$,都有

$$\vec{h} D^2_{\vec{x}\vec{x}} L(\vec{x}^*,\vec{\lambda}^*,\vec{\mu}^*) \vec{h}^\tau < 0$$

成立,则 $\vec{x}^*$ 是混合约束问题(6.1.13)局部最优解。

推论 6.1.9(全域最优解的充分条件) 设函数 $f(\vec{x})$,$g^j(\vec{x})$ $(1 \leq j \leq m)$ 和 $\varphi^k(\vec{x})$ $(1 \leq k \leq l)$ 具有连续的二阶偏导数,$f(\vec{x})$ 是伪凹函数,$g^j(\vec{x})$ $(1 \leq j \leq m)$ 和 $\varphi^k(\vec{x})$ $(1 \leq k \leq l)$ 是拟凹函数。如果存在 $\vec{x}^*$、$\vec{\lambda}^*$ 和 $\vec{\mu}^*$ 使得

(1) $\dfrac{\partial L(\vec{x}^*,\vec{\lambda}^*,\vec{\mu}^*)}{\partial x_i} = f_i(\vec{x}^*) + \sum_{j=1}^{m}\lambda_j g_i^j(\vec{x}^*) + \sum_{k=1}^{l}\mu_k \varphi_i^k(\vec{x}^*) = 0, i=1,2,\cdots,n$;

(2) $g^j(\vec{x}^*) = 0 (1 \leq j \leq m)$;

(3) $\mu_k^* \varphi^k(\vec{x}^*) = 0(1 \leq k \leq l)$,即 μ_k^* 与 $\varphi^k(\vec{x}^*)$ $(1 \leq k \leq l)$ 满足互补松弛条件。则 $\vec{x}^*$ 是混合约束问题(6.1.13)的最优解。

推论 6.1.10(全域最优解的唯一性) 设函数 $f(\vec{x})$,$g^j(\vec{x})$ $(1 \leq j \leq m)$ 和 $\varphi^k(\vec{x})$ $(1 \leq k \leq l)$ 具有连续的二阶偏导数,$f(\vec{x})$ 是严格凹函数,$g^j(\vec{x})$ $(1 \leq j \leq m)$ 和 $\varphi^k(\vec{x})$ $(1 \leq k \leq l)$ 都是拟凹函数。如果存在 $\vec{x}^*$、$\vec{\lambda}^*$ 和 $\vec{\mu}^*$ 使得

(1) $\dfrac{\partial L(\vec{x}^*,\vec{\lambda}^*,\vec{\mu}^*)}{\partial x_i} = f_i(\vec{x}^*) + \sum_{j=1}^{m}\lambda_j g_i^j(\vec{x}^*) + \sum_{k=1}^{l}\mu_k \varphi_i^k(\vec{x}^*) = 0, i=1,2,\cdots,n$;

(2) $g^j(\vec{x}^*) = 0 (1 \leq j \leq m)$;

(3) $\mu_k^* \varphi^k(\vec{x}^*) = 0(1 \leq k \leq l)$,即 μ_k^* 与 $\varphi^k(\vec{x}^*)$ $(1 \leq k \leq l)$ 满足互补松弛条件,则 $\vec{x}^*$ 是混合约束问题(6.1.13)的唯一解。

6.2 经济问题实例

6.2.1 利润最大化问题的边角解

6.2.1.1 利润最大化问题回顾

在第二章,我们假设市场是完全竞争市场,即厂商是市场价格的接受者,他可

以在现有价格下购买任何数量的生产要素和生产任何数量的产品,但不会影响它们价格的波动;同时假设厂商的生产总是有效率的,并且满足无成本处置条件。也就是说厂商的产量 y 由生产技术 $f(\vec{x})$ 确定,即 $y = f(\vec{x})$。于是当产品的价格是 p,要素价格是 $\vec{\omega} = (\omega_1, \cdots, \omega_n)$ 时,厂商需要解决如下的利润最大化问题:

$$\begin{cases} \max_{\vec{x}} \{pf(\vec{x}) - \vec{\omega}\,\vec{x}\} \\ \text{s.t.} \quad \vec{x} \geq \vec{0} \end{cases}, \tag{6.2.1}$$

即厂商要确定生产要素投入组合 $\vec{x} \geq \vec{0}$,使得利润 $pf(\vec{x}) - \vec{\omega}\vec{x}$ 最大。

当 $\vec{x}^*$ 是问题(6.2.1)的内点解时,$\vec{x}^*$ 一定满足如下的一阶必要条件:

$$\frac{f_i(\vec{x}^*)}{f_j(\vec{x}^*)} = \frac{\omega_i}{\omega_j}, i,j = 1, 2, \cdots, n,$$

即,在最优解 $\vec{x}^*$,技术替代率的绝对值等于相应的要素价格比。

6.2.1.2　利润最大化问题边角解

如果利润最大化问题(6.2.1)的解不是内点,是在边界上,那么这样的边角解应该满足什么条件呢?

设 $\varphi^j(\vec{x}) = x_j$($1 \leq j \leq n$),则问题(6.2.1)改写为

$$\begin{cases} \max_{\vec{x}} \{pf(\vec{x}) - \vec{\omega}\,\vec{x}\} \\ \text{s.t.} \quad \varphi^j(\vec{x}) \geq 0 (1 \leq j \leq n) \end{cases} \tag{6.2.2}$$

这是不等约束的最值问题,其拉格朗日函数为:

$$L(\vec{x},\vec{\mu}) = pf(\vec{x}) - \vec{\omega}\,\vec{x} + \sum_{j=1}^{n} \mu_j \varphi^j(\vec{x}) = pf(\vec{x}) - \vec{\omega}\,\vec{x} + \sum_{j=1}^{n} \mu_j x_j \text{。}$$

由于向量组

$$\{D_{\vec{x}}\varphi^j(\vec{x}) \mid (1 \leq j \leq n)\} = \{e_j \mid (1 \leq j \leq n)\}$$

线性无关,其中 $e_j = (0, \cdots, 0, 1, 0, \cdots, 0)$($1 \leq j \leq n$),所以向量组 $\{e_j \mid (1 \leq j \leq n)\}$ 中任意 r 个向量也线性无关。假设 $\vec{x}^* = (x_1^*, \cdots, x_n^*)$ 是问题(6.2.3)的边角解,即存在自然数 $r(1 \leq r < n)$,使得约束条件 $\varphi^j(\vec{x}) = x_j \geq 0$($1 \leq j \leq n$)在 $\vec{x}^*$ 处有 r 个等号成立,$n-r$ 个大于号成立。不妨假设 $\varphi^j(\vec{x}^*) = x_j^* = 0$($1 \leq j \leq r$),$\varphi^j(\vec{x}^*) = x_j^* > 0$($r+1 \leq j \leq n$),由于向量组 $\{D_{\vec{x}}\varphi^j(\vec{x}^*) \mid \varphi^j(\vec{x}^*) = 0(1 \leq j \leq r)\} = \{e_j \mid (1 \leq j \leq r)\}$ 线性无关,所以约束条件 $\varphi^j(\vec{x}) \geq 0 (1 \leq j \leq n)$ 在 $\vec{x}^*$ 处满足约束规范条件。因此由库恩—塔克定理,存在实数 $\mu_k^* \geq 0 (1 \leq j \leq n)$,使得

(1) $\dfrac{\partial L(\vec{x}^*, \vec{\mu}^*)}{\partial x_i} = pf_i(\vec{x}^*) - \omega_i + \mu_i^* = 0, (1 \leq i \leq n)$;

（2）μ_j^* 与 $\varphi^j(\vec{x}^*)$ ($1 \leq j \leq n$) 满足互补松弛条件，即 $\mu_j^* \varphi^j(\vec{x}^*) = 0$ ($1 \leq j \leq n$)。

由于 $\varphi^j(\vec{x}^*) = 0$, ($1 \leq j \leq r$), $\varphi^j(\vec{x}^*) > 0$, ($r+1 \leq j \leq n$)，所以由（2）知，$\mu_j^* \geq 0$, ($1 \leq j \leq r$), $\mu_j^* = 0$, ($r+1 \leq j \leq n$)。

由（1）知，当 $1 \leq j \leq r$ 时，有
$$pf_j(\vec{x}^*) - \omega_j + \mu_j^* = 0,$$
于是
$$pf_j(\vec{x}^*) - \omega_j = -\mu_j^* \leq 0, 即, pf_j(\vec{x}^*) \leq \omega_j。$$
当 $r+1 \leq j \leq n$ 时，
$$pf_j(\vec{x}^*) - \omega_j + \mu_j^* = pf_j(\vec{x}^*) - \omega_j = 0,$$
即
$$pf_j(\vec{x}^*) = \omega_j,$$
于是在最优解 $\vec{x}^*$ 处，对于投入是正的要素 $j(r+1 \leq j \leq n)$，其边际产出的价值等于相应的要素价格，这与内点解的情况相同；对于投入为零的要素 $j(1 \leq j \leq r)$，其边际产出的价值一定不超过相应的要素价格。

6.2.1.3 利润最大化问题边角解的几何意义

如果只有两种生产要素，我们可以给出边角解的几何解释。假设 $\vec{x}^* = (x_1^*, x_2^*)$ 是如下约束问题
$$\begin{cases} \max_{(x_1,x_2)} \{pf(x_1,x_2) - (\omega_1 x_1 + \omega_1 x_1)\} \\ \text{s.t.} \quad x_1 \geq 0, x_1 \geq 0 \end{cases}$$
的边角解，不妨设 $x_1^* > 0, x_2^* = 0$。于是一阶条件为：
$$pf_1(x_1^*, x_2^*) = \omega_1, pf_2(x_1^*, x_2^*) \leq \omega_2,$$
所以
$$\frac{f_1(x_1^*, x_2^*)}{f_2(x_1^*, x_2^*)} \geq \frac{\omega_1}{\omega_2}。$$
此式表明，等产量线
$$C: f(x_1, x_2) = y^* = f(x_1^*, x_2^*)$$
的斜率的绝对值不小于等成本线
$$l: \omega_1 x_1 + \omega_2 x_2) = C^* = \omega_1 x_1^* + \omega_2 x_2^*$$
的斜率。因此当 $x_1 < x_1^*$ 时，等产量线 C 更陡峭，如图 6.2.1 所示。

条件 $pf_2(x_1^*, x_2^*) \leq \omega_2$ 在直观上也容易理解：如果厂商放弃某一要素不用，其原因必然是该要素的边际产出价值不超过其价格。

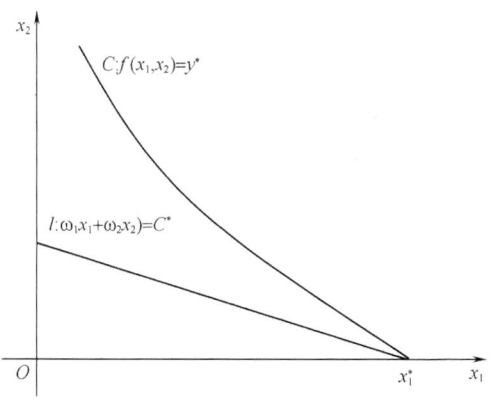

图 6.2.1

6.2.2 效用最大化问题的边角解

6.2.2.1 效用最大化问题回顾

在第五章,我们讨论了效用最大化问题。设消费者的效用函数 $U(\vec{x})$($\vec{x} \in R^k, \vec{x} \geqslant \vec{0}$)单增且具有连续的一阶偏导数,消费者的收入为 m。消费者需要解决的是如下的效用最大化问题:

$$\begin{cases} \max \ U(\vec{x}) \\ \text{s.t.} \ \begin{aligned} \vec{p}\,\vec{x} &= m, \\ \vec{x} &\geqslant \vec{0} \end{aligned} \end{cases} \quad (6.2.3)$$

当问题(6.2.3)只有内点解时,问题就是等约束条件的最值问题。于是 $\vec{x}^*$ 是问题(6.2.3)内点解的必要条件是

$$\frac{U_1(\vec{x}^*)}{p_1} = \cdots = \frac{U_k(\vec{x}^*)}{p_k},$$

即,在最优点处,每种商品边际效用的"价值"都相同。如果效用最大化问题(6.2.3)有边角解,那么边角解应该满足什么条件呢?下面将讨论此问题。

6.2.2.2 效用最大化问题的边角解

设 $\varphi^j(\vec{x}) = x_j$($1 \leqslant j \leqslant k$),$g(\vec{x}) = m - \vec{p}\,\vec{x}^\tau$,则问题(6.2.3)改写为

$$\begin{cases} \max \ U(\vec{x}) \\ \text{s.t.} \ \begin{aligned} g(\vec{x}) &= 0 \\ \varphi^j(\vec{x}) &\geqslant 0, 1 \leqslant j \leqslant k \end{aligned} \end{cases}。$$

这是混合约束条件的最值问题,其拉格朗日函数为

$$L(\vec{x},\lambda,\vec{\mu}) = U(\vec{x}) + \lambda g(\vec{x}) + \sum_{j=1}^{k}\mu_j \varphi^j(\vec{x})。$$

由于向量组
$$\{D_{\vec{x}}\varphi^j(\vec{x}) \mid 1 \leq j \leq n\} = \{e_j \mid 1 \leq j \leq k\}$$
线性无关,其中,$e_j = (0,\cdots,0,1,0,\cdots,0)$ ($1 \leq j \leq k$),所以向量组 $\{e_j \mid 1 \leq j \leq k\}$ 中任意 r 个向量都线性无关。假设 $\vec{x}^* = (x_1^*,\cdots,x_n^*) \neq \vec{0}$ 是问题 (6.2.6) 的边界解(显然 $\vec{x} = \vec{0}$ 不是问题的解),则存在自然数 $r(1 \leq r < k)$,使得约束条件 $\varphi^j(\vec{x}) = x_j \geq 0$ ($1 \leq j \leq k$) 在 $\vec{x}^*$ 处有 $r(r < s)$ 个等号成立,$s - r$ 个大于号成立。

不妨假设 $\varphi^j(\vec{x}^*) = x_j^* = 0$ ($1 \leq j \leq r < k$),$\varphi^j(\vec{x}^*) = x_j^* > 0$ ($r+1 \leq j \leq k$),由于向量组 $\{D_{\vec{x}}\varphi^j(\vec{x}^*) \mid 1 \leq j \leq r\} \cup \{D_{\vec{x}}g(\vec{x})\} = \{e_j \mid 1 \leq j \leq r\} \cup \{\vec{p}\}$ 线性无关(注意没有免费商品,即 $\vec{p} > \vec{0}$),所以约束条件 $\varphi^j(\vec{x}) \geq 0$ ($1 \leq j \leq k$) 和 $g(\vec{x}) = 0$ 在 $\vec{x}^*$ 处满足约束规范条件。由库恩—塔克定理,存在实数 λ^* 和 $\mu_j^* \geq 0$ ($1 \leq j \leq k$),使得

(1) $\dfrac{\partial L(\vec{x}^*,\lambda^*,\vec{\mu}^*)}{\partial x_i} = U_i(\vec{x}^*) - \lambda^* p_i + \mu_i^* = 0, 1 \leq i \leq k$;

(2) $g(\vec{x}^*) = 0$;

(3) μ_j^* 与 $\varphi^j(\vec{x}^*)$ 满足互补松弛条件,即 $\mu_j^* \varphi^j(\vec{x}^*) = 0, 1 \leq j \leq k$。

首先,由于 $\varphi^j(\vec{x}^*) = x_j^* = 0, 1 \leq j \leq r$;$\varphi^j(\vec{x}^*) = x_j^* > 0, r+1 \leq j \leq k$,所以由(3)知,$\mu_j^* \geq 0, 1 \leq j \leq r; \mu_j^* = 0, r+1 \leq j \leq k$。

其次,由(1)知,当 $1 \leq j \leq r$ 时,有
$$U_j(\vec{x}^*) - \lambda^* p_j = -\mu_j^* \leq 0, 即$$
当 $1 \leq j \leq r$ 时,有
$$U_j(\vec{x}^*)/p_j \leq \lambda^*;$$
当 $r+1 \leq j \leq s$ 时,有
$$U_j(\vec{x}^*) - \lambda^* p_j = 0,$$
即
$$U_j(\vec{x}^*)/p_j = \lambda^*。$$

所以,在最优解 $\vec{x}^*$ 处,所购正数量商品的边际效用的"价值"都相同,即
$$\frac{U_i(\vec{x}^*)}{p_i} = \frac{U_j(\vec{x}^*)}{p_j}, r+1 \leq i,j \leq k。$$

这与内点解的情况相同。而所购零数量商品的边际效用的"价值"一定不大于所购正数量商品的边际效用的"价值",即

$$\frac{U_i(\vec{x}^*)}{p_i} \leqslant \frac{U_j(\vec{x}^*)}{p_j}, 1 \leqslant i \leqslant r, r+1 \leqslant j \leqslant k_\circ$$

6.2.2.3 效用最大化问题边角解的几何意义

如果只有两种商品,我们可以给出边角解的几何解释。假设 $\vec{x}^* = (x_1^*, x_2^*)$ 是如下约束问题

$$\begin{cases} \max\ U(x_1, x_2) \\ \text{s. t.}\ \ \begin{aligned} p_1 x_1 + p_2 x_2 &= m \\ x_1 \geqslant 0, x_2 &\geqslant 0 \end{aligned} \end{cases}$$

的边界解,不妨设 $x_1^* > 0, x_2^* = 0$。于是一阶条件为

$$U_1(\vec{x}^*) - \lambda^* p_1 + \mu_1^* = 0, U_2(\vec{x}^*) - \lambda^* p_2 + \mu_2^* = 0_\circ$$

由互补松弛条件,$\mu_1^* = 0, \mu_2^* \geqslant 0$,于是

$$U_1(\vec{x}^*) - \lambda^* p_1 = 0, U_2(\vec{x}^*) - \lambda^* p_2 = -\mu_2^* \leqslant 0,$$

即

$$U_2(\vec{x}^*)/p_2 \leqslant \lambda^* = U_1(\vec{x}^*)/p_1,$$

或

$$\frac{U_1(x_1^*, 0)}{U_2(x_1^*, 0)} \geqslant \frac{p_1}{p_2}_\circ$$

此式表明,无差异曲线

$$U: U(x_1, x_2) = U^* = U(x_1^*, 0)$$

在最优解 $(x_1^*, 0)$ 处的斜率的绝对值不小于预算线

$$l: p_1 x_1 + p_2 x_2 = m$$

的斜率。因此当 $x_1 < x_1^*$ 时,无差异曲线 U 更陡峭,如图 6.2.2 所示。

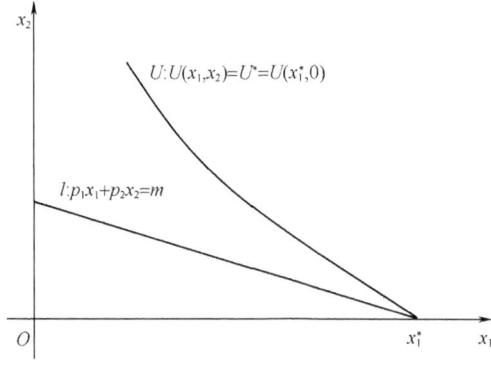

图 6.2.2

条件 $U_2(\vec{x}^*)/p_2 \leq U_1(\vec{x}^*)/p_1$ 在直观上也容易理解:如果消费者将所有的收入都用来购买一种商品,其原因必然是该商品的边际效用的"价值"最高。

6.2.3 关于拉格朗日乘数的说明

在第五章讨论等约束条件下极值问题有解的一阶条件时,没有指出拉格朗日乘数是正的还是负的。也就是说,在等约束条件下极值问题的一阶条件中,拉格朗日乘数可能是正的也可能是负的;而在不等约束条件下极值问题的一阶条件中,拉格朗日乘数一定是非负的。下面将分别讨论前面讨论的几个经济优化问题中拉格朗日乘数的符号。

6.2.3.1 成本最小化问题

在第一章,我们介绍了成本最小化问题。设厂商的生产函数为 $f(\vec{x})$,对任意给定的要素价格向量 $\vec{\omega}$ 和既定的产量 $y > 0$,厂商需要解决的是如下的成本最小化问题:

$$\begin{cases} \min \vec{\omega}\vec{x} \\ \text{s.t. } f(\vec{x}) \geq y, \vec{x} \geq \vec{0} \end{cases} \quad \circ \tag{6.2.4}$$

这是一个不等约束的最值问题(或极值问题)。在第二章我们给出了一个等价定理 2.3.2:如果生产函数 $f(\vec{x})$ 严格增且连续,则问题(6.2.4)与如下问题(6.2.5)等价。

$$\begin{cases} \min \vec{\omega}\vec{x} \\ \text{s.t. } f(\vec{x}) = y, \vec{x} \geq \vec{0} \end{cases} \quad \circ \tag{6.2.5}$$

这是一个等约束条件的极值问题。在讨论问题(6.2.5)有解的一阶条件时,如果将其约束条件 $f(\vec{x}) = y$ 改写成 $f(\vec{x}) - y = 0$ 或 $y - f(\vec{x}) = 0$,我们将得到不同的拉格朗日函数:

$$L(\vec{x}, \lambda) = \vec{\omega}\vec{x} + \lambda[f(\vec{x}) - y] \tag{6.2.6}$$

或

$$L(\vec{x}, \lambda) = \vec{\omega}\vec{x} + \lambda[y - f(\vec{x})], \tag{6.2.7}$$

而且得到的一阶必要条件中的拉格朗日乘数 λ^* 的符号也无法确定。因此在讨论问题(6.2.5)有解的一阶条件时,必须注意问题(6.2.5)与问题(6.2.4)的等价性。问题(6.2.4)是最小化问题,不等约束条件设为 $y - f(\vec{x}) \leq 0$;拉格朗日函数设为(6.2.7)。由库恩—塔克定理知,一阶必要条件中的拉格朗日乘数 λ^* 一定是非负的,这也是我们在第五章讨论成本最小化问题时,为什么将拉格朗日函数设为(6.2.7)的原因。由定理 5.2.3(谢泼德引理)知

$$\frac{\partial c(\vec{\omega},y)}{\partial y} = \frac{\partial L(\vec{x},\lambda,\vec{\omega},y)}{\partial y}\bigg|_{\substack{\vec{x}=\vec{x}^*\\ \lambda=\lambda^*}} = \lambda^*,$$

我们称 λ^* 为影子价格,其表示成本函数 $c(\vec{\omega},y)$ 关于产量 y 的边际,即增加一单位产量所需的成本。

6.2.3.2 效用最大化问题

与成本最小化问题类似,我们在第二章给出了定理 2.3.3:如果效用函数 $U(\vec{x})$ 是连续的严格递增函数,且对任意给定的产品价格向量 $\vec{p}$,不等约束优化问题

$$\begin{cases} \max\ U(\vec{x}) \\ \text{s. t.}\ \vec{p}\ \vec{x} \leqslant m, \vec{x} \geqslant \vec{0} \end{cases} \tag{6.2.8}$$

与等约束优化问题

$$\begin{cases} \max\ U(\vec{x}) \\ \text{s. t.}\ \vec{p}\ \vec{x} = m, \vec{x} \geqslant \vec{0} \end{cases} \tag{6.2.9}$$

的解都存在且唯一,那么这两个问题等价。由于问题(6.2.8)是不等约束的最大化问题,所以,约束条件 $\vec{p}\ \vec{x} \leqslant m$ 应改写成 $m - \vec{p}\ \vec{x} \geqslant 0$,拉格朗日函数应设为:

$$L(\vec{x},\lambda) = U(\vec{x}) + \lambda(m - \vec{p}\ \vec{x})。$$

于是,一阶条件中的拉格朗日乘数 λ^* 一定是非负的。如果问题(6.2.9)具有内点解,则一阶条件为:

$$\frac{U_1(\vec{x}^*)}{p_1} = \cdots = \frac{U_k(\vec{x}^*)}{p_k} = \lambda^*,$$

即,在最优解 $\vec{x}^*$ 处,每种商品边际效用的"价值"都相同,都等于 λ^*。

6.2.3.3 支出最小化问题

在第二章我们还给出了定理 2.3.4:如果效用函数 $U(\vec{x})$ 是连续的严格递增函数,且对任意给定的产品价格向量 $\vec{p}$ 和效用值 $u > U(\vec{0})$,不等约束优化问题

$$\begin{cases} \min\ \vec{p}\ \vec{x} \\ \text{s. t.}\ U(\vec{x}) \geqslant u, \vec{x} \geqslant \vec{0} \end{cases} \tag{6.2.10}$$

与等约束优化问题

$$\begin{cases} \min\ \vec{p}\ \vec{x} \\ \text{s. t.}\ U(\vec{x}) = u, \vec{x} \geqslant \vec{0} \end{cases} \tag{6.2.11}$$

的解都存在且唯一,那么这两个问题等价。由于问题(6.2.10)是不等约束的最小化问题,所以,约束条件 $U(\vec{x}) \geqslant u$ 应改写成 $u - U(\vec{x}) \leqslant 0$,拉格朗日函数应设为:

$$L(\vec{x},\lambda) = \vec{p}\ \vec{x} + \lambda[u - U(\vec{x})]。$$

于是,一阶条件中的拉格朗日乘数 λ^* 一定是非负的。如果问题(6.2.11)只有内

点解,那么一阶条件为:

$$\frac{p_1}{U_1(\vec{x}^*)} = \cdots = \frac{p_k}{U_k(\vec{x}^*)} = \lambda^*。$$

显然,这个等式从另一个角度描述了在最优解 $\vec{x}^*$ 处,每种商品边际效用的"价值"都相同,都等于 λ^* 这一特征。

本章经济问题总结

本章利用库恩—塔克定理讨论了成本最小化问题与效用最大化问题具有边角解的条件及其经济意义和几何意义;解释了如何构造成本最小化问题与效用最大化问题的拉格朗日函数才可以保证拉格朗日乘数非负,进而得到其经济意义。

7 对偶原理及经济问题实例

本章介绍了线性规划的规范型、标准型以及如何将规范型化为标准型;线性规划的对偶问题,非线性规划的对偶问题以及有关对偶问题的一些结论。同时还讨论了关于效用最大化问题与支出最小化问题构成的对偶问题的对偶定理以及关于直接效用函数最大化与间接效用函数最小化问题构成的对偶问题的对偶定理。

7.1 对偶问题

在优化问题中,一个约束条件下的最大化问题一般都对应另一个约束条件下的最小化问题,反之亦然。换句话说,约束条件下的最大化问题和最小化问题一般都是成对出现的,我们称这样成对出现的两个优化问题为对偶问题。如果将其中一个问题称作原问题,那么另一个问题就称作原问题的对偶问题。本章介绍几种不同形式的对偶问题以及相关的经济问题实例。

7.1.1 线性规划的对偶问题简介

7.1.1.1 线性规划问题的规范形式和标准形式

线性规划的一般形式为:

$$\begin{cases} \max(\min) \ Z = c_1 x_1 + \cdots + c_n x_n \\ \text{s.t.} \begin{cases} a_{11} x_1 + \cdots + a_{1n} x_n \leq (=)(\geq) b_1 \\ \cdots \\ a_{m1} x_1 + \cdots + a_{mn} x_n \leq (=)(\geq) b_m \\ x_1, \cdots, x_n \in R \end{cases} \end{cases}。$$

定义 7.1.1 称线性规划问题的如下形式

$$\begin{cases} \max Z = c_1 x_1 + \cdots + c_n x_n \\ \text{s.t.} \begin{cases} a_{11} x_1 + \cdots + a_{1n} x_n \leq b_1 \\ \cdots \\ a_{m1} x_1 + \cdots + a_{mn} x_n \leq b_m \\ x_1, \cdots, x_n \geq 0 \end{cases} \end{cases} \quad (7.1.1)$$

与

$$\begin{cases} \min \ Z = c_1x_1 + \cdots + c_nx_n \\ \text{s. t.} \begin{cases} a_{11}x_1 + \cdots + a_{1n}x_n \geqslant b_1 \\ \cdots \\ a_{m1}x_1 + \cdots + a_{mn}x_n \geqslant b_m \\ x_1,\cdots,x_n \geqslant 0 \end{cases} \end{cases} \quad (7.1.2)$$

为规范型。线性规划问题的规范型用矩阵表示更为简洁,比如,如果记

$$\vec{c} = (c_1,\cdots,c_n)^\tau, \vec{x} = (x_1,\cdots,x_n)^\tau, \vec{b} = (b_1,\cdots,b_m)^\tau,$$

$$A = \begin{pmatrix} a_{11},\cdots,a_{1n} \\ \cdots \\ a_{m1},\cdots,a_{mn} \end{pmatrix}$$

那么(7.1.1)和(7.1.2)式可表示为

$$\begin{cases} \max Z = \vec{c}^\tau \vec{x} \\ \text{s. t.} \begin{cases} A\vec{x} \leqslant \vec{b} \\ \vec{x} \geqslant \vec{0} \end{cases} \end{cases} \quad (7.1.3)$$

与

$$\begin{cases} \min Z = \vec{c}^\tau \vec{x} \\ \text{s. t.} \begin{cases} A\vec{x} \geqslant \vec{b} \\ \vec{x} \geqslant \vec{0} \end{cases} \end{cases} 。 \quad (7.1.4)$$

一般形式的线性规划问题都可以化成规范型。下面通过举例说明转化的方法。

例 7.1.1 将如下线性规划问题的一般形式化为规范型。

$$\begin{cases} \max Z = 2x_1 - x_2 + x_3 - 5x_4 \\ \text{s. t.} \begin{cases} x_1 + x_3 + x_4 \leqslant 3 \\ -x_2 + x_3 - 3x_4 \geqslant -2 \\ 2x_1 + x_2 + 2x_4 = 5 \\ x_1,x_4 \geqslant 0, x_2 \leqslant 0, x_3 \in R \end{cases} \end{cases} 。$$

解:(1)在不等式 $x_3 - 3x_4 \geqslant -2$ 两端乘以 -1,则 $-x_3 + 3x_4 \leqslant 2$;

(2)令 $x_2' = -x_2$,则 $x_2' \geqslant 0$;

(3)令 $x_3 = x_3' - x_3''$,$x_3' \geqslant 0, x_3'' \geqslant 0$,则 $x_3 \in R$;

(4)在等式约束条件 $2x_1 + x_2 + 2x_4 = 5$ 左端减去松弛变量 $x_5 \geqslant 0$,得不等约束条件:$2x_1 + x_2 + 2x_4 - x_5 \leqslant 5$。于是问题就可以化成如下的规范型

$$\begin{cases} \max Z = x_1 + x_2' + x_3' - x_3'' - 5x_4 + 0x_5 \\ \text{s.t.} \begin{cases} x_1 + x_3' - x_3'' + x_4 \leq 3 \\ -x_2' - x_3' + x_3'' + 3x_4 \leq 2 \\ 2x_1 - x_2' + 2x_4 - x_5 \leq 5 \\ x_1, x_2', x_3', x_3'', x_4, x_5 \geq 0 \end{cases} \end{cases}$$

定义 7.1.2 称线性规划问题的如下形式

$$\begin{cases} \max Z = c_1 x_1 + \cdots + c_n x_n \\ \text{s.t.} \begin{cases} a_{11} x_1 + \cdots + a_{1n} x_n = b_1 \\ \cdots \\ a_{m1} x_1 + \cdots + a_{mn} x_n = b_m \\ x_1, \cdots, x_n \geq 0 \end{cases} \end{cases} \quad (7.1.5)$$

为标准型。线性规划问题标准型的矩阵表示如下：

$$\begin{cases} \max Z = \vec{c}^\tau \vec{x} \\ \text{s.t.} \begin{cases} A\vec{x} = \vec{b} \\ \vec{x} \geq \vec{0} \end{cases} \end{cases} \quad (7.1.6)$$

线性规划问题的规范型可以使用松弛变量化成标准型。下面通过举例说明转化的方法。

例 7.1.2 将如下线性规划问题的规范型化为标准型。

$$\begin{cases} \min Z = x_1 - 2x_2 + x_3 - 3x_4 \\ \text{s.t.} \begin{cases} x_1 + x_3 + x_4 \leq 3 \\ -x_2 + x_3 - 3x_4 \leq 2 \\ x_1 + x_2 + 2x_4 \leq 7 \\ x_1, x_2, x_3, x_4 \geq 0 \end{cases} \end{cases}$$

解：(1) 以 -1 乘以目标函数 $Z = x_1 - 2x_2 + x_3 - 3x_4$，得，$-Z = -x_1 + 2x_2 - x_3 + 3x_4$，将 min 改为 max；

(2) 引入松弛变量 $x_5, x_6, x_7 \geq 0$，分别在不等约束的左端加上松弛变量 x_5, x_6, x_7，于是规范型就化为如下的标准型：

$$\begin{cases} \max -Z = -x_1 + 2x_2 - x_3 + 3x_4 + 0x_5 + 0x_6 + 0x_7; \\ \text{s.t.} \begin{cases} x_1 + x_3 + x_4 + x_5 = 3 \\ -x_2 + x_3 - 3x_4 + x_6 = 2 \\ x_1 + x_2 + 2x_4 + x_7 = 7 \\ x_1, x_2, x_3, x_4, x_5, x_6, x_7 \geq 0 \end{cases} \end{cases}$$

定义 7.1.3 称集合 $S = \{\vec{x} | A\vec{x} = \vec{b}, \vec{x} \geq \vec{0}\}$ 为标准型(7.1.6)的可行集; S 中的元素 $\vec{x}$ 称为标准型(7.1.6)的可行解。

如果 $r(A) = r(A, \vec{b}) = m < n$, 则方程组 $A\vec{x} = \vec{b}$ 有解。如果方程组的解 $\vec{x} \geq \vec{0}$, 则 S 非空, 即标准型(7.1.6)有可行解。不妨假设 A 的前 m 列无关, 记 $A = (B, D)$, $\vec{x}_B = (x_1, \cdots, x_m)^\tau, \vec{x}_D = (x_{m+1}, \cdots, x_n)^\tau, \vec{x} = (\vec{x}_B^\tau, \vec{x}_D^\tau)^\tau$, 矩阵 B 可逆, 称其为基矩阵, 方程组 $A\vec{x} = \vec{b}$ 的解为:

$$\vec{x} = (\vec{x}_B^\tau, \vec{x}_D^\tau)^\tau, \text{其中}, \vec{x}_B = B^{-1}\vec{b} - B^{-1}D\vec{x}_D, \vec{x}_D \in R^{n-m}。$$

令 $\vec{x}_D = \vec{0}$, 如果 $\vec{x}_B = B^{-1}\vec{b} \geq \vec{0}$, 则称 $\vec{x} = ((B^{-1}\vec{b})^\tau, \vec{0}^\tau)^\tau$ 为标准型(7.1.6)的基可行解, 如果这个基可行解还是最优的, 则称其为标准型(7.1.6)的最优基可行解。

定理 7.1.1(基可行解存在定理) 如果标准型(7.1.6)存在可行解, 那么它必存在基可行解。

定理 7.1.2(最优基可行解存在定理) 如果标准型(7.1.6)存在最优可行解, 那么它必存在最优基可行解。

7.1.1.2 线性规划的对偶问题

定义 7.1.4 称如下两个相关的线性规划问题

$$\begin{cases} \max f(\vec{x}) = c_1 x_1 + \cdots + c_n x_n; \\ \text{s.t.} \begin{cases} a_{11}x_1 + a_{12}x_1 + \cdots + a_{1n}x_n \leq b_1 \\ \cdots \\ a_{m1}x_1 + a_{m2}x_2 \cdots + a_{mn}x_n \leq b_m \\ x_1, x_2, \cdots, x_n \geq 0。 \end{cases} \end{cases} \quad (7.1.7)$$

与

$$\begin{cases} \min g(\vec{y}) = b_1 y_1 + \cdots + b_m y_m; \\ \text{s.t.} \begin{cases} a_{11}y_1 + a_{21}y_2 + \cdots + a_{m1}y_m \geq c_1 \\ \cdots \\ a_{1n}y_1 + a_{2n}y_2 \cdots + a_{mn}y_m \geq c_n \\ y_1, y_2, \cdots, y_m \geq 0。 \end{cases} \end{cases} \quad (7.1.8)$$

为线性规划的对偶问题。如果其中之一称为原问题, 另一个则称为其对偶问题或对偶。对偶问题的矩阵表示为

$$\begin{cases} \max f(\vec{x}) = \vec{c}^\tau \vec{x} \\ \text{s.t.} \begin{cases} A\vec{x} \leq \vec{b} \\ \vec{x} \geq \vec{0} \end{cases} \end{cases} \quad \text{与} \quad \begin{cases} \min g(\vec{y}) = \vec{b}^\tau \vec{y} \\ \text{s.t.} \begin{cases} A^\tau \vec{y} \geq \vec{c} \\ \vec{y} \geq \vec{0} \end{cases} \end{cases} 。$$

7.1.1.3 线性规划对偶问题的性质

性质 7.1.1(对称性) 原问题对偶的对偶是原问题。

此性质可由定义直接得到。

性质7.1.2(弱对偶性) 如果$\vec{x}^0$和$\vec{y}^0$分别是对偶问题(7.1.7)和(7.1.8)的可行解(即满足约束条件的向量),那么必有:
$$f(\vec{x}^0) = \vec{c}^\tau \vec{x}^0 \leqslant \vec{b}^\tau \vec{y}^0 = g(\vec{y}^0)。$$

证明:因为$\vec{x}^0$是(7.1.7)的可行解,所以$A\vec{x}^0 \leqslant \vec{b}, \vec{x}^0 \geqslant \vec{0}$;同理,$A^\tau \vec{y}^0 \geqslant \vec{c}$,$\vec{y}^0 \geqslant \vec{0}$。由$A\vec{x}^0 - \vec{b} \leqslant \vec{0}$和$\vec{y}^0 \geqslant \vec{0}$得,$\vec{y}^{0\tau}(A\vec{x}^0 - \vec{b}) = \vec{y}^{0\tau} A\vec{x}^0 - \vec{y}^{0\tau}\vec{b} \leqslant 0$,即
$$\vec{y}^{0\tau} A\vec{x}^0 \leqslant \vec{y}^{0\tau}\vec{b} = \vec{b}^\tau \vec{y}^0;$$
又因$\vec{y}^{0\tau} A \geqslant \vec{c}^\tau$,即$\vec{y}^{0\tau} A - \vec{c}^\tau \geqslant \vec{0}, \vec{x}^0 \geqslant \vec{0}$,所以,$(\vec{y}^{0\tau} A - \vec{c}^\tau)\vec{x}^0 \geqslant 0$,即
$$\vec{c}^\tau \vec{x}^0 \leqslant \vec{y}^{0\tau} A\vec{x}^0。$$
因此
$$f(\vec{x}^0) = \vec{c}^\tau \vec{x}^0 \leqslant \vec{b}^\tau \vec{y}^0 = g(\vec{y}^0)。$$

性质7.1.2表明,对偶问题(7.1.7)的任意一个目标值$f(\vec{x})$都不会大于问题(7.1.8)的任意一个目标值$g(\vec{y})$。

性质7.1.3(最优解存在定理) 设$\vec{x}^*$与$\vec{y}^*$是对偶问题(7.1.7)与(7.1.8)的可行解,且
$$\vec{c}^\tau \vec{x}^* = \vec{b}^\tau \vec{y}^*,即f(\vec{x}^*) = g(\vec{y}^*),$$
则$\vec{x}^*$与$\vec{y}^*$是对偶问题(7.1.7)与(7.1.8)的最优解。

证明:由条件知,问题(7.1.8)的可行解构成的可行集非空。对问题(7.1.8)的任意一个可行解$\vec{y}$,由性质7.1.2知,$f(\vec{x}^*) \leqslant g(\vec{y})$,因此$f(\vec{x}^*)$是目标函数$g(\vec{y})$值域的一个下界。由已知,问题(7.1.8)的可行解$\vec{y}^*$满足$f(\vec{x}^*) = g(\vec{y}^*)$,所以$g(\vec{y}^*)$是目标函数$g(\vec{y})$的最小值,即$\vec{y}^*$是问题(7.1.8)的最优解。同理可证$\vec{x}^*$是问题(7.1.7)的最优解。

性质7.1.4 如果原问题(7.1.7)有无界解,则其对偶问题(7.1.8)无可行解;反之亦然。

证明:假设对偶问题(7.1.8)有可行解$\vec{y}^0$,由性质7.1.2知,对任意原问题(7.1.7)的可行解$\vec{x}$都有
$$f(\vec{x}) = \vec{c}^\tau \vec{x} \leqslant \vec{b}^\tau \vec{y}^0 = g(\vec{y}^0)。$$
这与原问题(7.1.7)有无界解矛盾。所以对偶问题(7.1.8)没有可行解。

性质7.1.5(强对偶性) 如果原问题(7.1.7)有最优解,则对偶问题(7.1.8)也有最优解,且目标值相等;反之亦然。

证明:假设原问题(7.1.7)有最优解。不妨设最优解使得$A\vec{x} = \vec{b}$成立(如果最

优解使得约束条件中的严格不等式成立,可以增加松弛变量使得等式成立,且这些松弛变量不会影响最优解的基矩阵)。由定理 7.1.2 知,原问题存在最优基可行解 $\vec{x}^*$,不妨设 $A=(B,D)$,其中 B 是 $\vec{x}^*$ 的基矩阵,则 $\vec{x}^* = (\vec{x}_B^{*\tau}, \vec{x}_D^{*\tau})^\tau = ((B^{-1}\vec{b})^\tau, \vec{0}^\tau)^\tau$,其中 $\vec{x}_B^* = B^{-1}\vec{b}$。设 $\vec{c}^\tau = (c_B^\tau, c_D^\tau)$,则

$$f(\vec{x}^*) = \vec{c}^\tau \vec{x}^* = (c_B^\tau, c_D^\tau)((B^{-1}\vec{b})^\tau, \vec{0}^\tau)^\tau = c_B^\tau B^{-1}\vec{b}.$$

记 $\vec{y}^* = (c_B^\tau B^{-1})^\tau = B^{-1\tau} c_B$,则

$$A^\tau \vec{y}^* = (B,D)^\tau B^{-1\tau} c_B = \begin{pmatrix} c_B \\ D^\tau B^{-1\tau} c_B \end{pmatrix}. \tag{7.1.9}$$

设 $\vec{x} = (\vec{x}_B^\tau, \vec{x}_D^\tau)^\tau$ 是原问题满足 $A\vec{x} = \vec{b}$ 的任意一个可行解,则 $B\vec{x}_B + D\vec{x}_D = \vec{b}$,于是

$$\vec{x}_B = B^{-1}\vec{b} - B^{-1}D\vec{x}_D,$$

$$f(\vec{x}) = \vec{c}^\tau \vec{x} = c_B^\tau \vec{x}_B + c_D^\tau \vec{x}_D = c_B^\tau B^{-1}\vec{b} - c_B^\tau B^{-1}D\vec{x}_D + c_D^\tau \vec{x}_D.$$

又因 $\vec{x}^*$ 是原问题的最优解,所以对原问题满足 $A\vec{x} = \vec{b}$ 的任意一个可行解 $\vec{x} = (\vec{x}_B^\tau, \vec{x}_D^\tau)^\tau$ 有

$$f(\vec{x}^*) - f(\vec{x}) = c_B^\tau B^{-1}\vec{b} - [c_B^\tau B^{-1}\vec{b} - c_B^\tau B^{-1}D\vec{x}_D + c_D^\tau \vec{x}_D] = (c_B^\tau B^{-1}D - c_D^\tau)\vec{x}_D \geq 0.$$

因为 $\vec{x} = (\vec{x}_B^\tau, \vec{x}_D^\tau)^\tau$ 任意, $\vec{x}_D \geq \vec{0}$ 任意,所以 $c_B^\tau B^{-1}D - c_D^\tau \geq \vec{0}$,即

$$c_B^\tau B^{-1}D \geq c_D^\tau.$$

结合(7.1.9)式,有 $A^\tau \vec{y}^* \geq \vec{c}$,所以 $\vec{y}^*$ 是对偶问题的可行解。又因

$$f(\vec{x}^*) = c_B^\tau B^{-1}\vec{b} = \vec{y}^{*\tau}\vec{b} = g(\vec{y}^*),$$

所以,由性质 7.1.3 知, $\vec{y}^*$ 是对偶问题的最优解。

7.1.2 非线性规划的对偶问题简介

在优化问题中,还会遇到目标函数或约束条件不是线性的对偶问题。下面只介绍两个非线性规划对偶问题。

7.1.2.1 非线性规划对偶问题(Ⅰ)

定义 7.1.5 设函数 $U(\vec{x}) \geq 0 (\vec{x} \geq \vec{0})$ 是递增函数; $\vec{x}, \vec{p} \in R^n, \vec{p} \geq \vec{0}, \vec{p} \neq \vec{0}$, $m > 0$;(这里 $\vec{x}$ 与 $\vec{p}$ 都是行向量)则称优化问题

$$\begin{cases} \max U(\vec{x}) \\ \text{s. t.} \begin{cases} \vec{p}\,\vec{x}^\tau \leq m \\ \vec{x} \geq \vec{0} \end{cases} \end{cases} \tag{7.1.10}$$

与

$$\begin{cases} \min \vec{p}\, \vec{x}^{\tau} \\ \text{s. t.} \begin{cases} U(\vec{x}) \geqslant u \\ \vec{x} \geqslant \vec{0} \end{cases} \end{cases} \quad (7.1.11)$$

是非线性规划的对偶问题(Ⅰ)。

定理 7.1.3 如果 $U(\vec{x})$ 是严格递增的连续函数,则上述对偶问题等价于

$$\begin{cases} \max U(\vec{x}) \\ \text{s. t.} \begin{cases} \vec{p}\, \vec{x}^{\tau} = m \\ \vec{x} \geqslant \vec{0} \end{cases} \end{cases} \quad (7.1.12)$$

与

$$\begin{cases} \min \vec{p}\, \vec{x}^{\tau} \\ \text{s. t.} \begin{cases} U(\vec{x}) = u \\ \vec{x} \geqslant \vec{0} \end{cases} \end{cases} \quad 。 \quad (7.1.13)$$

证明: 由第二章的定理 2.3.3 和定理 2.3.4 知,在定理的条件下,问题(7.1.10)与问题(7.1.12)等价;问题(7.1.11)与问题(7.1.13)等价,所以定理成立。

7.1.2.2 非线性规划对偶问题(Ⅱ)

定义 7.1.6 假设对任意给定的 $\vec{p} > \vec{0}$ 及 $m > 0$,优化问题(7.1.12)都有最优解 $\vec{x}^{*} = \vec{x}^{*}(\vec{p}, m)$,记 $V(\vec{p}, m) = U(\vec{x}^{*}) = U(\vec{x}^{*}(\vec{p}, m))$ 为优化问题(7.1.12)的值函数,则称如下两个优化问题

$$\begin{cases} \max U(\vec{x}) \\ \text{s. t.} \begin{cases} \vec{p}\, \vec{x}^{\tau} = m \\ \vec{x} \geqslant \vec{0} \end{cases} \end{cases} \quad (7.1.14)$$

与

$$\begin{cases} \min V(\vec{p}, m) \\ \text{s. t.} \begin{cases} \vec{p}\, \vec{x}^{\tau} = m \\ \vec{p} > \vec{0} \end{cases} \end{cases} \quad (7.1.15)$$

为非线性规划的对偶问题(Ⅱ)。

定理 7.1.4 假设函数 $U(\vec{x})(\vec{x} \geqslant \vec{0}, \vec{x} \neq \vec{0}, \vec{x} \in R^n)$ 是严格凹的,具有一阶连续偏导数的严格增函数,则对任意给定的 $\vec{p}(>\vec{0}, \vec{p} \in R^n)$ 和 $m > 0$,优化问题(7.1.14)的解 $\vec{x}^{*} = \vec{x}^{*}(\vec{p}, m)$ 都存在,则优化问题(7.1.14)的值函数 $V(\vec{p}, m)$

存在。

证明:对任意给定的 $\vec{p}(>\vec{0},\vec{p}\in R^n)$ 和 $m>0$,由于可行集 $\{\vec{x}\mid \vec{p}\,\vec{x}\leq m,\vec{x}\geq \vec{0}\}$ 是有界闭集,$U(\vec{x})$ 是具有一阶连续偏导数的凹函数,所以优化问题(7.1.14)的解 $\vec{x}^{\,*}=\vec{x}^{\,*}(\vec{p},m)$ 存在且唯一。因此,优化问题(7.1.14)的值函数 $V(\vec{p},m)=U(\vec{x}^{\,*})=U(\vec{x}^{\,*}(\vec{p},m))$ 存在。

注:在定理的条件下,非线性规划对偶问题(Ⅱ)必存在。

7.2 经济问题实例

7.2.1 效用最大化问题与支出最小化问题构成的对偶问题

7.2.1.1 对偶问题和对偶定理

设消费者的效用函数是 $U(\vec{x})$,收入是 m。由非线性规划对偶问题(Ⅰ)的定义,效用最大化问题

$$\begin{cases} \max\quad U(\vec{x})\\ \text{s.t.}\quad \vec{p}\,\vec{x}\leq m\\ \qquad\quad \vec{x}\geq 0\end{cases} \tag{7.2.1}$$

与支出最小化问题:

$$\begin{cases} \min\quad \vec{p}\,\vec{x}\\ \text{s.t.}\quad U(\vec{x})\geq u\\ \qquad\quad \vec{x}\geq 0\end{cases} \tag{7.2.2}$$

是对偶问题。那么这对对偶问题的解之间有什么样的联系呢?我们给出如下的对偶定理。

定理 7.2.1(对偶定理) 设消费者的效用函数 $U(\vec{x})$ 是严格增的连续函数,$\vec{x}(\vec{p},m)$ 是问题(7.2.1)的唯一解,$\vec{h}(\vec{p},u)$ 是问题(7.2.2)的唯一解,$e(\vec{p},u)$ 是消费者的支出函数,$v(\vec{p},m)$ 是间接效用函数,则

(1) $\vec{x}(\vec{p},m)=\vec{h}(\vec{p},v(\vec{p},m))$;

(2) $\vec{h}(\vec{p},u)=\vec{x}(\vec{p},e(\vec{p},u))$;

(3) $e(\vec{p},v(\vec{p},m))=m$;

(4) $v(\vec{p},e(\vec{p},u))=u$。

证明:由定理 7.1.3 知,问题(7.2.1)和问题(7.2.2)分别与问题(7.2.3)和问题(7.2.4)等价。

$$\begin{cases} \max\ U(\vec{x}) \\ \text{s. t.}\quad \vec{p}\ \vec{x} = m \\ \qquad\ \vec{x} \geqslant 0 \end{cases} \tag{7.2.3}$$

$$\begin{cases} \min\ \vec{p}\ \vec{x} \\ \text{s. t.}\quad U(\vec{x}) = u \\ \qquad\ \vec{x} \geqslant 0 \end{cases} \tag{7.2.4}$$

证明(1)：记问题(7.2.3)的解为 $\vec{x}^* = \vec{x}(\vec{p},m)$，$U(\vec{x}^*) = v(\vec{p},m)$。在问题(7.2.4)中取 $u = v(\vec{p},m)$，问题(7.2.4)的解记为 $\vec{x}' = \vec{h}(\vec{p},v(\vec{p},m))$。由于 $\vec{x}^*$ 是效用最大化问题(7.2.3)的解，所以 $\vec{p}\ \vec{x}^* = m$；又因 $\vec{x}'$ 是支出最小化问题(7.2.4)的解，所以有 $U(\vec{x}') = v(\vec{p},m) = U(\vec{x}^*)$，且 $\vec{p}\ \vec{x}' \leqslant m$。

如果 $\vec{p}\ \vec{x}' = m$，由于 $U(\vec{x}') = v(\vec{p},m) = U(\vec{x}^*)$，且问题(7.2.3)的解唯一，所以 $\vec{x}^* = \vec{x}'$。

如果 $\vec{p}\ \vec{x}' < m$，取 $t_0 > 1$，使得 $\vec{p}(t_0\vec{x}') = m$，记 $t_0\vec{x}' = \vec{x}''$，则 $\vec{x}'' = t_0\vec{x}' > \vec{x}'$。由于效用函数 $U(\vec{x})$ 严格增，所以 $U(\vec{x}'') > U(\vec{x}') = v(\vec{p},m) = U(\vec{x}^*)$，但 $\vec{p}\ \vec{x}'' = m = \vec{p}\ \vec{x}^*$，这与 $\vec{x}^*$ 是问题(7.2.3)的解矛盾。因此 $\vec{p}\ \vec{x}' = m$，于是 $\vec{x}^* = \vec{x}'$，故(1)成立。

证明(2)：由(1)的证明知，$\vec{h}(\vec{p},v(\vec{p},m)) = \vec{x}(\vec{p},m)$，所以

$$e(\vec{p},v(\vec{p},m)) = \vec{p}\vec{h}(\vec{p},v(\vec{p},m)) = \vec{p}\ \vec{x}(\vec{p},m) = m。$$

证明(3)：(反证法)设 $\vec{x}^* = \vec{h}(\vec{p},u)$ 是问题(7.2.4)的解，$e(\vec{p},u) = \vec{p}^\tau\vec{h}(\vec{p},u)$；在问题(7.2.3)中取 $m = e(\vec{p},u)$，记 $\vec{x}' = \vec{x}(\vec{p},e(\vec{p},u))$ 为问题(7.2.3)的解。由于 $\vec{x}^*$ 是支出最小化问题(7.2.4)的解，所以 $U(\vec{x}^*) = u$，且 $\vec{p}\ \vec{x}^* = e(\vec{p},u)$。又因 $\vec{x}'$ 是效用最大化问题(7.2.3)的解，所以 $\vec{p}\ \vec{x}' = e(\vec{p},u)$，且 $U(\vec{x}^*) = u \leqslant U(\vec{x}')$。

如果 $U(\vec{x}') = U(\vec{x}^*) = u$，由于 $\vec{p}\ \vec{x}' = \vec{p}\ \vec{x}^* = e(\vec{p},u)$，且问题(7.2.3)的解唯一，所以必有 $\vec{x}^* = \vec{x}'$，即 $\vec{h}(\vec{p},u) = \vec{x}(\vec{p},e(\vec{p},u))$。

如果 $U(\vec{x}^*) = u < U(\vec{x}')$，记 $F(t) = U(t\vec{x}')$，$0 \leqslant t \leqslant 1$。由于 $U(\vec{x})$ 是严格增的连续函数，所以 $F(t)$ 是区间 $[0,1]$ 上的连续函数，且 $F(0) = U(\vec{0}) < U(\vec{x}^*) = u < U(\vec{x}') = F(1)$，因此存在 $t_0 \in (0,1)$，使得 $F(t_0) = U(t_0\vec{x}') = U(\vec{x}^*) = u$。记 $t_0\vec{x}' = \vec{x}''$，则 $U(\vec{x}'') = U(\vec{x}^*) = u$，且

$$\vec{p}\ \vec{x}'' = \vec{p}(t_0\vec{x}') = t_0\vec{p}\ \vec{x}' < \vec{p}\ \vec{x}' = \vec{p}\ \vec{x}^* = e(\vec{p},u),$$

这与 $\vec{x}^*$ 是问题(7.2.4)的解矛盾。因此必有 $U(\vec{x}') = U(\vec{x}^*) = u$，所以 $\vec{h}(\vec{p},u) =$

$\vec{x}(\vec{p},e(\vec{p},u))$。

证明(4)：由(2)的证明知，$\vec{h}(\vec{p},u)=\vec{x}(\vec{p},e(\vec{p},u))$，所以，
$$v(\vec{p},e(\vec{p},u))=U[\vec{x}(\vec{p},e(\vec{p},u))]=U[\vec{h}(\vec{p},u)]=u.$$

7.2.1.2 对偶定理的几何解释

我们知道，效用最大化问题一阶条件的几何解释是，对于给定的预算线 $l:\vec{p}\,\vec{x}=m$，选择一条无差异曲线 U 与预算线相切，切点就是效用最大化问题的解，即马歇尔需求；支出最小化问题一阶条件的几何解释是，对于给定的无差异曲线 $U:u(\vec{x})=u$，选择预算线 l 与无差异曲线 U 相切，切点就是最小化问题的解，即希克斯需求。

下面讨论对偶定理的几何解释。在两种商品的情况下，如果消费者的效用函数 $U(x_1,x_2)$ 是严格拟凹函数，那么从几何上看，消费者的效用最大化问题就是对给定的预算线
$$l:p_1x_1+p_2x_2=m,$$
选择一条无差异曲线 $U:U(x_1,x_2)=u$，使得无差异曲线与预算线 l 相切，切点 $\vec{x}^*=(x_1^*,x_2^*)=\vec{x}(\vec{p},m)$ 就是效用最大化问题的解。如图7.2.1所示。

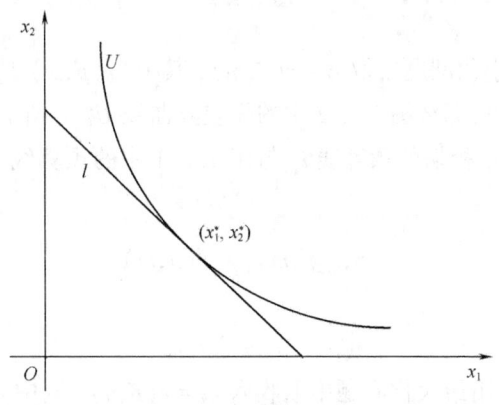

图 7.2.1

在最优解 $\vec{x}^*=\vec{x}(\vec{p},m)$ 处的间接效用值为 $v(\vec{p},m)=U[\vec{x}(\vec{p},m)]$，因此与预算线 l 相切的无差异曲线可表示 U 为
$$U(x_1,x_2)=u=v(\vec{p},m)。$$

另一方面，在两种商品的情况下，如果消费者的效用函数 $U(x_1,x_2)$ 是严格拟凹函数，那么从几何上看，消费者的支出最小化问题就是对给定的无差异曲线

$$U_1: U(x_1, x_2) = u,$$

选择一条预算线 $l_1: p_1x_1 + p_2x_2 = m$，使得预算线与无差异曲线 U_1 相切，切点 $\vec{x}^* = (x_1^*, x_2^*) = \vec{h}(\vec{p}, u)$ 就是支出最小化问题的解。如图 7.2.2 所示。在最优解 $\vec{x}^* = \vec{h}(\vec{p}, m)$ 处，支出函数值为 $e(\vec{p}, u) = \vec{p}\,\vec{x}^* = \vec{p}\vec{h}(\vec{p}, u)$。预算线为 $l_1: p_1x_1 + p_2x_2 = m = e(\vec{p}, u)$。

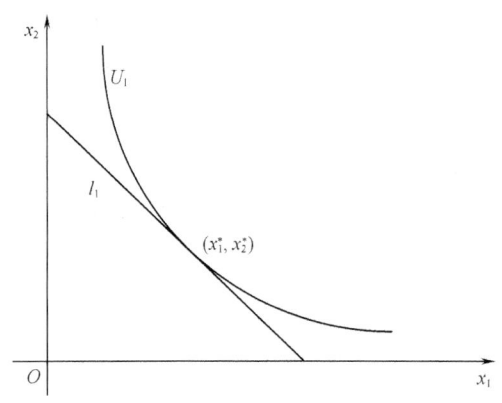

图 7.2.2

如果在支出最小化问题中取 $u = v(\vec{p}, m)$，其中，$v(\vec{p}, m)$ 是效用最大化问题在最优解的间接效用值，那么图 7.2.2 中的无差异曲线 U_1 与图 7.2.1 中的无差异曲线 U 相同，因此与 U_1 相切的预算线 l_1 与图 7.2.1 中的预算线 l 相同，所以切点相同。于是有

$$\vec{h}(\vec{p}, v(\vec{p}, m)) = \vec{x}(\vec{p}, m),$$

因此

$$e(\vec{p}, v(\vec{p}, m)) = m。$$

同理，如果在效用最大化问题中取收入 $m = e(\vec{p}, u)$，其中 $e(\vec{p}, u)$ 是支出最小化问题在最优解的支出函数值，我们也可以得到

$$\vec{x}(\vec{p}, e(\vec{p}, u)) = \vec{h}(\vec{p}, u),$$

因此

$$v(\vec{p}, e(\vec{p}, u)) = u。$$

7.2.1.3 对偶定理示意图

为了便于记忆，读者可记住如下的对偶原理示意图（图 7.2.3）。

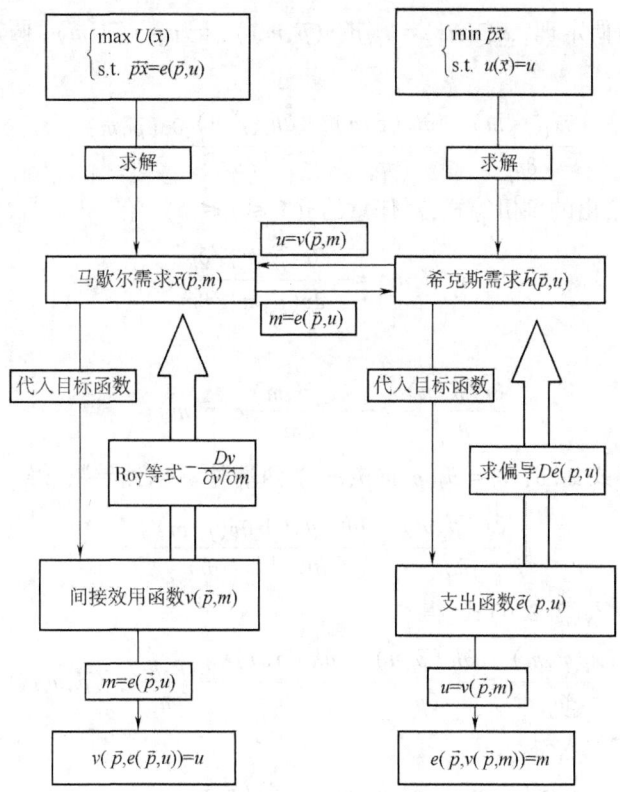

图 7.2.3

7.2.2 斯鲁茨基(Slutsky)方程

假设市场有 k 种商品。我们知道,当第 j 种商品的价格发生变化时,不仅会影响到消费者对第 j 种商品需求量的变化,也会影响到消费者对其他商品需求量的变化。那么第 j 种商品的价格是如何影响消费者对各种商品的需求呢?下面介绍的斯鲁茨基方程揭示了一种商品价格的变化如何影响到消费者对各种商品需求的变化。

7.2.2.1 斯鲁茨基方程的概念

定理 7.2.2(Slutsky 方程) 假设消费者的收入是 m,马歇尔需求函数是 $x_i(\vec{p},m)$,希克斯需求函数是 $h_i(\vec{p},u)$,$(1 \leqslant i \leqslant k)$;$v(\vec{p},m)$ 是消费者的间接效用函数。如果 $x_i(\vec{p},m)$ 与 $h_i(\vec{p},u)$ 可微,则

$$\frac{\partial x_i(\vec{p},m)}{\partial p_j} = \frac{\partial h_i(\vec{p},v(\vec{p},m))}{\partial p_j} - \frac{\partial x_i(\vec{p},m)}{\partial m} x_j(\vec{p},m), (1 \leqslant i,j \leqslant k).$$

(7.2.5)

等式(7.2.5)称为斯鲁茨基方程。

证明: 由对偶定理, $x_i(\vec{p},m) = h_i(\vec{p},v(\vec{p},m))$, 记 $u = v(\vec{p},m)$, 两端对第 p_j 求偏导数, 得

$$\frac{\partial x_i(\vec{p},m)}{\partial p_j} = \frac{\partial h_i(\vec{p},u)}{\partial p_j} + \frac{\partial h_i(\vec{p},u)}{\partial u}\frac{\partial v(\vec{p},m)}{\partial p_j}。 \quad (7.2.6)$$

由定理 5.3.4 给出的鲁伊等式, 对任意的 $j(1 \leq j \leq k)$, 有

$$x_j(\vec{p},m) = -\frac{\partial v(\vec{p},m)/\partial p_j}{\partial v(\vec{p},m)/\partial m},$$

于是

$$\frac{\partial v(\vec{p},m)}{\partial p_j} = -\frac{\partial v(\vec{p},m)}{\partial m}x_j(\vec{p},m)。 \quad (7.2.7)$$

另一方面, 在等式 $x_i(\vec{p},m) = h_i(\vec{p},v(\vec{p},m))$ 两端对 m 求偏导数, 得

$$\frac{\partial x_i(\vec{p},m)}{\partial m} = \frac{\partial h_i(\vec{p},u)}{\partial u}\frac{\partial v(\vec{p},m)}{\partial m}。 \quad (7.2.8)$$

将(7.2.7)式代入(7.2.6)式, 得

$$\frac{\partial x_i(\vec{p},m)}{\partial p_j} = \frac{\partial h_i(\vec{p},u)}{\partial p_j} - \frac{\partial h_i(\vec{p},u)}{\partial u}\frac{\partial v(\vec{p},m)}{\partial m}x_j(\vec{p},m),$$

再将(7.2.8)式代入得

$$\frac{\partial x_i(\vec{p},m)}{\partial p_j} = \frac{\partial h_i(\vec{p},u)}{\partial p_j} - \frac{\partial x_i(\vec{p},m)}{\partial m}x_j(\vec{p},m),$$

其中, $u = v(\vec{p},m)$。

定理证明用的是纯数学方法, 那么用这样的方法得到的斯鲁茨基方程具有什么样的经济意义呢? 首先我们看到, 等式左端表示当第 j 种商品的价格变化一个价格单位时, 消费者对第 i 种商品的马歇尔需求的改变量, 它等于右端两项之和。第一项表示在效用 $u = v(\vec{p},m)$ 不变的情况下, 第 j 种商品的价格变化一个价格单位时, 消费者对第 i 种商品的希克斯需求的改变量, 但第二项的经济意义就不太明显了。为了了解第二项的经济意义, 我们需要先介绍商品价格对商品需求产生影响的马歇尔分解与希克斯分解。

7.2.2.2 马歇尔分解

假设只有两种商品, 消费者的效用函数为 $U(\vec{x})$, 收入为 m; 当商品的价格为 $(p_1^0,p_2^0) = \vec{p}^0$ 时, 消费者的马歇尔需求为 $\vec{x}^0(\vec{p}^0,m) = (x_1^0,x_2^0)$。由效用最大化问题的几何意义知, $\vec{x}^0$ 是预算线 $L^0:\vec{p}^0\vec{x} = m = \vec{p}^0\vec{x}^0$ 与无差异曲线 $U^0:U(\vec{x}) = U(\vec{x}^0)$ 的切点, 如图 7.2.4 所示。

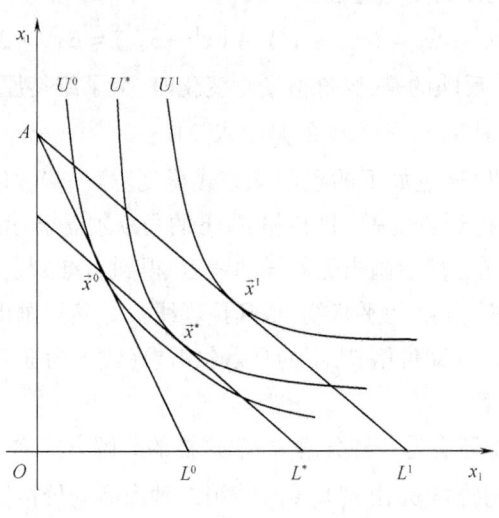

图 7.2.4

假设商品 2 的价格不变,商品 1 的价格由 p_1^0 降到 p_1^1,改变量为 $\Delta p_1 = p_1^1 - p_1^0 < 0$,即价格向量由 $\vec{p}^0 = (p_1^0, p_2^0)$ 变化至 $\vec{p}^1 = (p_1^1, p_2^0)$。

对价格向量 $\vec{p}^1$,消费者的马歇尔需求为 $\vec{x}^1(\vec{p}^1, m) = (x_1^1, x_2^1)$,由效用最大化问题的几何意义知,$\vec{x}^1$ 是预算线 $L^1: \vec{p}^1 \vec{x} = m = \vec{p}^1 \vec{x}^1$ 与无差异曲线 $U^1: U(\vec{x}) = U(\vec{x}^1)$ 的切点,如图 7.2.4 所示。

由以上的分析知,当第一种商品的价格 p_1 由 p_1^0 降到 p_1^1,第二种商品的价格保持 p_2^0 不变时,消费者的马歇尔需求也发生了变化。两种商品的马歇尔需求的改变量分别为

$$\Delta x_1 = x_1^1 - x_1^0, \Delta x_2 = x_2^1 - x_2^0。$$

下面给出 $\Delta x_i (i = 1, 2)$ 的一种分解,这样的分解称为马歇尔分解。

当第一种商品的价格 p_1 由 p_1^0 降到 p_1^1,第二种商品的价格保持 p_2^0 不变时,原来最优消费束 $\vec{x}^0$ 的支出为 $\vec{p}^1 \vec{x}^0 = m^*$。显然,$m - m^* = \vec{p}^0 \vec{x}^0 - \vec{p}^1 \vec{x}^0 = -\Delta p_1 x_1^0 > 0$,也就是说,消费者可以用比原来少的支出 m^* 获得原来的最优消费组合 $\vec{x}^0$。因此,消费者只用收入 m 中的 m^* 去消费,就可以获得不低于 $U(\vec{x}^0)$ 的效用。此时消费者的预算线为 $L^*: \vec{p}^1 \vec{x} = m^* = \vec{p}^1 \vec{x}^0$。虽然 $\vec{x}^0$ 满足预算约束,但由于价格变化形成的替代效应,使得原来的最优消费组合 $\vec{x}^0$ 不再是最优的。设与 L^* 相切的无差异曲线为 U^*,切点是 $\vec{x}^*$,则 $\vec{x}^* = (x_1^*, x_2^*)$ 是新价格之下的马歇尔需求,如图 7.2.4 所示。如果在 m^* 的基础上,将剩余的收入 $m - m^*$ 参与到消费中,就得到最优消费组合 $\vec{x}^1$。于是,由于第一种商品价格的变化导致的各种商品的马歇尔需求的改

变量 Δx_i 可以依照上面的变化过程分解成

$$\Delta x_i = x_i^1 - x_i^0 = (x_i^* - x_i^0) + (x_i^1 - x_i^*) = \Delta x_i^s + \Delta x_i^m。$$

其中,$\Delta x_i^s = x_i^* - x_i^0$ 反映的是,当价格发生变化时,为了维持原来购买力不变形成的替代效应;$\Delta x_i^m = x_i^1 - x_i^*$ 则反映的是收入效应。

注:图 7.2.4 可以通过如下的程序化方式得到:第一步,画出预算线 L^0,然后画出无差异曲线 U^0 得到切点 $\vec{x}^0$,即价格 $\vec{p}^0$ 下的马歇尔需求;第二步,以 A 为中心,将 L^0 旋转至预算线 L^1,然后画出无差异曲线 U^1 得到切点 $\vec{x}^1$,即价格 $\vec{p}^1$ 下的马歇尔需求;第三步,过 $\vec{x}^0$ 作 L^1 的平行线,得到预算线 L^*,然后画出无差异曲线 U^* 与 L^* 相切,得到切点 $\vec{x}^*$,即价格 $\vec{p}^1$ 下的马歇尔需求(收入为 $\vec{p}^1 \vec{x}^0 = m^*$)。

7.2.2.3 希克斯分解

对 $\Delta x_i (i = 1,2)$ 还有另一种分解方式,这样的分解方式称为希克斯分解。

当第一种商品的价格 p_1 由 p_1^0 降到 p_1^1,第二种商品的价格保持 p_2^0 不变时,为了维持原来效用水平 $U(\vec{x}^0)$ 不变,消费者可以在无差异曲线 $U^0:U(\vec{x}) = u = U(\vec{x}^0)$ 上选择支出最小的消费组合 $\vec{h} = \vec{h}(\vec{p}^1, u) = (x_1', x_2')$。记 $e(\vec{p}^1, u) = \vec{p}^1 \vec{h}(\vec{p}^1, u)$,显然 $\vec{h}(\vec{p}^1, u)$ 是无差异曲线 U^0 与预算线 $L': \vec{p}^1 \vec{x} = e(\vec{p}^1, u)$ 的切点,如图 7.2.5 所示。

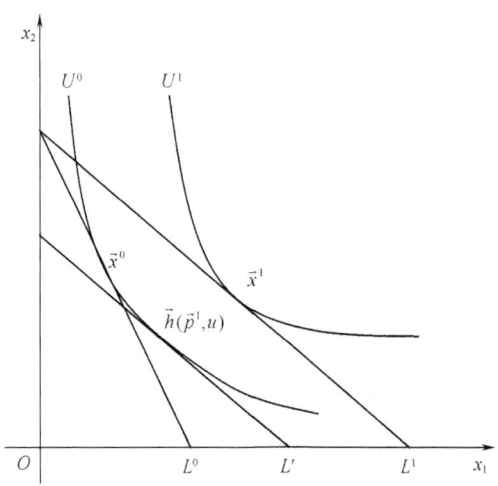

图 7.2.5

由对偶定理知,$\vec{x}^0 = \vec{h}(\vec{p}^0, v(\vec{p}^0, m)) = (x_1^0, x_2^0)$,$\vec{x}^1 = \vec{h}(\vec{p}^1, v(\vec{p}^1, m)) = (x_1^1, x_2^1)$,于是由于第一种商品价格的变化导致的各种商品的希克斯需求的改变量,即相应的马歇尔需求的改变量 $\Delta h_i = \Delta x_i$ 可以依照上面的变化过程分解成

$$\Delta h_i = \Delta x_i = x_i^1 - x_i^0 = (x_i' - x_i^0) + (x_i^1 - x_i') = \Delta h_i^s + \Delta h_i^m.$$

其中，$\Delta h_i^s = x_i' - x_i^0$ 反映的是，当价格发生变化时，为了维持原来效用不变形成的替代效应；$\Delta h_i^m = x_i^1 - x_i'$ 则反映的是收入效应。

注：图 7.2.5 可以通过如下的程序化方式得到：第一步，画出预算线 L^0，然后画出无差异曲线 U^0 得到切点，即价格 $\vec{p}^0$ 下的马歇尔需求 $\vec{x}^0 = \vec{x}^0(\vec{p}^0, m)$，由对偶定理，其也是希克斯需求 $\vec{h}(\vec{p}^0, v(\vec{p}^0, m))$；第二步，以 A 为中心，将 L^0 旋转至预算线 L^1，然后画出无差异曲线 U^1 得到切点，即价格 $\vec{p}^1$ 下的马歇尔需求 $\vec{x}^1$，同理，其也是希克斯需求 $\vec{h}(\vec{p}^1, v(\vec{p}^1, m))$；第三步，画出与无差异曲线 U^0 相切，且与 L^1 平行的 L'，切点就是希克斯需求 $\vec{h}(\vec{p}^0, v(\vec{p}^0, m))$。

7.2.2.4 斯鲁茨基方程的经济意义

为了得出斯鲁茨基方程的经济意义，我们给出斯鲁茨基方程一个不太严谨的证明。由于

$$\Delta x_i = \Delta x_i^s + \Delta x_i^m,$$

所以

$$\frac{\Delta x_i}{\Delta p_1} = \frac{\Delta x_i^s}{\Delta p_1} + \frac{\Delta x_i^m}{\Delta p_1}。$$

又因 $\Delta x_i^m = x_i^1 - x_i^* = x_i(p_1^0 + \Delta p_1, p_2^0, m) - x_i(p_1^0 + \Delta p_1, p_2^0, m + \Delta p_1 x_1^0)$，所以由微分中值定理，存在 $\theta \in (0,1)$，使得

$$\Delta x_i^m = \frac{\partial x_i(p_1^0 + \Delta p_1, p_2^0, m + \theta \Delta p_1 x_1^0)}{\partial m}(-\Delta p_1 x_1^0)。$$

于是

$$\lim_{\Delta p_1 \to 0} \frac{\Delta x_i^m}{\Delta p_1} = \lim_{\Delta p_1 \to 0} \frac{\partial x_i(p_1^0 + \Delta p_1, p_2^0, m + \theta \Delta p_1 x_1^0)}{\partial m}(-x_1^0) = \frac{\partial x_i(p_1^0, p_2^0, m)}{\partial m}(-x_1^0),$$

即

$$\lim_{\Delta p_1 \to 0} \frac{\Delta x_i^m}{\Delta p_1} = -x_1^0 \cdot \frac{\partial x_i(\vec{p}^0, m)}{\partial m}。$$

另一方面，当 Δp_1 充分小时，有 $\Delta x_i^s \approx \Delta h_i^s$（这里没有证明，是不严谨的），于是

$$\Delta x_i^s \approx x_i' - x_i^0 = h_i(p_1^0 + \Delta p_1, p_2^0, v(\vec{p}^0, m)) - h_i(p_1^0, p_2^0, v(\vec{p}^0, m))。$$

由微分中值定理，存在 $\theta \in (0,1)$，使得

$$\Delta x_i^s \approx \frac{\partial h_i(p_1^0 + \theta \Delta p_1, p_2^0, v(\vec{p}^0, m))}{\partial p_1} \Delta p_1。$$

于是

$$\lim_{\Delta p_1 \to 0} \frac{\Delta x_i^s}{\Delta p_1} = \lim_{\Delta p_1 \to 0} \frac{\partial h_i(p_1^0 + \theta \Delta p_1, p_2^0, v(\vec{p}^0, m))}{\partial p_1} = \frac{\partial h_i(p_1^0, p_2^0, v(\vec{p}^0, m))}{\partial p_1},$$

即

$$\lim_{\Delta p_1 \to 0} \frac{\Delta x_i^s}{\Delta p_1} = \frac{\partial h_i(\vec{p}^0, v(\vec{p}^0, m))}{\partial p_1}。$$

又因 $\Delta x_i = x_i^1 - x_i^0 = x_i(p_1^0 + \Delta p_1, p_2^0, m) - x_i(p_1^0, p_2^0, m)$,所以

$$\lim_{\Delta p_1 \to 0} \frac{\Delta x_i}{\Delta p_1} = \lim_{\Delta p_1 \to 0} \frac{x_i(p_1^0 + \Delta p_1, p_2^0, m) - x_i(p_1^0, p_2^0, m)}{\Delta p_1} = \frac{\partial x_i(\vec{p}^0, m)}{\partial p_1}。$$

最后,因为

$$\lim_{\Delta p_1 \to 0} \frac{\Delta x_i}{\Delta p_1} = \lim_{\Delta p_1 \to 0} \frac{\Delta x_i^s}{\Delta p_1} + \lim_{\Delta p_1 \to 0} \frac{\Delta x_i^m}{\Delta p_1},$$

所以得到斯鲁茨基方程

$$\frac{\partial x_i(\vec{p}^0, m)}{\partial p_1} = \frac{\partial h_i(\vec{p}^0, v(\vec{p}^0, m))}{\partial p_1} - x_1^0 \cdot \frac{\partial x_i(\vec{p}^0, m)}{\partial m}。$$

因此, $\frac{\partial h_i(\vec{p}^0, v(\vec{p}^0, m))}{\partial p_1}$ 是替代效应, $-x_1^0 \cdot \frac{\partial x_i(\vec{p}^0, m)}{\partial m}$ 是收入效应。

7.2.2.5 具有初始禀赋的斯鲁茨基方程

有时消费者的收入不是货币形式,而是其拥有的实物商品。假设消费者的禀赋向量为 $\vec{z}$, 价格向量为 $\vec{p}$, 那么此时消费者的收入为 $m = \vec{p}\vec{z}$,消费者的行为受预算 $\vec{p}\vec{x} = m = \vec{p}\vec{z}$ 的约束,此时需求函数为 $\vec{x} = \vec{x}(\vec{p}, \vec{p}\vec{z})$。由此我们看到,当价格发生变化时,不仅价格自身的变化会对需求产生影响,而且因价格变化导致的禀赋价值 $m = \vec{p}\vec{z}$,即收入的变化也会对需求产生影响。具体的影响如下:

$$\frac{\mathrm{d} x_j}{\mathrm{d} p_i} = \frac{\partial x_j(\vec{p}, m)}{\partial p_i} + \frac{\partial x_j(\vec{p}, m)}{\partial m} \frac{\partial m}{\partial p_i}。$$

其中, $m = \vec{p}\vec{z}$, 且 $\frac{\partial x_j(\vec{p}, m)}{\partial p_i}$ 表示在收入 $m = \vec{p}\vec{z}$ 不变的情况下,价格 p_i 的变化对 $x_j(\vec{p}, m)$ 的影响,因此 $\frac{\partial x_j(\vec{p}, m)}{\partial p_i}$ 满足斯鲁茨基方程(7.2.5),即

$$\frac{\partial x_j(\vec{p}, m)}{\partial p_i} = \frac{\partial h_j(\vec{p}, v(\vec{p}, m))}{\partial p_i} - \frac{\partial x_j(\vec{p}, m)}{\partial m} x_i(\vec{p}, m),$$

于是

$$\frac{\mathrm{d} x_j(\vec{p}, \vec{p}\vec{z})}{\mathrm{d} p_i} = \frac{\partial h_j(\vec{p}, v(\vec{p}, \vec{p}\vec{z}))}{\partial p_i} - \frac{\partial x_j(\vec{p}, \vec{p}\vec{z})}{\partial m}[x_i(\vec{p}, \vec{p}\vec{z}) - z_i]。$$

其中, $x_i(\vec{p}, \vec{p}\,\vec{z}) - z_i$ 是消费者对商品 i 的净需求。

7.2.3 直接效用函数最大化与间接效用函数最小化构成的对偶问题

7.2.3.1 对偶问题与对偶定理

设 $U(\vec{x})$ 是消费者的效用函数, $V(\vec{p}, m)$ 是消费者的间接效用函数, 即 $V(\vec{p}, m)$ 是效用最大化问题(7.2.1)的值函数。由定义 7.1.6 知,如下的两个问题

$$\begin{cases} \max U(\vec{x}) \\ \text{s.t.} \begin{cases} \vec{p}\,\vec{x}^{\tau} = m; \\ \vec{x} \geqslant \vec{0} \end{cases} \end{cases} \quad (7.2.5)$$

与

$$\begin{cases} \min V(\vec{p}, m) \\ \text{s.t.} \begin{cases} \vec{p}\,\vec{x}^{\tau} = m; \\ \vec{p} > \vec{0} \end{cases} \end{cases} \quad (7.2.6)$$

是对偶问题。如下的定理告诉我们,优化问题(7.2.6)的值函数恰好是效用函数。

定理 7.2.2(对偶定理) 假设消费者的效用函数 $U(\vec{x})(\vec{x} \geqslant \vec{0}, \vec{x} \in R^n)$ 是严格递增的拟凹函数,且具有一阶连续偏导数;对任意给定的 $\vec{p}(\vec{p} > \vec{0}, \vec{p} \in R^n)$ 和 $m > 0$, $V(\vec{p}, m)$ 是由等约束效用最大化问题(7.2.5)的内点解确定的间接效用函数。如果优化问题(7.2.6)对每个给定的 $\vec{x} > \vec{0}(\vec{x} \in R^n)$ 存在最优内点解 $\vec{p}^{*} = \vec{p}^{*}(\vec{x}, m) = \vec{p}^{*}(\vec{x}, \vec{p}^{\tau}\vec{x})$, 那么

$$U(\vec{x}) = V[\vec{p}^{*}(\vec{x}, \vec{p}^{\tau}\vec{x}), \vec{p}^{\tau}\vec{x}]。$$

7.2.3.2 对偶定理的几何验证

我们先从几何上验证定理 7.2.2 成立。

假设只有两种商品,即 $\vec{x} = (x_1, x_2)$, 商品的价格为 $\vec{p} = (p_1, p_2)$。于是优化问题(7.2.5)和(7.2.6)分别为

$$\begin{cases} \max U(\vec{x}) \\ p_1 x_1 + p_2 x_2 = m \end{cases} \quad (7.2.7)$$

和

$$\begin{cases} \min V(\vec{p}, m) \\ p_1 x_1 + p_2 x_2 = m \end{cases} \quad (7.2.8)$$

设 $\vec{x}^0 = (x_1^0, x_2^0) > \vec{0}$ 是任意给定的消费组合。下面要说明当问题(7.2.8)中的 $(x_1, x_2) = (x_1^0, x_2^0)$ 时,最优目标函数值恰好是 $U(\vec{x}^0)$。

由于效用函数 $U(\vec{x}) = U(x_1, x_2)$ 是具有连续偏导数的严格递增的拟凹函数,所

以无差异曲线 $U_0 : U(\vec{x}) = U(\vec{x}^0)$ 是凸向原点的光滑曲线,且过 $\vec{x}^0$ 点。过 $\vec{x}^0$ 作无差异曲线 U_0 的切线 L_0,设 L_0 的方程为:
$$L_0 : \vec{p}^0 \vec{x} = m = \vec{p}^0 \vec{x}^0 。$$
由效用最大化问题的几何意义知,$\vec{x}^0$ 是如下效用最大化问题

$$\begin{cases} \max U(\vec{x}) \\ p_1^0 x_1 + p_2^0 x_2 = m = \vec{p}^0 \vec{x}^0 \end{cases} \tag{7.2.9}$$

的最优解,此时间接效用函数 $V(\vec{p}^0, m) = U(\vec{x}^0)$。如图 7.2.6 所示。

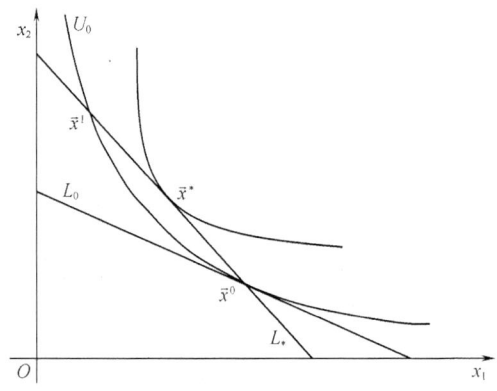

图 7.2.6

下面考察优化问题

$$\begin{cases} \min V(\vec{p}, m) \\ p_1 x_1^0 + p_2 x_2^0 = m = \vec{p}^0 \vec{x}^0 \end{cases} \tag{7.2.10}$$

显然 $\vec{p}^0 = (p_1^0, p_2^0)$ 满足约束条件,且目标值为 $V(\vec{p}^0, m) = U(\vec{x}^0)$。

假设 $\vec{p}^* = (p_1^*, p_2^*) > \vec{0}$,且 $\vec{p}^* \neq \vec{p}^0$ 是问题(7.2.10)的解,则目标最优值 $V(\vec{p}^*, m)$ 满足如下条件:

$$V(\vec{p}^*, m) < V(\vec{p}^0, m) = U(\vec{x}^0) 。 \tag{7.2.11}$$

由于 $\vec{p}^*$ 满足约束条件 $p_1^* x_1^0 + p_2^* x_2^0 = m$,于是直线 $L_* : p_1^* x_1 + p_2^* x_2 = m$ 过点 $\vec{x}^0$。因此点 $\vec{x}^0$ 既在直线 L_0 上,又在直线 L_* 上。由于 $\vec{p}^* \neq \vec{p}^0$,所以直线 L_0 与直线 L_* 在点 $\vec{x}^0$ 相交。又因 L_0 与无差异曲线点 U_0 在 $\vec{x}^0$ 处相切,且 $\vec{p}^* > \vec{0}$,所以直线 L_* 与无差异曲线 U_0 相交,设另一个交点为 $\vec{x}^1$,如图 7.2.6 所示。

现在考察如下的效用最大化问题:

$$\begin{cases} \max U(\vec{x}) \\ p_1^* x_1 + p_2^* x_2 = m = \vec{p}^0 \vec{x}^0 \end{cases} \tag{7.2.12}$$

由于 $\vec{x}^0$ 和 $\vec{x}^1$ 满足问题(7.2.9)的预算约束且在无差异曲线 U_0 上，所以对于直线 L 上 $\vec{x}^0$ 与 $\vec{x}^1$ 之间的点 $\vec{x}$，有 $U(\vec{x}) > U(\vec{x}^0) = U(\vec{x}^1)$；对于 $\vec{x}^0$ 与 $\vec{x}^1$ 之外的点 $\vec{x}$，有 $U(\vec{x}) < U(\vec{x}^0) = U(\vec{x}^1)$，因此问题(7.2.12)的解一定在 $\vec{x}^0$ 与 $\vec{x}^1$ 之间的线段上。设(7.2.12)的解为 $\vec{x}^* = \vec{x}^*(\vec{p}^*, m)$，如图 7.2.6。于是问题(7.2.12)的最优目标值 $U[\vec{x}^*(\vec{p}^*, m)] = V(\vec{p}^*, m)$ 满足如下不等式

$$V(\vec{p}^0, m) = U(\vec{x}^0) < U[\vec{x}^*(\vec{p}^*, m)] = V(\vec{p}^*, m)。$$

结合(7.2.11)式，有

$$V(\vec{p}^0, m) < V(\vec{p}^*, m) < V(\vec{p}^0, m),$$

矛盾。因此问题(7.2.10)的解 $\vec{p}^*$ 一定等于 $\vec{p}^0$，即

$$U(\vec{x}^0) = V(\vec{p}^0, m) = V(\vec{p}^*, m) = \begin{cases} \min V(\vec{p}, m) \\ p_1 x_1^0 + p_2 x_2^0 = m = \vec{p}^0 \vec{x}^0 \end{cases}。$$

7.2.3.3 对偶定理的证明

证明：设 $\vec{x}^0 > \vec{0}$ 是任意一点。只需证明如下的优化问题：

$$\begin{cases} \min V(\vec{p}, m) \\ \vec{p}\,\vec{x}^0 = m, \vec{p} \geq \vec{0} \end{cases} \tag{7.2.13}$$

的最优目标值等于 $U(\vec{x}^0)$。

由于效用函数 $U(\vec{x})$ ($\vec{x} \geq \vec{0}, \vec{x} \in R^n$) 是严格增的拟凹函数，所以无差异超曲面

$$U_0: U(\vec{x}) = U(\vec{x}^0), (\vec{x} \geq \vec{0}, \vec{x} \in R^n)$$

凸向原点。又因 $U(\vec{x})$ 具有连续的一阶偏导数，所以超曲面 U_0 上任意一点都有与 U_0 相切的超平面。设过 $\vec{x}^0$ 与 U_0 相切的超平面为 Π^0，与各坐标轴正向成锐角的 Π^0 的法向量记为 $\vec{p}^0 (> \vec{0})$，则超平面 Π^0 的方程为：

$$\Pi^0 : \vec{p}^0 \vec{x} = m = \vec{p}^0 \vec{x}^0;$$

且 $\vec{x}^0$ 是如下效用最大化问题

$$\begin{cases} \max U(\vec{x}) \\ \vec{p}^0 \vec{x} = m, \vec{x} \geq \vec{0} \end{cases} \tag{7.2.14}$$

的最优解，其中 $m = \vec{p}^0 \vec{x}^0$，间接效用函数值为 $V(\vec{p}^0, m) = U(\vec{x}^0)$。

在问题(7.2.13)中，取 $m = \vec{p}^0 \vec{x}^0$。设 $\vec{p}^*$ 是问题(7.2.13)的最优解，最优目标值为 $V(\vec{p}^*, m)$。

假设 $\vec{p}^* \neq \vec{p}^0$，由于 $\vec{p}^0$ 满足(7.2.13)的约束条件，所以必有

$$V(\vec{p}^*, m) < V(\vec{p}^0, m) = U(\vec{x}^0)。 \tag{7.2.15}$$

另一方面，由于 $\vec{p}^*$ 是问题(7.2.13)的最优解，所以 $\vec{p}^* \vec{x}^0 = m = \vec{p}^0 \vec{x}^0$。因此超

平面 Π^0 与超平面

$$\Pi^* : \vec{p}^* \vec{x} = m = \vec{p}^0 \vec{x}^0$$

在 $\vec{x}^0$ 处与超曲面 U_0 相交。又因超平面 Π^0 与超曲面 U_0 在 $\vec{x}^0$ 处相切，U_0 是严格凸向原点的超曲面，所以超平面 Π^* 与超曲面 U_0 的交集是一条封闭的超曲线 Γ。由 Γ 界定的 Π^* 的有限超平面（不含 Γ）记为 S，Π^* 上 Γ 以外的部分（不含 Γ）记为 S^c。由于效用函数 $U(\vec{x})$ 是严格增的拟凹函数，U_0 是无差异超曲面，所以当 $\vec{x} \in \Gamma$ 时，有 $U(\vec{x}) = U(\vec{x}^0)$；$\vec{x} \in S$，$U(\vec{x}) > U(\vec{x}^0)$，$\vec{x} \in S^c$ 时，$U(\vec{x}) < U(\vec{x}^0)$。

现在考察下面的优化问题：

$$\begin{cases} \max U(\vec{x}) \\ \vec{p}^* \vec{x} = m, \vec{x} \geqslant \vec{0} \end{cases} \tag{7.2.16}$$

其中，$m = \vec{p}^0 \vec{x}^0$。显然(7.2.16)的最优解，记为 $\vec{x}^*$，属于 S。于是(7.2.16)的最优目标值

$$V(\vec{p}^*, m) = U(\vec{x}^*) > U(\vec{x}^0)。$$

再由(7.2.16)式，得

$$U(\vec{x}^0) < V(\vec{p}^*, m) < V(\vec{p}^0, m) = U(\vec{x}^0),$$

矛盾。所以 $\vec{p}^* = \vec{p}^0$，即 $V(\vec{p}^*, m) = V(\vec{p}^0, m) = U(\vec{x}^0)$。

定理 7.2.2 的意义在于，如果已知效用函数，那么可以通过求解优化问题(7.2.5)，求出间接效用函数；反之，如果已知间接效用函数，那么可以通过求解优化问题(7.2.6)，求出直接效用函数。也就是说，定理 7.2.2 提供了一个确定消费者效用函数的途径。

本章经济问题总结

本章介绍了两个高级微观经济学中的对偶问题：效用最大化问题与支出最小化问题构成的对偶问题与等约束直接效用函数最大化问题与等约束间接效用函数最小化问题构成的对偶问题，给出了关于这两个对偶问题的对偶定理；本章还介绍了描述由价格变化导致的马歇尔需求变化量与希克斯需求变化量之间关系的斯鲁茨基方程。

（1）设 $\vec{x}(\vec{p}, m)$ 是效用最大化问题(7.2.1)的唯一解，$\vec{h}(\vec{p}, u)$ 是效用最大化问题(7.2.1)的对偶问题(7.2.2)的唯一解，$e(\vec{p}, u)$ 是消费者的支出函数，$v(\vec{p}, m)$ 是间接效用函数，则

① $\vec{x}(\vec{p}, m) = \vec{h}(\vec{p}, v(\vec{p}, m))$；　　② $\vec{h}(\vec{p}, u) = \vec{x}(\vec{p}, e(\vec{p}, u))$；

③ $e(\vec{p}, v(\vec{p}, m)) = m$；　　④ $v(\vec{p}, e(\vec{p}, u)) = u$。

(2) 设 $V(\vec{p},m)$ 是等约束效用最大化问题(7.2.5)的值函数,即间接效用函数,则 $U(\vec{x})$ 就是问题(7.2.5)的对偶问题的值函数,即直接效用函数。

(3) 设 $\vec{x}(\vec{p},m)$ 是效用最大化问题(7.2.1)的唯一解,$\vec{h}(\vec{p},u)$ 是效用最大化问题(7.2.1)的对偶问题(7.2.2)的唯一解,则 $\vec{x}(\vec{p},m)$ 与 $\vec{h}(\vec{p},u)$ 满足如下的斯鲁茨基方程

$$\frac{\partial x_i(\vec{p},m)}{\partial p_j} = \frac{\partial h_i(\vec{p},v(\vec{p},m))}{\partial p_j} - \frac{\partial x_i(\vec{p},m)}{\partial m} x_j(\vec{p},m), (1 \leq i,j \leq k)。$$

8 定积分的概念和性质及经济问题实例

本章介绍定积分的基本概念、基本性质和可积的必要条件与充分条件;定积分的牛顿—莱布尼兹公式。本章还介绍了消费者剩余与生产者剩余及其经济意义;等值变化与补偿变化及其经济意义;消费者剩余、等值变化和补偿变化之间的关系。

8.1 定积分的概念和性质

8.1.1 实际问题举例

8.1.1.1 曲边梯形的面积问题

设函数 $y = f(x) > 0$ 在区间 $[a,b]$ 上有意义,称由曲线 $y = f(x)$ 和直线 $y = 0, x = a, x = b$ 围成的平面图形 S 为曲边梯形,如图 8.1.1 所示。求该曲边梯形的面积。

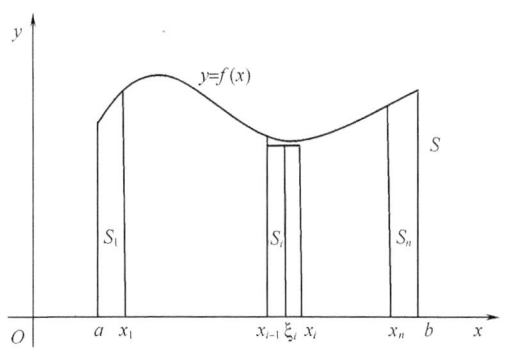

图 8.1.1

在区间 (a,b) 插入 $n-1$ 个不同的点,并记

$$T: a = x_0 < x_1 < \cdots < x_{i-1} < x_i < \cdots < x_n = b,$$

称 T 是区间 $[a,b]$ 的一个分割(或划分), $\|T\| = \max\limits_{1 \leqslant i \leqslant n} \Delta x_i = \max\limits_{1 \leqslant i \leqslant n} \{x_i - x_{i-1}\}$ 称为分割 T 的模。过 x 轴上的点 x_i $(1 \leqslant i \leqslant n-1)$ 作平行于 y 轴的直线,将曲边梯形 S 分成 n 个小曲边梯形 S_i, $(1 \leqslant i \leqslant n)$,如图 8.1.1 所示。于是,曲边梯形 S 的面积 ΔS 就等于小曲边梯形 S_i 的面积 $\Delta S_i (1 \leqslant i \leqslant n)$ 之和,即

$$\Delta S = \Delta S_1 + \Delta S_2 + \cdots + \Delta S_n = \sum_{i=1}^{n} \Delta S_i$$

当分割 T 的模 $\|T\|$ 很小,且 $f(x)$ 在区间 $[a,b]$ 上连续时,$f(x)$ 在小区间 $[x_{i-1},x_i]$ 上变化很小,可近似视为常数,于是,在区间 $[x_{i-1},x_i]$ 上任取一点 ξ_i,就有 $f(x) \approx f(\xi_i)$ ($x_{i-1} \leqslant x \leqslant x_i$)。这样,小曲边梯形 S_i 的面积 ΔS_i 就可以用底长为 Δx_i,高为 $f(\xi_i)$ 的小矩形的面积 $f(\xi_i)\Delta x_i$ 近似($1 \leqslant i \leqslant n$),因此

$$\Delta S = \sum_{i=1}^{n} \Delta S_i \approx \sum_{i=1}^{n} f(\xi_i) \Delta x_i。$$

显然,$\|T\|$ 越小,$\sum_{i=1}^{n} f(\xi_i) \Delta x_i$ 就越接近 ΔS,当 $\|T\|$ 无限小时,$\sum_{i=1}^{n} f(\xi_i) \Delta x_i$ 就无限接近 ΔS,即

$$\Delta S = \lim_{\|T\| \to 0} \sum_{i=1}^{n} f(\xi_i) \Delta x_i。$$

8.1.1.2 变速直线运动物体的路程问题

设变速直线运动物体的瞬时速度为 $y = f(x)$,求该物体由时刻 a 到时刻 b 所走的路程。

在时间区间 (a,b) 内插入 $n-1$ 个不同的点,并记

$$T: a = x_0 < x_1 < \cdots < x_{i-1} < x_i < \cdots < x_n = b,$$

称 T 是区间 $[a,b]$ 的一个分割(或划分),$\|T\| = \max_{1 \leqslant i \leqslant n} \Delta x_i = \max_{1 \leqslant i \leqslant n} \{x_i - x_{i-1}\}$ 称为分割 T 的模。

当分割 T 的模 $\|T\|$ 很小,且 $f(x)$ 在区间 $[a,b]$ 上连续时,$f(x)$ 在小区间 $[x_{i-1},x_i]$ 上变化很小,可近似视为常数,于是,在区间 $[x_{i-1},x_i]$ 上任取一点 ξ_i,就有 $f(x) \approx f(\xi_i)$ ($x_{i-1} \leqslant x \leqslant x_i$)。这样,在时间区间 $[x_{i-1},x_i]$ 上可以将物体视为匀速运动,所走过的路程近似等于 $f(\xi_i)\Delta x_i$,因此,在时间区间 $[a,b]$ 上物体走过的路程 ΔS 近似等于

$$\sum_{i=1}^{n} f(\xi_i) \Delta x_i。$$

显然,$\|T\|$ 越小,$\sum_{i=1}^{n} f(\xi_i) \Delta x_i$ 就越接近 ΔS,当 $\|T\|$ 无限小时,$\sum_{i=1}^{n} f(\xi_i) \Delta x_i$ 就无限接近 ΔS,即

$$\Delta S = \lim_{\|T\| \to 0} \sum_{i=1}^{n} f(\xi_i) \Delta x_i。$$

上面两个例子虽然解决的是几何问题和物理问题,但抽象看,解决两个问题的

方法是相同的。首先将函数 $f(x)$ 的定义域 $[a,b]$ 分割成 n 个小区间;其次在第 i 个小区间上任取一点 ξ_i ($1 \leqslant i \leqslant n$),求和 $\sum_{i=1}^{n} f(\xi_i) \Delta x_i$;最后求和的极限。按照这样的方法,我们还可以解决很多的实际问题。因此数学上有必要讨论极限 $\lim\limits_{\|T\| \to 0} \sum_{i=1}^{n} f(\xi_i) \Delta x_i$ 存在的条件及其计算方法,为此给出定积分的概念。

8.1.2 定积分

8.1.2.1 定积分的概念

定义 8.1.1 设函数 $f(x)$ 在区间 $[a,b]$ 上有意义,J 是一个常数。
$$T: a = x_0 < x_1 < \cdots < x_{i-1} < x_i < \cdots < x_n = b$$
是区间 $[a,b]$ 的一个分割,$\|T\| = \max\limits_{1 \leqslant i \leqslant n} \Delta x_i = \max\limits_{1 \leqslant i \leqslant n} \{x_i - x_{i-1}\}$ 称为分割 T 的模。在区间 $[x_{i-1}, x_i]$ 上任取一点 ξ_i ($1 \leqslant i \leqslant n$),称 $S(T, \xi_i) = \sum_{i=1}^{n} f(\xi_i) \Delta x_i$ 为积分和(或黎曼和)。如果对任意给定的 $\varepsilon > 0$,都存在 $\delta > 0$,使得对区间 $[a,b]$ 的任意一个分割 T,以及在分割 T 下任意选取的 $\{\xi_i\}$,只要 $\|T\| < \delta$,就有
$$|S(T, \xi_i) - J| = \left| \sum_{i=1}^{n} f(\xi_i) \Delta x_i - J \right| < \varepsilon,$$
则称当 $\|T\| \to 0$ 时,积分和以常数 J 为极限,记为
$$\lim_{\|T\| \to 0} S(T, \xi_i) = \lim_{\|T\| \to 0} \sum_{i=1}^{n} f(\xi_i) \Delta x_i = J,$$
并称函数 $f(x)$ 在区间 $[a,b]$ 上(黎曼)可积,常数 J 为函数 $f(x)$ 在区间 $[a,b]$ 上的定积分(黎曼积分)。记为 $\int_a^b f(x) \, dx$,即
$$\int_a^b f(x) \, dx = \lim_{\|T\| \to 0} \sum_{i=1}^{n} f(\xi_i) \Delta x_i = J_\circ$$

8.1.2.2 几点说明

(1) 规定:$\int_a^a f(x) \, dx = 0$;

(2) 规定:$\int_a^b f(x) \, dx = -\int_b^a f(x) \, dx$;

(3) 定积分 $\int_a^b f(x) \, dx$ 只与函数 $f(x)$ 和积分区间 $[a,b]$ 有关,与积分变量用什么符号表示无关,即
$$\int_a^b f(x) \, dx = \int_a^b f(u) \, du;$$

(4)当分割的模 $\|T\|$ 给定时,有无穷多个分割与之对应,对于给定的分割 T,ξ_i 的选取又有无穷多种方法,因此对给定的模 $\|T\|$,有无穷多个积分和 $\sum_{i=1}^{n} f(\xi_i) \Delta x_i$ 与之对应,所以积分和不是分割的模的函数,因此,极限 $\lim_{\|T\| \to 0} \sum_{i=1}^{n} f(\xi_i) \Delta x_i$ 与函数极限,数列极限均不同。

8.1.3 定积分存在的条件及性质

8.1.3.1 定积分存在的条件

定理 8.1.1(定积分存在的必要条件) 如果函数 $f(x)$ 在积分区间 $[a,b]$ 上可积,则 $f(x)$ 在积分区间 $[a,b]$ 上必有界。

定理 8.1.2(定积分存在的柯西准则) 函数 $f(x)$ 在积分区间 $[a,b]$ 上可积的充分必要条件是:对任意给定的 $\varepsilon > 0$,都存在 $\delta > 0$,使得对区间 $[a,b]$ 的任意两个分割 T 和 T',以及在分割 T 和 T' 下任意选取的 $\{\xi_i\}$ 和 $\{\xi_i'\}$,只要 $\|T\| < \delta$,$\|T'\| < \delta$ 就有

$$\left| \sum_{i=1}^{n} f(\xi_i) \Delta x_i - \sum_{i=1}^{m} f(\xi_i') \Delta x_i' \right| < \varepsilon 。$$

定义 8.1.2 设函数 $f(x)$ 在区间 $[a,b]$ 上有意义,
$$T: a = x_0 < x_1 < \cdots < x_{i-1} < x_i < \cdots < x_n = b$$
是区间 $[a,b]$ 的一个分割。设
$$M_i = \sup\{f(x) \mid x_{i-1} \leq x \leq x_i\} \text{ 与 } m_i = \inf\{f(x) \mid x_{i-1} \leq x \leq x_i\}$$
分别为 $f(x)$ 在区间 $[x_{i-1}, x_i]$($1 \leq i \leq n$)上的上确界与下确界,则称
$$S(T) = \sum_{i=1}^{n} M_i \Delta x_i \text{ 与 } s(T) = \sum_{i=1}^{n} m_i \Delta x_i$$
分别为函数 $f(x)$ 在区间 $[a,b]$ 上关于分割 T 的(达布)上和与(达布)下和,统称达布和。

注:(1)对任意的分割 T,显然有
$$s(T) \leq S(T, \xi_i) = \sum_{i=1}^{n} f(\xi_i) \Delta x_i \leq S(T);$$
(2)达布和 $S(T)$,$s(T)$ 只与分割 T 有关,与选点 $\{\xi_i\}$ 无关。

定理 8.1.3(可积准则) 设函数 $f(x)$ 在区间 $[a,b]$ 有界。$f(x)$ 在区间 $[a,b]$ 上可积的充分必要条件是:对任意给定的 $\varepsilon > 0$,都存在区间 $[a,b]$ 的一个分割 T,使得
$$S(T) - s(T) < \varepsilon 。$$

如果记 $\omega_i = M_i - m_i$，并称其为函数 $f(x)$ 在小区间 $[x_{i-1}, x_i]$ 上的振幅（$1 \leqslant i \leqslant n$），那么我们立即得到如下的定理。

定理 8.1.4（可积准则） 设函数 $f(x)$ 在区间 $[a,b]$ 有界。$f(x)$ 在区间 $[a,b]$ 上可积的充分必要条件是：对任意给定的 $\varepsilon > 0$，都存在区间 $[a,b]$ 的一个分割 T，使得

$$\sum_{i=1}^{n} \omega_i \Delta x_i < \varepsilon 。$$

定理 8.1.5（定积分存在的充分条件） 如果函数 $f(x)$ 在区间 $[a,b]$ 上连续，那么 $f(x)$ 在区间 $[a,b]$ 上必可积。

证明：对任意给定的 $\varepsilon > 0$，因为 $f(x)$ 在区间 $[a,b]$ 上连续。所以在 $[a,b]$ 上一致连续。于是，对 $\varepsilon/(b-a) > 0$，存在 $\delta > 0$，使得对任意的 $x', x'' \in [a,b]$，只要 $|x' - x''| < \delta$，就有

$$|f(x') - f(x'')| < \varepsilon/(b-a) 。 \tag{8.1.1}$$

设

$$T: a = x_0 < x_1 < \cdots < x_{i-1} < x_i < \cdots < x_n = b$$

是区间 $[a,b]$ 的一个分割，且 T 的模 $\|T\| < \delta$。

由于 $0 < \Delta x_i \leqslant \|T\| < \delta$，所以对任意的 $x', x'' \in [x_{i-1}, x_i]$，$(8.1.1)$ 式成立；又因 $f(x)$ 在区间 $[x_{i-1}, x_i]$ 上连续，所以 $f(x)$ 在区间 $[x_{i-1}, x_i]$ 上的最大值 M_i 与最小值 m_i 的差等于 $f(x)$ 在区间 $[x_{i-1}, x_i]$ 上的振幅 ω_i，因此 $\omega_i < \varepsilon/(b-a)$（$1 \leqslant i \leqslant n$）。所以

$$\sum_{i=1}^{n} \omega_i \Delta x_i < \sum_{i=1}^{n} \frac{\varepsilon \Delta x_i}{b-a} = \frac{\varepsilon}{b-a} \sum_{i=1}^{n} \Delta x_i = \varepsilon,$$

由定理 8.1.4 知，$f(x)$ 在区间 $[a,b]$ 上可积。

定理 8.1.6（定积分存在的充分条件） 如果函数 $f(x)$ 在区间 $[a,b]$ 上只有有限个点不连续，那么 $f(x)$ 在区间 $[a,b]$ 上必可积。

定理 8.1.7（定积分存在的充分条件） 如果 $f(x)$ 是区间 $[a,b]$ 上的单调函数，那么 $f(x)$ 在区间 $[a,b]$ 上必可积。

8.1.3.2 定积分的性质

性质 8.1.1 如果函数 $f(x)$ 和 $g(x)$ 在积分区间 $[a,b]$ 上可积，k_1 和 k_2 是常数，那么函数 $k_1 f(x) + k_2 g(x)$ 在积分区间 $[a,b]$ 上可积，且

$$\int_a^b [k_1 f(x) + k_2 g(x)] \mathrm{d}x = k_1 \int_a^b f(x) \mathrm{d}x + k_2 \int_a^b g(x) \mathrm{d}x 。$$

性质 8.1.2 如果函数 $f(x)$ 和 $g(x)$ 在积分区间 $[a,b]$ 上可积，那么函数 $f(x)g(x)$ 在积分区间 $[a,b]$ 上也可积。

性质 8.1.3 函数 $f(x)$ 在积分区间 $[a,b]$ 上可积的充分必要条件是:对任意常数 $c \in (a,b)$，函数 $f(x)$ 在积分区间 $[a,c]$ 和 $[c,b]$ 上都可积，且有如下等式:

$$\int_a^b f(x)\,\mathrm{d}x = \int_a^c f(x)\,\mathrm{d}x + \int_c^b f(x)\,\mathrm{d}x \text{。}$$

性质 8.1.4 如果函数 $f(x)$ 和 $g(x)$ 在积分区间 $[a,b]$ 上可积，且 $f(x) \leqslant g(x)$，则

$$\int_a^b f(x)\,\mathrm{d}x \leqslant \int_a^b g(x)\,\mathrm{d}x \text{。}$$

性质 8.1.5(推广的积分第一中值定理) 如果函数 $f(x)$ 在积分区间 $[a,b]$ 上连续，则至少存在一点 $\xi \in [a,b]$，使得

$$\int_a^b f(x)\,\mathrm{d}x = f(\xi)(b-a) \text{。}$$

性质 8.1.6(推广的积分第一中值定理) 如果函数 $f(x)$ 和 $g(x)$ 在积分区间 $[a,b]$ 上连续，且 $g(x)$ 在区间 $[a,b]$ 上不变号，则至少存在一点 $\xi \in [a,b]$，使得

$$\int_a^b f(x)g(x)\,\mathrm{d}x = f(\xi)\int_a^b g(x)\,\mathrm{d}x \text{。}$$

8.1.3.3 变限积分

定义 8.1.3 设 $f(x)$ 在积分区间 $[a,b]$ 上可积，由积分性质 8.1.3 知，对任意的 $x \in [a,b]$，$f(x)$ 在积分区间 $[a,x]$ 上可积。于是，由积分

$$\Phi(x) = \int_a^x f(u)\,\mathrm{d}u$$

定义了一个以积分上限 x 为自变量的函数，称其为变上限的定积分。类似地，称

$$\Psi(x) = \int_x^b f(u)\,\mathrm{d}u$$

为变下限的定积分。$\Phi(x)$ 和 $\Psi(x)$ 统称为变限积分。

定理 8.1.8 设 $f(x)$ 在区间 $[a,b]$ 上可积，则变限积分 $\Phi(x)$ 和 $\Psi(x)$ 在区间 $[a,b]$ 上连续。

证明:因为 $f(x)$ 在区间 $[a,b]$ 上可积，所以变上限积分 $\Phi(x)$ 存在，且 $f(x)$ 在区间 $[a,b]$ 上有界，即存在 $M > 0$，使得对任意 $x \in [a,b]$，有 $|f(x)| \leqslant M$。

设 $x_0 \in [a,b]$，$x_0 + \Delta x \in [a,b]$，根据定积分的性质 8.1.3，有

$$\Phi(x_0 + \Delta x) - \Phi(x_0) = \int_a^{x_0+\Delta x} f(x)\,\mathrm{d}x - \int_a^{x_0} f(x)\,\mathrm{d}x = \int_{x_0}^{x_0+\Delta x} f(x)\,\mathrm{d}x \text{，}$$

于是

$$|\Phi(x_0 + \Delta x) - \Phi(x_0)| = \left|\int_{x_0}^{x_0+\Delta x} f(x)\,\mathrm{d}x\right| \leqslant \left|\int_{x_0}^{x_0+\Delta x} |f(x)|\,\mathrm{d}x\right| \leqslant \left|\int_{x_0}^{x_0+\Delta x} M\,\mathrm{d}x\right|$$
$$= M|\Delta x| \text{，}$$

因此
$$0 \leqslant \lim_{\Delta x \to 0} |\Phi(x_0 + \Delta x) - \Phi(x_0)| \leqslant \lim_{\Delta x \to 0} M |\Delta x| = 0,$$
所以 $\Phi(x)$ 在 x_0 处连续。由 x_0 的任意性，$\Phi(x)$ 在区间 $[a,b]$ 上连续。

同理可证 $\Psi(x)$ 在区间 $[a,b]$ 上连续。

定理 8.1.9(原函数存在定理) 设 $f(x)$ 在区间 $[a,b]$ 上连续，则变限积分 $\Phi(x)$ 和 $\Psi(x)$ 在区间 $[a,b]$ 上可导。且
$$\Phi'(x) = f(x), \Psi'(x) = -f(x)。$$

证明：因为 $f(x)$ 在区间 $[a,b]$ 上连续，所以 $f(x)$ 在区间 $[a,b]$ 上可积，变上限积分 $\Phi(x)$ 在区间 $[a,b]$ 上存在。

设 $x_0 \in [a,b]$，$x_0 + \Delta x \in [a,b]$，根据定积分的性质 8.1.3，有
$$\Phi(x_0 + \Delta x) - \Phi(x_0) = \int_a^{x_0 + \Delta x} f(x) dx - \int_a^{x_0} f(x) dx = \int_{x_0}^{x_0 + \Delta x} f(x) dx,$$
根据第一积分中值定理，存在介于 x_0 和 $x_0 + \Delta x$ 之间的 ξ，使得
$$\Phi(x_0 + \Delta x) - \Phi(x_0) = \int_{x_0}^{x_0 + \Delta x} f(x) dx = f(\xi) \Delta x,$$
于是
$$\lim_{\Delta x \to 0} \frac{\Phi(x_0 + \Delta x) - \Phi(x_0)}{\Delta x} = \lim_{\Delta x \to 0} f(\xi) = f(x_0) = \Phi'(x_0),$$
由 x_0 的任意性，有 $\Phi'(x) = f(x)$，$x \in [a,b]$。

同理可证在区间 $[a,b]$ 上有 $\Psi'(x) = -f(x)$。

8.1.3.4　牛顿—莱布尼兹公式

定理 8.1.10(牛顿—莱布尼兹公式) 设 $f(x)$ 在积分区间 $[a,b]$ 上连续，$F(x)$ 是 $f(x)$ 在区间 $[a,x]$ 上的任意一个原函数，则
$$\int_a^b f(x) dx = F(b) - F(a) = F(x) \Big|_a^b。$$

证明：因为 $f(x)$ 在积分区间 $[a,b]$ 上连续，所以变上限积分 $\Phi(x)$ 是 $f(x)$ 的一个原函数。又因 $F(x)$ 也是 $f(x)$ 在区间 $[a,x]$ 上的一个原函数，所以
$$\Phi(x) = \int_a^x f(x) dx = F(x) + C。$$
将 $x = a$ 代入上式，得 $C = -F(a)$，于是
$$\Phi(x) = \int_a^x f(x) dx = F(x) - F(a)。$$
特别，当 $x = b$ 时，有
$$\int_a^b f(x) dx = F(b) - F(a)。$$

由牛顿—莱布尼兹公式,可以得到如下的结论。

定理 8.1.11 (1) 设 $f(x)$ 在积分区间 $[a,b]$ 上有连续的导数 $f'(x)$,则
$$f(b) - f(a) = \int_a^b f'(x)\mathrm{d}x。$$

(2) 设 $f(x_1,x_2,\cdots,x_n)$ 在积分区域 D 上有连续偏导数 $f_i(x_1,x_2,\cdots,x_n)$,则对 D 内的任意两点 $P_1(x_1^0,\cdots x_{i-1}^0,x_i^1,x_{i+1}^0,\cdots,x_n^0)$ 和 $P_2(x_1^0,\cdots x_{i-1}^0,x_i^2,x_{i+1}^0,\cdots,x_n^0)$,有
$$f(P_2) - f(P_1) = \int_{x_i^1}^{x_i^2} f_i(x_1^0,\cdots x_{i-1}^0,x_i,x_{i+1}^0,\cdots,x_n^0)\mathrm{d}x_i。$$

8.2 经济问题实例

8.2.1 消费者剩余

8.2.1.1 价格和需求量为离散情况下的消费者剩余

定义 8.2.1 如果一个消费者愿意以 p^i 作为最高价格购买 Δx_i 单位某种商品,即,当价格 $p > p^i$ 时,该消费者不消费这 Δx_i 单位的商品;当价格 $p \leq p^i$ 时,该消费者一定会购买 Δx_i 单位该商品,则称 p^i 是与 Δx_i 单位该商品对应的保留价格,而 Δx_i 称作与保留价格 p^i 对应的保留需求量。假设一个消费者对某种商品的保留价格和保留需求量之间的关系如表 8.2.1,其中 $p^{i+1} < p^i$ ($i = 0,1,\cdots,n$)。

表 8.2.1 保留价格与保留需求量的对应关系

保留价格 p	p^0	p^1	$\cdots$	p^k	p^{k+1}	$\cdots$	p^n
保留需求量 Δx	Δx_0	Δx_1	$\cdots$	Δx_k	Δx_{k+1}	$\cdots$	Δx_n

若实际交易价格是 p^* ($p^{k+1} < p^* \leq p^k$),则称
$$CS = \sum_{i=0}^k p^i \Delta x_i - p^* \sum_{i=0}^k \Delta x_i = \sum_{i=0}^k (p^i - p^*)\Delta x_i$$
为该消费者从该商品的消费中获得的消费者剩余。

由于 $\sum_{i=0}^k p^i \Delta x_i$ 是消费者愿意支付的最高总价格,$p^* \sum_{i=0}^k \Delta x_i$ 是消费者实际支付的总价格,所以,消费者剩余等于消费者愿意支付的最高总价格与实际支付的总价格的差额。因此,消费者剩余反映了消费者在消费中获得的一种"福利"。

定义 8.2.2 设消费者的保留价格与保留需求量的对应关系如表 8.2.1,实际交易价格为 p^*,则称 $p^i - p^*$ ($p^i \geq p^*$) 为福利价格。

显然,消费者剩余等于福利价格与保留需求量乘积的总和。

8.2.1.2 消费者剩余的几何意义

设消费者的保留价格与保留需求量的对应关系如表8.2.1,则消费者在交易价格 p^* 处购买数量为 $\sum_{i=0}^{k} \Delta x_i$ 商品获得的消费者剩余是图8.2.1中阴影部分的面积,其中, $x_j = \sum_{i=0}^{j} \Delta x_i, j = 0,1,\cdots,k$,显然, $x_0 = \Delta x_0$。

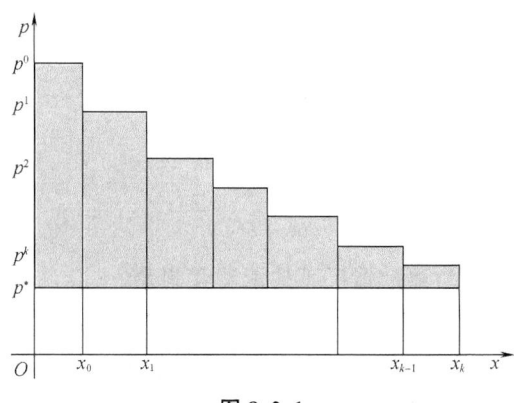

图 8.2.1

8.2.1.3 价格离散情况下需求量与保留需求量之间的关系

假设消费者的保留价格与保留需求量的对应关系如表8.2.1,当价格为 p^k 时,消费者对商品的需求数量为 $x = x(p^k) = \sum_{i=0}^{k} \Delta x_i$ ($k = 0,1,\cdots,n$),即,需求量等于保留需求量的累加。

假设消费者的需求函数为 $x_k = x(p^k)$ ($k = 0,1,\cdots,n$),如表8.2.2。当价格 $p = p^0$ 时,消费者对商品的需求量为 x_0,而且愿意以 p^0 作为最高价格购买的商品数量也是 x_0,因此 $x_0 = \Delta x_0$ 就是与保留价格 p^0 相对应的保留需求量;当价格 $p = p^i$ 时,消费者对商品需求量为 x_i,但愿意以 $p = p^i$ 作为最高价格购买商品的数量仅为 $\Delta x_i = x(p^i) - x(p^{i-1})$ ($k = 1,\cdots,n$),所以, p^i 与 $\Delta x_i = (i = 0,1,\cdots,n)$ 之间的关系就构成了保留价格与保留需求量之间的关系。

表 8.2.2 商品价格与需求量的对应关系

商品价格 p	p^0	p^1	...	p^i	...	p^n
需求量 x	x_0	x_1	...	x_i	...	x_n

8.2.1.4 价格离散情况下消费者剩余与需求量之间的关系

设消费者的需求函数为 $x = x(p^k)$ ($k = 0,1,\cdots,n$),如表8.2.2,当交易价格是

$p^* = p^k$ 时,由需求量与保留需求量之间的关系知,消费者剩余为

$$CS = \sum_{i=0}^{k}(p^i - p^*)\Delta x_i = (p^0 - p^*)x_0 + \sum_{i=1}^{k}(p^i - p^*)(x_i - x_{i-1})。$$

8.2.1.5 价格和需求量为连续情况下的消费者剩余

前面我们讨论了价格离散情况下的消费者剩余的定义与计算。下面讨论价格连续情况下的消费者剩余。

假设 $x = x(p)$ 是连续的需求函数。当市场交易价格为 p^* 时,需求量为 $x^* = x(p^*)$,反需求函数为 $p = p(x)$,记 $p^0 = p(0)$,问题是:如何求消费者剩余。在很多教材中都给出了计算消费者剩余的方法:

$$CS = \int_{p^*}^{p^0} x(p)\mathrm{d}p = \int_0^{x^*}[p(x) - p^*]\mathrm{d}x。$$

但问题是,为什么这么计算?其经济意义是什么?现给出如下的解释。

设 $T:0 = x_0 < x_1 < \cdots < x_{i-1} < x_i < \cdots < x_n = x^*$ 是区间 $[0, x^*]$ 的一个分割, $\Delta x_i = x_i - x_{i-1}$,在区间 $[x_{i-1}, x_i]$ 上任取一点 ξ_i,由于反需求函数 $p(x)$ 是连续函数,所以当分割的模 $\|T\|$ 充分小时,$p(x)$ 在区间 $[x_{i-1}, x_i]$ 上可视为常数,可以用 $p(\xi_i)$ 近似。在价格近似不变的情况下,需求量由 x_{i-1} 增加至 x_i,说明与价格 $p(\xi_i)$ 对应的保留需求量是 $\Delta x_i = x_i - x_{i-1}$,于是消费者购买 x^* 数量的商品愿意支付的总价近似为 $\sum_{i=1}^{n} p(\xi_i)\Delta x_i$;实际支付的总价为 $p^* x^*$。获得的消费者剩余近似为

$$CS \approx \sum_{i=1}^{n} p(\xi_i)\Delta x_i - p^* x^* = \sum_{i=1}^{n}[p(\xi_i) - p^*]\Delta x_i。 \quad (8.2.1)$$

在(8.2.1)式中令分割的模趋于零,由定积分的定义,得

$$CS = \int_0^{x^*} p(x)\mathrm{d}x - p^* x^* = \int_0^{x^*}[p(x) - p^*]\mathrm{d}x。$$

上面的分析给出了积分 $\int_0^{x^*} p(x)\mathrm{d}x$ 的经济意义:其表示消费者购买 x^* 数量商品时愿意支付的总价。另一方面,如果定义 $f(x) = p(x) - p^*$ 为福利价格函数,那么 $f(x)$ 表示消费量变化一个单位时福利的改变量,因此当价格自 p^0 变化到 p^* 时,消费者获得的消费者剩余就等于福利价格函数在区间 $[0, x^*]$ 上的定积分。下面给出价格和需求函数连续变化的情况下,消费者剩余的定义。

定义 8.2.3 设 $x = x(p)$ 是连续的需求函数,市场交易价格为 p^*,需求量为 $x^* = x(p^*)$,反需求函数为 $p = p(x)$,记 $p^0 = p(0)$,则称

$$CS = \int_0^{x^*} p(x)\mathrm{d}x - p^* x^*$$

为消费者购买数量为 x^* 单位商品时获得的消费者剩余,其等于愿意支付的最高总

价与实际支付总价的差额。

8.2.1.6 消费者剩余的几何意义

设消费者的需求函数为 $x = x(p)$，$x(p^0) = 0$。由直线 $p = p^*$，$x = 0$ 和需求曲线 $x = x(p)$ 围成的曲边梯形 ABC 的面积为 $\int_{p^*}^{p^0} x(p) \mathrm{d}p$，如图 8.2.2 所示。

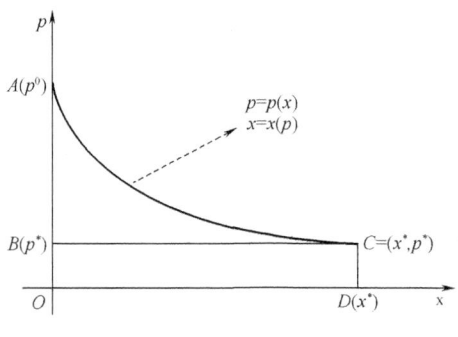

图 8.2.2

设 $p = p(x)$ 是反需求函数，消费者剩余等于 $\int_0^{x^*} p(x) \mathrm{d}x - x^* p^*$，其中，$x^*$ 是价格为 p^* 时的需求量。其几何意义是曲边梯形 AODC 的面积与矩形 BODC 面积的差，这个差恰好是曲边梯形 ABC 的面积，如图 8.2.2 所示。因此

$$CS = \int_0^{x^*} p(x) \mathrm{d}x - p^* x^* = \int_{p^*}^{p^0} x(p) \mathrm{d}p。$$

由于 $CS = \int_{p^*}^{p^0} x(p) \mathrm{d}p$，所以当市场价格由 p^1 变化到 p^2 时，消费者剩余的变化为

$$\Delta CS = \int_{p^2}^{p^0} x(p) \mathrm{d}p - \int_{p^1}^{p^0} x(p) \mathrm{d}p = \int_{p^2}^{p^1} x(p) \mathrm{d}p，$$

也就是说，当市场价格由 p^1 变化到 p^2 时，消费者福利的改变量为

$$\Delta CS = \int_{p^2}^{p^1} x(p) \mathrm{d}p。$$

8.2.1.7 需求函数导数的经济意义

设 $x = x(p)$ 是需求函数，由导数的意义知，$x'(p^0)$ 表示价格在 p^0 处当价格变化一个单位时，需求量的改变量。由于需求函数是递减函数，所以，当价格在 p^0 处提高一个单位时，需求量减少了 $-x'(p^0)$ 单位的商品。当价格在 p^0 处降低一个单位时，需求量增加 $-x'(p^0)$ 单位的商品。换句话说，如果价格 $p > p^0$ 时，消费者就不消费 $-x'(p^0)$ 单位的商品；当 $p \leqslant p^0$ 时，消费者就会消费 $-x'(p^0)$ 单位的商品。因此 $-x'(p^0)$ 的经济意义是：$-x'(p^0)$ 表示与价格 p^0 相对应的保留需求量。如果

将 $g(p) = -x'(p)$ 定义为保留需求函数,则需求函数就等于对 $g(p)$ 的积分,即

$$x(p) = \int_p^{p^0} g(u)\,\mathrm{d}u = \int_p^{p^0} -x'(u)\,\mathrm{d}u = x(p) - x(p^0),$$

其中,$x(p^0) = 0$,即当价格 $p \geq p^0$ 时,消费者对商品的需求是零,当价格 $p < p^0$ 时,需求量 $x(p)$ 是价格区间 $[p, p^0]$ 上对应的保留需求量的累加之和。

8.2.2 生产者剩余

8.2.2.1 价格和供给量离散情况下的生产者剩余

与讨论消费者剩余类似,我们先讨论价格和供给量是离散情况下的生产者剩余。

定义 8.2.4 如果厂商愿意以 p^i 作为最低价格卖出 Δx_i 单位的商品,即,当价格 $p < p^i$ 时,厂商不会卖出 Δx_i 单位商品;当价格 $p \geq p^i$ 时,厂商一定会卖出 Δx_i 单位商品,则称 p^i 是与 Δx_i 单位商品对应的保留价格,而 Δx_i 称作与保留价格 p^i 对应的保留供给量。假设一个厂商的商品保留价格和保留供给量之间的关系($p^{i-1} < p^i$)$i = 1, 2, \cdots, n$,如表 8.2.3 所示。

表 8.2.3 保留价格与保留供给量的对应关系

保留价格 p	p^0	p^1	$\cdots$	p^k	p^{k+1}	$\cdots$	p^n
保留供给量 Δx	Δx_0	Δx_1	$\cdots$	Δx_k	Δx_{k+1}	$\cdots$	Δx_n

若实际交易价格是 p^*($p^k \leq p^* < p^{k+1}$),则称

$$\Pi = p^* \sum_{i=0}^{k} \Delta x_i - \sum_{i=0}^{k} p^i \Delta x_i = \sum_{i=0}^{k} (p^* - p^i) \Delta x_i \quad (8.2.2)$$

为厂商从该产品的销售中获得的生产者剩余。

由于 $\sum_{i=0}^{k} p^i \Delta x_i$ 是厂商愿意出售的最低总价,$p^* \sum_{i=0}^{k} \Delta x_i$ 是厂商实际获得的总价,所以,生产者剩余等于厂商实际获得的总价与愿意出售的最低总价的差额。因此生产者剩余反映了厂商在销售中获得的一种"福利"。如果称 $p^i - p^*$($p^i \geq p^*$)为福利价格,则生产者剩余等于福利价格与保留供给量乘积的总和。

8.2.2.2 价格离散情况下供给量与保留供给量之间的关系

假设厂商的保留价格与保留供给量的对应关系如表 8.2.3。当价格为 p^k 时,厂商的供给数量为 $x = x(p^k) = \sum_{i=0}^{k} \Delta x_i$($k = 0, 1, \cdots, n$),即,供给量等于保留供给量的累加。

假设厂商的供给函数为 $x = x(p^k)$($k = 1, \cdots, n$),如表 8.2.4。当价格 $p = p^0$ 时,厂商的供给量为 x_0,而且愿意以 p^0 作为最低价出售的产品数量也为 x_0,因此

$x_0 = \Delta x_0$ 就是与保留价格 p^0 相对应的保留供给量,当价格 $p = p^i$ 时,厂商的供给量为 x_i,但厂商愿意以 $p = p^i$ 作为最低价格出售商品的数量为 $x(p^i) - x(p^{i-1})$ ($i = 1, \cdots, n$),所以,p^i 与 Δx_i ($i = 0, 1, \cdots, n$)之间的关系就构成了保留价格与保留供给量之间的关系,如表 8.2.3。

8.2.2.3 价格离散情况下生产者剩余与供给量之间的关系

设厂商的供给函数为 $x = x(p^i)(i = 1, \cdots, n)$,如表 8.2.4,当交易价格是 $p^* = p^k$ 时,生产者剩余等于

$$\Pi = \sum_{i=0}^{k}(p^* - p^i)\Delta x_i = (p^* - p^0)x_0 + \sum_{i=1}^{k}(p^* - p^i)(x_i - x_{i-1})。$$

表 8.2.4 商品价格与需求量的对应关系

商品价格 p	p^0	p^1	$\cdots$	p^i	$\cdots$	p^n
供给量 x	x_0	x_1	$\cdots$	x_i	$\cdots$	x_n

8.2.2.4 价格连续情况下的生产者剩余

与价格连续情况下的消费者剩余的定义类似,我们给出价格连续情况下的生产者剩余的定义。

定义 8.2.5 设 $y = y(p)$ 是连续的供给函数,市场交易价格为 p^*,供给量为 $y^* = y(p^*)$,反供给函数为 $p = p(y)$,记 $p^0 = p(0)$,则称

$$\Pi = p^* y^* - \int_0^{y^*} p(y)\mathrm{d}y$$

为厂商出售数量为 y^* 单位产品获得的生产者剩余。其中 $p^* y^*$ 为实际获得的总价,$\int_0^{y^*} p(y)\mathrm{d}y$ 是愿意出售的最低总价。因此,生产者剩余是实际获得的总价与愿意出售的最低总价的差额。

价格连续情况下生产者剩余的几何意义:假设曲线 $C: y = y(p)$ 是供给曲线(也是反供给曲线 $p = p(y)$),如图 8.2.3。

如图 8.2.3 所示,$p^* y^*$ 表示矩形 $OBDE$ 的面积,$\int_0^{y^*} p(y)\mathrm{d}y$ 表示曲边梯形 $OADE$ 的面积。生产者剩余 Π 表示矩形 $OBDE$ 的面积与曲边梯形 $OADE$ 的面积的差,即曲边梯形 ABD 的面积。根据定积分的几何意义,生产者剩余 Π 也等于 $\int_{p^0}^{p^*} y(p)\mathrm{d}p$。所以有

$$\Pi = p^* y^* - \int_0^{y^*} p(y)\mathrm{d}y = \int_{p^0}^{p^*} y(p)\mathrm{d}p。$$

与消费者剩余类似,当市场价格由 p^1 变化到 p^2 时,生产者剩余的变化为

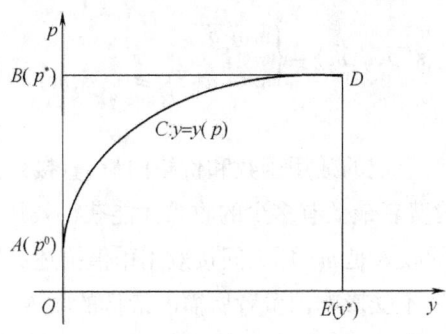

图 8.2.3

$$\Delta \Pi = \int_{p^0}^{p^2} y(p)\,\mathrm{d}p - \int_{p^0}^{p^1} y(p)\,\mathrm{d}p = \int_{p^1}^{p^2} y(p)\,\mathrm{d}p.$$

也就是说,当市场价格由 p^1 变化到 p^2 时,生产者福利的改变量为

$$\Delta \Pi = \int_{p^1}^{p^2} y(p)\,\mathrm{d}p.$$

8.2.3　等值变化与补偿变化

上面定义的消费者剩余是在单一市场条件下给出的概念。在多种商品的市场中,由于一种商品的价格与需求量会受到其他商品价格变化的影响,所以一种商品的消费者剩余也会受其他商品价格变化的影响。因此在多种商品市场中,自然认为消费者剩余不足以成为一个令人满意的衡量消费福利的标准。那么在 k 种商品的市场中,如何构造一个衡量消费者福利的指标呢?

8.2.3.1　直接效用币值与间接效用币值

假设收入为 m 的消费者,在商品价格为 $\vec{p}^0$ 时,最大效用为 $v(\vec{p}^0, m)$;价格为 $\vec{p}^1$ 时,最大效用为 $v(\vec{p}^1, m)$,则效用的净增量为:

$$\Delta v = v(\vec{p}^1, m) - v(\vec{p}^0, m).$$

当 $\Delta v > 0$ 时,表明消费者境况得到了改善;$\Delta v < 0$ 时,表明消费者受到了损失。由于效用函数值没有经济意义,所以 Δv 的大小也没有经济意义。或者说,我们只能通过 Δv 的符号了解消费者的境况是否得到了改善,却无法通过 Δv 的大小了解其改变了多少。于是人们考虑是否能为每一个"效用"赋予一个"价值",由此产生了效用币值的概念。

定义 8.2.6　设 $u(\vec{x})$ 是消费者的效用函数,称

$$m(\vec{p}, \vec{x}) = \begin{cases} \min \vec{p}\cdot\vec{z} \\ \text{s.t.}\ \ u(\vec{z}) \geqslant u(\vec{x}) \end{cases}$$

为直接效用币值。

$$s(\vec{p},\vec{q},m) = \begin{cases} \min \vec{p}\,\vec{z} \\ \text{s.t. } u(\vec{z}) \geq v(\vec{q},m) \end{cases}$$

为间接效用币值。

由定义我们看到,对给定的效用函数和价格向量,直接效用币值为每个消费束 $\vec{x}$ 赋予了一个价值,即消费者最低有多少的收入才能获得效用值 $u(\vec{x})$;如果原来的价格向量是 $\vec{q}$,消费者的收入是 m,那么间接效用币值描述的则是:当价格向量由 $\vec{q}$ 变化为 $\vec{p}$ 时,为保证效用不受影响消费者所需的最低的收入。

容易证明,当效用函数 $u(\vec{x})$ 严格递增且连续时,有

$$m(\vec{p},\vec{x}) = \begin{cases} \min \vec{p}\,\vec{z} \\ \text{s.t. } u(\vec{z}) \geq u(\vec{x}) \end{cases} = m(\vec{p},\vec{x}) = \begin{cases} \min \vec{p}\,\vec{z} \\ \text{s.t. } u(\vec{z}) = u(\vec{x}) \end{cases};$$

$$s(\vec{p},\vec{q},m) = \begin{cases} \min \vec{p}\,\vec{z} \\ \text{s.t. } u(\vec{z}) \geq v(\vec{q},m) \end{cases} = s(\vec{p},\vec{q},m) = \begin{cases} \min \vec{p}\,\vec{z} \\ \text{s.t. } u(\vec{z}) = v(\vec{q},m) \end{cases}。$$

因此有如下的结论:
(1) $m(\vec{p},\vec{x}) = e(\vec{p},u(\vec{x}))$;
(2) $s(\vec{p},\vec{q},m) = e(\vec{p},v(\vec{q},m))$;
(3) $s(\vec{q},\vec{q},m) = m$。

8.2.3.2 等值变化与补偿变化

定义 8.2.7 设消费者的收入为 m,价格为 $\vec{p}^0$ 时的最大效用为 $u^0 = v(\vec{p}^0,m)$,价格变化为 $\vec{p}^1$ 时的最大效用为 $u^1 = v(\vec{p}^1,m)$,则称

$$EV = s(\vec{p}^0,\vec{p}^1,m) - s(\vec{p}^0,\vec{p}^0,m) = s(\vec{p}^0,\vec{p}^1,m) - m$$

为等值变化;称

$$CV = s(\vec{p}^1,\vec{p}^1,m) - s(\vec{p}^1,\vec{p}^0,m) = m - s(\vec{p}^1,\vec{p}^0,m)$$

为补偿变化。

如上定义的等值变化 EV 的经济意义是什么呢?假设消费者的收入为 m,价格由原来的 $\vec{p}^0$ 变化至现在的 $\vec{p}^1$。若以原来的价格 $\vec{p}^0$ 作为可比价格,想要达到原来价格 $\vec{p}^0$ 时的最大效用需要的最少收入仍是 m;但若以原来的价格 $\vec{p}^0$ 作为可比价格,想要达到现在价格 $\vec{p}^1$ 时的最大效用需要的最少收入则是 $s(\vec{p}^0,\vec{p}^1,m)$。这两者之间的差额,即等值变化 EV 描述的是:在收入不变,且以原价格作为可比价格的情况下,由于价格的变化导致的间接效用币值的改变量。

同理,假设消费者的收入为 m,价格由原来的 $\vec{p}^0$ 变化至现在的 $\vec{p}^1$。若以现在的价格 $\vec{p}^1$ 作为可比价格,想要达到原来价格 $\vec{p}^0$ 时的最大效用需要的最少收入是 $s(\vec{p}^1,\vec{p}^0,m)$;若以现在的价格 $\vec{p}^1$ 作为可比价格,想要达到现在价格 $\vec{p}^1$ 时的最大效

用需要的最少收入仍是 m。这两者之间的差额，即补偿变化 CV 描述的是：在收入不变，且以现价格作为可比价格的情况下，由于价格的变化导致的间接效用币值的改变量。

由间接效用币值的定义及结论，容易得到如下结论：

(1) $EV = e(\vec{p}^0, v(\vec{p}^1, m)) - e(\vec{p}^0, v(\vec{p}^0, m)) = e(\vec{p}^0, u^1) - m$；

(2) $CV = e(\vec{p}^1, v(\vec{p}^1, m)) - e(\vec{p}^1, v(\vec{p}^0, m)) = m - e(\vec{p}^1, u^0)$。

8.2.3.3 等值变化与补偿变化的几何解释

在两种商品的情况下，我们可以给出等值变化与补偿变化的几何解释。我们首先考察等值变化的几何解释。

假设商品 1 的价格变化，商品 2 的价格不变，这样可以将商品 2 的价格规范为 1。于是价格向量为 $\vec{p} = (p_1, 1)$。假设价格向量 $\vec{p}$ 由 $\vec{p}^0 = (p_1^0, 1)$ 变化到 $\vec{p}^1 = (p_1^1, 1)$ （$p^1 < p^0$）；消费者的收入为 m，效用函数为 $U(\vec{x}) = U(x_1, x_2)$；在 $\vec{p} = \vec{p}^0$ 与 $\vec{p} = \vec{p}^1$ 时的预算线分别为：

$$L^0 : p^0 x_1 + x_2 = m \quad 与 \quad L^1 : p^1 x_1 + x_2 = m。$$

显然，预算线 L^0 与 L^1 在 x_2 轴上的截距都是 m。再假设当 $\vec{p} = \vec{p}^0$ 与 $\vec{p} = \vec{p}^1$ 时，消费者的间接效用函数为 $u^0 = v(\vec{p}^0, m)$ 与 $u^1 = v(\vec{p}^1, m)$，则无差异曲线 $U^0 : u(\vec{x}) = u^0$ 与 $U^1 : u(\vec{x}) = u^1$ 分别与预算线 L^0 与 L^1 相切于 $\vec{x}^0 = \vec{x}(\vec{p}^0, m) = \vec{h}(\vec{p}^0, u^0)$ 与 $\vec{x}^1 = \vec{x}(\vec{p}^1, m) = \vec{h}(\vec{p}^1, u^1)$，如图 8.2.4 所示。

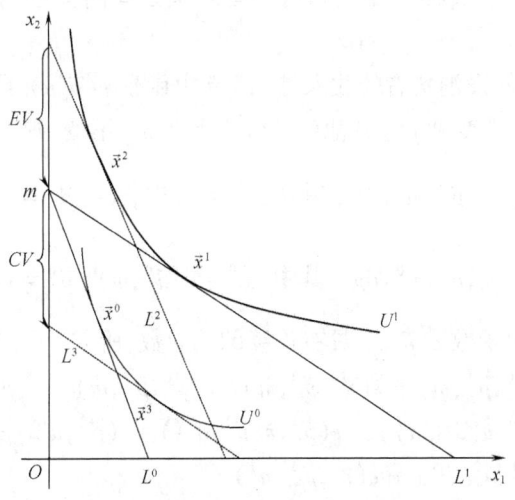

图 8.2.4

首先考察 EV 的几何解释。

由于 $e(\vec{p}^0, v(\vec{p}^1, m)) = e(\vec{p}^0, u^1)$ 是当价格为 $\vec{p}^0$，效用为 u^1 时的最小支出，所以预算线 $L^2 : p_1^0 x_1 + x_2 = e(\vec{p}^0, u^1)$ 与无差异曲线 U^1 相切，切点为 $\vec{x}^2 = \vec{h}(\vec{p}^0, u^1)$，且 L^2 在 x_2 轴上的截距是 $e(\vec{p}^0, u^1)$。因此，预算线 L^2 与 L^0 在 x_2 轴上的截距之差等于 $e(\vec{p}^0, u^1) - m = EV$。

与 EV 的情况类似，由于 $e(\vec{p}^1, v(\vec{p}^0, m)) = e(\vec{p}^1, u^0)$ 是当价格为 $\vec{p}^1$，效用为 u^0 时的最小支出，所以预算线 $L^3 : p_1^1 x_1 + x_2 = e(\vec{p}^1, u^0)$ 与无差异曲线 U^0 相切，切点为 $\vec{x}^3 = \vec{h}(\vec{p}^0, u^1)$，且 L^3 在 x_2 轴上的截距是 $e(\vec{p}^1, u^0)$。因此，预算线 L^1 与 L^3 在 x_2 轴上的截距之差等于 $m - e(\vec{p}^1, u^0) = CV$。

根据以上的分析，我们看到，当价格由 $\vec{p}^0 = (p_1^0, 1)$ 变化到 $\vec{p}^1 = (p_1^1, 1)$ 时，我们可以通过几何的方法直观地得到等值变化和补偿变化。方法如下：第一步，画出预算线 L^0 和 L^1，并画出分别与 L^0 和 L^1 相切的无差异曲线 U^0 和 U^1；第二步，将预算线 L^0 平移到与无差异曲线 U^1 相切的位置 L^2，则 L^2 与 L^0 在 x_2 轴上的截距之差恰好等于等值变化 EV。将预算线 L^1 平移到和无差异曲线 U^0 相切的位置 L^3，则 L^1 与 L^3 在 x_2 轴上的截距之差恰好等于 $m - e(\vec{p}^1, u^0) = CV$，如图 8.2.4 所示。在这里假设 $p^1 < p^0$，于是 $u^1 > u^0$。

8.2.4 等值变化、补偿变化和消费者剩余之间的关系

8.2.4.1 等值变化与补偿变化的积分公式

为了讨论等值变化、补偿变化和消费者剩余之间的关系，我们先给出如下的定理。

定理 8.2.1 假设消费者的收入是 m，支出函数 $e(\vec{p}, u)$ 具有连续的偏导数；商品 i 的价格 p_i 由 p_i^0 变到 p_i^1，其他商品价格保持 $\vec{p}_{-i}^0$ 不变，则

（1）$EV = \int_{p_i^1}^{p_i^0} h_i(p_i, \vec{p}_{-i}^0, u^1) \mathrm{d}p_i$，其中，$u^1 = v(\vec{p}^1, m)$，$\vec{p}^1 = (p_i^1, \vec{p}_{-i}^0)$；

（2）$CV = \int_{p_i^1}^{p_i^0} h_i(p_i, \vec{p}_{-i}^0, u^0) \mathrm{d}p_i$，其中，$u^0 = v(\vec{p}^0, m)$，$\vec{p}^0 = (p_i^0, \vec{p}_{-i}^0)$。

证明：因为支出函数 $e(\vec{p}, u)$ 具有连续的偏导数，所以

$$\begin{aligned}
EV &= s(\vec{p}^0, \vec{p}^1, m) - s(\vec{p}^0, \vec{p}^0, m) = s(\vec{p}^0, \vec{p}^1, m) - s(\vec{p}^1, \vec{p}^1, m) \\
&= e(\vec{p}^0, v(\vec{p}^1, m)) - e(\vec{p}^1, v(\vec{p}^1, m)) = e(\vec{p}^0, u^1) - e(\vec{p}^1, u^1) \\
&= e(p_i^0, \vec{p}_{-i}^0, u^1) - e(p_i^1, \vec{p}_{-i}^0, u^1) \\
&= \int_{p_i^1}^{p_i^0} \frac{\partial e(p_i, \vec{p}_{-i}^0, u^1)}{\partial p_i} \mathrm{d}p_i = \int_{p_i^1}^{p_i^0} h_i(p_i, \vec{p}_{-i}^0, u^1) \mathrm{d}p_i。
\end{aligned}$$

所以等式成立。同理可证（2）。

注：当 $p_i^1 < p_i^0$ 时，$EV > 0$；当 $p_i^1 > p_i^0$ 时，$EV < 0$。

8.2.4.2 等值变化、补偿变化与消费者剩余之间关系的几何解释

在正常情况下，有 $\dfrac{\partial \vec{x}(\vec{p},m)}{\partial m} \geq \vec{0}$（我们只考虑这种情况），由斯鲁茨基方程

$$\dfrac{\partial x_i(\vec{p},m)}{\partial p_i} = \dfrac{\partial h_i[p,u]}{\partial p_i} - \dfrac{\partial x_i(\vec{p},m)}{\partial m} \cdot x_i(\vec{p},m)$$

得

$$\dfrac{\partial h_i[p,u]}{\partial p_i} \geq \dfrac{\partial x_i(\vec{p},m)}{\partial p_i}，这里 u = v(\vec{p},m)，i = 1,2,\cdots,k。$$

假设第 i 种商品的价格 p_i 由 p_i^0 变化到 p_i^1（$p_i^1 < p_i^0$），其他商品的价格保持 $\vec{p}_{-i}^0$ 不变；记 $u^0 = v(p_i^0,\vec{p}_{-i}^0,m)$，$u^1 = v(p_i^1,\vec{p}_{-i}^0,m)$，则 $u^1 > u^0$。

考察如下的三条曲线。

$$U^0 : x = h_i(p_i,\vec{p}_{-i}^0,u^0)；U^1 : x = h_i(p_i,\vec{p}_{-i}^0,u^1)；U^2 : x = x_i(p_i,\vec{p}_{-i}^0,m)。$$

这三条曲线都是价格 p_i 的减函数。由于 $u^1 > u^0$，所以曲线 U^1 在曲线 U^0 的右侧，如图 8.2.5 所示。

当 $p_i = p_i^0$ 时，由对偶定理得

$$h_i(p_i^0,\vec{p}_{-i}^0,u^0) = x_i(p_i^0,\vec{p}_{-i}^0,m)。$$

于是曲线 U^0 与曲线 U^2 在 $p_i = p_i^0$ 时相交，且在交点处曲线 U^0 的斜率与曲线 U^2 的斜率满足不等式：

$$\dfrac{\partial h_i[\vec{p},u^0]}{\partial p_i} \geq \dfrac{\partial x_i(\vec{p},m)}{\partial p_i}。$$

因此在交点处曲线 U^0 比曲线 U^2 更平缓，且当 $p_i < p_i^0$ 时，曲线 U^2 位于曲线 U^0 的右侧，如图 8.2.5 所示。

同理，当 $p_i = p_i^1$ 时，由对偶定理得

$$h_i(p_i^1,\vec{p}_{-i}^0,u^1) = x_i(p_i^1,\vec{p}_{-i}^0,m)。$$

于是曲线 U^1 与曲线 U^2 在 $p_i = p_i^1$ 时相交，且在交点处曲线 U^1 的斜率与曲线 U^2 满足不等式：

$$\dfrac{\partial h_i[\vec{p},u^1]}{\partial p_i} \geq \dfrac{\partial x_i(\vec{p},m)}{\partial p_i}。$$

因此，在交点处曲线 U^1 比曲线 U^2 更平缓，且当 $p_i > p_i^1$ 时，曲线 U^1 位于曲线 U^2 的右侧，如图 8.2.5 所示。

根据上面的分析，三条曲线 U^0，U^1 和 U^2 的位置关系如图 8.2.5 所示。在区间 $[p_i^1,p_i^0]$ 上，曲线 U^2 位于曲线 U^0 的右侧；曲线 U^1 位于曲线 U^2 的右侧。于是由定

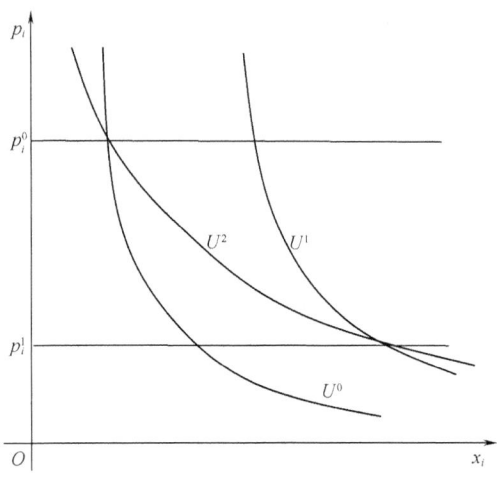

图 8.2.5

理 8.2.1

$$EV = \int_{p_i^1}^{p_i^0} h_i(p_i, p_{-i}^0, u^1)\,\mathrm{d}p_i \geqslant \Delta CS$$

$$= \int_{p_i^1}^{p_i^0} x(p_i, p_{-i}^0, m)\,\mathrm{d}p_i$$

$$\geqslant CV = \int_{p_i^1}^{p_i^0} h_i(p_i, p_{-i}^0, u^0)\,\mathrm{d}p_i。$$

注:如果 $p_i^0 < p_i^1$,那么就会得到相反的不等式,且此时 EV,ΔCS 和 CV 都是负值。因此有

$$|EV| \leqslant |\Delta CS| \leqslant |CV|。$$

此式表明,虽然在多种商品市场中,用消费者剩余作为描述消费者福利的指标存在一些问题,但由于它介于等值变化和补偿变化之间,所以它依然是描述消费者福利变化的一个很好的近似。

8.2.5 拟线性效用函数的等值变化、补偿变化与消费者剩余

8.2.5.1 拟线性效用函数及效用最大化问题

定义 8.2.8 如果效用函数具有如下形式

$$U(x_0, x_1, x_2, \cdots, x_k) = x_0 + u(x_1, x_2, \cdots, x_k),$$

即效用函数对某一种商品的消费量是线性的,则称此效用函数是拟线性的。

我们将商品 0 的价格规范为 1,商品束 $(x_1, x_2, \cdots, x_k)$ 仍记为 $\vec{x}$,其对应的价格

向量记为 $\vec{p} = (p_1, p_2, \cdots, p_k)$，则效用最大化问题为：
$$\begin{cases} \max\ x_0 + u(\vec{x}) \\ \text{s.t.}\ x_0 + \vec{p}\,\vec{x} = m \end{cases}$$

其可以转化为无约束条件的优化问题

$$\max\ \{m - \vec{p}\,\vec{x} + u(\vec{x})\}\text{。} \tag{8.2.3}$$

8.2.5.2 一阶条件及其几何意义

问题(8.2.3)的一阶条件为

$$p_i = u_i(\vec{x}),\ i = 1, 2, \cdots, k\text{。}$$

由于一阶条件中不含收入 m，所以根据一阶条件得到的马歇尔需求函数与收入 m 无关，即

$$\vec{x}_i = \vec{x}_i(\vec{p}),\ i = 1, 2, \cdots, k\text{。}$$

此式表明，无论收入如何变化，都不会对商品 i（$i = 1, 2, \cdots, k$）的消费量产生影响。增加或减少的收入全部用于调整商品 0 的消费。

假设只有商品 0 和商品 1，效用函数为 $U(x_0, x_1) = x_0 + u(x_1)$，那么，商品 1 的需求函数与反需求函数分别为

$$x_1 = x_1(p_1) \quad 与 \quad p_1 = u'(x_1)\text{。}$$

无差异曲线为

$$x_0 + u(x_1) = u\text{。}$$

显然，对不同的效用 u，无差异曲线的形状都相同，只是在垂直方向上的位置不同。比如取 u 分别等于 u^1，u^2 和 u^3（$u^1 < u^2 < u^3$），得到三条无差异曲线 U^1，U^2 和 U^3。这三条曲线的形状相同，只是在垂直方向上的位置不同，如图 8.2.6 所示。$L^1: x_0 + p_1 x_1 = m$ 是与无差异曲线 U^1 相切的预算线，斜率为 $p_1 = u'(x_1)$。

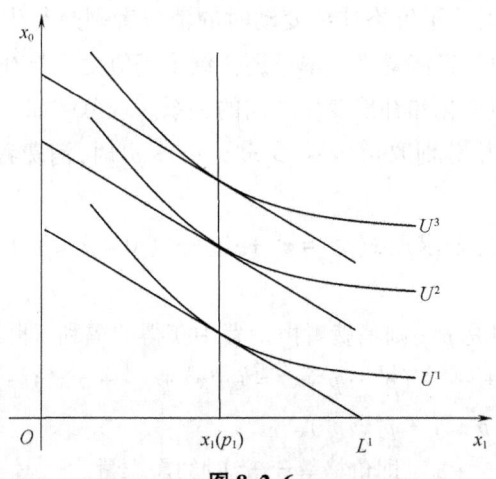

图 8.2.6

8.2.5.3 拟线性效用函数情况下的等值变化、补偿变化与消费者剩余之间的关系

当消费者具有拟线性效用函数 $U(x_0, x_1) = x_0 + u(x_1)$ 时,等值变化、补偿变化与消费者剩余具有特别的关系。此时支出最小化问题为:

$$\begin{cases} \min x_0 + p_1 x_1 \\ \text{s. t. } x_0 + u(x_1) = u \end{cases},$$

即

$$\min\{p_1 x_1 + u - u(x_1)\}。$$

一阶条件为

$$p_1 = u'(x_1)。$$

显然,一阶条件与效用最大化问题的一阶条件相同。因此在拟线性效用函数的情况下,希克斯需求函数与马歇尔需求函数相同,且不含效用水平 u。这意味着不同效用水平的希克斯需求曲线和马歇尔需求曲线都是同一条曲线。也就是说,在图 8.2.5 中,U^0、U^1 和 U^2 重合。因此有

$$CV = \Delta CS = EV。$$

这再一次说明,在某些情况下,消费者剩余依然是描述消费者福利的比较理想的指标。

一般而言,人们对铅笔、纸张等文具的消费量并不会因收入的变化有太多的变化,对粮食等基本生活用品的需求也不会因收入的增加而大幅变化。只要消费者对某种商品需求的收入弹性较小,作拟线性效用函数假设基本就是合理的。

本章经济问题总结

本章介绍了价格离散变动时消费者剩余与生产者剩余的一般概念及经济意义,用定积分的概念讨论了价格连续变动时的消费者剩余与生产者剩余。给出了马歇尔需求函数导数的经济意义。本章还介绍了等值变化与补偿变化及其经济意义;消费者剩余、等值变化和补偿变化之间的关系。现总结如下:

(1) 假设商品价格分别取 $p^0 > \cdots > p^i > \cdots > p^n$ 时,消费者的保留需求量分别为 $x^i (0 \leqslant i \leqslant n)$。

① 对每个价格 p^i,需求量 $x(p^i) = x^0 + \cdots + x^i$ ($0 \leqslant i \leqslant n$),即需求量等于保留需求量之和。

② 如果交易价格是 p^k,则消费者由消费中获得的福利,即消费者剩余等于

$$CS = (p^0 - p^k)x^0 + \cdots + (p^k - p^k)x^k = (p^0 x^0 + \cdots + p^k x^k) - p^k(x^0 + \cdots + x^k)$$
$$= (p^0 x^0 + \cdots + p^k x^k) - p^k x(p^k)。$$

其中,$x(p^k) = x^0 + \cdots + x^k$,即价格等于 p^k 时的需求量。

③当价格由 p^{k_1} 变化到 p^{k_2} ($k_2 > k_1$)时,消费者剩余的变化为
$$\Delta CS = p^{k_1+1}x^{k_1+1} + \cdots + p^{k_2}x^{k_2}。$$

(2)假设消费者具有连续的需求函数为 $x = x(p)(0 < p \leqslant p^0)$,其中,$x(p^0) = 0$;反需求函数为 $p = p(x)(x > 0)$。

①如果交易价格为 $p^*(0 < p^* \leqslant p^0)$,$x(p^*) = x^*$,则消费者剩余为
$$CS = \int_0^{x^*} p(x)\,\mathrm{d}x - p^* x^* = \int_0^{x^*}(p(x) - p^*)\,\mathrm{d}x = \int_{p^*}^{p^0} x(p)\,\mathrm{d}p。$$

②当价格由 p^1 变化到 p^2($p^1 > p^2$)时,消费者剩余的变化为
$$\Delta CS = \int_{p^2}^{p^1} x(p)\,\mathrm{d}p。$$

③ $x'(p)$ 是保留需求函数,其表示价格在 p 处变化一个单位时,需求量的改变量。

(3)假设消费者的收入为 m,则价格由原来的 $\vec{p}^0$ 变化至现在的 $\vec{p}^1$ 时,有

① $EV = e(\vec{p}^0, v(\vec{p}^1, m)) - e(\vec{p}^0, v(\vec{p}^0, m)) = e(\vec{p}^0, u^1) - m$。

② $CV = e(\vec{p}^1, v(\vec{p}^1, m)) - e(\vec{p}^1, v(\vec{p}^0, m)) = m - e(\vec{p}^1, u^0)$。

③等值变化、补偿变化与消费者剩余的变化之间的关系是
$$|EV| \leqslant |\Delta CS| \leqslant |CV|。$$

9 向量函数微分学简介及经济问题实例

本章介绍向量函数、向量函数极限及连续等概念;向量函数的微分及链式法则;并用向量函数的表述方式给出了 n 元函数无约束条件极值问题有解的必要条件和充分条件;等约束条件极值问题有解的必要条件和充分条件;不等约束条件极值问题有解的必要条件(库恩—塔克定理)和充分条件;本章还介绍了如何用向量函数的表述方式描述和解决微观经济学问题。

9.1 向量函数极限及连续的概念

前八章,我们将 n 元函数 $f(\vec{x}) = f(x_1, \cdots, x_n), \vec{x} \in D \subset R^n$ 视为 n 维空间 R^n 中的点集 D 到实数集合的映射,这与二元函数是一致的;并用类似研究二元函数的方法介绍了 n 元函数微分学,因此 n 元函数微分学实际上是二元函数微分学的推广。虽然有时我们也将 R^n 中的有序数组 $(x_1, \cdots, x_n) = \vec{x}$ 视为行向量,但更多情况下我们还是把 $\vec{x}$ 看成 R^n 中的一点。本章我们将 R^n 视为 n 维欧几里得空间,R^n 中的元素虽然也称为点,但更多情况下视为一个向量,用列向量表示,仍记为 $\vec{x}$,即 $\vec{x} = (x_1, \cdots, x_n)^\tau$。本章将要讨论的是 n 维欧几里得空间的向量集合(点集) D 到 m 维欧几里得空间的映射,在 $m > 1$ 时,映射的像不再是实数,而是一个向量,因此称映射为向量函数。

9.1.1 向量函数

9.1.1.1 向量函数的概念

定义 9.1.1 设 $D \subset R^n$ 与 $E \subset R^m$ 是两个集合,F 是一个法则。如果对任意给定的 $\vec{x} = (x_1, \cdots, x_n)^\tau \in D$,按照法则 F 都有唯一的 $\vec{y} = (y_1, \cdots, y_m)^\tau \in E$ 与 $\vec{x}$ 对应,则称 F 为定义在集合 D 上,取值于集合 E 的 m 维向量函数(或 D 到 E 的映射),记为 $\vec{y} = F(\vec{x})$。集合 D 称为 F 的定义域(或集合 $\{\vec{y} | \vec{y} = F(\vec{x}), \vec{x} \in D\} \subset E$ 在映射 F 下的原像),而集合 $\{\vec{y} | \vec{y} = F(\vec{x}), \vec{x} \in D\}$ 称为 F 的值域(或集合 D 在映射 F 下的像)。特别,当 $m = 1$ 时,一维向量函数就是 n 元函数 $y = F(\vec{x})$。

由定义我们看到,如果 $y_j = f^j(\vec{x})$ ($1 \leq j \leq m$)是定义在 $D \subset R^n$ 上的 n 元函数,那么,由 $y_j = f^j(\vec{x})$ ($1 \leq j \leq m$)构成的向量

$$\vec{y} = \begin{pmatrix} y_1 \\ \cdots \\ y_m \end{pmatrix} = \begin{pmatrix} f^1(\vec{x}) \\ \cdots \\ f^m(\vec{x}) \end{pmatrix} = \vec{f}(\vec{x})$$

就是一个 m 维向量函数;反之,如果 $\vec{y} = F(\vec{x})$ ($\vec{x} \in D \subset R^n, \vec{y} \in E \subset R^m$) 是一个 m 维向量函数,由定义,对任意给定的 $\vec{x} \in D$,按照法则 F 都有唯一的 $\vec{y} = (y_1, \cdots, y_n)^\tau \in E$ 与 $\vec{x}$ 对应,于是对每一个给定的 i ($1 \le i \le n$),按照法则 F 都有唯一的 y_i 与 $\vec{x}$ 对应,因此,法则 F 实际上确定了 m 个定义在 D 上的 n 元函数,记为 $y_j = f^j(\vec{x})$ ($1 \le j \le m$),于是向量函数 $\vec{y} = F(\vec{x})$ 可表示为

$$\vec{y} = \begin{pmatrix} y_1 \\ \cdots \\ y_m \end{pmatrix} = \begin{pmatrix} f^1(\vec{x}) \\ \cdots \\ f^m(\vec{x}) \end{pmatrix} = \vec{f}(\vec{x})。$$

因此,我们可以将 m 维向量函数表示为

$$\vec{y} = (y_1, \cdots, y_n)^\tau = (f^1(\vec{x}), \cdots, f^m(\vec{x}))^\tau = \vec{f}(\vec{x}),$$

其中,$y_j = f^j(\vec{x})$ ($1 \le j \le m$) 是定义在 $D \subset R^n$ 上的 n 元函数。

例 9.1.1 设 n 元函数 $u = u(\vec{x})$ 在区域 $D \subset R^3$ 上可微,则 $u = u(\vec{x})$ 的梯度
$$\mathrm{grad}\, u = (u_1(\vec{x}), u_2(\vec{x}), u_3(\vec{x}))^\tau$$
就是定义在区域 $D \subset R^3$ 上的三维向量函数。

例 9.1.2 设 $x_i = x_i(t)$ ($\alpha < t < \beta$) 具有连续的导数,则三维函数
$$\vec{x} = \vec{x}(t) = (x_1(t), x_2(t), x_3(t))^\tau (\alpha < t < \beta)$$
表示一条光滑的空间曲线。

9.1.1.2 向量函数的运算

设 $\vec{y} = \vec{f}(\vec{x})$ 与 $\vec{y} = \vec{g}(\vec{x})$ 都是定义在集合 $D \subset R^n$ 上的 m 维向量函数,$\alpha \in R^1$ 是常数,则规定:

(1) $\alpha \vec{f}(\vec{x}) = (\alpha f^1(\vec{x}), \cdots, \alpha f^m(\vec{x}))^\tau$;

(2) $\vec{f}(\vec{x}) + \vec{g}(\vec{x}) = (f^1(\vec{x}) + g^1(\vec{x}), \cdots, f^m(\vec{x}) + g^m(\vec{x}))^\tau$。

设 $\vec{y} = \vec{f}(\vec{x})$ 是定义在集合 $D \subset R^n$ 上的 m 维向量函数,$\vec{z} = \vec{g}(\vec{y})$ 是定义在集合 $E \subset R^m$ 上的 r 维向量函数,且 $\vec{y} = \vec{f}(\vec{x})$ 的值域 $\{\vec{y} | \vec{y} = \vec{f}(\vec{x}), \vec{x} \in D\} \subset E$。于是对任意给定的 $\vec{x} \in D$,按照法则 $\vec{f}$,有唯一的 $\vec{y} = \vec{f}(\vec{x})$ 与 $\vec{x}$ 对应。又因 $\vec{y} = \vec{f}(\vec{x}) \in E$,所以按照法则 $\vec{g}$,又有唯一的 $\vec{z} = \vec{g}[\vec{f}(\vec{x})]$ 与 $\vec{y} = \vec{f}(\vec{x})$ 对应。也就是说,由法则 $\vec{f}$ 和 $\vec{g}$ 确定了一个新的法则,按照新法则,对任意给定的 $\vec{x} \in D$,都有唯一的 $\vec{z} = \vec{g}[\vec{f}(\vec{x})]$ 与

$\vec{x}$ 对应,我们称这个新法则是由 $\vec{f}$ 和 $\vec{g}$ 构成的复合向量函数,记为 $\vec{z} = \vec{g}[\vec{f}(\vec{x})]$, $\vec{x} \in D$。显然,如果

$$\vec{f}(\vec{x}) = (f^1(\vec{x}), \cdots, f^m(\vec{x}))^\tau, \vec{g}(\vec{y}) = (g^1(\vec{y}), \cdots, g^r(\vec{y}))^\tau,$$

则复合向量函数 $\vec{z} = \vec{g}[\vec{f}(\vec{x})]$ 是由 r 个复合函数

$$z_k = g^k(\vec{y}) = g^k[\vec{f}(\vec{x})] \quad (1 \leq k \leq r)$$

构成的函数向量。

9.1.2 向量函数的极限与连续

9.1.2.1 向量极限的概念

定义 9.1.2 设 $\vec{y} = \vec{f}(\vec{x})$ 是定义在集合 $D \subset R^n$ 上的 m 维向量函数,$\vec{x}_0 = (x_1^0, \cdots, x_n^0)^\tau$ 是 D 的一个聚点,$\vec{a} = (A_1, \cdots, A_m)^\tau \in R^m$ 是一个常数向量。如果对任意给定的 $\varepsilon > 0$,都存在 $\vec{x}_0$ 的 δ 空心邻域 $U^\circ(\vec{x}_0, \delta)$,使得当 $\vec{x} \in U^\circ(\vec{x}_0, \delta) \cap D$ 时,有 $\vec{f}(\vec{x}) \in U^\circ(\vec{a}, \varepsilon)$,即

$$\rho(\vec{a}, \vec{f}(\vec{x})) < \varepsilon,$$

则称在集合 D 上,当 $\vec{x} \to \vec{x}_0$ 时,m 向量函数 $\vec{f}(\vec{x})$ 以 $\vec{a}$ 为极限,记为

$$\lim_{\vec{x} \to \vec{x}_0} \vec{f}(\vec{x}) = \vec{a}。$$

由向量函数极限的定义容易证明下面的定理。

定理 9.1.1 $\lim\limits_{\substack{\vec{x} \to \vec{x}_0 \\ \vec{x} \in D}} \vec{f}(\vec{x}) = \vec{A}$ 的充分必要条件是:对每个 j ($1 \leq j \leq m$) 有

$$\lim_{\substack{\vec{x} \to \vec{x}_0 \\ \vec{x} \in D}} f^j(\vec{x}) = A_j。$$

9.1.2.2 向量函数连续的概念

定义 9.1.3 设 $\vec{y} = \vec{f}(\vec{x})$ 是定义在集合 $D \subset R^n$ 上的 m 维向量函数,$\vec{x}_0 \in D$。如果对任意给定的 $\varepsilon > 0$,存在 $\vec{x}_0$ 的 δ 邻域 $U(\vec{x}_0, \delta)$,使得当 $\vec{x} \in U(\vec{x}_0, \delta) \cap D$ 时,有

$$\vec{f}(\vec{x}) \in U(\vec{f}(\vec{x}_0), \varepsilon),\text{即}, \rho(\vec{f}(\vec{x}_0), \vec{f}(\vec{x})) < \varepsilon,$$

则称 m 维向量函数 $\vec{f}(\vec{x})$ (限制在集合 D 上)在 $\vec{x}_0$ 处连续。

注:由向量函数的极限与连续的定义,很容易得到下面的结论。

(1) $\vec{f}(\vec{x})$ 在 D 的每一个孤立点处都连续。

(2) 如果 $\vec{x}_0 \in D$ 是 D 的聚点,则 $\vec{f}(\vec{x})$ 在 $\vec{x}_0$ 处连续的充分必要条件是
$$\lim_{\substack{\vec{x}\to\vec{x}_0\\ \vec{x}\in D}} \vec{f}(\vec{x}) = \vec{f}(\vec{x}_0)。$$

(3) $\vec{f}(\vec{x})$ 在 $\vec{x}_0$ 处连续的充分必要条件是:对每个 j ($1 \le j \le m$),$f^j(\vec{x})$ 在 $\vec{x}_0$ 处连续。

(4) 如果 $\vec{f}(\vec{x})$ 与 $\vec{g}(\vec{x})$ 都在 $\vec{x}_0$ 处连续,则函数 $\vec{f}(\vec{x}) \pm \vec{g}(\vec{x})$ 也在 $\vec{x}_0$ 处连续。

(5) 设 $\vec{y} = \vec{f}(\vec{x})$ 是定义在集合 $D \subset R^n$ 上的 m 维向量函数;$\vec{z} = \vec{g}(\vec{y})$ 是定义在集合 $E \subset R^m$ 上的 r 维向量函数,且 $\vec{y} = \vec{f}(\vec{x})$ 的值域 $\{\vec{y} | \vec{y} = \vec{f}(\vec{x}), \vec{x} \in D\} \subset E$。如果 $\vec{f}(\vec{x})$ 在 $\vec{x}_0 \in D$ 处连续,$\vec{z} = \vec{g}(\vec{y})$ 在 $\vec{y}_0 = \vec{f}(\vec{x}_0)$ 处连续,则复合函数 $\vec{z} = \vec{g}[\vec{f}(\vec{x})]$ 在 $\vec{x}_0$ 处连续。

9.1.2.3 有界闭集上连续向量函数的性质

如果 m 维向量函数 $\vec{y} = \vec{f}(\vec{x})$ 在集合 $D \subset R^n$ 上的每一点都连续,则称 $\vec{f}(\vec{x})$ 在集合 D 上连续(或称 $\vec{f}(\vec{x})$ 为集合 D 上的连续函数)。

定理9.1.2 如果 m 维向量函数 $\vec{y} = \vec{f}(\vec{x})$ 在有界闭集 $D \subset R^n$ 上连续,则 $\vec{f}(\vec{x})$ 在 D 上有界。

定理9.1.3 如果 m 维向量函数 $\vec{y} = \vec{f}(\vec{x})$ 在有界闭集 $D \subset R^n$ 上连续,则 $\vec{f}(\vec{x})$ 在 D 上一致连续,即对任意给定的 $\varepsilon > 0$,存在 $\delta > 0$,使得当 $\rho(\vec{x}', \vec{x}'') < \delta$,且 $\vec{x}', \vec{x}'' \in D$ 时,就有
$$\rho(f(\vec{x}'), f(\vec{x}'')) < \varepsilon,\text{或} \|f(\vec{x}') - f(\vec{x}'')\| < \varepsilon。$$

9.2 向量函数的微分

9.2.1 向量函数可微的概念

定义9.2.1 设 $\vec{y} = \vec{f}(\vec{x})$ 在开区域 $D \subset R^n$ 上有意义,$\vec{x}_0 \in D$。如果存在仅与 $\vec{x}_0$ 有关的矩阵 $C = (c_{ji})_{m \times n}$,使得
$$\lim_{\vec{x}\to\vec{x}_0} \frac{\vec{f}(\vec{x}) - \vec{f}(\vec{x}_0) - C(\vec{x} - \vec{x}_0)}{\|\vec{x} - \vec{x}_0\|} = 0$$

或
$$\vec{f}(\vec{x}) - \vec{f}(\vec{x}_0) = C(\vec{x} - \vec{x}_0) + o(\|\vec{x} - \vec{x}_0\|)(\vec{x}\to\vec{x}_0),$$

则称 $\vec{y} = \vec{f}(\vec{x})$ 在 $\vec{x}_0$ 处可微或可导,并称矩阵 C 为向量函数 $\vec{f}(\vec{x})$ 的导数,记作

$\overrightarrow{Df}(\vec{x}_0)$ 或 $\overrightarrow{f}'(\vec{x}^0)$；$C(\vec{x} - \vec{x}_0)$ 为 $\overrightarrow{f}(\vec{x})$ 在 $\vec{x}_0$ 处的微分，记为 $\mathrm{d}\vec{y}$，即

$$\overrightarrow{Df}(\vec{x}_0) = \overrightarrow{f}'(\vec{x}^0) = C,$$

$$\mathrm{d}\vec{y} = C(\vec{x} - \vec{x}_0) = \overrightarrow{Df}(\vec{x}_0)(\vec{x} - \vec{x}_0) = \overrightarrow{f}'(\vec{x}_0)(\vec{x} - \vec{x}_0)\,。$$

如果 $\overrightarrow{f}(\vec{x})$ 在 D 上的每一点都可微，则称其在 D 上可微或可导。

由定义还可以看出，如果 $\overrightarrow{f}(\vec{x})$ 在 D 上可微，那么存在只与 $\vec{x}$ 有关的矩阵 $C = (c_{ji})_{m \times n}$，使得

$$\overrightarrow{f}(\vec{x} + \Delta\vec{x}) - \overrightarrow{f}(\vec{x}) = C\Delta\vec{x} + o(\|\Delta\vec{x}\|)\,(\Delta\vec{x} \to 0),$$

于是 $\overrightarrow{f}(\vec{x})$ 在 $\vec{x}$ 处的微分为 $C\Delta\vec{x}$。

定理 9.2.1 设 $\vec{y} = \overrightarrow{f}(\vec{x}) = (f^1(\vec{x}), \cdots, f^m(\vec{x}))^\tau$ 在开区域 $D \subset R^n$ 上有意义，$\vec{x}_0 \in D$，则 $\vec{y} = \overrightarrow{f}(\vec{x})$ 在 $\vec{x}_0$ 处可微的充分必要条件是：$y_j = f^j(\vec{x})$ 在 $\vec{x}_0$ 处可微 ($1 \leqslant j \leqslant m$)，并且，$\vec{y} = \overrightarrow{f}(\vec{x})$ 在 $\vec{x}_0$ 处的微分为 $\overrightarrow{Df}(\vec{x}_0)(\vec{x} - \vec{x}_0)$，其中

$$\overrightarrow{Df}(\vec{x}_0) = \begin{pmatrix} f_1^1(\vec{x}_0) & \cdots & f_n^1(\vec{x}_0) \\ \cdots & \cdots & \cdots \\ f_1^m(\vec{x}_0) & \cdots & f_n^m(\vec{x}_0) \end{pmatrix}$$

为 $\overrightarrow{f}(\vec{x})$ 在 $\vec{x}_0$ 处的导数。

证明：（必要性）设 $\overrightarrow{f}(\vec{x})$ 在 $\vec{x}_0$ 处可微，由定义，存在仅与 $\vec{x}_0$ 有关的矩阵 $C = (c_{ji})_{m \times n}$，使得

$$\overrightarrow{f}(\vec{x}) - \overrightarrow{f}(\vec{x}_0) = C(\vec{x} - \vec{x}_0) + o(\|\vec{x} - \vec{x}_0\|)(\vec{x} \to \vec{x}_0),$$

并且，$\overrightarrow{f}(\vec{x})$ 在 $\vec{x}_0$ 处的微分等于 $C(\vec{x} - \vec{x}_0)$。于是对每个 j ($1 \leqslant j \leqslant m$)，有

$$f^j(\vec{x}) - f^j(\vec{x}_0) = \sum_{i=1}^{n} c_{ji}(x_i - x_i^0) + o(\|\vec{x} - \vec{x}_0\|)(\vec{x} \to \vec{x}_0)\,。$$

由多元函数可微的定义知，对每个 j ($1 \leqslant j \leqslant m$)，$y_j = f^j(\vec{x})$ 在 $\vec{x}_0$ 处可微，并且 $c_{ji} = f_i^j(\vec{x})$，$i = 1, \cdots, n$，于是 $\overrightarrow{f}(\vec{x})$ 在 $\vec{x}_0$ 处的微分为 $\overrightarrow{Df}(\vec{x}_0)(\vec{x} - \vec{x}_0)$。

（充分性）假设对每个 j ($1 \leqslant j \leqslant m$)，函数 $f^j(\vec{x})$ 在 $\vec{x}_0$ 处可微，则

$$f^j(\vec{x}) - f^j(\vec{x}_0) = \sum_{i=1}^{n} f_i^j(\vec{x})(x_i - x_i^0) + o(\|\vec{x} - \vec{x}_0\|)(\vec{x} \to \vec{x}_0)\,。$$

于是

$$\overrightarrow{f}(\vec{x}) - \overrightarrow{f}(\vec{x}_0) = \overrightarrow{Df}(\vec{x}_0)(\vec{x} - \vec{x}_0) + o(\|\vec{x} - \vec{x}_0\|)(\vec{x} \to \vec{x}_0),$$

所以 $\overrightarrow{f}(\vec{x})$ 在 $\vec{x}_0$ 处可微，并且 $\overrightarrow{f}(\vec{x})$ 在 $\vec{x}_0$ 处的微分为 $\mathrm{d}\vec{y} = \overrightarrow{Df}(\vec{x}_0)(\vec{x} - \vec{x}_0)$。

此定理表明:(1) m 维向量函数 $\vec{y} = \vec{f}(\vec{x})$ 在 $\vec{x}_0$ 的微分就是 $\vec{y} = \vec{f}(\vec{x})$ 的分量函数 $y_j = f^j(\vec{x})$ 在 $\vec{x}_0$ 处的微分 $\mathrm{d}y_j$($1 \leq j \leq m$)构成的向量 $\mathrm{d}\vec{y} = (\mathrm{d}y_1, \cdots, \mathrm{d}y_m)^\tau$。因此,如果 $\vec{f}(\vec{x})$ 在 D 上可微,那么 $\vec{f}(\vec{x})$ 在 $\vec{x}$ 处的微分为 $\mathrm{d}\vec{y} = D\vec{f}(\vec{x})\mathrm{d}\vec{x}$。

(2)由定义 9.2.1 知,对向量函数 $\vec{f}(\vec{x})$ 可导与可微是等价的。

显然,如果 $\vec{f}(\vec{x}) = \vec{x}$,则 $\vec{f'}(\vec{x}) = I$,这里 I 是 n 阶单位矩阵。

定理 9.2.2 如果 $\vec{f}(\vec{x})$ 在 $\vec{x}_0$ 处可微,那么 $\vec{f}(\vec{x})$ 在 $\vec{x}_0$ 处一定连续。

例 9.2.3 设 n 元函数 $u = u(\vec{x})$ 在区域 $D \subset R^n$ 上具有二阶连续的偏导数,则 $u = u(\vec{x})$ 的梯度

$$\mathrm{grad}\, u = (u_1(\vec{x}), \cdots, u_n(\vec{x}))^\tau$$

在区域 D 上可微,且在 $\vec{x}_0 \in D$ 处的微分为

$$D\mathrm{grad}\, u(\vec{x}^0)(\vec{x} - \vec{x}^0) = \begin{pmatrix} u_{12}(\vec{x}^0) & \cdots & u_{1n}(\vec{x}^0) \\ \cdots & \cdots & \cdots \\ u_{n1}(\vec{x}^0) & \cdots & u_{nn}(\vec{x}^0) \end{pmatrix}(\vec{x} - \vec{x}^0)。$$

例 9.2.3 设 $y_1 = f^1(x_1, x_2, x_3) = x_1 x_2 x_3$,$y_2 = f^2(x_1, x_2, x_3) = \sin(x_1 x_2 x_3)$,考察二维向量函数 $\vec{f}(\vec{x}) = (f^1(x_1, x_2, x_3), f^2(x_1, x_2, x_3))^\tau$ 的可微性,并求 $\vec{f}(\vec{x})$ 在 $\vec{x}^0 = \left(\dfrac{\pi}{6}, 1, 2\right)$ 处的微分。

解:因为三元函数 $y_1 = f^1(x_1, x_2, x_3)$ 和 $y_2 = f^2(x_1, x_2, x_3)$ 在 R^3 上可微,所以 $\vec{f}(\vec{x})$ 在 R^3 上可微。又因

$$f^1_1(x_1, x_2, x_3) = x_2 x_3, f^1_2(x_1, x_2, x_3) = x_1 x_3, f^1_3(x_1, x_2, x_3) = x_1 x_2,$$
$$f^2_1(x_1, x_2, x_3) = x_2 x_3 \cos(x_1 x_2 x_3), f^2_2(x_1, x_2, x_3) = x_1 x_3 \cos(x_1 x_2 x_3),$$
$$f^2_3(x_1, x_2, x_3) = x_1 x_2 \cos(x_1 x_2 x_3),$$

所以

$$f^1_1\left(\frac{\pi}{6}, 1, 2\right) = 2, f^1_2\left(\frac{\pi}{6}, 1, 2\right) = \frac{\pi}{3}, f^1_3\left(\frac{\pi}{6}, 1, 2\right) = \frac{\pi}{6},$$
$$f^2_1\left(\frac{\pi}{6}, 1, 2\right) = 1, f^2_2\left(\frac{\pi}{6}, 1, 2\right) = \frac{\pi}{6}, f^2_3\left(\frac{\pi}{6}, 1, 2\right) = \frac{\pi}{12},$$

故,$\vec{f}(\vec{x})$ 在 $\vec{x}^0 = \left(\dfrac{\pi}{6}, 1, 2\right)$ 处的微分为

$$D\vec{f}(\vec{x}_0)(\vec{x} - \vec{x}_0) = \begin{pmatrix} 2 & \dfrac{\pi}{3} & \dfrac{\pi}{6} \\ 1 & \dfrac{\pi}{6} & \dfrac{\pi}{12} \end{pmatrix} \begin{pmatrix} \Delta x_1 \\ \Delta x_2 \\ \Delta x_3 \end{pmatrix}。$$

9.2.2 可微向量函数的性质

定理 9.2.3 如果 m 维向量函数 $\vec{y} = \vec{f}(\vec{x})$ 与 $\vec{y} = \vec{g}(\vec{x})$ 在区域 $D \subset R^n$ 上可微，则函数 $\vec{f}(\vec{x}) \pm \vec{g}(\vec{x})$ 在 D 上也可微，且 $d[\vec{f}(\vec{x}) \pm \vec{g}(\vec{x})] = d\vec{f}(\vec{x}) \pm d\vec{g}(\vec{x})$。

定理 9.2.4 设 m 维向量函数 $\vec{y} = \vec{f}(\vec{x})$ 在开区域 $D \subset R^n$ 上有定义，则 $\vec{f}(\vec{x})$ 在 $\vec{x}_0 \in D$ 可微的充分必要条件是：存在由 $m \times n$ 个定义在 $\vec{x}_0$ 某个邻域 $U(\vec{x}_0)$ 上，且在 $\vec{x}_0$ 处连续的 n 元函数 $F_{ji}(\vec{x})$ ($j = 1, \cdots, m; i = 1, \cdots, n$) 构成的 $m \times n$ 矩阵函数

$$F(\vec{x}) = (F_{ji}(\vec{x}))_{m \times n} = \begin{pmatrix} F_{11}(\vec{x}) & \cdots & F_{1n}(\vec{x}) \\ \cdots & \cdots & \cdots \\ F_{m1}(\vec{x}) & \cdots & F_{mn}(\vec{x}) \end{pmatrix},$$

使得

$$\vec{f}(\vec{x}) - \vec{f}(\vec{x}_0) = F(\vec{x})(\vec{x} - \vec{x}_0), \vec{x} \in U(\vec{x}_0)。 \tag{9.2.1}$$

证明：（充分性）由 (9.2.1)，对每个 j ($1 \le j \le m$) 有

$$\vec{f}^j(\vec{x}) - \vec{f}^j(\vec{x}_0) = \sum_{i=1}^{n} F_{ji}(\vec{x})(x_i - x_i^0)。$$

又因 $F_{ji}(\vec{x})$ ($i = 1, \cdots, n$) 在 $\vec{x}_0$ 处连续，所以

$$F_{ji}(\vec{x}) = F_{ji}(\vec{x}_0) + \alpha_{ji}(1), (\vec{x} \to \vec{x}_0),$$

其中 $\alpha_{ji}(1)$ 是 $\vec{x} \to \vec{x}_0$ 时的无穷小量 ($i = 1, 2, \cdots n$)。于是

$$\vec{f}^j(\vec{x}) - \vec{f}^j(\vec{x}_0) = \sum_{i=1}^{n} F_{ji}(\vec{x}_0)(x_i - x_i^0) + \sum_{i=1}^{n} \alpha_{ji}(1)(x_i - x_i^0), (\vec{x} \to \vec{x}_0)。$$

所以 $\vec{f}^j(\vec{x})$ 在 $\vec{x}_0$ 处可微，且在 $\vec{x}_0$ 处的导数为 $D\vec{f}^j(\vec{x}_0) = (f_1^j(\vec{x}_0), \cdots, f_n^j(\vec{x}_0))$。因此向量函数 $\vec{f}(\vec{x})$ 在 $\vec{x}_0$ 处可微，且 $D\vec{f}(\vec{x}_0) = F(\vec{x}_0)$。

（必要性）设向量函数 $\vec{f}(\vec{x})$ 在 $\vec{x}_0$ 处可微，则对每个 j ($1 \le j \le m$)，$\vec{f}^j(\vec{x})$ 在 $\vec{x}_0$ 处可微，所以存在 $\vec{x}_0$ 的邻域 $U^j(\vec{x}_0)$，及定义在 $U^j(\vec{x}_0)$ 上的无穷小量 $\alpha_{ji}(1)$ ($\vec{x} \to \vec{x}_0$)，使得

$$\vec{f}^j(\vec{x}) - \vec{f}^j(\vec{x}_0) = \sum_{i=1}^{n} F_{ji}(\vec{x}_0)(x_i - x_i^0) + \sum_{i=1}^{n} \alpha_{ji}(1)(x_i - x_i^0)$$

$$= \sum_{i=1}^{n} [F_{ji}(\vec{x}_0) + \alpha_{ji}(1)](x_i - x_i^0)。$$

记 $F_{ji}(\vec{x}) = F_{ji}(\vec{x}_0) + \alpha_{ji}(1)$，则 $F_{ji}(\vec{x})$ 在 $U^j(\vec{x}_0)$ 上有意义，且在 $\vec{x}_0$ 处连续 ($1 \le i \le n$)。于是

$$\vec{f}^j(\vec{x}) - \vec{f}^j(\vec{x}_0) = \sum_{i=1}^{n} F_{ji}(\vec{x})(x_i - x_i^0)。$$

记 $U(\vec{x}_0) = \bigcap_{j=1}^{m} U^j(\vec{x}_0)$，则 $F_{ji}(\vec{x})$ 在 $U(\vec{x}_0)$ 上有意义，且在 $\vec{x}_0$ 处连续（$1 \leq j \leq m, 1 \leq i \leq n$）。记 $F(\vec{x}) = (F_{ji}(\vec{x}))_{m \times n}$，于是

$$\vec{f}(\vec{x}) - \vec{f}(\vec{x}_0) = F(\vec{x})(\vec{x} - \vec{x}_0), \vec{x} \in U(\vec{x}_0),$$

且 $D\vec{f}(\vec{x}_0) = F(\vec{x}_0)$。

定理 9.2.5（复合向量函数导数的链式法则） 设 m 维向量函数 $\vec{y} = \vec{f}(\vec{x})$ 在开集 $D \subset R^n$ 上有意义，r 维向量函数 $\vec{z} = \vec{g}(\vec{y})$ 在开集 $E \subset R^m$ 上有意义，且 $\vec{f}(D) \subset E$。如果 $\vec{f}(\vec{x})$ 在 $\vec{x}_0 \in D$ 处可微，$\vec{z} = \vec{g}(\vec{y})$ 在 $\vec{y}_0 = \vec{f}(\vec{x}_0)$ 处可微，则复合函数 $\vec{z} = \vec{h}(\vec{x}) = \vec{g}[\vec{f}(\vec{x})]$ 在 $\vec{x}_0$ 处可微，且

$$D\vec{h}(\vec{x}_0) = D\vec{g}(\vec{y}_0) D\vec{f}(\vec{x}_0)。$$

证明：因为 $\vec{y} = \vec{f}(\vec{x})$ 在 $\vec{x}_0$ 处可微，所以存在 $\vec{x}_0$ 的某个邻域 $U^*(\vec{x}_0)$，及定义在 $U^*(\vec{x}_0)$ 上，且在 $\vec{x}_0$ 处连续的 $m \times n$ 矩阵函数 $F(\vec{x}) = (F_{ji}(\vec{x}))_{m \times n}$，使得

$$\vec{f}(\vec{x}) - \vec{f}(\vec{x}_0) = F(\vec{x})(\vec{x} - \vec{x}_0), \vec{x} \in U^*(\vec{x}_0),$$

且 $D\vec{f}(\vec{x}_0) = F(\vec{x}_0)$。

因为 $\vec{z} = \vec{g}(\vec{y})$ 在 $\vec{y}_0$ 处可微，所以存在 $\vec{y}_0$ 的某个邻域 $U(\vec{y}_0)$，及定义在 $U(\vec{y}_0)$ 上，且在 $\vec{y}_0$ 处连续的 $r \times m$ 矩阵函数 $G(\vec{x}) = (G_{kj}(\vec{x}))_{r \times m}$，使得

$$\vec{g}(\vec{y}) - \vec{g}(\vec{y}^0) = G(\vec{y})(\vec{y} - \vec{y}^0), \vec{y} \in U(\vec{y}_0),$$

且 $D\vec{g}(\vec{y}^0) = G(\vec{y}^0)$。

由于 $\vec{y} = \vec{f}(\vec{x})$ 在 $\vec{x}_0$ 处可微，所以 $\vec{y} = \vec{f}(\vec{x})$ 在 $\vec{x}_0$ 处连续。于是对 $\vec{y}_0$ 的邻域 $U(\vec{y}_0)$，存在 $\vec{x}_0$ 的某个邻域 $U(\vec{x}_0) \subset U^*(\vec{x}_0)$，使得，当 $\vec{x} \in U(\vec{x}_0)$ 时，$\vec{y} = \vec{f}(\vec{x}) \in U(\vec{y}_0)$。因此，当 $\vec{x} \in U(\vec{x}_0)$ 时，有

$$\vec{g}[\vec{f}(\vec{x})] - \vec{g}[\vec{f}(\vec{x}_0)] = G[\vec{f}(\vec{x})]F(\vec{x})(\vec{x} - \vec{x}_0), \vec{x} \in U(\vec{x}_0)。$$

由复合向量函数的连续性知，$G[\vec{f}(\vec{x})]$ 在 $\vec{x}_0$ 处连续。记 $H(\vec{x}) = G[\vec{f}(\vec{x})]F(\vec{x})$，由于 $F(\vec{x})$ 也在 $\vec{x}_0$ 处连续，所以 $H(\vec{x})$ 在 $\vec{x}_0$ 的某个邻域 $U(\vec{x}_0)$ 上有意义，在 $\vec{x}_0$ 处连续，且

$$\vec{h}(\vec{x}) - \vec{h}(\vec{x}_0) = H(\vec{x})(\vec{x} - \vec{x}_0), \vec{x} \in U(\vec{x}_0)。$$

所以复合函数 $\vec{z} = \vec{h}(\vec{x}) = \vec{g}[\vec{f}(\vec{x})]$ 在 $\vec{x}_0$ 处可微，且

$$D\vec{h}(\vec{x}_0) = H(\vec{x}_0) = G[\vec{f}(\vec{x}_0)]F(\vec{x}_0) = G(\vec{y}_0)F(\vec{x}_0) = D\vec{g}(\vec{y}_0)D\vec{f}(\vec{x}_0)。$$

上式称作复合向量函数导数的链式法则。一般地，如果 m 维向量函数 $\vec{y} = \vec{f}(\vec{x})$ 在

开集 $D \subset R^n$ 上可微，r 维向量函数 $\vec{z} = \vec{g}(\vec{y})$ 在开集 $E \subset R^m$ 上可微，且 $\vec{f}(D) \subset E$。则复合函数 $\vec{z} = \vec{h}(\vec{x}) = \vec{g}[\vec{f}(\vec{x})]$ 在 $\vec{x}$ 处可微，且
$$D\vec{h}(\vec{x}) = D\vec{g}(\vec{y}) D\vec{f}(\vec{x})。$$
上式可用雅可比矩阵表示如下：
$$\frac{\partial(z_1,\cdots,z_r)}{\partial(x_1,\cdots,x_n)} = \frac{\partial(z_1,\cdots,z_r)}{\partial(y_1,\cdots,y_m)} \frac{\partial(y_1,\cdots,y_m)}{\partial(x_1,\cdots,x_n)},$$
即
$$\begin{pmatrix} z_{11}(\vec{x}) & \cdots & z_{1n}(\vec{x}) \\ \cdots & \cdots & \cdots \\ z_{r1}(\vec{x}) & \cdots & z_{rn}(\vec{x}) \end{pmatrix} = \begin{pmatrix} z_{11}(\vec{y}) & \cdots & z_{1m}(\vec{y}) \\ \cdots & \cdots & \cdots \\ z_{r1}(\vec{y}) & \cdots & z_{rm}(\vec{y}) \end{pmatrix} \begin{pmatrix} y_{11}(\vec{x}) & \cdots & y_{1n}(\vec{x}) \\ \cdots & \cdots & \cdots \\ y_{m1}(\vec{x}) & \cdots & y_{mn}(\vec{x}) \end{pmatrix}。$$

例 9.2.4 设 m 维向量函数 $\vec{\varphi}(\vec{x})$ 与 $\vec{\psi}(\vec{x})$ 在开集 $D \subset R^n$ 上可微，证明 $f(\vec{x}) = \vec{\varphi}(\vec{x})^\tau \vec{\psi}(\vec{x})$ 也在 D 上可微，且
$$f'(\vec{x}) = \vec{\psi}(\vec{x})^\tau \vec{\varphi}'(\vec{x}) + \vec{\varphi}(\vec{x})^\tau \vec{\psi}'(\vec{x})。$$

证明：设 $\vec{\varphi}(\vec{x}) = (\varphi^1(\vec{x}),\cdots,\varphi^m(\vec{x}))^\tau$，$\vec{\psi}(\vec{x}) = (\psi^1(\vec{x}),\cdots,\psi^m(\vec{x}))^\tau$，则
$$f(\vec{x}) = \vec{\varphi}(\vec{x})^\tau \vec{\psi}(\vec{x}) = \sum_{j=1}^m \varphi^j(\vec{x}) \psi^j(\vec{x})。$$

由于 $\vec{\varphi}(\vec{x})$ 与 $\vec{\psi}(\vec{x})$ 在开集 $D \subset R^n$ 上可微，所以 $\varphi^j(\vec{x})$（$1 \leq j \leq m$）与 $\psi^j(\vec{x})$（$1 \leq j \leq m$）都在 D 上可微。于是，$\varphi^j(\vec{x})\psi^j(\vec{x})$（$1 \leq j \leq m$）在 D 上可微，因此 $f(\vec{x})$ 在 D 上可微。

又因
$$[\varphi^j(\vec{x})\psi^j(\vec{x})]' = \left(\frac{\partial[\varphi^j(\vec{x})\psi^j(\vec{x})]}{\partial x_1}, \cdots, \frac{\partial[\varphi^j(\vec{x})\psi^j(\vec{x})]}{\partial x_n} \right)$$
$$= \left(\psi^j(\vec{x}) \frac{\partial \varphi^j(\vec{x})}{\partial x_1} + \varphi^j(\vec{x}) \frac{\partial \psi^j(\vec{x})}{\partial x_1}, \cdots, \psi^j(\vec{x}) \frac{\partial \varphi^j(\vec{x})}{\partial x_n} + \varphi^j(\vec{x}) \frac{\partial \psi^j(\vec{x})}{\partial x_n} \right)$$
$$= \left(\psi^j(\vec{x}) \frac{\partial \varphi^j(\vec{x})}{\partial x_1}, \cdots, \psi^j(\vec{x}) \frac{\partial \varphi^j(\vec{x})}{\partial x_n} \right) + \left(\varphi^j(\vec{x}) \frac{\partial \psi^j(\vec{x})}{\partial x_1}, \cdots, \varphi^j(\vec{x}) \frac{\partial \psi^j(\vec{x})}{\partial x_n} \right)$$
$$= \psi^j(\vec{x}) \left(\frac{\partial \varphi^j(\vec{x})}{\partial x_1}, \cdots, \frac{\partial \varphi^j(\vec{x})}{\partial x_n} \right) + \varphi^j(\vec{x}) \left(\frac{\partial \psi^j(\vec{x})}{\partial x_1}, \cdots, \frac{\partial \psi^j(\vec{x})}{\partial x_n} \right)$$
$$= \psi^j(\vec{x}) [\varphi^j(\vec{x})]' + \varphi^j(\vec{x}) [\psi^j(\vec{x})]' \quad (1 \leq j \leq m),$$

所以
$$f'(\vec{x}) = \sum_{j=1}^m \psi^j(\vec{x}) [\varphi^j(\vec{x})]' + \sum_{j=1}^m \varphi^j(\vec{x}) [\psi^j(\vec{x})]' = \vec{\psi}(\vec{x})^\tau \vec{\varphi}'(\vec{x}) + \vec{\varphi}(\vec{x})^\tau \vec{\psi}'(\vec{x}),$$

即
$$[\vec{\psi}(\vec{x})^\tau \vec{\varphi}(\vec{x})]' = \vec{\psi}(\vec{x})^\tau \vec{\varphi}'(\vec{x}) + \vec{\varphi}(\vec{x})^\tau \vec{\psi}'(\vec{x})。$$

对这个公式,考虑几种特殊的情况:

(1) 当 $\vec{\psi}(\vec{x})$ 是常数向量函数,即 $\vec{\psi}(\vec{x}) = \vec{a} = (a_1, \cdots, a_m)^\tau$ 时,有
$$[\vec{a}^\tau \vec{\varphi}(\vec{x})]' = \vec{a}^\tau \vec{\varphi}'(\vec{x}),$$

特别,当 $\vec{\varphi}(\vec{x}) = \vec{x}$ 时,有 $[\vec{a}^\tau \vec{x}]' = \vec{a}^\tau$。

(2) 由(1)知,对 $l \times m$ 常数矩阵 $A_{l \times m}$ 有
$$[A\vec{\varphi}(\vec{x})]' = A\vec{\varphi}'(\vec{x}),$$

特别,当 $\vec{\varphi}(\vec{x}) = \vec{x}$ 时,有 $[A\vec{x}]' = A$。

(3) 当 $\vec{\psi}(\vec{x}) = \vec{\varphi}(\vec{x})$ 时,有
$$[\vec{\varphi}(\vec{x})^\tau \vec{\varphi}(\vec{x})]' = 2\vec{\varphi}(\vec{x})^\tau \vec{\varphi}'(\vec{x})。$$

(4) 对常数矩阵 $A_{l \times m}$ 和 $B_{l \times m}$,有
$$\{[B\vec{\psi}(\vec{x})]^\tau [A\vec{\varphi}(\vec{x})]\}' = [B\vec{\psi}(\vec{x})]^\tau [A\vec{\varphi}(\vec{x})]' + [A\vec{\varphi}(\vec{x})]^\tau [B\vec{\psi}(\vec{x})]'$$
$$= \vec{\psi}(\vec{x})^\tau B^\tau A \vec{\varphi}'(\vec{x}) + \vec{\varphi}(\vec{x})^\tau A^\tau B \vec{\psi}'(\vec{x}),$$

特别,当 $m = n$, $\vec{\psi}(\vec{x}) = \vec{\varphi}(\vec{x}) = \vec{x}$ 时,有
$$(\vec{x}^\tau B^\tau A \vec{x})' = [(B\vec{x})^\tau (A\vec{x})]' = \vec{x}^\tau B^\tau A + \vec{x}^\tau A^\tau B。$$

如果 $A = B$,则 $[\vec{x}^\tau (A^\tau A) \vec{x}]' = 2\vec{x}^\tau A^\tau A$。

(5) 设 C 为 n 阶对称矩阵,有
$$(\vec{x}^\tau C \vec{x})' = [\vec{x}^\tau (C\vec{x})]' = \vec{x}^\tau (C\vec{x})' + (C\vec{x})^\tau \vec{x}' = \vec{x}^\tau C + \vec{x}^\tau C^\tau I = 2\vec{x}^\tau C,$$
即
$$(\vec{x}^\tau C \vec{x})' = 2\vec{x}^\tau C。$$

9.2.3 n 元函数的极值

9.2.3.1 n 元函数的二阶泰勒公式

由第五章知,如果 n 元函数 $y = f(x_1, \cdots, x_n)$ 在 $P_0(x_1^0, \cdots, x_n^0)$ 的某个邻域 $U(P_0)$ 内有意义,且在 P_0 处具有二阶连续的偏导数,则当 $P(x_1^0 + \Delta x_1, \cdots, x_n^0 + \Delta x_n) \in U(P_0)$ 时,有

$$f(P) = f(P_0) + \sum_{i=1}^{n} f_i(P_0) \Delta x_i + \frac{1}{2} \sum_{i=1}^{n} \sum_{j=1}^{n} f_{ij}(P_0) \Delta x_i \Delta x_j + o(\rho^2), (\rho \to 0),$$

(9.2.2)

其中, $\rho = \sqrt{\Delta x_1^2, \cdots, \Delta x_n^2}$。

如果用向量函数表示,(9.2.2)可以更简洁。实际上, n 元函数 $y = f(x_1,\cdots,x_n)$ 是 m 维向量函数 $\vec{y} = \vec{f}(\vec{x})$ 当 $m = 1$ 时的特殊情况,即 $y = f(\vec{x})$。如果 $f'(\vec{x})$ 在区域 D 上可微,我们称 $f(\vec{x})$ 在区域 D 上二阶可微,并称向量函数 $[f'(\vec{x})]^\tau$ 的导数为 $f(\vec{x})$ 的二阶导数,记为 $f''(\vec{x})$。由于 $f'(\vec{x}) = (f_1(\vec{x}),\cdots,f_n(\vec{x}))$,所以由向量导数的定义,有

$$f''(\vec{x}) = \{[f'(\vec{x})]^\tau\}' = \begin{pmatrix} f_1(\vec{x}) \\ \cdots \\ f_n(\vec{x}) \end{pmatrix}' = \begin{pmatrix} f_{11}(\vec{x}) & \cdots & f_{1n}(\vec{x}) \\ \cdots & \cdots & \cdots \\ f_{n1}(\vec{x}) & \cdots & f_{nn}(\vec{x}) \end{pmatrix}。$$

即 $f(\vec{x})$ 的二阶导数 $f''(\vec{x})$ 恰好是 $f(\vec{x})$ 的海塞矩阵。于是 n 元函数 $y = f(x_1,\cdots,x_n)$ 在 $P_0(x_1^0,\cdots,x_n^0)$ 的二阶泰勒公式可表示为

$$f(\vec{x}) = f(\vec{x}^0) + f'(\vec{x}^0)(\vec{x} - \vec{x}^0) + \frac{1}{2}(\vec{x} - \vec{x}^0)^\tau f''(\vec{x}^0)(\vec{x} - \vec{x}^0)$$
$$+ o(\|\vec{x} - \vec{x}^0\|^2), (\vec{x} \to \vec{x}^0)。 \qquad (9.2.3)$$

以向量函数表示的 n 元函数的二阶泰勒公式(9.2.3)与一元函数的二阶泰勒公式具有相同的形式,更方便记忆。

公式(9.2.3)称为带皮亚诺余项的二阶泰勒公式。如果 $y = \vec{f}(\vec{x})$ 在 $\vec{x}^0$ 的某个邻域 $U(\vec{x}^0,\delta_0)$ 内存在二阶连续偏导数,那么对任意的 $\vec{x} = \vec{x}^0 + \Delta\vec{x} \in U(\vec{x}^0,\delta_0)$,都存在 $\theta \in (0,1)$,使得

$$f(\vec{x}) = f(\vec{x}^0) + f'(\vec{x}^0)\Delta\vec{x} + \frac{1}{2}\Delta\vec{x}^\tau f''(\vec{x}^0 + \theta\Delta\vec{x})\Delta\vec{x}。$$

此式称为带拉格朗日余项的一阶泰勒公式。

9.2.3.2 n 元函数取得极值的条件

定理9.2.6(极值的必要条件) 设一维向量函数(n 元函数)$y = f(\vec{x})$ 在开集 $D \subset R^n$ 上可微,$f(\vec{x}^0)$ 是极值,则

(1) $f'(\vec{x}^0) = \vec{0}$。

(2) 如果 $f(\vec{x})$ 在 $\vec{x}^0$ 处二阶可微,那么,当 $f(\vec{x}^0)$ 是极小值时,$f''(\vec{x}^0)$ 是半正定矩阵;当 $f(\vec{x}^0)$ 是极大值时,$f''(\vec{x}^0)$ 是半负定矩阵。

定理9.2.7(极值的充分条件) 设 $D \subset R^n$ 是开集,一维向量函数(n 元函数)$y = f(\vec{x})$ 在 $\vec{x}^0 \in D$ 处二阶可微,$\vec{x}^0$ 是驻点。

(1) 如果 $f''(\vec{x}^0)$ 是正定矩阵,那么 $f(\vec{x}^0)$ 是极小值。

(2) 如果 $f''(\vec{x}^0)$ 是负定矩阵,那么 $f(\vec{x}^0)$ 是极大值。

定理9.2.8(最值的充分条件) 设 $D \subset R^n$ 是凸开集,一维向量函数(n 元函数)$y = f(\vec{x})$ 在 D 上二阶可微,$\vec{x}^0 \in D$ 是驻点。

(1) 如果 $f''(\vec{x})$ 在 D 上是半正定矩阵，那么 $f(\vec{x}^0)$ 是 D 上的最小值。

(2) 如果 $f''(\vec{x}^0)$ 在 D 上是半负定矩阵，那么 $f(\vec{x}^0)$ 是 D 上的最大值。

9.2.4 库恩—塔克定理

9.2.4.1 反函数存在定理

定义 9.2.2 设 n 维向量函数 $\vec{y}=\vec{f}(\vec{x})$，$\vec{x}\in D\subset R^n$ 是一个一一映射。定义法则 $\vec{f}^{-1}$ 如下：

$$\vec{f}^{-1}:f(D)\to D,$$

$$\vec{y}=\vec{f}(\vec{x})|\to\vec{x}。$$

由于 $\vec{y}=\vec{f}(\vec{x})$ 是一一映射，所以对每个 $\vec{y}\in f(D)$，都有唯一的 $\vec{x}\in D$，使得 $\vec{y}=\vec{f}(\vec{x})$，因此法则 $\vec{f}^{-1}$ 是定义在 $f(D)$ 上，取值于 D 内的 n 维向量函数，记为 $\vec{x}=\vec{f}^{-1}(\vec{y})$。称 n 维向量函数 $\vec{x}=\vec{f}^{-1}(\vec{y})$ 为 n 维向量函数 $\vec{y}=\vec{f}(\vec{x})$ 的反函数。显然 $\vec{y}=\vec{f}(\vec{x})$ 与 $\vec{x}=\vec{f}^{-1}(\vec{y})$ 有如下的性质：

(1) 对任意的 $\vec{x}\in D$，有 $\vec{f}^{-1}[\vec{f}(\vec{x})]=\vec{x}$。

(2) 对任意的 $\vec{y}\in f(D)$，有 $\vec{f}[\vec{f}^{-1}(\vec{y})]=\vec{y}$。

定理 9.2.9(反函数存在定理)　如果 n 维向量函数 $\vec{y}=\vec{f}(\vec{x})$ 在开集 $D\subset R^n$ 上连续可微，且存在 $\vec{x}^0\in D$ 使得 $|\vec{f}'(\vec{x}^0)|\neq 0$，那么存在 $\vec{x}^0$ 的一个邻域 $U(\vec{x}^0)\subset D$，使得

(1) n 维向量函数 $\vec{y}=\vec{f}(\vec{x})$ 在 $U(\vec{x}^0)$ 上存在反函数 $\vec{x}=\vec{f}^{-1}(\vec{y})$，$\vec{y}\in f[U(\vec{x}^0)]$。

(2) 反函数 $\vec{x}=\vec{f}^{-1}(\vec{y})$，$\vec{y}\in f[U(\vec{x}^0)]$ 存在连续的导数，且

$$\vec{f}^{-1\prime}(\vec{y})=[\vec{f}'(\vec{x})]^{-1},\vec{x}=\vec{f}^{-1}(\vec{y}),\vec{y}\in f[U(\vec{x}^0)]。$$

9.2.4.2 隐函数存在定理

定义 9.2.3 设 $\vec{F}(\vec{x},\vec{y})$ 是定义在集合 $X\times Y\subset R^{n+m}$ 上的 m 维向量函数，其中 $X\subset R^n$，$Y\subset R^m$。对于方程

$$\vec{F}(\vec{x},\vec{y})=\vec{0},\vec{x}\in X,\vec{y}\in Y, \tag{7.2.3}$$

如果存在集合 $U\subset X$，$V\subset Y$ 及定义在 U 上，取值于 V 内的向量函数

$$\vec{y}=\vec{f}(\vec{x}),\vec{x}\in U,\vec{y}\in V,$$

使得

$$\vec{F}(\vec{x},\vec{f}(\vec{x})) \equiv \vec{0}, \vec{x} \in U,$$

则称向量函数 $\vec{y} = \vec{f}(\vec{x})$ ($\vec{x} \in U, \vec{y} \in V$) 是由方程(7.2.3)确定的隐函数。

定理 9.2.10(隐函数存在定理) 设 $X \subset R^n$, $Y \subset R^m$ 都是开集，$\vec{F}(\vec{x},\vec{y})$ 是定义在 $X \times Y$ 上的 m 维向量函数。如果 $\vec{F}(\vec{x},\vec{y})$ 满足如下条件：

(1) 存在 $\vec{x}^0 \in X$ 和 $\vec{y}^0 \in Y$, 使得 $\vec{F}(\vec{x}^0, \vec{y}^0) = \vec{0}$。

(2) $\vec{F}(\vec{x},\vec{y})$ 在 $X \times Y$ 上连续可微。

(3) 矩阵 $\vec{F}_{\vec{y}}{'}(\vec{x}^0, \vec{y}^0)$ 的秩等于 m。

则存在 $\vec{x}^0$ 的邻域 $U = U(\vec{x}^0)$ 和 $\vec{y}^0$ 的邻域 $V = V(\vec{y}^0)$, 使得方程(7.2.3)确定了唯一的隐函数 $\vec{y} = \vec{f}(\vec{x})$ ($\vec{x} \in U, \vec{y} \in V$) 满足如下条件：

(1) $\vec{y}^0 = \vec{f}(\vec{x}^0)$。

(2) 当 $\vec{x} \in U$ 时，$\vec{F}(\vec{x},\vec{f}(\vec{x})) \equiv \vec{0}$。

(3) $\vec{y} = \vec{f}(\vec{x})$ 在 U 内具有连续的偏导数，且

$$\vec{f}{'}(\vec{x}) = -[\vec{F}_{\vec{y}}{'}(\vec{x},\vec{y})]^{-1}\vec{F}_{\vec{x}}{'}(\vec{x},\vec{y}), (\vec{x},\vec{y}) \in U \times V。$$

例 9.2.5 设 $\varphi^j(\vec{x})$ 在开集 $D \subset R^n$ 上连续可微，在 $\vec{x}^0 \in D$ 处 $\varphi^j(\vec{x}^0) = 0$ ($1 \leq j \leq m < n$)，记 $\vec{\varphi}(\vec{x}) = (\varphi^1(\vec{x}),\cdots,\varphi^m(\vec{x}))^\tau$。如果矩阵 $\vec{\varphi}{'}(\vec{x}^0)$ 的秩为 m, 则方程 $\vec{\varphi}(\vec{x}) = \vec{0}$ 一定存在隐函数

$$\vec{x}_m = \begin{pmatrix} x_{(i_1)} \\ \cdots \\ x_{(i_m)} \end{pmatrix} = \begin{pmatrix} x_{(i_1)}(x_{(i_{m+1})},\cdots,x_{(i_n)}) \\ \cdots \\ x_{(i_m)}(x_{(i_{m+1})},\cdots,x_{(i_n)}) \end{pmatrix} = \vec{x}_m(\vec{x}_{-m}),$$

其中，$\vec{x}_m = (x_{i_1},\cdots,x_{i_m})^\tau$ 是由 $x_1,\cdots,x_n$ 中的 m 个变量构成的向量; $\vec{x}_{-m} = (x_{i_{m+1}},\cdots,x_{i_n})^\tau$ 是由 $x_1,\cdots,x_n$ 中剩余的 $n-m$ 个变量构成的向量。当 $\vec{x}_{-m}$ 属于 $\vec{x}_{-m}^0$ 的邻域 $U = U(\vec{x}_{-m}^0)$ 时，$\vec{x}_m$ 属于 $\vec{x}_m^0$ 的邻域 $V = U(\vec{x}_m^0)$, 且 $U \times V \subset D$, 使得将 $\vec{\varphi}(\vec{x}_m, \vec{x}_{-m})$ 中的 $\vec{x}_m$ 用隐函数 $\vec{x}_m = \vec{x}_m(\vec{x}_{-m})$ 代入时，有

$$\vec{\varphi}(\vec{x}) \equiv \vec{0}, \vec{x}_{-m} \in U,$$

且

$$\vec{x}_m{'} = \vec{x}_m{'}(\vec{x}_{-m}) = -[\vec{\varphi}_{\vec{x}_m}(\vec{x})]^\tau \vec{\varphi}_{\vec{x}_{-m}}(\vec{x})。$$

特别，当 $\vec{x}_m = (x_1,\cdots,x_m)^\tau$, 且行列式 $|\vec{\varphi}_{\vec{x}_m}{'}(\vec{x}^0)| \neq 0$ 时，一定存在 $\vec{x}_{-m}^0$ 的邻域 $U = U(\vec{x}_{-m}^0)$, $\vec{x}_m^0$ 的邻域 $V = U(\vec{x}_m^0)$, 及定义在 U 上，取值于 V 内的函数 $\vec{x}_m = \vec{x}_m(\vec{x}_{-m})$, 使得

$$\vec{\varphi}(\vec{x}_m(\vec{x}_{-m}), \vec{x}_{-m}) \equiv \vec{0}.$$

即,在 $\vec{x}^0$ 的附近,方程 $\vec{\varphi}(\vec{x}) = \vec{0}$ 存在解函数 $\vec{x}_m = \vec{x}_m(\vec{x}_{-m})$,且

$$\vec{x}'_m = \vec{x}'_m(\vec{x}_{-m}) = -[\vec{\varphi}'_{\vec{x}_m}(\vec{x})]^{\tau}\vec{\varphi}'_{\vec{x}_{-m}}(\vec{x}).$$

9.2.4.3 等约束条件的极值问题(拉格朗日乘数法)

定理 9.2.11(必要条件) 设一维向量函数 $y = f(\vec{x})$ 和 $m(m<n)$ 维向量函数 $\vec{\varphi}(\vec{x})$ 在开集 $D \subset R^n$ 上有连续的导数。如果 $\vec{x}^0 \in D$ 满足如下条件:

(1) $\vec{\varphi}(\vec{x}^0) = \vec{0}$。

(2) 矩阵 $\vec{\varphi}'(\vec{x}^0)$ 的秩等于 m。

(3) $\vec{x}^0$ 是约束条件 $\vec{\varphi}(\vec{x}) = \vec{0}$ 之下 $f(\vec{x})$ 的极值点。

则存在 $\vec{\lambda}^0 \in R^m$,使得 $(\vec{x}^0, \vec{\lambda}^0)$ 是拉格朗日函数

$$L(\vec{x}, \vec{\lambda}) = f(\vec{x}) + \vec{\lambda}^{\tau}\vec{\varphi}(\vec{x})$$

的驻点。由于 $L_{\vec{\lambda}}(\vec{x}^0, \vec{\lambda}^0) = \vec{\varphi}(\vec{x}^0) = \vec{0}$ 是已知条件,所以

$$L_{\vec{x}}(\vec{x}^0, \vec{\lambda}^0) = f'(\vec{x}^0) + (\vec{\lambda}^0)^{\tau}\vec{\varphi}'(\vec{x}^0) = \vec{0}.$$

定理 9.2.12(充分条件) 设一维向量函数 $y = f(\vec{x})$ 和 $m(m<n)$ 维向量函数 $\vec{\varphi}(\vec{x})$ 在开集 $D \subset R^n$ 上有二阶连续的导数。如果 $\vec{x}^0 \in D$ 满足如下条件:

(1) $\vec{\varphi}(\vec{x}^0) = \vec{0}$。

(2) 存在 $\vec{\lambda}^0 \in R^m$,使得

$$L_{\vec{x}}(\vec{x}^0, \vec{\lambda}^0) = f'(\vec{x}^0) + (\vec{\lambda}^0)^{\tau}\vec{\varphi}'(\vec{x}^0) = \vec{0}.$$

(3) 对任意满足条件 $\vec{\varphi}'(\vec{x}^0)\vec{h} = \vec{0}$ 的 $\vec{h} \in R^n$,有

$$\vec{h}^{\tau}L^2_{\vec{x}}(\vec{x}^0, \vec{\lambda}^0)\vec{h} > 0(<0).$$

那么,$f(\vec{x}^0)$ 是函数 $f(\vec{x})$ 在约束条件 $\vec{\varphi}(\vec{x}) = \vec{0}$ 之下的极小值(极大值)。

证明:(略)。

9.2.4.4 不等约束条件的极值问题(库恩—塔克定理)

设一维向量函数 $y = f(\vec{x})$ 和 r 维向量函数 $\vec{\psi}(\vec{x})$ 在集合 $D \subset R^n$ 上有意义。下面我们讨论在约束条件 $\vec{\psi}(\vec{x}) \geqslant \vec{0}$ 之下 $f(\vec{x})$ 的最大值问题。为此先给出一个定义。

定义 9.2.4 设 r 维向量函数 $\vec{\psi}(\vec{x})$ 在 $\vec{x}^0 \in R^n$ 处可微,如果 $\vec{\psi}(\vec{x})$ 的分量函数 $\varphi^j(\vec{x})$ ($1 \leqslant j \leqslant r$) 在 $\vec{x}^0$ 处满足如下条件:

(1) 存在自然数 $m(m<n)$,使得 m 个函数满足 $\varphi^j(\vec{x}^0) = 0$,其余 $r-m$ 个函数

满足 $\varphi^j(\vec{x}^0) > 0$,即 m 个函数在 $\vec{x}^0$ 处紧束,其余 $r-m$ 个函数在 $\vec{x}^0$ 处松弛。

(2)紧束函数构成的向量函数 $\vec{\varphi}(\vec{x})$ 在 $\vec{x}^0$ 的导数 $\vec{\varphi}'(\vec{x}^0)$ 矩阵的秩为 m,则称 r 维向量函数 $\vec{\psi}(\vec{x})$ 在 $\vec{x}^0$ 处满足约束规范条件。

定理 9.2.13(库恩—塔克定理) 设一维向量函数 $y = f(\vec{x})$ 和 r 维向量函数 $\vec{\psi}(\vec{x})$ 在开集 $D \subset R^n$ 上有连续的导数。如果 $\vec{x}^0 \in D$ 满足如下条件:

(1) $f(\vec{x}^0)$ 是约束条件 $\vec{\psi}(\vec{x}) \geq \vec{0}$ 下开集 D 上的最大值。

(2) $\vec{\psi}(\vec{x})$ 在 $\vec{x}^0$ 处满足约束规范条件。

则存在非负向量 $\vec{\lambda}^0 = (\lambda_1^0, \cdots, \lambda_r^0)^\tau \in R^r$,使得 $(\vec{x}^0, \vec{\lambda}^0)$ 满足

$$L_{\vec{x}}(\vec{x}^0, \vec{\lambda}^0) = f'(\vec{x}^0) + (\vec{\lambda}^0)^\tau \vec{\Psi}'(\vec{x}^0)$$
$$= Df(\vec{x}^0) + \sum_{j=1}^r \lambda_j^0 D\varphi^j(\vec{x}^0) = \vec{0}。$$

$\lambda_j^0 \varphi^j(\vec{x}^0) = 0, j = 1, \cdots, r$,即 λ_j^0 与 $\varphi^j(\vec{x}^0)$($j = 1, \cdots, r$)满足互补松弛条件。

定理 9.2.14(不等约束局部极值的充分条件) 设一维向量函数 $y = f(\vec{x})$ 和 r 维向量函数 $\vec{\psi}(\vec{x})$ 在开集 $D \subset R^n$ 上有连续的二阶导数。如果 $\vec{x}^0 \in D$ 满足如下条件:

(1) $\vec{\psi}(\vec{x})$ 在 $\vec{x}^0$ 处满足约束规范条件。

(2)存在非负向量 $\vec{\lambda}^0 = (\lambda_1^0, \cdots, \lambda_r^0)^\tau \in R^r$,使得 $(\vec{x}^0, \vec{\lambda}^0)$ 满足

$$L_{\vec{x}}(\vec{x}^0, \vec{\lambda}^0) = f'(\vec{x}^0) + (\vec{\lambda}^0)^\tau \vec{\Psi}'(\vec{x}^0)$$
$$= Df(\vec{x}^0) + \sum_{j=1}^r \lambda_j^0 D\varphi^j(\vec{x}^0) = \vec{0},$$

且 $\lambda_j^0 \varphi^j(\vec{x}^0) = 0, j = 1, \cdots, r$,即 λ_j^0 与 $\varphi^j(\vec{x}^0)$($j = 1, \cdots, r$)满足互补松弛条件。

(3)对任意的 $\vec{h} \in R^n$,当 $\vec{x}^0 + \vec{h} \in D$,且 $\varphi^j(\vec{x}^0 + \vec{h}) \geq 0$($j = 1, \cdots, r$)时,都有
$$\vec{h}^\tau L_{\vec{x}\vec{x}}^2(\vec{x}^0, \vec{\lambda}^0)\vec{h} < 0,$$

那么,$f(\vec{x}^0)$ 是约束条件 $\vec{\psi}(\vec{x}) \geq \vec{0}$ 下的局部极大值。

定理 9.2.15(不等约束最优值的充分条件) 设一维向量函数 $y = f(\vec{x})$ 和 r 维向量函数 $\vec{\psi}(\vec{x})$ 在凸开集 $D \subset R^n$ 上有连续的二阶导数。如果 $\vec{x}^0 \in D$ 满足如下条件:

(1) $\vec{\psi}(\vec{x})$ 在 $\vec{x}^0$ 处满足约束规范条件。

(2)存在非负向量 $\vec{\lambda}^0 = (\lambda_1^0, \cdots, \lambda_r^0)^\tau \in R^r$,使得 $(\vec{x}^0, \vec{\lambda}^0)$ 满足

$$L_{\vec{x}}(\vec{x}^0, \vec{\lambda}^0) = f'(\vec{x}^0) + (\vec{\lambda}^0)^\tau \vec{\Psi}'(\vec{x}^0)$$

$$= Df(\vec{x}^0) + \sum_{j=1}^{r} \lambda_j^0 D\varphi^j(\vec{x}^0) = \vec{0},$$

且 $\lambda_j^0 \varphi^j(\vec{x}^0) = 0, j = 1, \cdots, r$，即 λ_j^0 与 $\varphi^j(\vec{x}^0)$ ($j = 1, \cdots, r$) 满足互补松弛条件。

(3) $f(\vec{x})$ 是 D 上的严格凹函数，且 $\varphi(\vec{x})$ ($j = 1, \cdots, r$) 都是 D 上的拟凹函数，那么，$\vec{x}^0$ 是约束条件 $\vec{\psi}(\vec{x}) \geq \vec{0}$ 下 D 上的唯一最大值点。

9.3 经济问题实例

9.3.1 要素需求函数性质的证明

我们在 4.3.2 中给出了定理 4.3.4 的证明，但证明比较烦琐。如果用向量函数微分学证明该定理则非常简单。现将该定理重新叙述为：

定理 9.3.1 如果厂商具有二阶连续可微的严格凹的生产函数 $f(\vec{x})$, $\vec{x} \in R^n$；要素需求函数 $\vec{x}^* = \vec{x}(p, \vec{\omega})$ 是利润最大化问题的内点解，则

(1) 每一要素需求都是其价格的减函数，即 $\dfrac{\partial x_i(p, \vec{\omega})}{\partial \omega_i} < 0, i = 1, 2, \cdots, n$；

(2) 对于任意两种要素 i, j，当第 j 种要素价格增加一个单位时，第 i 种要素需求增加的数量与当第 i 种要素价格增加一个单位时，第 j 种要素需求增加的数量相等，即，

$$\frac{\partial x_i(p, \vec{\omega})}{\partial \omega_j} = \frac{\partial x_j(p, \vec{\omega})}{\partial \omega_i}, i, j = 1, 2, \cdots, n。$$

即，任意两种要素需求的交叉效应相等。

证明：由于要素需求函数 $\vec{x}^* = \vec{x}(p, \vec{\omega})$ 是利润最大化问题的内点解，所以 $\vec{x}^* = \vec{x}(p, \vec{\omega})$ 是函数 $\Pi(\vec{x}) = pf(\vec{x}) - \vec{\omega}^\tau \vec{x}$ 的驻点，即满足一阶条件：

$$D\Pi(\vec{x}^*)^\tau = pDf(\vec{x}^*)^\tau - \vec{\omega} = \vec{0},$$

即

$$pDf(\vec{x}(p, \vec{\omega}))^\tau = \vec{\omega}。$$

此式对任意的 $\vec{\omega} \geq \vec{0}$ 成立，因此等式两端是 n 维向量函数。两端对 $\vec{\omega}$ 求导数，并运用链式法则，得

$$pD^2 f(\vec{x}^*) \vec{x}'(p, \vec{\omega}) = I$$

其中，I 是 n 单位矩阵。又因 $f(\vec{x})$ 是严格拟凹函数，所以 $D^2 f(\vec{x}^*)$ 是负定矩阵，且其逆矩阵存在，也是负定矩阵。于是

$$\vec{x}'(p, \vec{\omega}) = 1/p \left[D^2 f(\vec{x}^*) \right]^{-1}$$

是负定矩阵。又因

$$\vec{x}'(p,\vec{\omega}) = \left(\frac{\partial x_i(p,\vec{\omega})}{\partial \omega_j}\right)_{n\times n},$$

所以

(1) $\dfrac{\partial x_i(p,\vec{\omega})}{\partial \omega_i} < 0, i = 1,2,\cdots,n$。

(2) $\dfrac{\partial x_i(p,\vec{\omega})}{\partial \omega_j} = \dfrac{\partial x_j(p,\vec{\omega})}{\partial \omega_i}, i,j = 1,2,\cdots,n$。

9.3.2 多元线性回归模型中未知参数(回归系数)的最大似然估计

9.3.2.1 多元线性回归模型

定义 9.3.1 如果随机变量 Y 与自变量 $x_1,\cdots,x_m$ 存在如下的关系

$$Y = \beta_0 + \beta_1 x_1 + \cdots + \beta_m x_m + \varepsilon, \varepsilon \sim N(0,\sigma^2), \qquad(9.3.1)$$

则称(9.3.1)式为多元线性回归模型。

如果记 $\vec{\beta} = (\beta_0,\beta_1,\cdots,\beta_m)^\tau, \vec{x} = (1,x_1,\cdots,x_m)^\tau$，则模型(9.3.1)可以表示为

$$Y = \vec{x}^\tau \vec{\beta} + \varepsilon, \varepsilon \sim N(0,\sigma^2)。 \qquad(9.3.2)$$

其中, $\mu(\vec{x}) = EY = \vec{x}^\tau\vec{\beta}$，称作 Y 关于 $\vec{x}$ 的多元线性回归函数，如果 $\vec{\beta}^*$ 是 $\vec{\beta}$ 的估计量或估计值，则称 $\mu^*(\vec{x}) = \vec{x}^\tau\vec{\beta}^*$ 为 Y 关于 $\vec{x}$ 的多元线性回归方程。

设 $(x_{i1},\cdots,x_{im},Y_i), i = 1,\cdots,n$，是(9.3.1)的样本，记 $\vec{x}_i = (1,x_{i1},\cdots,x_{im})^\tau$，则

$$Y_i = \vec{x}_i^\tau\vec{\beta} + \varepsilon_i, \varepsilon_i \sim N(0,\sigma^2), i = 1,\cdots,n。$$

如果记 $\vec{y} = (Y_1,\cdots,Y_n)^\tau, \vec{\varepsilon} = (\varepsilon_1,\cdots,\varepsilon_n)^\tau, X = (\vec{x}_1,\cdots,\vec{x}_n)^\tau$，则

$$\begin{pmatrix} Y_1 \\ Y_2 \\ \cdots \\ Y_n \end{pmatrix} = \begin{pmatrix} 1 & x_{11} & \cdots & x_{1m} \\ 1 & x_{22} & \cdots & x_{2m} \\ & & \cdots & \\ 1 & x_{n2} & \cdots & x_{nm} \end{pmatrix}\begin{pmatrix} \beta_0 \\ \beta_1 \\ \cdots \\ \beta_m \end{pmatrix} + \begin{pmatrix} \varepsilon_1 \\ \varepsilon_2 \\ \cdots \\ \varepsilon_n \end{pmatrix},$$

即

$$\vec{y} = X\vec{\beta} + \vec{\varepsilon}, \vec{\varepsilon} \sim N(\vec{0},\sigma^2 I)。 \qquad(9.3.3)$$

我们也称(9.3.3)是样本表示的多元线性回归模型，其中，I 是 n 阶单位矩阵。

9.3.2.2 n 维正态随机向量

定义 9.3.2 设 $\vec{\mu} = (\mu_1,\cdots,\mu_n)^\tau$ 是一个常数向量，$C = (c_{ij})_{n\times n}$ 是正定矩阵。如果 n 维随机向量 $\vec{y} = (Y_1,\cdots,Y_n)^\tau$ 的联合密度为

$$f(\vec{y}) = \frac{1}{(\sqrt{2\pi})^n \sqrt{|C|}} \exp\left\{-\frac{1}{2}(\vec{y}-\vec{\mu})^\tau C^{-1}(\vec{y}-\vec{\mu})\right\},$$

则称 $\vec{Y}$ 服从参数为 $\vec{\mu}$ 和 C 的 n 维正态,记为 $\vec{Y} \sim N(\vec{\mu}, C)$;特别,如果 $\vec{Y} \sim N(\vec{0}, I)$ 则称 $\vec{Y}$ 服从 n 维标准正态。

关于 n 维正态随机向量有如下结论:

(1) 如果 $\vec{Y} \sim N(\vec{\mu}, C)$,则 $\vec{Y}$ 期望 $E\vec{Y} = \vec{\mu}$,协方差矩阵 $\operatorname{cov}(\vec{Y}, \vec{Y}) = C$。

(2) 如果 $\vec{Y} \sim N(\vec{\mu}, C)$,则 $Y_i \sim N(\mu_i, c_{ii})$ ($1 \le i \le n$),即 $\vec{Y}$ 的边际分布都是正态分布,且 $EY_i = \mu_i$;$DY_i = c_{ii}$,$1 \le i \le n$。

(3) 如果 $\vec{Y} \sim N(\vec{\mu}, C)$,则 Y_i ($1 \le i \le n$) 相互独立的充要条件是 C 是对角矩阵。特别,当 $C = \sigma^2 I$,即 $\vec{Y} \sim N(\vec{\mu}, \sigma^2 I)$ 时,有 $\vec{Y} - \vec{\mu} \sim N(\vec{0}, \sigma^2 I)$,此时 $Y_i - \mu_i$,$1 \le i \le n$ 独立同分布。反之,如果 $Y_i - \mu_i$,$1 \le i \le n$ 独立同分布,且 $Y_i - \mu_i \sim N(0, \sigma^2)$,则 $\vec{Y} \sim N(\vec{\mu}, \sigma^2 I)$。

(4) 如果 $\vec{Y} \sim N(\vec{\mu}, C)$,$A$ 是 n 阶可逆矩阵,则随机向量 $\vec{z} = A\vec{y} \sim N(A\vec{\mu}, ACA^\tau)$。

9.3.2.3 未知参数的最大似然估计

由 n 维正态随机向量的定义及结论知,多元线性回归模型(9.3.3)中随机向量 $\vec{Y}$ 的密度函数为:

$$f(\vec{Y}, X, \vec{\beta}, \sigma^2) = (2\pi)^{-n/2} \sigma^{-n} \exp\left\{-\frac{1}{2\sigma^2}(\vec{y} - X\vec{\beta})^\tau (\vec{y} - X\vec{\beta})\right\}。$$

对于给定的 $\vec{Y}$ 与 X,$f(\vec{Y}, X, \vec{\beta}, \sigma^2)$ 是参数 $\vec{\beta}$ 和 σ^2 的函数,此时称其为参数 $\vec{\beta}$ 和 σ^2 的最大似然函数,记为 $L(\vec{Y}, X, \vec{\beta}, \sigma^2)$,即

$$L(\vec{Y}, X, \vec{\beta}, \sigma^2) = (2\pi)^{-n/2} \sigma^{-n} \exp\left\{-\frac{1}{2\sigma^2}(\vec{y} - X\vec{\beta})^\tau (\vec{y} - X\vec{\beta})\right\}。$$

如果 $\vec{\beta}^*$ 与 $\hat{\sigma}^2$ 使得最大似然函数 $L(\vec{Y}, X, \vec{\beta}, \sigma^2)$ 取得最大值,则称 $\vec{\beta}^*$ 与 $\hat{\sigma}^2$ 为未知参数 $\vec{\beta}$ 和 σ^2 的最大似然估计。由于正的严格递增变换不会改变一个函数的最大值点,所以 $L(\vec{Y}, X, \vec{\beta}, \sigma^2)$ 与 $\ln L(\vec{Y}, X, \vec{\beta}, \sigma^2)$ 的最大值点相同。假设对任意给定的 $\vec{Y}$ 与 X,似然函数 $L(\vec{Y}, X, \vec{\beta}, \sigma^2)$ 都有最大值点 $\vec{\beta}^*$ 与 $\hat{\sigma}^2$,且唯一,则 $\vec{\beta}^*$ 与 $\hat{\sigma}^2$ 也是 $\ln L(\vec{Y}, X, \vec{\beta}, \sigma^2)$ 的驻点。由于 $\ln L(\vec{Y}, X, \vec{\beta}, \sigma^2)$ 是向量 $\vec{\beta}$ 与 σ^2 的函数,且

$$\ln L(\vec{Y}, X, \vec{\beta}, \sigma^2) = \frac{-n}{2}[\ln(2\pi) + \ln \sigma^2] - \frac{1}{2\sigma^2}(\vec{y} - X\vec{\beta})^\tau(\vec{y} - X\vec{\beta}),$$

所以由定理 9.2.4,链式法则以及例 9.2.4 知,

$$\frac{\partial \ln L(\vec{Y}, X, \vec{\beta}, \sigma^2)}{\partial \vec{\beta}} = -\frac{1}{2\sigma^2} \frac{\partial [(\vec{Y} - X\vec{\beta})^\tau (\vec{Y} - X\vec{\beta})]}{\partial \vec{\beta}}$$

$$= -\frac{1}{2\sigma^2} 2(\vec{Y} - X\vec{\beta})^\tau \frac{\partial (\vec{Y} - X\vec{\beta})}{\partial \vec{\beta}} = \frac{1}{\sigma^2} (\vec{Y} - X\vec{\beta})^\tau X$$

$$= \frac{1}{\sigma^2} (\vec{Y}^\tau X - \vec{\beta}^\tau X^\tau X), \text{令其等于} \vec{0}。$$

于是 $\vec{Y}^\tau X = \vec{\beta}^\tau X^\tau X$,即 $X^\tau X \vec{\beta} = X^\tau \vec{Y}$,所以未知参数向量 $\vec{\beta}$ 的最大似然估计为

$$\vec{\beta}^* = (X^\tau X)^{-1} X^\tau \vec{Y}。$$

再令

$$\frac{\partial \ln L(\vec{Y}, X, \vec{\beta}, \sigma^2)}{\partial \sigma^2} = -\frac{n}{2\sigma^2} + \frac{1}{2\sigma^4} (\vec{Y} - X\vec{\beta})^\tau (\vec{Y} - X\vec{\beta}) = 0,$$

得到未知参数 σ^2 的最大似然估计为

$$\hat{\sigma}^2 = \frac{1}{n} (\vec{Y} - X\vec{\beta}^*)^\tau (\vec{Y} - X\vec{\beta}^*) = \frac{1}{n} \vec{Y}^\tau (I - X(X^\tau X)^{-1} X^\tau) \vec{Y}。$$

特别,当 $m = 1$ 时,多元线性模型(9.3.1)是一元线性回归模型

$$Y = \beta_0 + \beta_1 x + \varepsilon, \varepsilon \sim N(0, \sigma^2),$$

如果 $(x_i, Y_i), i = 1, \cdots, n$ 是样本,则(9.3.3)为

$$\vec{Y} = X\vec{\beta} + \vec{\varepsilon}, \vec{\varepsilon} \sim N(\vec{0}, \sigma^2 I),$$

其中

$$\vec{Y}^\tau = (Y_1, \cdots, Y_n), \vec{\beta} = \begin{pmatrix} \beta_0 \\ \beta_1 \end{pmatrix}, X^\tau = \begin{pmatrix} 1 & \cdots & 1 \\ x_1 & \cdots & x_n \end{pmatrix}。$$

记 $S_{xY} = \sum_{i=1}^n x_i Y_i$, $S_{xx} = \sum_{i=1}^n x_i^2$, $\sum_{i=1}^n x_i = n\bar{x}$, $\sum_{i=1}^n Y_i = n\bar{Y}$, $L_{xY} = \sum_{i=1}^n (x_i - \bar{x})(Y_i - \bar{Y})$,容易验证

$$L_{xx} = S_{xx} - n\bar{x}^2, L_{xY} = S_{xY} - n\bar{x}\bar{Y},$$

$$\begin{pmatrix} \beta_0^* \\ \beta_1^* \end{pmatrix} = \vec{\beta}^* = (X^\tau X)^{-1} X^\tau \vec{Y} = \frac{1}{nS_{xx} - (n\bar{x})^2} \begin{pmatrix} S_{xx} & -n\bar{x} \\ -n\bar{x} & n \end{pmatrix} \begin{pmatrix} n\bar{Y} \\ S_{xY} \end{pmatrix}$$

$$= \frac{1}{n(S_{xx} - n\bar{x}^2)} \begin{pmatrix} n\bar{Y}S_{xx} - n\bar{x}S_{xY} \\ nS_{xY} - n\bar{x}n\bar{Y} \end{pmatrix} = \frac{1}{L_{xx}} \begin{pmatrix} \bar{Y}S_{xx} - \bar{x}S_{xY} \\ L_{xY} \end{pmatrix}。$$

于是 $\beta_1^* = L_{xY}/L_{xx}$。

$$\beta_0^* = (\overline{Y}S_{xx} - \overline{x}S_{xY})/L_{xx} = (\overline{Y}S_{xx} - \overline{Y}n\overline{x}^2 + \overline{Y}n\overline{x}^2 - \overline{x}S_{xY})/L_{xx},$$
$$= (\overline{Y}L_{xx} - \overline{x}L_{xY})/L_{xx} = \overline{Y} - \beta_1^* \overline{x}_{\circ}$$

这与一元线性回归分析中求出的 β_0 与 β_1 的最大似然估计形式上是一致的。Y 关于 $\overline{x}$ 的多元线性回归方程为:$\mu^*(\overline{x}) = \overrightarrow{x^\tau} \overrightarrow{\beta}^*$。

对 $\hat{\sigma}^2 = \frac{1}{n}(\overrightarrow{Y} - X\overrightarrow{\beta}^*)^\tau(\overrightarrow{Y} - X\overrightarrow{\beta}^*)$,如果注意到 $\overrightarrow{Y} - X\overrightarrow{\beta}^*$ 的第 i 个分量等于
$$Y_i - \beta_0^* - \beta_1^* x_i = Y_i - \overline{Y} + \beta_1^* \overline{x} - \beta_1^* x_i = (Y_i - \overline{Y}) - \beta_1^*(x_i - \overline{x}), i = 1, \cdots, n,$$
那么
$$n\hat{\sigma}^2 = \sum_{i=1}^{n} [(Y_i - \overline{Y}) - \beta_1^*(x_i - \overline{x})]^2$$
$$= \sum_{i=1}^{n} (Y_i - \overline{Y})^2 - 2\beta_1^* \sum_{i=1}^{n} (Y_i - \overline{Y})(x_i - \overline{x}) + (\beta_1^*)^2 \sum_{i=1}^{n} (x_i - \overline{x})^2$$
$$= L_{YY} - 2\beta_1^* L_{xY} + (\beta_1^*)^2 L_{xx} = L_{YY} - 2\beta_1^* L_{xY} + \beta_1^*(\beta_1^* L_{xx})$$
$$= L_{YY} - \beta_1^* L_{xY}\,_{\circ}$$

如果按如下公式推导,比较麻烦。
$$n\hat{\sigma}^2 = \overrightarrow{Y}^\tau (I - X(X^\tau X)^{-1} X^\tau)\overrightarrow{Y} = \overrightarrow{Y}^\tau \overrightarrow{Y} - \overrightarrow{Y}^\tau X(X^\tau X)^{-1} X^\tau \overrightarrow{Y}$$
$$= \overrightarrow{Y}^\tau \overrightarrow{Y} - \frac{1}{nS_{xx} - (n\overline{x})^2}(n\overline{Y} \quad S_{xY}) \begin{pmatrix} S_{xx} & -n\overline{x} \\ -n\overline{x} & n \end{pmatrix} \begin{pmatrix} n\overline{Y} \\ S_{xY} \end{pmatrix}$$
$$= \overrightarrow{Y}^\tau \overrightarrow{Y} - \frac{1}{L_{xx}}(n\overline{Y}^2 S_{xx} - 2n\overline{x}\,\overline{Y}S_{xY} + S_{xY}^2) = \frac{1}{L_{xx}}[L_{xx}S_{YY} - n\overline{Y}^2 S_{xx} + 2n\overline{x}\,\overline{Y}S_{xY} - S_{xY}^2]$$
$$= \frac{1}{L_{xx}}[L_{xx}S_{YY} - n\overline{Y}^2(L_{xx} + n\overline{x}^2) + 2n\overline{x}\,\overline{Y}(L_{xY} + n\overline{x}\,\overline{Y}) - (L_{xY} + n\overline{x}\,\overline{Y})^2]$$
$$= \frac{1}{L_{xx}}[L_{xx}L_{YY} - n\overline{Y}^2(L_{xx} + n\overline{x}^2) + 2n\overline{x}\,\overline{Y}(L_{xY} + n\overline{x}\,\overline{Y}) - (L_{xY} + n\overline{x}\,\overline{Y})^2]$$
$$= \frac{1}{L_{xx}}[L_{xx}L_{YY} - L_{xY}^2] = L_{YY} - \frac{L_{xY}}{L_{xx}}L_{xY} = L_{YY} - \beta_1^* L_{xY}$$

于是未知参数 σ^2 的最大似然估计为:$\hat{\sigma}^2 = (L_{YY} - \beta_1^* L_{xY})/n_{\circ}$

通常在一元线性回归分析中选取的 σ^2 的估计量是 $\hat{\sigma}_e^2 = \frac{Q_e}{n-2}$,其中 $Q_e = L_{YY} - \beta_1^* L_{xY}$ 是残差平方和。我们知道,$\hat{\sigma}_e^2$ 是 σ^2 的无偏估计。因此 σ^2 的最大似然估计 $\hat{\sigma}^2 = (L_{YY} - \beta_1^* L_{xY})/n = Q_e/n$ 不是 σ^2 的无偏估计。

9.3.3 均衡分析中有关定理的证明

9.3.3.1 不动点定理

定理 9.3.2(不动点定理) 设 $D \subset R^n$ 是一个有界的闭凸集,向量函数 $\vec{y} = f(\vec{x})$ 是 D 到 D 的一个连续映射,则至少存在一个 $\vec{x}^* \in D$,使得 $f(\vec{x}^*) = \vec{x}^*$,即 $\vec{y} = f(\vec{x})$ 在 D 上至少存在一个不动点。

9.3.3.2 社会超额需求与瓦尔拉斯法则

定义 9.3.3 设市场中有 H 种商品,m 个消费者,n 个厂商。商品价格向量是 $\vec{p}$。第 j 个厂商按照利润最大化原则进行生产,产品供给函数是 $\vec{y}_j(\vec{p})$ ($1 \leq j \leq n$);第 i 个消费者按照效用最大化原则进行消费,其禀赋为 $\vec{\omega}_i$,需求函数为 $\vec{x}_i(\vec{p})$ ($1 \leq i \leq m$)。记

$$\sum_{i=1}^{m} \vec{\omega}_i = \vec{\omega},$$

$$\vec{z}(\vec{p}) = \sum_{i=1}^{m} \vec{x}_i(\vec{p}) - \sum_{j=1}^{n} \vec{y}_j(\vec{p}) - \vec{\omega},$$

称 $\vec{z}(\vec{p})$ 为社会超额需求。

如果对任意的价格 $\vec{p} \geq \vec{0}$,都有 $\vec{p}\vec{z}(\vec{p}) \equiv 0$,即社会超额需求的价值恒为零,则称社会超额需求 $\vec{z}(\vec{p})$ 满足瓦尔拉斯法则。

注:由于 $\vec{x}_i(\vec{p})$ 与 $\vec{y}_j(\vec{p})$ 都是零次齐次函数,所以社会超额需求 $\vec{z}(\vec{p})$ 是零次齐次函数。

9.3.3.3 瓦尔拉斯均衡

定义 9.3.4 如果存在价格 $\vec{p}^*$ 使得 $\vec{z}(\vec{p}^*) \leq \vec{0}$,或

$$\sum_{i=1}^{m} \vec{x}_i(\vec{p}^*) \leq \vec{\omega} + \sum_{j=1}^{n} \vec{y}_j(\vec{p}^*),$$

则称经济达到了瓦尔拉斯均衡,并称 $\vec{p}^*$ 为瓦尔拉斯均衡价格,或简称 $\vec{p}^*$ 为瓦尔拉斯均衡。

注:(1)由定义可以看出,如果 $\vec{p}^*$ 是瓦尔拉斯均衡,那么在均衡价格之下,任何一种商品的社会总需求都不会大于社会总供给与社会禀赋之和。换句话说,如果在某一价格之下,任何一种商品的社会禀赋与社会总供给都"够用",那么市场就达到了瓦尔拉斯均衡。

(2)设 $\vec{z}(\vec{p})$ 满足瓦尔拉斯法则,$\vec{p}^*$ 是瓦尔拉斯均衡,则 $z_h(\vec{p}^*) \leq 0$ ($1 \leq h \leq H$),且

$$\vec{p}^* \vec{z}(\vec{p}^*) = \sum_{h=1}^{H} p_h^* z_h(\vec{p}^*) = 0。$$

因此,对每一种商品 $h(1\leqslant h\leqslant H)$,都有 $p_h^* z_h(\vec{p}^*)=0$。此式表明,如果 $p_h^* > 0$,则必有 $z_h(\vec{p}^*)=0$;如果 $p_h^*=0$,则 $z_h(\vec{p}^*)\leqslant 0$。也就是说,当市场达到瓦尔拉斯均衡时,只要不是免费商品,市场对该商品一定是出清的;只有免费商品,市场才可能有"富余"。

定理 9.3.3 假设 $\vec{p}^*$ 是瓦尔拉斯均衡,且在两种商品的市场中两种商品是相互总替代的,即社会超额需求 $\vec{z}(\vec{p})$ 满足如下条件:当 $i\neq j(1\leqslant i,j\leqslant 2)$,有
$$\frac{\partial z_j(\vec{p})}{\partial p_i} > 0,$$
则对任意的价格向量 $\vec{p}^t,\vec{p}^t$ 也是瓦尔拉斯均衡的充分必要条件是:存在 $t>0$,使得 $\vec{p}^t=t\vec{p}^*$。

证明:(针对没有免费商品的情况给出证明)

(充分性)设 $\vec{p}^*=(p_1^*,p_2^*)$ 是瓦尔拉斯均衡,由于没有免费商品,所以 $\vec{z}(\vec{p}^*)=\vec{0}$。又因 $\vec{z}(\vec{p})$ 是零次齐次函数,所以对任意的 $t>0$,有 $\vec{z}(t\vec{p}^*)=\vec{z}(\vec{p}^*)=\vec{0}$,因此 $\vec{p}^t=t\vec{p}^*$ 也是均衡价格。

(必要性)假设 $\vec{p}^0=(p_1^0,p_2^0)$ 也是均衡价格。由于没有免费商品,所以存在 $t_0>0$,使得 $p_2^0=t_0 p_2^*$。如果 $p_1^0=t_0 p_1^*$,那么 $\vec{p}^0=t_0(p_1^*,p_2^*)=t_0\vec{p}^*$,结论成立。

假设 $p_1^0\neq t_0 p_1^*$。我们考察两个价格向量 $\vec{p}^{t_0}=t_0\vec{p}^*=(t_0 p_1^*,p_2^0)$ 与 $\vec{p}^0=(p_1^0,p_2^0)$。不妨设 $p_1^0>t_0 p_1^*$,所以价格平面上的点 $\vec{p}^0=(p_1^0,p_2^0)$ 不在射线 $L:\vec{p}^t=t\vec{p}^*=(tp_1^*,tp_2^*)(t>0)$ 上,其位于射线 L 的右下方,如图 9.3.1 所示。

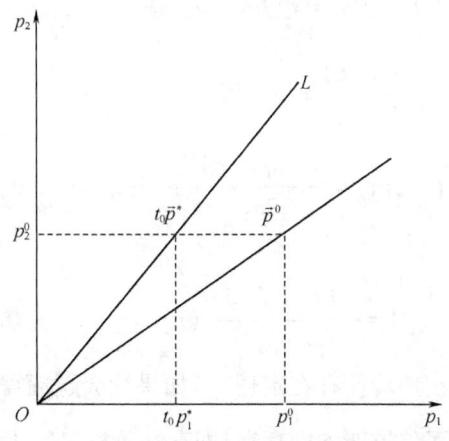

图 9.3.1

由充分性知，$t_0\vec{p}^* = (t_0 p_1^*, p_2^0)$ 是均衡价格；$\vec{p}^0 = (p_1^0, p_2^0)$ 也是均衡价格，于是 $z_2(t_0 p_1^*, p_2^0) = 0 = z_2(p_1^0, p_2^0)$。由微分中值定理和 $\vec{z}(\vec{p})$ 相互总替代知，在 $t_0 p_1^*$ 与 p_1^0 之间存在一点 ξ，使得

$$0 = z_2(p_1^0, p_2^0) - z_2(t_0 p_1^*, p_2^0) = \frac{\partial z_2(\xi, p_2^0)}{\partial p_1}(p_1^0 - t_0 p_1^*) > 0,$$

矛盾。因此 $p_1^0 = t_0 p_1^*$，$\vec{p}^0 = t_0(p_1^*, p_2^*) = t_0 \vec{p}^*$。

定理 9.3.4 如果只有两种商品，社会超额需求 $\vec{z}(\vec{p})$ 满足瓦尔拉斯法则，$\vec{p}^*$ 是瓦尔拉斯均衡，那么对任意的价格 $\vec{p}$，都有

$$\vec{p}^* \vec{z}(\vec{p}) > 0,$$

即，非均衡价格之下的社会超额需求以均衡价格计算的总价值总是大于零。

证明：设 $\vec{p}^* = (p_1^*, p_2^*)$，$\vec{z}(\vec{p}) = (z_1(p_1, p_2), z_2(p_1, p_2))$。由于 $\vec{p}$ 是非均衡价格，所以 $z_1(p_1, p_2)$ 与 $z_2(p_1, p_2)$ 不全为零，不妨设 $z_2(p_1, p_2) \neq 0$。

又因 $\vec{p}^*$ 是均衡价格，$\vec{p}$ 是非均衡价格，所以 $\vec{p} \neq \vec{p}^*$。由于没有免费商品，所以存在 $t > 0$，使得 $p_1 = t p_1^*$，但 $p_2 \neq t p_2^*$，不妨设 $p_2 > t p_2^*$。又因 $\vec{p}^*$ 是均衡价格，$\vec{z}(\vec{p})$ 满足瓦尔拉斯均衡，所以

$$t\vec{p}^* \vec{z}(\vec{p}) = (t\vec{p}^* - \vec{p} + \vec{p})\vec{z}(\vec{p}) = (t\vec{p}^* - \vec{p})\vec{z}(\vec{p}) + \vec{p}\vec{z}(\vec{p}) = (t\vec{p}^* - \vec{p})\vec{z}(\vec{p})$$
$$= (t p_1^* - p_1) z_1(p_1, p_2) + (t p_2^* - p_2) z_2(p_1, p_2)$$
$$= (t p_2^* - p_2) z_2(t p_1^*, p_2)。$$

根据 $z_2(t p_1^*, t p_2^*) = 0$，及微分中值定理知，存在 $t p_2^*$ 与 p_2 之间的 ξ 使得

$$z_2(t p_1^*, p_2) = z_2(t p_1^*, p_2) - z_2(t p_1^*, t p_2^*) = \frac{\partial z_2(t p_1^*, \xi)}{\partial p_2}(p_2 - t p_2^*)。$$

由于 $z_2(t p_1^*, p_2) \neq 0$，$\dfrac{\partial z_2(t p_1^*, \xi)}{\partial p_2} \leq 0$，所以

$$z_2(t p_1^*, p_2) = \frac{\partial z_2(t p_1^*, \xi)}{\partial p_2}(p_2 - t p_2^*) < 0。$$

于是

$$t\vec{p}^* \vec{z}(\vec{p}) = -\frac{\partial z_2(t p_1^*, \xi)}{\partial p_2}(p_2 - t p_2^*)^2 > 0。$$

定理 9.3.5（瓦尔拉斯均衡存在定理） 如果社会超额需求函数 $\vec{z}(\vec{p})$ 连续，且满足瓦尔拉斯法则，则瓦尔拉斯均衡存在，即存在价格 $\vec{p}^*$，使得 $\vec{z}(\vec{p}^*) \leq \vec{0}$。

证明：如果存在瓦尔拉斯均衡 $\vec{p}^* = (p_1^*, \cdots, p_H^*)$，由于超额需求函数 $\vec{z}(\vec{p})$ 是零次齐次函数，所以射线 $L: \vec{p}' = t\vec{p}^* (t > 0)$ 上的点 $\vec{p}'$ 也都是瓦尔拉斯均衡。特

别,取 $t = 1/\sum_{h=1}^{H} p_h^* = t_*$,那么 $\vec{p}^{\,t*} = t_* \vec{p}^{\,*}$ 是瓦尔拉斯均衡。显然 $\vec{p}^{\,t*} = t_* \vec{p}^{\,*}$ 属于 H-单纯形

$$S^H = \{\vec{p} = (p_1, \cdots, p_H) \mid p_1 + \cdots + p_H = 1, \vec{p} \geqslant \vec{0},\}.$$

也就是说,如果瓦尔拉斯均衡存在,那么在 H-单纯形 S^H 内必存在瓦尔拉斯均衡。因此只需证明 S^H 内存在瓦尔拉斯均衡即可。

我们知道,如果 $\varphi(\vec{x})$ 与 $\psi(\vec{x})$ 在区域 $D \subset R^n$ 上连续,那么函数 $\max\{\varphi(\vec{x}), \psi(\vec{x})\}$ 在 D 上也连续。

对每个 h ($1 \leqslant h \leqslant H$),函数 $f_h(\vec{z}) = z_h, \vec{z} \in R^H$ 是连续函数,特别限制在 S^H 上也是连续函数。由条件,$\vec{z}(\vec{p})$ 是 R_+^H 到 R^H 的连续向量函数,所以复合函数 $f_h[\vec{z}(\vec{p})] = z_h(\vec{p})$ 是 R_+^H 上的连续函数,特别限制在 S^H 上是连续函数。因此 $\max\{0, k_h f_h[\vec{z}(\vec{p})]\}$ ($1 \leqslant h \leqslant H$) 是 S^H 上的连续函数。

对每个 h ($1 \leqslant h \leqslant H$),定义 $g_h(\vec{q}), \vec{q} = (q_1, \cdots, q_H) \in S^H$ 如下

$$g_h(\vec{q}) = \frac{f_h(\vec{q}) + \max\{0, k_h f_h[\vec{z}(\vec{q})]\}}{1 + \sum_{h=1}^{H} \max\{0, k_h f_h[\vec{z}(\vec{q})]\}} = \frac{q_h + \max\{0, k_h z_h(\vec{q})\}}{1 + \sum_{h=1}^{H} \max\{0, k_h z_h(\vec{q})\}},$$

则 $g_h(\vec{q})$ ($1 \leqslant h \leqslant H$) 是 S^H 上的连续函数。

注:这里 $k_h > 0$。这样定义的 $g_h(\vec{q})$ 的经济解释是:如果 $z_h(\vec{q}) \leqslant 0$,那么表示在价格 q_h 之下,市场上的第 h 种商品的供给已经"够用",即 q_h 已经是第 h 种商品的"均衡价格",此时 $q_h + \max\{0, k_h z_h(\vec{q})\} = q_h$,即没有对第 h 种商品的价格进行单独调整;如果 $z_h(\vec{q}) > 0$,那么表示在价格 q_h 之下,市场上的第 h 种商品的供给已经"不够用"了,需要提高第 h 种商品的价格,此时 $q_h + \max\{0, k_h z_h(\vec{q})\} = q_h + k_h z_h(\vec{q})$,即将第 h 种商品的价格由 q_h 上调至 $q_h + k_h z_h(\vec{q})$,目的是:使得 $q_h + k_h z_h(\vec{q})$ 成为第 h 种商品的"均衡价格"。由于 $z_h(\vec{q})$ 是零次齐次函数,所以单独调整一种商品的价格会影响到该种商品市场的均衡性,但对价格向量 $\vec{q}$ 进行整体的"伸缩"不会影响单一商品市场的均衡性。

容易计算 $g_1(\vec{q}) + \cdots + g_H(\vec{q}) = 1$,所以由 $g_h(\vec{q})$ ($1 \leqslant h \leqslant H$) 构成的 S^H 上的向量函数 $\vec{g}(\vec{q}) = (g_1(\vec{q}), \cdots, g_H(\vec{q}))$(这里用行向量表示)是 S^H 到其自身的连续映射。又因 S^H 是有界闭凸集,所以由不动点定理知,存在 $\vec{q}^{\,*} \in S^H$,使得 $\vec{g}(\vec{q}^{\,*}) = \vec{q}^{\,*}$。于是,对任意的 h ($1 \leqslant h \leqslant H$),有

$$q_h^* = \frac{q_h^* + \max\{0, k_h z_h(\vec{q}^{\,*})\}}{1 + \sum_{h=1}^{H} \max\{0, k_h z_h(\vec{q}^{\,*})\}}.$$

等式两端乘以等式右端的分母,得

$$\max\{0, k_h z_h(\vec{q}^*)\} = q_h^* \sum_{h=1}^{H} \max\{0, k_h z_h(\vec{q}^*)\}, (1 \leq h \leq H)。$$

如果 $q_h^* = 0$,那么 $\max\{0, k_h z_h(\vec{q}^*)\} = 0$,由于 $k_h > 0$,所以 $z_h(\vec{q}^*) \leq 0$。也就是说,如果第 h 种商品是免费商品,那么市场上第 h 种商品是"够用"的。

记 $I = \{h | q_h^* > 0, 1 \leq h \leq H\}$。当 $h \in I$ 时,如果 $z_h(\vec{q}^*) < 0$,容易推出 $\vec{q}^*$ 与瓦尔拉斯法则矛盾,所以 $z_h(\vec{q}^*) \geq 0$,于是

$$k_h z_h(\vec{q}^*) = \max\{0, k_h z_h(\vec{q}^*)\} = q_h^* \sum_{h=1}^{H} \max\{0, k_h z_h(\vec{q}^*)\}$$

对每个 $h \in I$ 两端乘以 $z_h(\vec{q}^*)$,再对 $h \in I$ 求和,得

$$\sum_{h \in I} k_h [z_h(\vec{q}^*)]^2 = \left[\sum_{h \in I} z_h(\vec{q}^*) q_h^*\right] \sum_{h=1}^{H} \max\{0, k_h z_h(\vec{q}^*)\}。$$

由于 $\vec{z}(\vec{p})$ 满足瓦尔拉斯法则,所以

$$\vec{q}^* \vec{z}(\vec{q}^*) = \sum_{h=1}^{H} z_h(\vec{q}^*) q_h^* = \sum_{h \in I} z_h(\vec{q}^*) q_h^* = 0,$$

故

$$\sum_{h \in I} k_h [z_h(\vec{q}^*)]^2 = 0。$$

于是 $k_h [z_h(\vec{q}^*)]^2 = 0, h \in I$,因此 $z_h(\vec{q}^*) = 0$,即对非免费的商品,市场出清。所以 $\vec{q}^*$ 是瓦尔拉斯均衡价格。

本章经济问题总结

本章用向量函数微分学证明了需求函数的性质;给出了多元线性模型中未知参数最大似然估计的求法。我们从中看到了其过程的清晰与简捷,因此了解和掌握向量函数微分学的内容将为深入学习经济学理论提供方便。本章还证明了一般均衡理论中的几个结论。

(1) 如果 $\vec{p}^*$ 是瓦尔拉斯均衡,且市场中两种商品是相互总替代的,那么对任意的价格向量 $\vec{p}$,$\vec{p}$ 也是瓦尔拉斯均衡的充分必要条件是:存在 $t > 0$,使得 $\vec{p} = t\vec{p}^*$。

(2) 如果只有两种商品,社会超额需求 $\vec{z}(\vec{p})$ 满足瓦尔拉斯法则,那么非均衡价格之下的社会超额需求以均衡价格计算的总价值总是大于零。

(3) (瓦尔拉斯均衡存在定理) 如果社会超额需求函数 $\vec{z}(\vec{p})$ 连续,且满足瓦尔拉斯法则,则瓦尔拉斯均衡必存在。

参考文献

[1] 同济大学数学系. 高等数学（第七版）[M]. 北京：高等教育出版社, 2014.

[2] 华东师范大学数学系. 数学分析（第四版）[M]. 北京：高等教育出版社, 2010.

[3] 菲赫金哥尔茨. 数学分析原理（第九版）[M]. 丁寿田, 译. 北京：高等教育出版社, 2013.

[4] 北京大学数学系前代数小组. 高等代数（第四版）[M]. 北京：高等教育出版社, 2013.

[5] 盛骤, 谢式千, 潘承毅. 概率论与数理统计（第四版）[M]. 北京：高等教育出版社, 2008.

[6] 李子奈, 潘文卿. 计量经济学（第四版）[M]. 北京：高等教育出版社, 2015.

[7] 李红艳, 范君晖. 运筹学[M]. 北京：清华大学出版社, 2012.

[8]《运筹学》教材编写组. 运筹学（第四版）[M]. 北京：清华大学出版社, 2012.

[9] 胡运权. 运筹学教程（第四版）[M]. 北京：清华大学出版社, 2012.

[10] 佩捷. 凸函数最值定理[M]. 哈尔滨：哈尔滨工业大学出版社, 2014.

[11] 龚六堂. 经济学中的优化方法[M]. 北京：北京大学出版社, 2000.

[12] 龚六堂. 动态经济学方法（第三版）[M]. 北京：北京大学出版社, 2014.

[13] 王第海. 经济学中的优化方法[M]. 北京：清华大学出版社, 2012.

[14] 蒋中一, 凯尔文·温赖特. 数理经济学的基本方法（第四版）[M]. 北京：北京大学出版社, 2006.

[15] 迈克尔·霍伊, 约翰·利弗诺, 克里斯·麦克纳, 雷·里斯, 萨纳西斯·斯坦格斯. 经济数学（第三版）[M]. 张伟, 范舟, 顾晓波, 等, 译. 北京：中国人民大学出版社, 2015.

[16] 高鸿业. 西方经济学（微观部分·第六版）[M]. 北京：中国人民大学出版社, 2014.

[17] 蒋殿春. 高级微观经济学[M]. 北京：北京大学出版社, 2006.

[18] 哈尔·R 范里安. 微观经济分析（第三版）[M]. 王文举, 腾飞, 王方军, 胡文玉译. 北京：中国人民大学出版社, 2015.

[19] 哈尔·R 范里安. 微观经济学：现代观点（第九版）[M]. 费方域, 朱保华, 等, 译. 上海：格致出版社, 上海人民出版社, 2015.

[20]（美）哈尔·瓦里安. 微观经济学（高级教程）（第三版）[M]. 周洪, 李勇, 等, 译. 北京：经济科学出版社, 1997.

[21] 安德鲁·马斯-克莱尔, 迈克尔·D 温斯顿和杰里·R 格林微观经济理论[M].

北京：中国人民大学出版社，2014．

[22] 杰弗里·A 杰里，菲利普·J 瑞尼．高级微观经济理论［M］．北京：中国人民大学出版社，2012．

[23] 戴维·M 克雷普斯．高级微观经济学教程［M］．上海：格致出版社，上海三联书店，上海人民出版社，2017．

[24] 戴维·M 克雷普斯．高级微观经济学：选择与竞争性市场［M］．北京：中国人民大学出版社，2013．

[25] 田国强．高级微观经济学［M］．北京：中国人民大学出版社，2016．

[26] 王苏生，杨蔚．高级微观经济学理论［M］．北京：中国人民大学出版社，2014．

[27] 罗伯特·S 平狄克，丹尼尔·L 鲁宾费尔德．微观经济学（第八版）［M］．李彬，高远，等，译．北京：中国人民大学出版社，2013．

[28] Takayama A. Mathematical Economics (2en) [M]. Cambridge: Cambridge University Press, 1985.

[29] Chamber R G. Applied Production Analysis [M]. Cambridge: Cambridge University Press, 1988.

[30] Ferguson C E. The Neo-Classical Theory of Production and Distribution [M]. Cambridge: Cambridge University Press, 1969.

[31] Samuelson P. Foundations of Economic Analysis [M]. Cambridge : Harvard University Press, 1947.

[32] Shephard R W. Theory of Cost and Production Functions [M]. N J: Princeton University Press, 1970.

[33] Green H A J. Consumer Theory [M]. London: Macmillan, 1976.

[34] Debreu G. Continuity Properties of Paretian Utility [J], International Economic Review, 1964 (5): 285-293.

[35] Diewert W E. Application of Duality Theory [J]. in Intriligator M D and Kendrick J W. (eds.). Frontiers of Quantitative Economics [M]. Amsterdam: North Holland, 1974.

[36] Hicks J. A Revision of Demand Theory [M]. London: Cambridge University, 1956.

[37] Willig R. consumer's Surplus Without Apology [J]. American Economic Review, 1976 (66): 589-597.

[38] Samuelson P A. Foundations of Economic Analysis [M]. Harvard: Harvard University Press, 1948.

[39] Marshall A. Principles of Economics [M]. London : Macmillan, 1920.

[40] Hildenbrand W and Kirman, A. Equilibrium Analysis [M]. New York : North-Holland, 1988.